소프트웨어 개발의 진주

SOFTWARE DEVELOPMENT PEARLS

Authorized translation from the English language edition, SOFTWARE DEVELOPMENT PEARLS:
LESSONS FROM FIFTY YEARS OF SOFTWARE EXPERINECE, 1st Edition, by KARL WIEGERS,
published by Pearson Education, Inc.
Copyright ⓒ 2021 Pearson Education, Inc.

All rights reserved. No part of this book may be reproduced or transmitted in any form or by
any means, electronic or mechanical, including photocopying, recording or by any information
storage retrieval system, without permission from Pearson Education, Inc.
KOREAN language edition published by J-Pub Co., Ltd. Copyright ⓒ 2024.
Korean translation rights arrange with PEARSON EDUCATION through Agency-One, Seoul.

이 책의 한국어판 저작권은 에이전시 원을 통한 저작권사와의 독점 계약으로 제이펍에 있습니다.
저작권법에 의해 한국 내에서 보호를 받는 저작물이므로 무단 전재와 무단 복제를 금합니다.

소프트웨어 개발의 진주

1쇄 발행 2024년 3월 6일

지은이 칼 위거스
옮긴이 심재철
펴낸이 장성두
펴낸곳 주식회사 제이펍

출판신고 2009년 11월 10일 제406-2009-000087호
주소 경기도 파주시 회동길 159 3층 / **전화** 070-8201-9010 / **팩스** 02-6280-0405
홈페이지 www.jpub.kr / **투고** submit@jpub.kr / **독자문의** help@jpub.kr / **교재문의** textbook@jpub.kr

소통기획부 김정준, 이상복, 김은미, 송영화, 권유라, 송찬수, 박재인, 배인혜, 나준섭
소통지원부 민지환, 이승환, 김정미, 서세원 / **디자인부** 이민숙, 최병찬

진행 및 교정·교열 김정준 / **내지 디자인·편집** 최병찬
용지 타라유통 / **인쇄** 해외정판사 / **제본** 일진제책사

ISBN 979-11-92987-68-2 (93000)
값 25,000원

※ 이 책은 저작권법에 따라 보호를 받는 저작물이므로 무단 전재와 무단 복제를 금지하며,
  이 책 내용의 전부 또는 일부를 이용하려면 반드시 저작권자와 제이펍의 서면 동의를 받아야 합니다.
※ 잘못된 책은 구입하신 서점에서 바꾸어드립니다.

제이펍은 여러분의 아이디어와 원고를 기다리고 있습니다. 책으로 펴내고자 하는 아이디어나 원고가 있는 분께서는
책의 간단한 개요와 차례, 구성과 지은이/옮긴이 약력 등을 메일(submit@jpub.kr)로 보내주세요.

소프트웨어 개발의 진주

칼 위거스 지음 / 심재철 옮김

※ 드리는 말씀
- 이 책에 기재된 내용을 기반으로 한 운용 결과에 대해 지은이/옮긴이, 소프트웨어 개발자 및 제공자, 제이펍 출판사는 일체의 책임을 지지 않으므로 양해 바랍니다.
- 이 책에 등장하는 각 회사명, 제품명은 일반적으로 각 회사의 등록 상표 또는 상표입니다. 본문 중에는 ™, ⓒ, ® 마크 등이 표시되어 있지 않습니다.
- 이 책에서 소개한 URL 등은 시간이 지나면 변경될 수 있습니다.
- 이 책의 본문 여백에 나타나는 이이콘들의 의미에 대해서는 4쪽을 참고하시기 바랍니다.
- 책의 내용과 관련된 문의사항은 옮긴이나 출판사로 연락해주시기 바랍니다.
  - 옮긴이: jcspro777@gmail.com
  - 출판사: help@jpub.kr

차 례

옮긴이 머리말   xi   베타리더 후기   xiii
추천사   xvi   추천 서문   xix
감사의 글   xxi

CHAPTER 1   고통스러운 경험을 통한 학습   1

나의 관점   2
이 책에 관하여   3
용어 특기사항   5
기회 활용   5

CHAPTER 2   요구사항에 관한 레슨   7

요구사항 개요   7
    다양한 유형의 요구사항 7 / 요구사항 엔지니어링의 하위 도메인 9
    비즈니스 분석가의 역할 10 / 요구사항은 프로젝트의 기반이다 10

레슨 1 | 요구사항을 정확하게 알아내지 못하면 프로젝트의 나머지 부분을 잘해도 소용없다   12
    정확한 요구사항, 그러나 언제? 13 / 정확한 요구사항, 그러나 어떻게? 13

레슨 2 | 요구사항 개발에 따른 핵심 결과물은 공유된 비전과 이해다   14

레슨 3 | 요구사항에는 모든 프로젝트 이해 당사자의 관심사가 있다   17
    이해 당사자 분석 18 / 누가 결정하는가? 20 / 우리는 모두 같은 편이다 21

레슨 4 | 요구사항 관련해서는 용도 중심의 접근법이 기능 중심의 접근법보다 더 좋게 고객의 요구를 충족한다   21
    왜 과잉 기능을? 21 / 용도를 우선하기 22
    사용자 스토리의 우려 사항 23 / 용도가 지배한다! 25

레슨 5 | 요구사항 개발은 반복을 필요로 한다   25
    점진적인 세부 사항 개선 26 / 새로 부각된 기능적 요구사항 27
    새로 부각된 비기능적 요구사항 28

레슨 6 | 애자일 요구사항은 그 밖의 요구사항과 다르지 않다   28
    역할과 책임 29 / 용어 29 / 문서의 상세함 29 / 활동 시기 30
    결과물의 형태 31 / 우선순위 결정 시기 31 / 실제로 차이가 있을까? 32

레슨 7 | 지식을 기록하는 데 따르는 비용은 지식을 습득하는 비용에 비해 적다 ——— 33
　　기록에 대한 두려움 33 / 문서로 기록된 의사소통의 장점 34 / 올바른 균형 36

레슨 8 | 요구사항 개발의 가장 중요한 목적은 명확하고 효율적인 의사소통이다 ——— 37
　　다수의 독자, 다수의 요구 38 / 표현 기법 선택하기 39 / 대화할 수 있을까? 41

레슨 9 | 요구사항 품질은 보는 사람의 관점에 따라 다르다 ——— 41
　　많은 요구사항 독자들 42 / 요구사항 품질 체크리스트 43

**레슨 10 | 요구사항은 허용 가능한 위험 수준 범위에서 구축이 진행되는 데
충분한 것이어야 한다** ——— 44
　　세부 사항의 관점 44 / 어느 정도면 충분할까? 45

레슨 11 | 요구사항은 단순히 수집하는 것이 아니다 ——— 46
　　수집하기 vs. 도출하기 46 / 요구사항 도출 시기 47 / 도출 컨텍스트 48
　　도출 방법 48 / 기반 만들기 50

**레슨 12 | 요구사항 도출은 고객의 음성이 개발자의 귀에 잘 들릴 정도로
가까운 거리에서 해야 한다** ——— 50
　　의사소통 경로 51 / 제품 대변인 52 / 요구사항 의사소통의 다른 경로 52
　　괴리 해소하기 53

**레슨 13 | 흔히 사용되는 두 가지 요구사항 도출 관례가 텔레파시와 투시력이다.
이 방법들은 효과가 없다** ——— 54
　　요구사항을 알아내자! 54 / 명시적인 표현 55 / 텔레파시가 실패하다 56

**레슨 14 | 많은 사람들이 모이면 요구사항을 정확히 어떻게 표현할지 합의하기는커녕
방에 불이 나서 탈출하는 데도 동의할 수 없다** ——— 57
　　주목하세요! 57 / 구조에 나서는 진행자 58 / 집중, 집중, 집중 59
　　그룹 외부에서 도움받기 60

레슨 15 | 포함될 기능을 결정할 때 데시벨 우선순위를 정하지 말자 ——— 61
　　우선순위 지정 방법 61 / 우선순위 지정 기준 62 / 목소리 크기를 넘어서는 분석 63

레슨 16 | 문서화되고 합의된 프로젝트 범위 없이 어떻게 범위 증가를 알 수 있을까? ——— 63
　　유령 같은 범위 증가 64 / 범위를 기록하는 방법 65
　　이것은 범위 내에 있나요? 66 / 모호한 요구사항 = 모호한 범위 66

CHAPTER 3　설계에 관한 레슨　69

설계 개요 ——— 69
　　설계의 다른 측면들 70 / 좋은 설계 72

레슨 17 | 설계에는 반복이 필요하다 ——— 74
　　프로토타입의 위력 75 / 개념-증명 75 / 실물 모형 76

레슨 18 | 더 높은 추상화 수준에서 반복하는 것이 더 저렴하다 ——— 77
　　상세한 것으로부터 한 걸음 물러나기 78 / 빠른 시각적 반복 79 / 쉬운 반복 81

레슨 19 | 올바르게 사용하기는 쉽지만 잘못 사용하기는 어렵게 제품을 만들자 ——— 82
　　사용자가 실수할 수 없도록 만들자 83 / 사용자가 실수하기 어렵게 하자 84
　　오류를 쉽게 복구하게 하자 84 / 그런 일이 생기게 내버려 두자 84

레슨 20 | 모든 바람직한 품질 속성을 최적화할 수는 없다 85
    품질의 관점 85 / 품질 속성 명시하기 87
    품질을 위한 설계 88 / 아키텍처 속성과 품질 속성 89

레슨 21 | 힘들게 재코딩하는 것보다 조금이라도 설계하는 것이 가치가 있다 89
    기술 부채와 리팩토링 90 / 아키텍처 결함 91

레슨 22 | 대부분의 시스템 문제는 인터페이스에서 생긴다 92
    기술적인 인터페이스 문제들 93 / 입력 데이터 검증 95
    사용자 인터페이스 문제들 96 / 인터페이스 전쟁 97

CHAPTER 4 프로젝트 관리에 관한 레슨 98

프로젝트 관리 개요 98
    인력 관리 99 / 요구사항 관리 99 / 기대 관리 99 / 작업 관리 100
    약속 관리 100 / 위험 관리 100 / 의사소통 관리 100 / 변경 관리 101
    자원 관리 101 / 의존성 관리 101 / 계약 관리 101 / 공급자 관리 102
    장벽 제거 관리하기 102

레슨 23 | 작업 계획은 마찰을 고려해야 한다 103
    작업 전환과 몰입 104 / 유효 시간 106
    프로젝트 마찰의 다른 원인 107 / 암시적 영향을 예상하기 107

레슨 24 | 다른 사람에게 섣불리 추정치를 제시하지 말자 108
    성급한 예측 109 / 불확실성에 대한 두려움 110

레슨 25 | 빙산은 항상 처음 보이는 것보다 더 크다 110
    컨틴전시 버퍼 111 / 위험한 가정 113 / 빙산 계약 115 / 버퍼의 묘미 115

레슨 26 | 자신의 주장을 뒷받침할 데이터가 있으면 협상에서 유리한 위치에 설 수 있다 116
    그 수치는 어디서 구했어요? 116 / 원칙적 협상 118

레슨 27 | 추정치를 기록하고 실제 발생한 것과 비교하지 않으면 추정이 아닌 추측에 그칠 수밖에 없다 118
    과거 데이터의 여러 출처 119 / 소프트웨어 메트릭 120

레슨 28 | 받는 사람이 듣고 싶어 하는 말을 근거로 견적을 변경하지 말자 122
    목표 대 추정치 122 / 조정 시기 123

레슨 29 | 임계 경로를 피하자 124
    임계 경로 정의 124 / 방해되지 않게 하기 125

레슨 30 | 작업은 전체적으로 완료 또는 완료되지 않음 중 하나다. 부분적인 완료는 없다 126
    '완료'는 무엇을 의미할까? 126 / 부분 점수는 없다 128
    요구사항 상태별 추적 129 / 완성도가 가치로 이어진다 130

레슨 31 | 프로젝트 팀은 범위, 일정, 예산, 인원, 그리고 품질의 다섯 가지 관점 중 하나 이상에 대해 유연성이 필요하다 130
    다섯 가지 프로젝트 관점 130 / 우선순위 협상하기 132
    유연성 다이어그램 133 / 다섯 가지 관점 적용하기 134

레슨 32 | 프로젝트의 위험을 통제하지 못하면, 위험이 우리를 통제할 것이다 134
　　위험 관리란 무엇인가? 135 / 소프트웨어 위험 식별하기 135
　　위험 관리 활동 137 / 항상 걱정해야 할 것이 있다 139

레슨 33 | 고객이 항상 옳은 것은 아니다 139
　　'옳지 않다'는 것 140 / 견해 존중하기 142

레슨 34 | 우리는 소프트웨어에서 너무 많은 가식 행위를 한다 143
　　상상의 나라에 살기 143 / 비이성적 기대감 144 / 사람들이 하는 게임 145

CHAPTER 5 문화와 팀워크에 관한 레슨　146

문화와 팀워크 개요 146
　　믿음 지키기 147 / 문화적 일치 148 / 문화의 구체화 149 / 성장하는 그룹 150

레슨 35 | 지식은 제로섬이 아니다 152
　　지식 독점 152 / 무지를 바로잡기 153 / 지식 전수 확대 154
　　건강한 정보 문화 156

레슨 36 | 다른 사람들이 아무리 많은 압력을 가하더라도,
　　　　　우리가 이행할 수 없는 약속은 절대 하지 말자 156
　　약속, 약속 157 / 살다 보면 그럴 수 있지 158

레슨 37 | 교육과 더 나은 실무 사례가 없다면 생산성 향상은 꿈도 꾸지 말자 159
　　무엇이 문제인가? 160 / 몇 가지 가능한 해결책 160
　　도구 및 교육 162 / 개별 개발자의 성과 차이 162

레슨 38 | 사람들은 그들의 권리에 관해 많이 얘기하지만,
　　　　　모든 권리의 이면에는 책임이 따른다 164
　　고객 권리 및 책임 예 165 / 개발자 권리 및 책임 예 165
　　프로젝트 관리자 또는 스폰서 권리 및 책임 예 166
　　자율 팀 권리 및 책임 예 166 / 위기 전의 우려 166

레슨 39 | 물리적 분리로 인해 의사소통과 협업이 저해되지는 않는다 167
　　공간과 시간의 장벽 167 / 가상 팀: 분리의 극치 169
　　문, 문, 문을 위한 나의 왕국! 169

레슨 40 | 소규모 공동 작업 팀에 적합한 비공식적인 접근 방식은 잘 확장되지 않는다 171
　　처리 체계와 도구 172 / 전문화의 필요성 172 / 의사소통 충돌 173

레슨 41 | 새로운 업무 방식으로 전환할 때 조직의 문화를 바꾸는 어려움을
　　　　　과소평가하지 말자 174
　　가치, 행동, 그리고 실무 사례 174 / 애자일과 문화의 변화 176 / 내면화 177

레슨 42 | 비합리적인 사람들을 대할 때는 어떤 공학이나 관리 기법도 소용이 없다 178
　　약간의 가르침을 시도해보자 179 / 누가 선을 넘었나요? 179
　　유연성을 위하여 180

CHAPTER 6 품질에 관한 레슨　182

품질 개요 182
　　품질의 정의 182 / 품질 계획 183 / 품질의 다양한 관점 185 / 품질을 내재하기 185

레슨 43 | 소프트웨어 품질에 대해서라면 지금 지불하거나 또는 나중에 더 지불할 수 있다 ... 187
수리 비용 증가 곡선 188 / 발견이 더 어렵다 190 / 초기 품질 조치 190

레슨 44 | 고품질은 자연스럽게 생산성 향상으로 이어진다 ... 193
두 프로젝트 이야기 193 / 재작업의 재앙 195 / 품질 비용 196

레슨 45 | 조직은 소프트웨어를 제대로 구축할 시간이 없지만 나중에 그것을 해결할 수 있는 자원을 찾는다 ... 197
왜 처음이 아닐까? 198 / 1억 달러 신드롬 199 / 균형 잡기 199

레슨 46 | 크랩 갭을 조심하자 ... 200
크랩 갭 예 200 / 소프트웨어의 크랩 갭 시나리오 201

레슨 47 | 상사나 고객이 나쁜 일을 하도록 부추기지 말자 ... 202
권력 행사 203 / 조급한 코드 작성 203 / 지식 부족 203
그늘진 윤리 205 / 절차 회피 205

레슨 48 | 고객이 아닌 동료가 결함을 찾도록 노력하자 ... 206
동료 검토의 이점 206 / 다양한 소프트웨어 검토 207 / 검토의 문화적 영향 209

레슨 49 | 소프트웨어 사람들은 도구를 좋아하지만, 도구를 가진 바보가 더 큰 바보다 ... 210
도구는 가치를 추가해야 한다 211 / 도구는 현명하게 사용해야 한다 212
도구는 프로세스가 아니다 213

레슨 50 | 오늘의 '당장 출시해야 하는' 개발 프로젝트는 내일의 유지보수 악몽이다 ... 214
기술 부채와 예방 유지보수 215 / 의식적인 기술 부채 215
현재 또는 미래의 품질을 위한 설계 216

CHAPTER 7 프로세스 개선에 관한 레슨 218

프로세스 개선 개요 ... 218
소프트웨어 프로세스 개선이란? 218 / 프로세스를 두려워하지 말자 219
SPI를 정착시키기 220

레슨 51 | '비즈니스위크를 추종하는 경영'을 주의하자 ... 221
먼저 문제, 그 다음에 해결책 222 / 근본 원인 분석 예 223
진단이 치료로 이어진다 225

레슨 52 | "내게 무슨 득이 되지?"라고 묻지 말고, "우리에게 어떤 이득이 있지?"라고 묻자 ... 226
팀 이득 226 / 개인적 이득 228 / 팀을 위한 희생 229

레슨 53 | 사람들이 일하는 방식을 바꾸는 데 가장 좋은 동기가 되는 것은 고통이다 ... 229
고통은 아프다! 230 / 보이지 않는 고통 231

레슨 54 | 조직을 새로운 작업 방식으로 이끌 때는 부드럽게 압박하되 끊임없이 가하자 ... 232
변화로 이끌기 232 / 상향 관리 234

레슨 55 | 이전의 모든 전문가가 이미 저지른 실수를 일일이 되풀이할 시간은 없다 ... 235
학습 곡선 236 / 모범 실무 사례 237

레슨 56 | 올바른 판단과 경험은 때때로 정해진 프로세스보다 우선한다 ——— 238
　　프로세스와 리듬 239 / 독단주의에 빠지지 않기 240

레슨 57 | 문서 템플릿에 줄여-맞추기 철학을 쓰자 ——— 242

레슨 58 | 시간을 들여 배우고 개선하지 않는 한,
　　다음 프로젝트가 지난 프로젝트보다 더 잘 될 것이라고 기대하지 말자 ——— 246
　　되돌아보기 246 / 회고 구조 248 / 회고 이후 249

레슨 59 | 소프트웨어 업계에서 가장 눈에 띄는 반복성은
　　비효율적인 일을 반복해서 하는 것이다 ——— 250
　　학습의 장점 251 / 사고의 장점 252

CHAPTER 8　다음에 할 일　254

레슨 60 | 모든 것을 한 번에 바꿀 수는 없다 ——— 255
변화 우선순위 지정 ——— 256
　　현실 점검 257
실행 계획 ——— 258
나만의 레슨 ——— 260

APPENDIX　부록: 레슨 요약　261

레슨 요약 ——— 261
　　요구사항 261 / 설계 262 / 프로젝트 관리 262
　　문화와 팀워크 262 / 품질 263 / 프로세스 개선 263
　　다음에 할 일 264

찾아보기 ——— 266

옮긴이 머리말

"정성과 최선을 다했습니다."

한마디로 요약해서 독자 여러분께 드리고 싶은 제 진심의 표현입니다. 그동안 여러 책에 걸쳐 해왔듯이, 신중한 원고 작성과 여러 차례에 걸친 검토 및 수정을 통해 이 책을 완성하였습니다.

오랜 시간 소프트웨어 개발 실무에서 일을 하고 경험을 쌓으면서 많은 것을 배우고 느꼈습니다. 프로그래밍부터 시작해서 애플리케이션 시스템 분석과 설계를 하면서 여러 종류의 프로그래밍 언어는 물론이고, 소프트웨어 개발을 위한 각종 기법과 방법론을 배우고 익혔죠. 또한 소프트웨어 프로젝트 수행에 필요한 여러 관점과 지식을 습득하고 실무에 적용하는 기회도 많이 얻었습니다. 그러나 이 책을 보면서 더 많은 것을 배울 수 있었다는 생각이 듭니다.

요즘은 생성형 AI가 소프트웨어까지 만들어주는 시대에 접어들고 있습니다. 그러나 소프트웨어 개발은 인간의 창의적인 활동에서 나오는 결과물을 창출하는 것이므로 결코 단순하지 않으며 인공지능 역시 인간이 만드는 것이죠.

이 책을 처음 접했을 때 제가 그동안의 실무 경험에서 느꼈던 중요한 내용들이 포괄적인 조언을 담은 레슨으로 잘 정리되어 있음을 보고 무척 놀랐습니다. 소프트웨어 개발자라면, 이 책의 모든 레슨을 읽어보고 습득하여 자신에게 필요한 것을 실천해볼 것을 적극 권합니다. 이론적인 내용은 물론이고, 특히 저자가 실제 프로젝트에서 얻은 경험을 이 책을 통해 독자 여러분의 지식으로 만들 수 있다는 것이 이 책의 가장 큰 장점일 겁니다. 이런 내용은 일반적인 교육을 통해 배울 수 없는 것이기 때문입니다.

독자 여러분은 지금 소프트웨어 개발자로서 어떤 일을 하고 있나요? 프로그래머? 아니면 분석이나 설계? 아니면 프로젝트 관리? 여러분이 어떤 역할이나 일을 하든지, 소프트웨어 개발 프로젝트를 수행하는 데 도움이 되는 중요한 지식과 경험을 이 책을 통해 얻을 수 있을 것입니다. 또한 소프트웨어 개발자로서 큰 숲을 볼 수 있는 안목을 갖게 될 것입니다. 이것은 역자로서 진심으로 드리는 말씀입니다.

이 책을 집필하는 동안 불행하게도 제가 생사를 오갈 수 있는 병을 얻게 되었습니다. 하지만 천만다행으로 위기를 모면하였고, 3년에 가까운 힘든 투병 생활을 통해 완치는 아니지만, 일상적인 삶을 이어갈 수 있게 되었습니다. 죽음의 위기에서 저를 구해주신 고려대 안암병원의 임선영 교수님께 진심으로 감사드립니다. 그리고 이 책을 번역할 수 있도록 깊은 배려와 많은 도움을 주신 제이펍 출판사 장성두 대표님께 감사드리며, 더 좋은 품질의 책이 되도록 많은 노력과 수고를 해주신 김정준 부장님께 감사드립니다. 또한 정성 어린 노력을 해주신 최병찬 과장님께도 감사드립니다. 끝으로, 항상 곁에서 조력을 해주는 제 가족(아내, 아들, 딸)에게 고마움을 전합니다.

이 책을 읽는 독자 여러분의 건투와 발전을 기원합니다!

심재철 드림

베타리더 후기

 김호준(현전사)

소프트웨어 개발을 진행하면서 겪을 수 있는 모든 고통과 고난을 헤쳐나갈 수 있게 친절히 가이드해주는 느낌의 책입니다. 저자는 본인의 실제 경험을 바탕으로 설득력 있게 문제들을 풀어나갑니다. 특히 2장 '요구사항에 관한 레슨'이야말로 책 제목처럼 이 책의 진주와도 같은 챕터라고 생각합니다. 지금도 다양한 돌발 상황들로 고통받고 있을 개발자분들 모두에게 추천하고 싶은 책입니다.

박수빈(엔씨소프트)

소프트웨어 개발 프로젝트를 진행하기 위해서는 아무리 작은 프로젝트라 해도 필요한 원칙과 절차가 있다는 사실을 논리적인 흐름을 통해 잘 보여줍니다. 읽다 보면 각 단계에 따른 담당자의 역할이 중요하다는 것을 구체적으로 알게 됩니다. 언제라도 자신만의 프로젝트를 하기 위해 꿈꾸는 사람이라면 이 책이 큰 도움이 될 것입니다.

사지원(카카오모빌리티)

어떻게 하면 일을 더 잘할 수 있을까? 이런 고민을 하고 있다면, 이 책이 도움이 될 수 있습니다. 생생하고 재미있으면서도 다양한 에피소드로 구성되어 프로젝트를 마주한 구성원의 입장에서 많은 것들을 배울 수 있습니다.

 신진욱(네이버)

이 책은 다양한 레슨을 통해 소프트웨어를 만드는 과정을 간접 경험할 수 있도록 도와줍니다. 다양한 상황과 예시를 통해 소프트웨어 개발에 있어서 고민해봐야 하는 관점, 설계, 관리, 품질, 개선에 대한 이야기를 들려줍니다. 이런 간접 경험을 통해 영역별 문제에 대한 고민을 해볼 수 있어 좋았습니다.

 양성모(현대오토에버)

이 책은 개발자들 그리고 프로젝트에 참여하는 모든 사람들을 위한 교훈집이며 마음 수양서입니다. 많은 분들이 조금이라도 더 빨리 이 책을 읽고 앞으로 프로젝트를 진행하면서 겪게 될 고통스러운 시간을 줄일 수 있으면 좋겠습니다.

 이기하(오픈플랫폼 개발자커뮤니티)

프로젝트를 진행하면서 저자의 매우 풍부한 경험이 잘 녹아있는 책입니다. 단순한 지식 전달을 넘어서 독자로 하여금 생각하게 하고, 실천할 수 있는 많은 질문과 예제들을 제시하고 있습니다. 프로젝트를 해본 분이라면, 이 책을 보면서 지난날을 떠올리며 다음 프로젝트를 어떻게 준비하면 좋을지 다시 한번 생각할 계기가 될 것입니다.

 이석곤(아이알컴퍼니)

이 책을 베타리딩하면서 많은 것을 배웠습니다. 이 책은 소프트웨어 개발의 핵심 원칙과 실제 적용 방법을 잘 설명하고 있어서 초보자부터 전문가까지 모두에게 도움이 될 것이라 생각합니다. 또한 책 내용이 이해하기 쉽게 구성되어 있으며, 상황별로 사례 설명이 잘 되어 있어서 실무에 적용하는 데 도움이 될 것입니다. 전반적으로 내용과 구성이 매우 훌륭하여 이 책을 개발자들에게 꼭 추천하고 싶습니다.

 이현수(글래스돔코리아)

저자의 오랜 경험을 바탕으로 소개하는 소프트웨어 개발 방법론과 문화에 관한 내용은 깊은 통찰과 실질적인 지식을 고스란히 담고 있었습니다. 6개 주제의 60가지 레슨을 통해 개발 문화의 중요성, 그리고 그 안에서 우리가 어떻게 더 나은 소프트웨어를 만들어가고 훌륭한 개발 조직을 만들어갈 수 있는지에 대해 이해하고, 현재 만연한 기존 개발 실무 사례에 대해 성찰할 수 있었습니다. 저자의 경험이 잘 녹아든 훌륭한 책입니다.

정현준(AtlasLabs)

개발 매니지먼트 이야기는 코드와 달리 내용의 상세함이 더 중요합니다. 코드의 경우 git clone을 통해 그대로 재현이 가능하고 새로운 내용도 검색해서 찾을 수도 있으나, 매니지먼트는 텍스트를 통해 저자의 이야기를 간접 경험과 상상만 할 수 있을 뿐 재현이 불가능하기 때문입니다. 내용이 자세하고 풍부할수록 실제 경험과의 간극을 좁힐 수 있는데, 저자는 다양한 현장 경험을 통해 '레슨'을 알려줘서 좀 더 현실감이 느껴지는 접근을 가능하게 합니다. 제가 베타리딩을 하기보다는 오히려 많이 배운 책이었고, 매니지먼트를 하면서 항상 하는 고민들이 체계적으로 정리되어 책이 출간되면 옆에 두고 항상 봐야겠다는 생각이 들었습니다.

제이펍은 책에 대한 애정과 기술에 대한 열정이 뜨거운 베타리더의 도움으로
출간되는 모든 IT 전문서에 사전 검증을 시행하고 있습니다.

추천사

이 책은 칼Karl이 오랫동안의 성공한 경력에서 깨우친 교훈들의 모음이며, 그 과정에서 그가 담아 온 모든 좋은 것들(그리고 일부 나쁜 것들)에 대한 회고전이다. 그러나 이 책은 '내 시절에 이랬다'라는 기억을 담은 것이 아니라, 오늘날 소프트웨어 개발에 관련된 모든 사람에게 도움이 될 가르침을 수록한 것이다. 이 책은 놀랍다. 단순히 주옥같은 지혜들을 나열한 목록이 아니라, 각 레슨은 신중하게 논의되고 설명되어 있다. 또한 해당 레슨이 왜 우리에게 중요한지, 그리고 중요한 것은 우리가 어떻게 우리의 현실에 해당 레슨을 적용할 수 있는지에 대한 설명을 전달한다.

—James Robertson(《Mastering the Requirements Process》의 저자)

서툴러 생긴 실수에 대한 대가를 치르지 않으면서 가장 도움이 될 경력 초기에 성공한 선배로부터 평생의 경험을 얻는 것은 멋진 일이 아닐까? 저자 칼 위거스는 50여 년 넘게 소프트웨어와 관리 분야에서 주로 컨설턴트로 일하면서 다른 사람들이 만든 실패를 바로잡기 위한 요청을 많이 받았었다. 이 책에서 그는 자신이 마주친 가장 일반적이고 끔찍한 유형의 경험을 소개한다. 가장 자주 빠지는 구멍이 어디에 있는지, 그리고 어떤 구멍이 가장 비싼 대가를 요구하는지 아는 것은 가치가 있다.

칼은 재난 특파원일 뿐만 아니라 비즈니스 분석, 소프트웨어 공학 및 프로젝트 관리의 핵심 기술을 잘 파악하고 있다. 따라서 칼의 경험과 지식을 통해 애초에 장애를 피하는 방법뿐만 아니라 장애를 복구하는 방법에 대해 간결하지만 중요한 통찰력을 얻을 수 있을 것이다.

46년 전에 나는 운 좋게도 프레드 브룩스의 고전인 《맨먼스 미신(Mythical Man-Month)》을 우연히 발견했는데, 그 책은 내가 새롭게 경력을 시작하려는 데 엄청난 통찰력을 주었다. 칼의 책은 이와 비슷한 맥락이지만, 범위가 더 넓고 최근 기술까지 포함하고 있다. 나의 반세기 동안의 경험을 통해 그가 이 책에 수록한 가르침으로 많은 호응을 얻고 있다는 것을 확인할 수 있다.

—**Meilir Page-Jones**(Wayland Systems Inc. 수석 비즈니스 분석가)

칼은 소프트웨어 개발자들을 위한 포괄적인 조언으로 가득한 또 다른 멋진 책을 만들었다. 그의 지혜는 모든 개발 전문가와 학생들(어리거나 나이 들었거나, 새내기이거나 경험이 많거나)에게 적용될 수 있을 것이다. 나 자신부터 수년간 소프트웨어 개발을 해왔지만, 이 책은 나의 팀이 더 잘해야 할 일들을 적시에 상기시켜 주었다. 나는 우리 팀 신입들이 이 책을 하루빨리 읽게 될 것을 고대하고 있다.

이 책은 수년간의 실제 프로젝트에서 얻은 실제 경험에 뿌리를 두고 있으며, 레슨들을 뒷받침하는 철저한 연구가 적절히 담겨 있다. 칼의 모든 책과 마찬가지로, 그는 관련된 이야기와 몇 가지 재미있는 논평으로 가득 찬 가볍고 매력적인 책을 고수한다. 앞에서 뒤로 읽거나 현재 개선하고자 하는 영역과 관련된 특정 레슨만 읽을 수도 있다. 재미있는 읽기에 더한 실용적인 조언. 잘못될 수가 없다!

—**Joy Beatty**(Seilevel의 부사장)

칼의 《소프트웨어 개발의 진주》는 여러분의 훈련 과정에서 접하기 힘든 여러 통찰력을 포착하여 설명한다는 도전적인 목표를 달성한다. 이런 통찰력은 대부분의 실무자가 실전 경험을 통해 배우지만, 그럼에도 불구하고 훌륭한 소프트웨어를 개발하는 데 중요하다.

이 책의 구조는 여러분의 경험과 연결되어 결과적으로 여러분의 행동을 바꾸는 방법을 찾도록 강요하지만, 빛나는 것은 책의 내용인데, 소프트웨어 개발 생태계의 넓은 풍경을 다루는 59+1 레슨이 모아져 있다. 이러한 통찰력은 시간을 절약하고, 더 효과적으로 협업하고, 더 나은 시스템을 구축하고, 일반적인 오해에 대한 우리의 견해를 바꾸는 데 도움이 될 것이다. 《소프트웨어 개발의 진주》는 쉽게 읽을 수 있으며, 그 과정에서 이것과 같은 통찰력을 발견한 다른 전문가들에 대한 광범위한 참조도 뒷받침된다.

이 레슨들은 정말로 주옥같은 지혜로서, 영원하게 우리의 역할과 관계없이 훌륭한 소프트웨어를 더 잘 개발할 수 있도록 해주는 변치 않을 핵심이다. 자신을 위한 책 한 권과 팀의 다른 사람들을 위한 한 권을 더해 두 권을 구매해도 좋을 것이다.

—**Jim Brosseau**(Clarrus)

이것은 소프트웨어 개발에 관련된 모든 사람들에게 훌륭한 책이다. 이 책의 뛰어난(그러면서도 특이한) 양상 중 하나는 각자 독립적인 레슨들로 구성되는 방식에 있다. 이 레슨들은 그것들이 나중에 필요할 때 생각나는 밈meme, 즉 우리가 기억할 만한 정제된 지식 덩어리처럼 작동한다. 최근 고위 임원과 애자일 프로젝트에 대한 요구사항 역량의 필요성에 대해 논의하던 중 문득 레슨 8의 '요구사항 개발의 가장 중요한 목적은 명확하고 효율적인 의사소통이다'가 생각났다.

개인적인 경험으로 볼 때, 나는 레슨 22의 '대부분의 시스템 문제는 인터페이스에서 생긴다'와 같은 교훈의 가치를 증명할 수 있다. 그런 문제에 충분히 주의를 기울이지 않아 심하게 데었던 적이 있었기 때문이다. 소프트웨어 개발에 종사하는 사람이라면, 누구나 미래에 무엇을 해야 할지 또는 무엇을 하지 말아야 할지에 관해 이 책의 레슨이 제시하는 바를 어렵게 쌓아간다. 이 책은 훨씬 덜 고통스럽게 여러분을 거기로 데려다 줄 것이다. 칼이 레슨 7의 '지식을 기록하는 데 따르는 비용은 지식을 습득하는 비용에 비해 적다'에서 말했듯이, 이 책의 레슨은 실무자들에게 좋은 조언일 뿐만 아니라 여러분이 이 책을 사야 하는 이유를 말끔하게 담고 있다.

—Howard Podeswa(《The Agile Guide to Business Analysis and Planning》의 저자)

추천 서문

칼 위거스는 유기화학 박사 학위를 받은 후 뉴욕의 코닥에서 연구 과학자로 일했다. 칼은 코닥에서 일하기 전에 면접을 거치면서 자신이 해당 일의 본질을 알고 있다고 생각했다. 그는 사진 필름, 사진 개발 및 연관 프로젝트에 관련된 연구를 할 예정이었다.

칼이 코닥에 도착했을 때, 그는 빛 폐쇄 장치를 통해 실험실로 안내되었다. 이 장치는 실험실로 완전히 어둡게 빛이 새지 않도록 한다는 점을 제외하면 잠수함의 기밀식 출입구air lock와 같았다. 칼이 빛 폐쇄 장치를 통과한 후, 그의 눈은 조명이 거의 없는 실험실에 적응하는 데 몇 분이 걸렸다. 아무도 칼에게 그의 연구실이 사진 현상용 암실이 될 것이라고 알려주지 않았다.

칼은 말 그대로 어둠 속에서 일하고 싶지 않다는 것을 빠르게 깨달았다. 곧바로 그는 소프트웨어 개발자, 그 후 소프트웨어 관리자, 그리고 최종적으로 소프트웨어 프로세스와 품질 개선 리더의 역할로 전환했다. 이후에 그는 프로세스 임팩트라는 자신의 회사를 설립했다.

이 실용적인 책은 다른 사람들을 소프트웨어의 어둠에서 빛으로 인도하려는 칼의 시도다. 그의 다른 책들과 마찬가지로, 이 책은 이론보다 실용적인 내용이 더 많다. 이 책은 특히 요구사항, 프로세스 개선, 품질, 문화, 팀워크 등 칼이 직접 경험한 분야에 초점을 맞추고 있다.

칼은 왜 책의 제목을 《소프트웨어 개발의 진주》라고 했는지 설명하지 않는다. 진주가 생성되는 과정은 모래알과 같은 이물질이 진주조개에 들어 있을 때 시작된다. 그리고 이에 반응하여 진주조개는 이물질로부터 자신을 보호하기 위해 그것을 뒤덮어 점차 키운다. 오랜 시간이 걸리지만 결국 그 이물질은 값진 진주가 된다.

칼은 내가 아는 소프트웨어 업계 사람 중 가장 사려 깊은 한 명이다. 그는 오랜 시간 자신이 접한 소프트웨어 개발에서의 이물질에 대해 깊이 생각했으며, 이 책에는 그의 가장 가치 있는 60개의 응답이 담겨 있다.

—**Steve McConnell** (Construx Software 창립자이자 《Code Complete》의 저자)

감사의 글

50년이 넘는 기간 동안, 나는 여러 출처로부터 소프트웨어 개발, 프로젝트 관리, 그리고 프로세스 개선 방법을 배웠다. 나는 수많은 책과 기사를 읽었고, 많은 전문 교육 과정을 수강했으며, 수많은 콘퍼런스 프레젠테이션에 참석했다. 유용한 지식 한 가지로부터 학문의 일부에 대한 완전히 새로운 이해에 이르기까지 모든 것을 전수해준 모든 교육자들께 감사드린다. 특히 두 명의 훌륭한 트레이너인 Steve Bodenheimer와 Joyce Statz 박사가 기억에 남는다. 수십 년 후에 여러분의 전문 강사들의 이름 중 몇 개나 기억할 수 있을까?

소프트웨어 공학 문헌의 방대한 본문은 사실상 끝없는 깨달음의 원천이다. 내가 특히 주목할 만한 작품을 쓴 작가로는 Mike Cohn, Larry Constantine, Alan Davis, Tom DeMarco, Tom Gilb, Robert Glass, Ellen Gottesdiener, Capers Jones, Norm Kerth, Tim Lister, Steve McConnell, Roxanne Miller, James Robertson, Suzanne Robertson, Johanna Rothman, Ed Yourdon이 있다. 만일 여러분이 그들의 작품을 읽지 않았다면, 꼭 읽어야 한다. 수년간 현명한 저자 및 컨설턴트들과 친구가 되는 것은 드문 특권이었다.

나는 운 좋게도 재능 있는 소프트웨어 엔지니어들과 함께 일했다. 우리 모두는 상호 보완적인 경험을 갖고 있기 때문에 다른 사람들이 어떻게 일하는지 보면 많은 것을 배울 수 있다. 나는 프로세스 임팩트라는 회사의 수석 컨설턴트로서 150여 개의 회사와 정부 기관에 교육 및 컨설팅 서비스를 제공해 왔다. 나의 교육 과정을 수강하면서 자신들의 우려와 성공 이야기를 나와 공유했던 모든 고객과 학생들에게 감사드린다. 여기서 나온 기록은 내가 수많은 실제 상황에서 기술이 잘 운용되는 것과 그렇지 않은 것을 배우는 데 도움을 주었다. 나는 이런 수많은 출처에서 배운 모든 것을 이 책의 레슨에 담았다.

이 책을 준비하면서 나는 Jim Brosseau, Tanya Charbury, Mike Cohn, David Hickerson, Tony Higgins, Norm Kerth, Ramsay Miller, Howard Podeswa, Holly Lee Sefton, 그리고 특히 Meilir Page-Jones, Ken Pugh, Kathy Reynolds와 매우 유익한 논의를 했다. 그들이 나의 질문과 그들이 나눈 경험담에 대해 인내심을 가져주어 진심으로 감사드린다. 나의 개인적인 관찰을 강화하기 위해 통찰력 있는 인용문을 제공해준 분들께도 감사드린다.

Joy Beatty, Jim Brosseau, Mike Cohn, Gary K. Evans, Lonnie Franks, David Hickerson, Kathy Iberle, Norm Kerth, Darryl Logsdon, Jeannine McConnell, Marco Negri, Meilir Page-Jones, Neil Potter, Ken Pugh, Gina Schmidt, James Shields, John Siegrist, Jeneil Stephen, Tom Tomasovic, Sebastian Watzinger가 제공한 유용한 원고 검토 의견에 감사드린다. Tanya Charbury, Kathy Reynolds, Maud Schlich, Holly Lee Sefton의 검토 의견은 특히 가치가 있었다. 설계 인터페이스에서 유용한 그림을 수정할 수 있는 권한을 준 Gary K. Evans에게도 감사드린다.

Haze Humbert, Menka Mehta, 그리고 피어슨의 전체 편집 및 제작팀은 내 원고를 훌륭하게 작업해줘서 감사드린다.

언제나 그랬듯이, 나는 새롭게 이 책의 프로젝트를 하는 동안 인내심을 갖고 참아준 아내 Chris에게 신세를 지고 있다.

CHAPTER 1
고통스러운 경험을 통한 학습

"나는 늘 해 왔던 방식으로 현재도 소프트웨어를 만들고 있다."라고 진정으로 말할 수 있는 사람을 나는 본 적이 없다. 일하는 데 더 좋은 방법을 학습learning을 통해 깨달은 사람이라면 누구도 그렇게 말할 수 없을 것이다. 이 책은 그 방법을 찾는 지름길을 제공한다.

경험experience은 제일 좋은 학습 형태면서 또한 가장 힘든 학습 방법이기도 하다. 새로운 방법을 처음 시도할 때는 실수도 하고 때로는 실패하기도 한다. 우리 모두는 새로운 방법을 숙지하고 언제 어떻게 능숙하게 사용할지 알기 위해 애쓴다. 그러나 학습하는 동안은 단기간의 생산성이 떨어진다는 것을 인정하고 학습 기간을 단축하고 효과를 높여야 한다.

다행스럽게도 이때 사용할 수 있는 학습 방법이 있다. 관련 지식을 이미 습득하여 실제 적용했던 사람들로부터 레슨lesson과 비법을 전수받아 학습 곡선learning curve을 단축하는 것이다. 이 책은 소프트웨어 공학과 프로젝트 관리에 관한 주옥같은 지식을 집약한 것이며, 이것은 나의 개인적인 경험과 다른 사람들의 노력에서 얻은 것이다. 각자 자신의 경험과 교훈은 나와 다를 수 있어서 내가 알려주는 것에 공감하지 않을 수도 있다. 그래도 좋다. 각자의 경험은 고유하기 때문이다. 어찌됐든 이 책에 있는 모든 것은 나의 소프트웨어 경력에서 소중하게 생각했던 것들이다.

나의 관점

내가 이 책의 학습 자료들을 어떻게 모았는지 알려주기 위해 내 이력부터 간단하게 살펴보자. 나는 1970년에 처음으로 대학에서 컴퓨터 프로그래밍을 수강하였다(물론 그 당시에는 FORTRAN 프로그래밍 언어 과목이었다). 그리고 이듬해 여름에 대학의 학자금 대출과에서 하는 작업 일부의 자동화를 나 혼자 수행하였고, 2학점짜리 프로그래밍 과목을 이수했다. 이로써 나는 소프트웨어 엔지니어의 첫 걸음을 뗀 것이다. 보잘 것 없는 내 이력을 감안했을 때 해당 프로젝트는 매우 성공적이었다. 이후에 나는 같은 대학에서 프로그래밍 과목을 두 개 더 수강했다. 그리고 이에 더하여 내 스스로 책을 읽고, 외부 교육 과정을 수강하고, 경험을 쌓고, 동료와 교류하면서 소프트웨어 공학에 관해 배웠다. 그때는 이런 비정규적인 학습이나 경력 쌓기가 드문 일이 아니었다. 왜냐하면 많은 배경을 가진 사람들이 정규 컴퓨팅 교육을 거의 받지 않은 채 소프트웨어 개발에 뛰어들었기 때문이다.

일찌감치 소프트웨어 개발을 시작한 이래로 나는 다양한 범위의 소프트웨어 관련 일을 하느라 많은 시간을 보냈다. 요구사항 개발, 애플리케이션 설계, 사용자 인터페이스 설계, 프로그래밍, 테스팅, 프로젝트 관리, 문서 작성, 품질 관리, 개발 프로세스 개선과 같은 것 말이다. 그리고 그런 와중에 다른 길로 들어서서 유기 화학 박사 학위도 취득하였다. 그렇지만 이때도 내 박사 논문의 1/3은 실험 데이터 분석과 화학 반응을 시뮬레이션하는 소프트웨어 코드로 구성되어 있었다.

내 경력 초기에는 그 당시 크게 성공한 거대 기업이었던 이스트먼 코닥 Eastman Kodak 회사의 연구원으로 근무했으며, 나는 컴퓨터를 사용해서 실험을 설계하고 결과 데이터를 분석하였다. 그리고 곧바로 소프트웨어 개발직으로 전환하여 코닥 연구소에서 사용할 애플리케이션을 개발하고 수년 동안 소규모 소프트웨어 그룹을 관리하였다. 이런 나의 과학 분야 경력과 성향으로 인해 나는 더 체계적인 소프트웨어 개발 방법에 관심을 갖게 되었다.

1983년에는 처음으로 소프트웨어에 관한 기고문을 작성하였으며 그 이래로 다양한 관점의 많은 기고문과 8권의 책을 저술하였다. 그리고 1997년부터는 독립적인 컨설턴트 겸 트레이너로서 여러 사업 분야에 걸쳐 150개 정도의 회사와 정부 기관에 서비스를 제공하고 있다. 이에 따라 소프트웨어 프로젝트에서 효과적으로 사용되거나 또는 그렇지 않은 기법들을 유심히 살펴보게 되었다.

소프트웨어 개발과 관리에 관한 나의 많은 지식은 내 개인적인 프로젝트 경험에서 유래된 것이며 일부 소중한 것이 있는 반면, 실망스러운 것도 있다. 그리고 이외의 다른 지식은 컨설팅 고객의 경험에서 얻었는데, 대개는 잘 수행되지 않았던 프로젝트에서 나온 것이다. 모든 일이 순조롭게 진행될 때 컨설턴트를 호출하는 사람은 없기 때문이다. 내가 이 책을 쓴 이유는, 이 책에 수록된 것과 동일한 레슨들을 여러분이 따로 힘들게 축적할 필요 없도록 하기 위해서다. 이 책의 레슨들을 읽었던 경험 많은 소프트웨어 엔지니어는 이렇게 논평하였다. "여기 수록된 모든 레슨은 하나하나마다 해당 레슨과 관련된 고통의 흔적이 담겨 있다."

이 책에 관하여

이 책에는 소프트웨어 개발과 관리에 관한 59개의 레슨이 포함되어 있다. 모든 레슨은 6개 부문으로 분류되어 있고 각 부문은 한 챕터(2장부터 7장까지)로 구성되었다.

- 2장. 요구사항requirement
- 3장. 설계design
- 4장. 프로젝트 관리project management
- 5장. 문화와 팀워크culture and teamwork
- 6장. 품질quality
- 7장. 프로세스 개선process improvement

8장에서는 마지막으로 일반적인 레슨을 제공하며, 부록에서는 모든 레슨의 참고자료를 제공한다.

각 부문에는 이 책에 수록된 것 외에 더 많은 레슨이 포함될 수 있다. 그러나 부문마다 알아야 할 지식이 너무 많아서 그렇게 할 사람은 없을 것이다. 또한 이 책에서는 프로그래밍, 테스팅, 구성 관리configuration management와 같은 필수적인 소프트웨어 개발 관점을 언급하지 않는다. 이 내용은 다음 책(제목과 저자 및 출판년도 순)에서 다른 저자가 알려준다.

- 《생각하는 프로그래밍Programming Pearls》, 존 벤틀리(2003)
- 《Lessons Learned in Software Testing》, Cem Kaner, James Bach, and Bret Pettichord(2002)
- 《Code Complete》, 스티브 맥코넬(2005)
- 《구글 엔지니어는 이렇게 일한다Software Engineering at Google》, 타이터스 윈터스, 톰 맨쉬렉, 하이럼 라이트(2022)

이 책에 수록된 주제와 레슨은 상호 독립적이므로 어떤 순서로 읽어도 좋다. 각 챕터는 관련 소프트웨어 부문에 적합한 개념을 설명하는 '개요'부터 시작한다. 그다음으로 '첫 단계'에서는 이전의 각자 경험을 떠올리고 기억을 살리는 데 필요한 내용을 알아본 후 해당 챕터의 레슨들을 하나씩 자세히 설명한다. 특히 '첫 단계'에서는 이전에 각자 팀에서 일하면서 경험했던 해당 영역의 문제들과 이로 인한 영향 그리고 근본 원인에 관해 살펴본다.

각 레슨에서는 핵심 사항을 간단히 설명한 후 실무 팀에서 해당 레슨을 기반으로 적용할 수 있는 실무 사례practice들을 알아본다. 각 챕터를 꼼꼼히 읽는 동안 이런 실무 실무 사례들이 각자의 상황에 부합될 수 있는지 생각해보자. 여기에 나타나 있듯이, 각 레슨의 좌우 여백에 나타나는 책 모양의 첫 번째 아이콘은 현재 설명하는 내용이 나의 개인적인 경험, 컨설팅 고객과의 교류, 그리고 동료들과 공유했던 경험에서 얻은 실화임을 나타낸다. 단, 설명 내용 중에 등장하는 사람 이름은 사생활 보호를 위해 변경하였다. 또한 열쇠 모양의 두 번째 아이콘은 각 레슨 설명의 핵심 사항을 나타낸다. 그리고 일부 레슨은 다른 레슨에 대한 참조 등을 포함하는데, 이때는 여기처럼 세 번째 아이콘으로 표시하였다.

각 챕터의 끝에 나오는 '다음 단계'에서는 각자 프로젝트와 팀 및 조직에서 해당 챕터의 내용을 실제로 적용하는 데 도움이 되는 것을 설명한다. 각자 수행하는 프로젝트의 종류와 추종하는 개발 생명주기 및 생성하는 결과물과는 무관하게, 각 레슨에 담긴 아이디어를 파악하고 각자 프로젝트를 성공적으로 수행하는 데 도움이 되도록 그 적용 방법을 찾아보자.

'첫 단계'와 '다음 단계'는 혼자 하지 말고 동료들과 같이 살펴보자. 내가 가르치는 많은 교육 과정에서는 교육을 처음 시작할 때 소그룹을 편성하고 해당 과정의 주제와 관련해서 각 팀의 멤버들이 경험했던 문제를 토의하게 한다('첫 단계'). 그리고 각 과정의 끝에서는 파악된 내용을 즉시 적용하기 위해 각 그룹이 브레인스토밍을 통해 문제의 해결 방안을 찾는다('다음 단계'). 이때 다양한 이해 당사자들이 토의 그룹에 포함되는 게 중요하다는 것을 교육생들이 알게 된다. 또한 프로젝트의 여러 부문들이 진행되는 동안 서로 다른 이해 당사자들은 다양한 견해를 피력한다. 그리고 그런 견해들이 결합되면 현재의 실무 사례를 충분히 파악할 수 있으며, 실천 가능한 문제 해결 방안을 선택할 수 있는 창의적인 기회가 제공된다.

독자 여러분이 이 책의 레슨을 충분히 이해하고 각자 프로젝트에 색다른 시도를 하는 계기가 되기 바란다. 그러나 각자 하던 모든 것을 한꺼번에 변경할 수는 없다. 각 개인이나 팀 또는 조직에서는 프로젝트가 잘 수행되도록 노력하면서 적용 가능한 범위 내에서 변경을 수용할 수 있을 것이다. 이 책의 마지막 챕터인 '다음에 할 일'에서는 여러분이 레슨을 실행으로 옮기는 계획을 세우는 데 도움을 줄 것이다. 이 챕터에서는 실행에 옮길 변경 사항의 우선순위를 매기는 것과 실행 계획

(단기, 중기, 장기)을 수립하는 것에 관한 제안을 제공한다.

용어 특기사항

이 책에서는 **시스템**system, **제품**product, **해결책**solution, **애플리케이션**application 등의 용어를 필요에 따라 유사한 의미로 번갈아 사용하며, 각 경우에서는 프로젝트가 생성하는 최종 결과물이 무엇인지 간략하게 보여준다. 그러므로 이 책의 특정 부분에서 이 용어들 중 어떤 것을 사용하더라도 크게 의미를 두지 말기 바란다. 이 책의 레슨과 이와 관련된 실무 사례는 여러 곳에 광범위하게 적용할 수 있다. 예를 들어, 일반 회사나 정부 기관의 정보 시스템, 웹사이트, 상용 소프트웨어 애플리케이션, 내장 소프트웨어를 갖는 하드웨어 장치 등이다.

기회 활용

소프트웨어를 더할 나위 없이 잘 만들 수 있거나 이미 만들었던 개발자가 아니라면, 여러분은 자신을 향상시킬 기회가 있다. 개인 또는 프로젝트 팀이나 조직의 개발자로서, 우리 모두는 끊임없이 능력을 향상시켜야 하며 이에 따른 어려움은 적을수록 좋다.

주니어 개발자인 Zachary Minott(2020)는 자신이 어떻게 경험 많은 개발자를 능가하게 되었는지에 관해 몇 가지를 언급했다. 그는 자신이 몰랐던 것을 인지하여 체계적으로 배우고, 새로 배운 지식을 실제 활용해야 한다고 말했다. 그는 또한 다음과 같이 말했다. "만일 내가 어떤 초능력이라도 가질 기회가 생긴다면, 내 선택은 빨리 배우고 내가 하는 일에 배운 것을 즉시 적용하는 능력이 될 것이다." 지속적으로 교육과 훈련을 통한 숙달을 하는 데 중요한 방법을 Minott는 알았던 것이다.

[우리 모두는 끊임없이 능력을 향상시켜야 하며 이에 따른 어려움은 적을수록 좋다.]

새로운 기술을 배우거나 현재의 일 처리 방법을 향상시키기 위해 교육을 받기로 결정할 수 있을 것이다. 그러나 수업을 받는 동안 할 일은 계속 쌓이게 된다. 따라서 항상 그랬듯이, 배운 것을 무시하고 급히 서둘러 일을 계속하기 쉽다. 이래도 문제가 없다면 좋다. 그러나 이것은 능력을 향상시키는 좋은 방법이 아니다.

나는 각 프로젝트에서 더 잘하기 위해 새로 배울 것과 현재 일하는 것을 모두 파악하는 방법을 채택했다. 그리고 해당 주제에 대해 배우고 새롭게 이해한 내용을 적용하기 위해 시간을 할애했다.

이 방법이 모두 잘 통한 것은 아니다. 그러나 이런 내 방법을 사용해서 나에게 도움이 된 기술을 점차 모을 수 있었다.

여러분도 이렇게 하기를 권한다. 책을 읽는 데만 그치지 말고 다음 단계를 진행하자. 책에서 읽은 실무 사례를 어떻게 적용할 수 있는지, 그리고 그 결과로 무엇을 기대하는지를 여러분의 동료와 함께 결정하자. 이때 더 배우기 원하는 실무 사례들을 만들고 사용하자. 이렇게 하면 결국 장기적으로 유리한 고지를 선점할 수 있을 것이다.

CHAPTER

2

요구사항에 관한 레슨

요구사항 개요

모든 프로젝트는 목적, 즉 지향하는 목표 또는 성과를 갖는다. 또한 모든 프로젝트는 비즈니스 요구를 만족시키거나 시장의 제품 틈새 product niche 를 채우는 데 필요한 것을 정의하는 요구사항을 갖는다. 대부분의 프로젝트는 불확실성이 큰 요구사항으로 시작한다. 그리고 프로젝트 팀이 문제를 찾고 해결 방안을 모색하는 초기 작업을 하는 동안 고객이 더 많이 배우고 피드백을 제공하면서 세부 사항이 점점 더 분명해진다. 요구사항은 정확하게 문서화되거나 또는 이해 당사자들의 머릿속에만 존재할 수 있다. 그러나 어느 쪽이든 요구사항을 분명하게 똑같이 이해하지 못하면 프로젝트 팀이 목적을 달성하기 어려울 것이다.

결국 프로젝트 팀은 모든(또는 적어도 대부분의) 고객 요구사항을 알아낼 것이다. 요구사항은 일찍(개발 작업이 완료되었다고 프로젝트 팀에서 생각하기 전에) 알아낼수록 비용이 적게 들고 고통도 덜하다.

다양한 유형의 요구사항

요구사항을 파악하려면 단순히 사용자가 원하는 것 외에도 더 많은 것을 알아내야 한다. (레슨 11, "요구사항은 단순히 수집하는 것이 아니다"를 참고하자.) 이때 **요구사항** requirement 이 무엇인지에 관해 모든 사람이 똑같이 생각하지 않는다는 것이 첫 번째 어려움이다. 소프트웨어 문헌에서는 요구사항을 다양하게 정의하고 있으며, 일례로 '소프트웨어 요구사항'에는 다음과 같이 폭넓은 정의가 포함되어 있다(Wiegers and Beatty 2013).

> 고객의 요구나 목적 또는 이런 요구나 목적을 충족하기 위해 결과물이 가져야 하는 조건이나 능력을 공인한 것. 결과물이 이해 당사자에게 반드시 가치를 제공해야 하는 무형의 자산.

요구사항에는 다양한 유형의 정보가 포함되며, 표 2.1과 같다(Wiegers and Beatty 2013, IIBA 2015). 물론 모든 소프트웨어 전문가들이 이런 식으로 요구사항 유형을 분류하지는 않는다. 그러나 중요한 것은 이런 다양한 부류의 정보와 밀접한 일을 하는 사람들과 의사소통하면서 요구사항을 조사하고 기록하는 것이다.

간단히 말해서, 비즈니스 요구사항은 해당 조직이 왜 프로젝트를 진행하는지 나타낸다. 그리고 사용자 요구사항은 사용자가 결과물로 무엇을 할 수 있게 되는지를 나타내며, 기능적 요구사항은 개발자가 무엇을 만들 것인지 알려준다. 비즈니스와 사용자 및 기능적 요구사항을 잘 조정하는 것이 프로젝트 성공의 핵심이다.

표 2.1 요구사항 정보의 유형

요구사항 유형	요약 설명
비즈니스	프로젝트를 시작하게 된 비즈니스 목적이나 목표이며, 비전과 범위 문서, 프로젝트 인가서, 또는 실무 사례가 기록될 수 있다.
사용자	사용자가 프로젝트 결과물로 달성할 수 있어야 하는 활동, 작업, 또는 목표를 서술하며, 대체로 유스 케이스(use case)나 사용자 스토리(user story)의 형태로 나타냄. 때로는 이해 당사자 요구사항으로 종합된다. 결과물의 용도 이상으로 더 넓은 범위의 요구사항을 포함한다.
해결책	이해 당사자의 요구사항을 충족하는 해결책의 능력과 자질을 서술한 것
기능적	지정된 조건 하에서 프로젝트 결과물이 보여주어야 하는 행위를 서술한 것. 대부분의 해결책 요구사항은 기능적 요구사항이다. 특정 사용자 요구사항에 맞출 수 있는 기능적 요구사항을 충족하기 위해 개발자는 코드를 구현한다.
비기능적	프로젝트 결과물이 보여주어야 하는 자질과 작동 특성을 나타내는 해결책 요구사항의 관점을 서술한 것이며 **품질 속성**(quality attributes)이라고도 한다.
외부 인터페이스	프로젝트 결과물과 외부 세계 간의 연결을 서술한 것. 외부 세계에는 사용자, 다른 소프트웨어 시스템, 하드웨어 장치, 통신 메커니즘이 포함된다.
이행	프로젝트 결과물이 직면해야 하는 조건 또는 현재 상태로부터 향후 상태로 성공적인 전환을 할 수 있게 수행되야 하는 활동을 서술하는 요구사항

요구사항 중의 핵심은 결과물의 기능적 행동과 특성을 나타내는 일련의 결과물이나 해결책 요구사항이다. 때로는 프로젝트가 부가적인 이행 요구사항을 갖는데, 이것은 프로젝트 자체를 구축하는 것 이상으로 완료해야 하는 요구사항이다(IIBA 2015). 이행 요구사항의 예를 들면 다음과 같다.

교육 자료의 작성과 내용 전달, 결과물 인증을 위한 문서 작성, 지원 문서 작성, 데이터 이행, 그리고 사용자가 현재 상태로부터 향후 상태(시스템 포함)로 이행하는 데 도움을 주기 위해 필요한 그 밖의 조치 사항 등이다.

요구사항 엔지니어링의 하위 도메인

요구사항 엔지니어링의 전체 도메인은 요구사항 개발과 요구사항 관리의 주요 하위 도메인으로 나뉜다. 이 하위 도메인들은 표 2.2에 있는 다섯 개의 활동을 포함한다(Wiegers and Beatty 2013). 소프트웨어 팀은 다양한 요구사항 개발 활동들을 순차적으로 수행하지 않는다. 이 활동들은 점진적으로 뒤섞어서 수행할 수 있다.

소프트웨어 요구사항 엔지니어링의 중요한 과제 중 하나는 고객이 초기에 알려준 문제와 다를 수 있는 실제 문제를 팀에서 이해하고 다루도록 하는 것이다. 때때로 고객은 요구사항 대신 해결 방안을 제시한다. 이런 해결 방안은 실제 문제를 감추어 헛다리 짚는 해결책을 구현하게 될 수 있다.

표 2.2 요구사항 엔지니어링의 하위 도메인

하위 도메인	활동	설명
요구사항 개발	도출	고객 요구와 이것을 충족하는 데 필요한 해결책 요구사항을 조사하고 이해하는 활동
	분석	요구사항을 분명하고 충분하게 이해하기 위한 활동이며, 요구사항을 적합한 수준의 세부 사항으로 다듬고 우선순위를 정하며 이것들 간의 관계를 밝힌다.
	명세화	알아낸 요구사항을 표현하고 기록하며 관련되는 이해 당사자와 의사소통하는 활동
	검증	명시된 요구사항을 충족하는 해결책이 고객의 요구도 만족시키는지 확인하는 활동
요구사항 관리		요구사항 개발을 하는 동안 요구사항의 상태를 추적하고 요구사항 변경에 대응하며 요구사항을 차후의 개발 결과물로 추적하는 활동

대부분의 소프트웨어 작업과 다르게 요구사항 관련 작업은 기술적인 면은 적고, 사람 간의 의사소통에 관한 것이 많다. 요구사항 개발은 도전적인 것이라서 프로젝트 팀의 모든 멤버가 능숙하기를 바라는 것은 현실적이지 않다. 많은 조직에서는 요구사항 관련 활동에 고도로 숙련된 핵심 인력을 양성한다. 즉, 훈련을 받고 경험도 있는 BA(Business Analyst)(비즈니스 분석가)와 제품 관리자, 또는 애자일(Agile) 개발 방법론을 사용하는 프로젝트의 PO(Product Owner)(제품 소유자)이다. IT(information technology)(정보 기술) 프로젝트에서 요구사항 관련 기능을 수행하는 사람들의 경우는 **비즈니스 분석가**를 다른 용어로 폭넓게 대체하여 사용한다. 예를 들어, **요구사항 엔지니어, 요구사항 분석가, 시스템 분석가**, 또는 그냥 **분석가**라고 한다. 이 책의 경우 사람들의 역할을 구별하는 것이 중요하지 않

다면, 프로젝트의 요구사항 관련 활동을 수행하는 사람을 직무나 책임과 무관하게 **비즈니스 분석가**라고 지칭할 것이다.

> 대부분의 소프트웨어 작업과 다르게 요구사항 관련 작업은 기술적인 면은 적고, 사람 간의 의사소통에 관한 것이 많다.

비즈니스 분석가의 역할

최근에는 IIBA_{International Institute of Business Analysis}(www.iiba.org)와 같은 전문 조직의 설립을 통해 프로젝트의 전문화된 역할인 비즈니스 분석의 중요성이 알려지게 되었다. 이런 조직에서는 관련 지식과 인증 프로그램을 개발한다(IIBA 2015). 심지어는 프로젝트 팀에 비즈니스 분석 전담 멤버가 포함되어 있지 않더라도 이해 당사자와 함께 일하면서 요구사항을 이해하고 해결책을 정의하는 다른 팀 멤버들이 비즈니스 분석 역할을 수행한다.

숙련된 비즈니스 분석가는 이해 당사자의 실질적인 요구를 알아내어 설계자, 개발자, 테스터 등이 할 일을 알려주는 명세서를 만든다. 비즈니스 분석가는 폭넓은 비즈니스 관점으로 비즈니스 요구사항을 평가하는 데 필요한 시스템이나 기업 수준의 견해를 갖는다. 고객이 자신들의 요구를 개발자와 직접 의사소통하면 양쪽 모두 제한된 관점을 갖고 시스템의 일부만 보게 된다. 그러나 비즈니스 분석가는 모든 개발자와 고객들을 포괄하는 더 고수준의 관점을 제공한다.

비즈니스 분석가는 프로젝트와 관련된 서로 다른 조직에서 다양한 프로젝트 기능을 수행한다. 일반적으로 비즈니스 분석가는 프로젝트의 요구사항 개발과 관리 활동을 선도하며, 이때 사용자 대표와 협의하면서 다양한 활동을 통해 요구사항을 도출한다. 비즈니스를 잘 아는 이해 당사자들은 대부분의 비즈니스 지식을 제공하며, 비즈니스 분석가는 해당 정보를 체계화하고 기록하여 유포한다.

요구사항은 프로젝트의 기반이다

요구사항은 모든 프로젝트의 기반을 제공하며, 요구사항을 처리하는 데 적합한 단 하나의 방법은 없다. 소프트웨어 개발 프로젝트에서는 다양한 생명 주기와 개발 모델 중에서 적합한 것을 선택할 수 있으며 이것들은 요구사항을 나타내기 위해 다양한 방법을 지원한다. 그러나 근본적으로 중요한 것이 있다. 프로젝트 팀이 선택한 개발 방법과 무관하게 올바른 소프트웨어를 만들기 위해 개발자들이 동일한 정보를 가져야 한다는 것이다(레슨 6, "애자일 요구사항은 그 밖의 요구사항과 다르지 않다"를 참고하자). 서면상의 요구사항 명세는 모든 프로젝트 팀이 만드는 것은 아니다. 그렇더라도 우리는 다양한 종류의 요구사항 관련 지식을 어떤 형태로든 모아서 보존한다. 이 책에서는 편의상 이것을 요구사항 문서 또는 일련의 요구사항 또는 그냥 요구사항이라고 부를 것이다.

많은 컨설팅 고객들이 나에게 묻곤 한다. "요구사항을 잘 처리하는 회사들은 어떻게 하나요?" 나의 답변은 이렇다. "그런 회사에서는 나를 찾지 않아 잘 모르겠군요." 출판물이나 발표 자료를 통해 그들이 자신의 경험을 공유하지 않는 한, 요구사항 처리에 능숙한 회사에서 하는 일을 아는 것은 어렵다. 나에게 이렇게 얘기하는 고객들도 있다. "당신이 여기 있는 것은 고통이 너무 컸기 때문이죠." 대개 요구사항에서 미흡한 점이 고통의 원인이 된다.

모든 프로젝트 팀은 요구사항을 신중하게 처리해야 한다. 그리고 이때 요구사항 엔지니어링 기법을 채택하고 적용하여 프로젝트의 본질과 팀 문화에 맞춘다. 소프트웨어 팀에서 요구사항을 소홀히 하면 프로젝트 실패 위험이 커진다. 소프트웨어 및 시스템 개발 프로젝트에서 요구사항 처리 방법을 향상시키는 것에 관해 나는 1985년 이래로 많은 관심을 갖고 있었다. 이번 장에서는 그 당시에 내가 깨우쳤던 16개의 소중한 레슨을 알려준다.

> **첫 단계: 요구사항**
>
> 잠시 시간을 내서 다음의 활동 사항(여러분이 할 일)을 파악하고 이번 장의 요구사항 관련 레슨을 읽기 바란다. 그리고 이후에 나오는 레슨을 읽는 동안 여러분의 조직이나 프로젝트 팀에 어느 정도까지 각 레슨을 적용할 수 있을지 생각해보자.
>
> 1. 여러분의 조직이 특히 잘하는 요구사항 관련 실무 사례를 리스트로 작성해보자. 이런 실무 사례에 관한 정보가 문서화되어 팀 멤버들을 상기시키고 쉽게 적용되는가?
> 2. 프로젝트 팀의 요구사항 처리 방법에서 결점이 될 수 있다고 생각하는 문제(고통의 지점)들을 찾아보자.
> 3. 각 문제가 프로젝트를 성공적으로 완료하는 능력에 미치는 영향을 설명하자. 해당 문제들이 개발 조직과 고객 모두의 비즈니스 성공 달성을 어떻게 방해할까? 그런 문제들은 계획되지 않은 재작업, 일정 지연, 제품 지원 및 유지보수, 불만족스러운 제품 리뷰, 고객 불만 등으로 인한 유형 및 무형의 비용으로 이어질 수 있다.
> 4. 2번의 각 문제에 대해 해당 문제를 유발하거나 악화시키는 근본 원인을 찾아보자. 근본 원인 중 일부는 프로젝트 팀이나 조직 내부에 있는 반면, 다른 근본 원인은 팀 외부의 통제할 수 없는 곳에서 발생한다. 문제와 영향 및 근본 원인은 뭉쳐져서 모호하게 될 수 있으므로 따로 떼어내어 연관성을 찾자. 동일한 문제에 기여하는 여러 가지 근본 원인을 찾을 수도 있고, 또는 하나의 근본 원인에서 비롯된 다수의 문제를 찾을 수도 있다.
> 5. 이번 장을 읽는 동안 각자 팀에 유용할 거라고 생각되는 실무 사례를 리스트로 작성해보자.

레슨 1 요구사항을 정확하게 알아내지 못하면 프로젝트의 나머지 부분을 잘해도 소용없다

내가 컨설팅하는 고객 회사 중 하나에서 근무하는 어떤 비즈니스 분석가는 불운했던 프로젝트 경험을 갖고 있었다. 당시 그의 정보 기술 부서는 회사 내부에서 사용하기 위해 기존 시스템의 교체용 정보 시스템을 새로 구축하고 있었다. 이때 개발 팀은 자신들이 이미 시스템의 요구사항을 알고 있다고 생각해서 어떤 추가적인 사용자의 요구도 취득하지 않았다. 그들은 오만한 게 아니라 자신감에 차 있던 것이다. 그러나 개발자들이 완성된 시스템을 사용자에게 보여줬을 때 사용자의 반응은 이랬다. "그러나 진심입니다만, 여러분, 우리가 사용할 애플리케이션은 도대체 어디 있는거죠?" 사용자들은 전적으로 받아들일 수 없다고 시스템 사용을 거부했다.

개발 팀은 충격을 받았다. 자신들이 올바른 시스템을 개발하고 있다는 믿음을 갖고 일했기 때문이다. 그러나 개발 팀이 그 당시의 요구사항을 알기 위한 사용자와의 소통을 소홀히 한 것이 심각한 실수였다.

갓 태어난 아기를 자랑스럽게 세상에 보여줄 때 "아기가 못 생겼네"라는 얘기를 듣고 싶지 않을 것이다. 그러나 이 경우는 바로 그런 일이 벌어진 것이다. 그래서 결국 그 회사에서는 무슨 일을 했을까? 이번에는 사용자 요구를 충분히 알아내어 시스템을 다시 개발하였다. (레슨 45, "조직은 소프트웨어를 제대로 구축할 시간이 없지만 나중에 그것을 해결할 수 있는 자원을 찾는다"를 참고하자.) 방금 얘기한 레슨 1에서는 요구사항을 정확하게 알아내는 데 고객의 참여가 중요하다는 것을 알려준다.

새로운 소프트웨어를 개발하든 또는 기존 것을 개선하든 요구사항은 이후의 모든 프로젝트 작업에 근간이 된다. 설계, 구축, 테스팅, 문서화, 교육, 그리고 한 시스템이나 운용 환경으로부터 다른 것으로의 이행은 모두 정확한 요구사항에 의존한다. 어떤 프로젝트이든 효과적으로 요구사항을 개발하고 전달하는 것이 핵심 성공 요인이라고 많은 연구를 통해 알려졌다. 이와는 반대로, 문제가 많은 프로젝트의 공통적인 요인에는 부족한 프로젝트 비전, 불완전하거나 정확하지 않은 요구사항, 요구사항이나 프로젝트 목적의 변경이 포함된다(PMI 2017). 해결책이 조직의 제품 비전과 비즈니스 전략에 맞게 하려면 정확한 요구사항을 획득하는 것이 가장 중요하다(Stretton 2018). 정확한 요구사항을 획득하지 못하면 실패할 것이다.

> 고품질의 요구사항이 없으면 이해 당사자들은 개발팀이 내놓는 결과물에 놀랄 수 있다. 소프트웨어로 인해 놀라움이 생길 때는 나쁜 소식인 경우가 많다.

정확한 요구사항, 그러나 언제?

구현을 시작하기 전에 모든 요구사항을 완전하게 파악해야 한다고 주장하는 것은 아니다. 가장 작고 안정적인 소프트웨어라면 모를까 그렇게 하는 것은 현실적이지 않다. 개발 계획에 포함시켜야 하는 새로운 아이디어와 변경 및 수정은 항상 발생한다. 그러나 단일 개발 반복이든, 특정 릴리스이든, 전체 제품이든, 구축 중인 시스템의 모든 부분에 대해 요구사항을 최대한 정확하게 파악해야 한다. 만일 그렇지 않았다면 완료되었다고 판단된 이후에 다시 파악한다. 애자일Agile 프로젝트는 개발 반복을 사용해서 다음 반복에 반영할 요구사항을 검증한다. 따라서 초기 요구사항이 고객의 실제 요구와 다를수록 더 많은 재작업이 필요하게 된다.

정확한 요구사항은 절대 얻지 못할 거라고 주장하는 사람들이 있다. 그러면서 고객은 항상 더 추가할 것을 고려하고, 변경은 그만한 가치가 있으며 환경은 끊임없이 진화한다고 그들은 말한다. 그럴 수도 있다. 그러나 나는 이렇게 반박한다. "그런 경우는 프로젝트를 절대 끝낼 수 없을 것이다." 항상 뭔가를 추가할 수 있다는 관점에서 본다면, 절대로 요구사항을 완전하게 알아낼 수 없을 것이다. 그러나 개발 대상의 범위가 합의된 경우에 올바른 요구사항을 얻지 못하면 프로젝트의 성공이 요원할 것이다.

고도로 혁신적인 소프트웨어를 개발 중이라면 얘기가 조금 달라진다. 만일 어느 누구도 만들어 본 적이 없는 것이라면 한 번에 정확한 요구사항을 얻기 어려울 것이다. 따라서 첫 시도에서는 계획을 세워서 추정한 것을 테스트하고 실험을 통해 요구사항을 결정할 것이다. 그렇지만 궁극적으로는 그런 탐구를 통해 참신한 소프트웨어의 능력과 특성, 즉 요구사항을 이해하게 된다.

정확한 요구사항, 그러나 어떻게?

정확하고 분명하며 시기적절한 요구사항을 개발하기 위해서는 지속적인 고객 참여 외에 다른 방도가 없다. (레슨 12, "요구사항 도출은 고객의 음성이 개발자의 귀에 잘 들릴 정도로 가까운 거리에서 해야 한다"를 참고하자.) 예를 들어, 조기 워크숍을 개최할 수 없다고 해서 "준비되면 전화하겠습니다"라고 고객 참여를 등한시하면 안 된다. 이상적으로는 프로젝트 전반에 걸쳐 고객 대표(개발 소프트웨어나 시스템 관련 비즈니스를 잘 아는 한 명 이상의 현업 전문가)가 팀에 지정될 것이다. 개발 팀에는 설명이 필요한 질문 사항과 요점이 많다. 초기의 전반적인 비즈니스 탐색부터 적절한 시기의 구체적인 사항에 이르기까지 고객 대표는 고수준의 요구사항을 자세히 설명해야 한다. 그리고 고객 대표의 요구사항 이해도와 구상하고 있는 해결책을 검증하기 위해 팀에서는 사용자 및 이해 당사자로부터 빈번한 피드백을 받아야 한다.

이렇게 광범위한 수준으로 고객이 프로젝트에 참여하게 하는 것은 도전이 될 수 있다. 고객 대표는 회사에서 자신의 할 일이 있다. 따라서 이들의 관리자는 가장 일을 잘하는 사람이 프로젝트에서 많은 시간을 보내는 것을 원하지 않으므로 이렇게 얘기할 수 있다. "한 번 또는 두 번의 워크숍은 가도 좋습니다. 그러나 소프트웨어 인력들의 질문에 답하느라 수시로 당신이 방해받는 것은 원치 않습니다."

고객의 지속적인 참여를 유도하는 한 가지 방법은, 미흡한 고객 참여 때문에 조직이 경험했던 문제점을 지적하는 것이다. 고객 참여로 성과를 거둔 현장 경험의 예를 들면 더욱 좋다. 이외에 요구사항 참여를 순전히 고객에 맡기지 않고 잘 구성된 참여 체제를 제안하는 것도 고객을 설득하는 또 다른 방법이다. 참여 체제에는 다음을 적절히 조합한 것이 포함될 수 있다. 격식 없는 의견 교환, 요구사항 도출 워크숍elicitation workshop, 요구사항 검토 회의 그리고 화면 스케치, 프로토타입, 점진적인 소프트웨어 릴리스incremental release로 작업한다는 내용이다.

만일 실제 작동하는 주기적인 소프트웨어 릴리스와 같은 구체적인 성과를 고객이 본다면 이들은 프로젝트에 더욱 열광하고 기꺼이 참여할 가능성이 높다. 또한 고객의 요구가 프로젝트의 방향에 반영된다는 것을 알게 되면 고객은 더욱 열광하게 될 것이다. 때로는 새로 대체하는 소프트웨어 시스템을 인수하도록 사용자를 설득하느라 힘들다. 그러나 정보 기술 팀과 함께 일했고 새로운 시스템과 이것의 취지를 이해한 사용자는 매우 순조로운 시스템 전환을 할 수 있다.

나는 프로젝트의 성공에 큰 영향을 주는 다수의 고객 대표와 함께 일한 적이 있다. 요구사항을 제공하는 것 외에 그들 중 일부는 사용자 인터페이스 스케치와 테스트 내역(소프트웨어의 해당 부분이 올바르게 구현되었는지 검사하는)도 제공하였다. 개발 팀이 정확한 요구사항을 파악하여 올바른 해결책을 내놓도록 도와준 그런 헌신적인 고객의 참여는 아무리 강조해도 지나치지 않을 것이다.

고품질의 요구사항이 없다면 이해 당사자들은 개발팀이 내놓는 결과물에 놀랄 수 있다. 내 경험으로 보건대, 대체로 소프트웨어로 인한 놀라움은 나쁜 소식이다. 이해 당사자들이 결과물을 볼 때 내가 원하는 고객의 반응은 이렇다. "와우, 내가 생각했던 것보다 훨씬 좋군요. 고마워요!" 바로 이것이 소프트웨어와 관련해서 우리 모두가 함께 얻을 수 있는 놀라움이다.

레슨 2 요구사항 개발에 따른 핵심 결과물은 공유된 비전과 이해다

요구사항 개발의 가시적인 출력물은 어떤 영구적인 형태로 된 조사 결과의 기록이며, 흔히 소프트웨어 요구사항 명세서, 비즈니스 요구사항 문서, 또는 시장 요구사항 문서라고 하는 문서 형태가 된다. 이외에도 인덱스 카드, 벽에 붙은 스티커 메모, 다이어그램, 승인 시험서, 프로토타입, 또는 이것들을 조합한 형태로 요구사항을 나타낼 수 있다. 이런 모든 산출물이 유용한 결과물이다.

그렇더라도 요구사항 개발의 가장 중요한 결과는 프로젝트 팀이 내놓을 해결책에 관한 이해 당사자 간의 공유된 이해와 합의다. 이처럼 상호 이해를 함으로써 프로젝트의 제안 범위와 예산이 해결책의 필요 기능과 특성에 맞는지를 현실적으로 확인할 수 있다.

기대 관리expectation management는 프로젝트 관리의 중요한 관점이다. 요구사항 개발에서는 해결책에 관한 프로젝트 이해 당사자 간의 공유된 기대, 즉 공통 비전을 만들기 위해 노력한다. 앞서 언급한 요구사항 결과물은 합의의 구체적인 내용을 반영하며, 모든 프로젝트 관련 활동은 비전에 맞춰 조정된다(Davis 2005).

- 프로젝트 스폰서가 자금을 조달하는 일
- 비즈니스 목적을 이룰 수 있도록 고객이 기대하는 해결책
- 테스터들이 검사하는 소프트웨어
- 마케팅과 영업 팀들이 외부에 제공하는 결과물
- 프로젝트 관리자와 개발 팀이 만드는 계획 및 작업 리스트

소프트웨어 개발 프로젝트처럼 복잡한 것을 다수의 사람들이 공통적으로 이해하고 있는지 판단하기는 어렵다. 나는 한 무리의 사람들이 어떤 합의를 했던 회의에 참석한 적이 있다. 그러나 참석자들이 해당 합의의 특정 관점만 상호 이해했다는(이에 따른 결과도 다르게) 것을 나중에 알게 되었다. 이런 차이로 인해 참석자들은 서로 어긋난 일을 하게 되었다.

[비전 선언문은 모든 프로젝트 참여자들이 노력을 기울이는 공통의 전략 목표를 제공한다.]

비전 선언문은 공유된 이해와 조정된 기대치를 얻는데 도움을 준다. 나는 다음의 비전 키워드 템플릿을 사용해서 프로젝트 이해 당사자들의 생각을 집약하였다(Wiegers and Beatty 2013, Moore 2014). (키워드가 반드시 문장에 포함되는 것은 아니며, 키워드의 의미를 나타내는 [ ] 안의 내용이 문장에 포함되도록 구성한다.)

For [목표 고객]
Who [비즈니스 요구나 기회에 관한 문장]
The [제품(결과물)이나 프로젝트의 명칭]

Is	[제품이나 프로젝트의 유형]
That	[제품의 주요 능력; 이것이 제공할 핵심 이점; 제품을 구입하거나 프로젝트를 착수하기 위한 설득력 있는 이유]
Unlike	[현재의 비즈니스 실정이나 대체 제품]
Our product	[현재의 실정이나 경쟁자를 뛰어 넘는 이 제품의 주요 이점 요약]

간단한 예로, 다음은 내가 작성했던 비전 선언문이며, 이것은 내가 저술한 책을 지원하기 위해 개발된 웹 사이트에 관한 것이다. 작은 프로젝트라서 내 머릿속에 모든 게 다 있었지만 처음부터 비전 선언문을 작성함으로써 해당 웹 사이트를 성취하기 위해 내가 바랐던 것을 명료하게 해주었다.

> 나의 책인 《Pearls from Sand(모래 속의 진주 찾기)》에 관심있는 독자들을 위해서 만든 PearlsFromSand.com은 이 책과 저자에 관한 정보를 제공하는 가상의 웹 사이트다. 이 웹 사이트는 사이트 방문자가 이 책을 다양한 형식(PDF나 워드 등)으로 구입할 수 있게 해주며, 각자 삶의 교훈을 공유하는 데 관심있는 사람들이 커뮤니티를 구축할 수 있게 해준다. 단순히 책을 설명하거나 홍보하는 웹 사이트와는 다르게, PearlsFromSand.com은 방문자가 자신의 삶의 경험을 올리거나 다른 사람들이 게시한 경험을 읽고 댓글을 달 수 있게 해준다.

만일 여러분의 프로젝트에 비전 선언문이 없다면 늦게라도 작성하는 것이 좋다. 내가 가르치는 소프트웨어 요구사항과 관련된 교육 과정에서는 이 키워드 템플릿을 사용하여 현재 프로젝트의 비전 선언문을 교육생들이 작성하도록 요청한다. 나는 교육생들이 단 5분 만에 작성한 요약 내용에 항상 감명을 받는다. 그리고 그들의 비전 선언문으로부터 무슨 프로젝트인지 빨리 이해할 수 있다.

한 프로젝트 팀에서 여러 명이 함께 같은 과정을 수강할 때 그들의 비전 선언문이 많이 다른 경우가 있다. 비전 선언문은 다양한 관점을 제기하는 다수의 이해 당사자들이 별도로 작성할 것을 권한다. 이런 비전 선언문들을 비교하면 이해 당사자들이 이해를 공유하고 있는지(상위 수준에서는 프로젝트의 진행 방향을) 알 수 있기 때문이다. 비전 선언문이 서로 다르다면 팀원들이 기대치를 맞추기 위해 노력해야 함을 시사한다.

컨설턴트인 친구가 어떤 고객 프로젝트에서 바로 그런 경험을 했는데, 그녀는 이렇게 말했다. "나는 네 명의 주요 이해 당사자에게 각자 비전 선언문을 작성해 달라고 요청했다. 이때 우리 모두는 같은 방에 있었는데, 결과는 매우 다양했으며 어떤 면에서는 상반되었다. 일찌감치 알아보기를 잘했다."

비전 선언문은 모든 프로젝트 참여자들이 노력을 기울이는 공통의 전략 목표를 제공한다. 만일 프로젝트를 진행하는 동안 비전이 변경되면, 프로젝트 스폰서는 영향을 받는 모든 사람에게 그런 변경 사항을 알려서 그들이 공통의 초점을 갖도록 해야 한다. 비전 선언문이 요구사항 분석과 명세를 대체하지는 않는다. 비전 선언문은 팀의 해결책 요구사항이 비전을 달성하고 결과적으로 성공할 수 있도록 조정할 수 있는 기준점을 제공한다.

레슨 3 요구사항에는 모든 프로젝트 이해 당사자의 관심사가 있다

컨설턴트면서 저자인 Tim Lister는 프로젝트의 성공을 이렇게 정의한다. "핵심 이해 당사자가 기대하는 모든 요구사항과 제약을 충족하는 것." 이것은 다음을 시사한다. 즉, 프로젝트 팀이 반드시 이해 당사자들을 파악하고 어떻게 이들을 상대하여 요구사항과 제약을 알아낼지 결정해야 한다는 것이다.

이해 당사자stakeholder는 프로젝트에 적극적으로 관여하는 개인 또는 그룹이며, 프로젝트로 인해 영향을 받거나 또는 프로젝트의 방향에 영향을 줄 수 있다. 이해 당사자와 프로젝트 간의 관계는 넓은 범위에 걸쳐 있다. 일부 이해 당사자는 단순히 프로젝트의 결과에만 관심을 갖는 반면, 다른 이해 당사자는 요구사항을 깊이 있는 내용으로 만든다. 그리고 프로젝트의 방향을 변경하거나 심지어는 중단시킬 수 있는 이해 당사자도 있다.

> 이해 당사자는 프로젝트에 적극적으로 관여하는 개인 또는 그룹이며, 프로젝트로 인해 영향을 받거나 또는 프로젝트의 방향에 영향을 줄 수 있다.

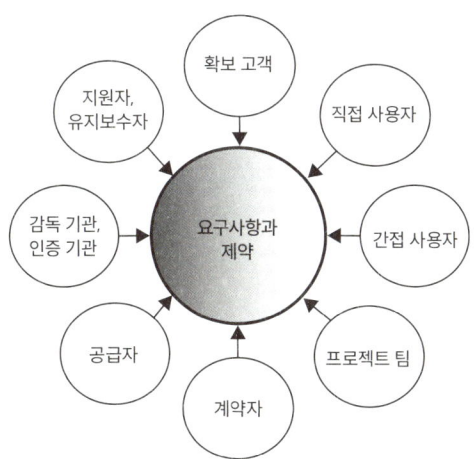

그림 2.1 프로젝트에서 충족해야 하는 요구사항과 준수해야 하는 제약을 다양한 이해 당사자가 보여준다.

이해 당사자는 프로젝트 팀 내부 또는 개발 조직 내부나 외부에 있을 수 있다. 그림 2.1에서는 대부분의 소프트웨어 프로젝트에서 고려해야 하는 대표적인 이해 당사자들을 보여준다. 제품 유형에 따라서는 또 다른 이해 당사자들이 있을 수 있다. 예를 들어, 기업 정보 시스템, 상용 소프트웨어 앱, 관공서 시스템, 장치와 같이 내장 소프트웨어를 갖는 제품 등이다.

이해 당사자 분석

프로젝트 팀은 폭넓게 물색해서 조기에 중요한 이해 당사자 그룹을 찾아야 한다. 만일 대상자가 많아도 놀라지 말자. 이해 당사자를 찾으려면 약간의 작업이 필요할 것이다. 그러나 중요한 이해 당사자 그룹을 간과하고 프로젝트 후반에 조정하는 것보다는 훨씬 좋다.

다른 사람이 사용할 제품을 획득하는 최종 사용자나 고객은 제품 요구사항의 핵심 제공자다. 그러나 제품을 지정하거나 선택하며 비용을 지불하는 고객이 항상 제품을 사용하는 것은 아니다. 그래서 사용자들이 업무를 수행하는 데 필요한 것이 무엇인지에 대해 오해할 수 있다. 대부분의 제품에는 다양한 부류의 최종 사용자가 있다. 요구사항을 쉽게 분석하기 위해 요구가 서로 다른 **사용자 부류**로 사용자들을 분류하자(Wiegers and Beatty 2013). 심지어 사용자는 사람이 아니고 우리 제품과 상호 작용하는 하드웨어 장치나 다른 소프트웨어 시스템이 될 수 있다. 하지만 이처럼 사람이 아닌 구성 요소보다는 요구사항을 제공하는 사람을 파악해야 한다.

우리는 주로 제품을 실제 사용하는 **직접 사용자**direct user를 고려하지만 **간접 사용자**indirect user도 생각할 수 있다. 간접 사용자는 정보 시스템에 입력되는 데이터를 제공하거나 또는 자신이 직접 출력 데이터를 생성하지 않고 시스템의 출력 데이터를 수신할 수 있다. 나는 기업체의 프로젝트 결과 분석 시스템 관련 일을 했었다. 이 시스템은 많은 프로젝트로부터 데이터를 통합하여 여러 관리자들에게 배포할 월간 보고서를 생성하였다. 이 관리자들은 간접 사용자였다. 결과 분석 애플리케이션 자체를 사용하지 않았기 때문이다. 그렇지만 이들은 해당 시스템의 보고서를 받아보는 사람들이므로 핵심 이해 당사자였다.

그 당시 내 동료가 간접 사용자에 대해 이렇게 간략히 설명했다. "한 단계 건너 고객이라도 여전히 너의 고객이야." 간접 사용자를 파악하기 위해서는 애플리케이션의 직접적인 상황 이상으로 하나 또는 두 단계에 걸쳐 어떤 그룹의 사람들과 다른 시스템들이 사용자가 될 수 있는지 알아야 한다. 또한 우리가 시스템 사용을 **원치 않는** 해커 등의 비호감 사용자 부류도 파악하자. 이들은 이해 당사자가 아니므로 요구사항이나 제약을 제공하지 않는다. 그러나 우리는 이들의 나쁜 의도를 예상하고 막아야 한다.

여러분이 파악하는 각 이해 당사자에 관해 다음 질문을 고려해보자.

그들은 누구인가? 모든 프로젝트 참여자가 이해 당사자들을 알 수 있게 이들의 각 그룹을 서술하자. 이해 당사자의 서술 내용은 조직의 여러 프로젝트에 걸쳐 재사용될 수 있다.

그들은 얼마나 관심이 있는가? 프로젝트의 결과가 각 그룹에 어느 정도로 강하게 영향을 주는지, 그리고 그들이 프로젝트에 얼마나 관여하길 원하는지 생각해보자. 각 이해 당사자 그룹이 갖는 기대치, 관심사, 제약이나 염려 사항에 관해 알아야 한다.

그들은 프로젝트에 어떤 영향력을 갖는가? 각 이해 당사자가 결정할 수 있는 것과 할 수 없는 것을 판단하자. 어떤 그룹이 프로젝트에 대해 가장 큰 힘을 갖는가? 그들의 사고 방식과 우선순위는 무엇인가? 특히 프로젝트에 많은 관심이 있으면서 고도의 통제력을 갖는 그룹들과 소통해야 한다(Lucidchart 2021).

가장 대화하기 좋은 사람은 누구인가? 함께 일할 각 그룹의 적절한 대표자를 찾자. 이들은 확실한 정보 제공자가 될 수 있다.

그들은 어디 있는가? 요구사항을 도출하려면 여러 번의 만남을 필요로 한다. 만일 각 그룹의 개별 멤버들과 직접 접촉한다면 이해 당사자 그룹으로부터 요구사항을 수집하는 것이 가장 쉬울 것이다. 그러나 그렇지 않다면 멀찌감치 소통할 수 있는 수단과 방법을 확보해야 한다.

내가 그들에게서 필요한 것은 무엇인가? 우리가 각 그룹에서 필요로 하는 정보, 결정 과정, 데이터를 판단하자. 이런 것을 알면 적절한 시점에 정보를 얻기 위해 가장 좋은 방법을 선택하는 데 도움을 줄 것이다. 모든 사용자 부류에 대해서 그들의 사용자 요구사항과 품질 기대치를 알아야 한다. 일부 이해 당사자 그룹은 프로젝트 팀이 준수해야 하는 제약 사항을 가질 것이다. 다음을 포함해서 제약 사항은 몇 가지 범주로 분류할 수 있다.

- 재정, 일정, 그리고 자원의 한계
- 적용 가능한 정책, 규정, 표준(비즈니스 규칙)
- 다른 제품이나 시스템 또는 인터페이스와의 호환성
- 법 또는 계약의 제한
- 인증 요건
- 제품 능력의 제한(즉, 포함하지 말아야 하는 기능)

그들은 나에게서 무엇을 필요로 하는가? 일부 이해 당사자는 자신에게 영향을 주는 중요한 문제에 관해 알기만 하면 된다. 따라서 어떤 프로젝트 정보가 각 그룹에 유용한지 우리는 알아야 한다. 반면에 자신들이 관련 정책이나 제약을 위배하지 않도록 요구사항의 검토를 필요로 하는 이해 당사자들이 있을 수 있다. 우리가 바라는 것을 이해 당사자들에게 전달하듯이, 그들이 우리에게서 기대하는 것을 알기 위해 함께 일하자. 효과적인 의사소통을 통해 상호 신뢰를 구축하고 유지하는 것이 성공적인 협업의 큰 비중을 차지한다.

나는 그들과 언제 어떻게 접촉해야 하는가? 만나서 상대할 이해 당사자 대표들을 알게 되면 그들과 함께 일하면서 양측 모두 필요한 정보를 교환하기 위한 가장 좋은 방법을 고려하자. 만일 특정 사용자 부류의 실제 대표자를 접촉할 수 없다면, 실제 인간의 대역을 해주는 가상적인 사람인 **가상 인물**persona의 생성을 고려한다(Cooper et al. 2014).

갈등을 해결할 때 어떤 이해 당사자가 가장 중요한가? 서로 상충되는 요구사항을 해결하고 우선 사항을 결정할 때 어떤 결과가 프로젝트의 비즈니스 목적과 가장 부합되는지 평가하자. 특정 사용자 부류들이 다른 부류들보다 선호될 수 있다. 이들의 요구를 충족하면 다른 사용자 부류의 요구사항을 만족시키는 것보다 비즈니스 성공에 더 기여하기 때문이다. 첫 번째 갈등을 마주칠 때까지 기다리지 말고 조기에 이해 당사자 분석을 하여 이들이 줄 수 있는 영향을 알아내자.

누가 결정하는가?

의사 결정자를 찾는 것은 성공적인 프로젝트의 기초를 놓는 데 도움이 된다. 경우에 따라서는 의사 결정자가 프로젝트 스폰서나 제품 소유자와 같이 한 사람이 될 수 있다. 만일 이 사람이 적절한 결정을 내리기 위한 정보를 갖고 있고, 필요할 때 우리가 빨리 접근 가능하다면 이것이 가장 효율적인 방법이 된다. 대개는 올바른 그룹의 사람들을 찾아서 각 사용자 부류의 여러 가지 결정을 하도록 해야 한다. 그룹의 결정은 결의하는 데 많은 시간이 걸린다. 그러나 그 사람들은 프로젝트의 목적을 달성하기 위해 결정에 필요한 종합된 관심사들을 더 잘 반영한다.

이해 당사자들의 결정은 프로젝트의 비즈니스 목적에 기반을 두어야 한다. 일반적으로 비즈니스 목적, 비전 선언문, 프로젝트 제약, 그리고 다른 비즈니스 요구사항은 프로젝트의 비전과 범위 문서 또는 프로젝트 헌장에 기록된다(Wiegers 2007, Wiegers and Beatty 2013). 명확한 비즈니스 요구사항이 없는 프로젝트에는 중요한 결정을 내리고 정당화하기 위한 근거가 없다.

우리는 모두 같은 편이다

프로젝트의 결과로 항상 모든 이해 당사자를 열광시키는 것은 가능하지 않다. 이해 당사자들 간의 갈등은 적대적인 상황을 만들 수 있다. 이때 이해 당사자들은 자신들의 이익을 보호하기 위해 서로 다른 목적으로 일하고 있는 사람들이 된다. 핵심 이해 당사자와의 협력 관계를 구축하는 것은 프로젝트 성공을 성취하는 데 유용하다. 또한 미래에도 동일한 사람들과 같이 일해야 할 수 있으므로 처음부터 의사소통 경로와 상호 유대감을 형성하는 것이 좋다.

레슨 4 요구사항 관련해서는 용도 중심의 접근법이 기능 중심의 접근법보다 더 좋게 고객의 요구를 충족한다

모 기업 내부 사용자 중 한 사람이 자신의 그룹이 사용하던 애플리케이션에 새로운 기능을 추가해 달라고 개발 팀에 요청했었다. 그가 해당 기능이 정말 필요하다고 강조해서 팀에서는 충실하게 그 기능을 추가하였다. 그렇지만 어느 누구도 그 기능을 사용해 본 적이 없었다. 이 경우 팀에서는 그 고객의 다음 번 성능 개선 요청을 선뜻 받아들이지 못할 것이다.

소프트웨어 업계에는 떠도는 얘기가 있다. 소프트웨어 기능의 50%에서 80%까지는 거의 또는 아예 사용되지 않는다는 것이다(Standish Group 2014). 정확한 수치와 무관하게, 소프트웨어에 제공된 많은 기능은 최종 사용자에게 가치를 제공하지 못한다. 개인적인 용도로 소프트웨어를 사용할 때 우리는 모든 애플리케이션의 기능을 충분히 이용할까? 내 경우는 그렇지 않다. 나는 수많은 책과 기고문을 마이크로소프트 워드로 작성했지만 워드에는 아직 내가 사용해본 적이 없는 많은 기능들이 있다. 내가 사용하는 다른 앱의 경우도 마찬가지다. 물론 내가 비정상적일 수도 있다. 그러나 누군가 사용해주기를 하염없이 기다리는 휴면 기능들을 제공하기 위해 소프트웨어 업계는 상당한 노력을 기울인다.

왜 과잉 기능을?

제품 자체의 기능에 중점을 두고 요구사항을 파악하면 휴면 기능을 확산시킨다. 그리고 고객으로부터 제한 없이 원하는 기능을 받으면 기능 부풀림bloat을 자초한다. 또한 제대로 된 능력을 갖는 것처럼 보이지만 막상 사용자가 작업을 수행하지 못하는 제품을 초래할 수도 있는 것이 기능 중심의 관점이다.

요구사항을 논의할 때 제품 자체의 언급을 피하고 사용자가 제품으로 할 필요가 있는 일을 거론하기 바란다. 이제는 기능으로부터 용도로, 그리고 해결책으로부터 필요성으로 주안점을 변경한다.

용도 중심의 전략은 비즈니스 분석가BA와 개발팀이 사용자의 상황과 목적을 빨리 알게 도와준다. 그리고 이때 얻은 지식으로부터 BA는 해결책이 어떤, 누구를 위해, 왜, 언제 능력을 가져야 하는지 더 잘 파악할 수 있다.

기능 중심과 용도 중심 접근법 모두 개발자가 구현해야 하는 기능적 요구사항의 파악이 필요하다. 그러나 용도에 중점을 두면 사용자가 자신의 작업을 수행하는 데 필요한 모든 기능을 포함하도록 도와준다. 그리고 좋은 발상처럼 보이지만 사용자가 특정 목표를 달성하는 데 도움이 되지 않는 과잉 기능을 만드는 문제점을 줄여준다. 용도 중심 관점은 사용성을 높여준다. 왜냐하면 개발자가 각 기능을 작업 흐름이나 사용자 목적으로 통합할 수 있기 때문이다(Constantine and Lockwood 1999).

> 요구사항을 논의할 때 제품 자체의 언급을 피하고 사용자가 제품으로 할 필요가 있는 일을 거론하기 바란다.

용도를 우선하기

용도 중심의 요구사항 파악을 할 때는 요구사항 도출 활동 중에 BA가 물어볼 수 있는 질문에 작지만 현저한 변화가 포함된다. "무엇을 원하시나요?" 또는 "시스템에서 해주기를 원하는 것이 무엇인가요?"라고 물어보기보다 BA는 이렇게 질문한다. "시스템으로 할 필요가 있는 일이 무엇인가요?" 이에 따른 대화에서는 시스템의 도움을 받아 사용자가 성취할 필요가 있는 작업이나 목표를 파악할 수 있다.

유스케이스use case는 그런 작업을 나타내는 좋은 방법이다(Kulak and Guiney 2004). 대개 사용자들은 특정 기능을 사용하기 위함이 아니고 목적을 성취하기 위해 앱을 시작한다. 회계 소프트웨어를 실행할 때마다 나는 하나 이상의 목표를 염두에 둔다. 신용 카드를 결제하거나, 내 은행 계좌로 이체하거나, 대금을 지불하거나, 입금을 하고 싶어서일 것이다. 이 경우 각 목표가 하나의 유스케이스(문자 그대로, 이용 사례)가 된다. 이런 목적을 염두에 두고 나는 앱을 열고 해당 작업을 수행하는 데 필요한 기능을 작동시키는 일련의 단계를 밟는다. 모든 일이 잘되면 나는 내 목적을 성공적으로 완료하고 앱을 닫는다. 임무 완수한 것이다.

유스케이스는 여러 가지 이유에서 매력적이다. 우선, 유스케이스는 사용자 대표들이 자신들의 요구를 생각하는 자연스러운 방법을 제공한다. 사용자들이 제품의 적합한 기능만 분명하게 표현하는 것은 어렵다. 그러나 그들이 일상 생활의 사용 시나리오에 관해 얘기하는 것은 쉽다. 유스케이스는 관련 기능을 서술하기 위한 구조적인 방법을 제공한다. 유스케이스 템플릿에는 정보를 기록할 수 있는 여유 공간이 있어서 충분한(또는 빈약한) 유스케이스 서술 내역을 제공할 수 있다(Wiegers and Beatty 2013). 이때 해당 작업의 가장 전형적이거나 기본적인 상호 작용 시퀀스(정상 흐름이라고 함)와 전형적 시퀀스의 변경(대안 흐름이라고 함)에 관한 서술 내역이 관련 기능에 포함된다. 따라서 사용자가 해당 작업을 수행할 수 있도록 해결책이 제공해야 하는 기능을 BA나 개발자가 추론할 수 있다. 또한 발생 가능한 에러 상황을 확인하고 시스템이 그것을 처리해야 하는 방법도 유스케이스 서술 내역에 정의한다(예외 흐름이라고 함).

용도 중심 분석은 우선순위를 매기는 데 도움을 준다. 최고 우선순위의 기능적 요구사항은 최고 우선순위의 사용자 작업을 가능하게 하는 것들이다. 다른 유스케이스보다 더 중요하고 시기 적절한 유스케이스들을 먼저 구현한다. 그리고 한 유스케이스 내부에서는 정상 흐름normal flow이 최우선 우선순위를 가지며 이것에 수반되는 예외도 마찬가지다. 대안 흐름alternative flow은 더 낮은 우선순위를 가지며 나중에 구현할 수 있지만 그렇지 않을 수도 있다. 그리고 가장 빈번하게 수행되며 최고 우선순위를 가져야 하는 유스케이스들을 결정할 때 운영 프로필 평가operational profile assessment가 도움이 될 수 있다. (운영 프로필에 관한 더 자세한 내용은 레슨 15, "포함될 기능을 결정할 때 데시벨 우선순위를 정하지 말자"를 참고하자.)

사용자 입장에서 생각하면 더 좋은 사용자 경험을 설계할 수 있다. 이 경우 제품이나 기능 중심의 사고 방식에서 얻을 수 없는 구현의 한계에 관해 이해할 수 있다. 만일 제품을 사용해서 사용자가 필요한 일을 할 수 없거나, 또는 제품 사용을 달갑지 않게 여긴다면 더 많은 기능을 추가해도 그들의 만족도를 높일 수 없을 것이다.

사용자 스토리의 우려 사항

대부분의 애자일 프로젝트 팀은 사용자 스토리의 형태로 요구사항을 기록한다. 애자일 전문가인 Mike Cohn(2004)에 의하면 "사용자 스토리는 시스템이나 소프트웨어의 구매자 또는 사용자에게 가치가 있을 기능을 나타낸다." 일반적으로 사용자 스토리는 다음의 간단한 템플릿에 의거해서 작성된다.

> <사용자 부류>로서, 나는 <.. 목표의 달성>을 할 수 있도록 <.. 작업의 수행>을 원한다.
> 또는
> <사용자 부류>로서, 나는 <.. 목표>를 원한다. 왜냐하면 <.. 이유>

사용자와 대화하기 위해서 팀 멤버들이 간략하게 세부 사항을 채우는 간단한 플레이스홀더placeholder로 고려된 것이 사용자 스토리다.

사용자 스토리에 대해 내가 우려하는 한 가지는, 사용자 스토리가 고유의 구조화 방식, 즉 수집된 수많은 스토리들을 체계적으로 구성하고 정리하는 방법을 갖고 있지 않다는 것이다. 따라서 사용자 스토리가 이와 같은 템플릿 형식을 따라 작성되었더라도 사용자가 원하는 것을 물어보는 해묵은 요구사항 도출 방법과 크게 다르지 않다. 결국 중요하지만 마구잡이로 수집된 많은 정보가 관련이 없는 내용과 함께 모두 뒤섞이게 된다.

어떤 대형 프로젝트에서는 노란색 스티커 메모에 적힌 수천 개의 사용자 스토리를 여러 이해 당사자로부터 수집하였다. 그중 일부는 이해하기 어려웠고 많은 수의 사용자 스토리가 다른 것과 상충되었다. 또한 중복된 것처럼 보이는 것들도 있었고 진지하게 작성되었지만 불완전한 것들도 있었다. 이 프로젝트에는 조직화되지 않은 서로 다른 종류의 정보가 산더미처럼 쌓였으며 이것들 모두 사용자 스토리로 라벨이 붙여졌다. 이 경우 어떤 기능이 사용자 작업과 관련이 있는지, 그리고 프로젝트의 비즈니스 목적에 맞는지, 아니면 단순히 제공자의 생각에 불과한 스토리인지 알기 어렵다.

이 프로젝트의 사용자 스토리들 중 일부는 용도 중심적이었지만 다른 것은 그렇지 않았다. 모든 스토리는 폭넓은 범위의 세부 사항과 분량 및 중요도를 갖고 있었다. 예를 들어, "사용자로서 나는 알아보기 쉬운 산세리프 글씨체를 화면 폰트로 원한다"에서부터 "경리 부장으로서 나는 실업보험세를 정확하게 낼 수 있도록 직원들이 거주하는 모든 주의 실업보험세를 시스템이 계산해 주기 원한다"까지 걸쳐 있다. 이런 스토리들은 사용자와 용도보다는 시스템의 기능과 속성을 언급하고 있다.

고립된 기능들을 포함하는 방대한 양의 스토리들이 축적되면 누군가 이것을 완전하게 종합하여 사용자 작업과 관련된 주제들을 알아내야 한다. 그러나 잔뜩 쌓인 정보의 완전한 구조화는 한 번에 한 조각을 집어서 "이것을 어디에 넣을지 궁금한데"라고 말하면서 조각 그림 맞추기를 하는 것과 유사하다. 나는 하향식 접근법을 사용할 때 머리가 더 잘 돌아간다. 사용자 작업을 알아내는 것과 유사하게 나는 대략적인 요점부터 시작하는 것을 좋아한다. 그다음에 점진적으로 다듬어서 세부적인 것으로 만든다. 이렇게 하면 중요한 것을 간과할 가능성이 적으며, 한 번에 하나의 고립된 조각으로 그림 전체를 조립하는 것보다 할 일이 적다.

겉보기엔 간단한 사용자 스토리 템플릿이 사용자 요구사항을 기록하는 데 합당한 방법처럼 보인다. 이 방법은 어떤 사용자 부류에서 각 기능을 요청하고 있는지 알게 되어 좋다. 적절한 시점에 스토리 세부 사항을 더 구체화하기 위해 대화할 사람을 알 수 있기 때문이다. 해당 정보가 필요할 때까지 세부 사항 파악을 연기하는 것은 한정된 시간을 할당하는 데 효율적인 방법이다. 사용자가 달성하기를 바라는 작업을 나타내고 목표를 명시하는 이런 형태로 작성된 서술 내역은 용도 중심적이 될 수 있다.

그러나 저자인 Raj Nagappan(2020a)은 사용자 스토리 패턴을 사람들이 오용할 수 있는 문제점을 지적한다. 예를 들어, 문제보다는 해결책에 더 중점을 두는 스토리를 작성함으로써 해당 사용자 스토리에 필요한 세부 사항이 고의적으로 결여된다는 것이다. 이것의 대안으로는 다음 형태의 **작업 스토리**job story 템플릿이 있으며, 여기서는 문제(상황)을 더 분명하게 강조한다(Klement 2013).

언제 <상황>, 나는 <.. 작업 수행을> 원한다. 따라서 나는 <.. 결과 달성을> 할 수 있다.

용도가 지배한다!

나는 1994년에 용도 중심 접근법을 요구사항 개발에 사용하기 시작했으며, 내가 이전에 사용하던 요구사항 도출 방법에 비해 얼마나 집중적이고 효율적인지 빨리 알게 되었다. 만일 작업과 목표의 관점으로 올바르게 작성한다면 유스케이스, 사용자 스토리, 작업 스토리 모두 요구사항 개발 참여자가 제품의 기능적 측면 위주보다는 용도에 초점을 두게 해준다. 심지어 유스케이스 템플릿을 완전히 채우는 대신에 다른 접근법을 사용할지라도 용도 중심의 사고 방식은 고객 요구를 충족하는 데 뛰어난 일을 수행하는 해결책으로 이끌어준다.

레슨 5   요구사항 개발은 반복을 필요로 한다

초보 프로그래머 시절에 나는 프로그램이 무엇을 할 것인지만 생각하고 코딩을 시작했다. 코드를 작성했다가 다시 작성하고, 진전은 거의 없이 변경만 많이 하면서 때로는 허우적거리기 시작했다. 그리고 다람쥐 쳇바퀴 돌 듯 사는 것을 알고는 당황하기 시작했다. 결국 나는 문제점을 알게 되었다. 프로그램의 요구사항을 심사숙고하지 않았던 것이다. 훨씬 더 빠른 두뇌에서의 반복iteration을 먼저 하는 대신, 코드에서 반복을 한 것이 착오였다. 이렇게 경고등이 켜진 이래로 나는 항상 요구사항을 파악하는 시간을 가진 후 소스 코드 편집기로 빠져들었다. 그리고 프로그래밍을 하는 동안 다시는 당황하지 않게 되었다.

이후로 다른 사람을 위한 소프트웨어를 작성할 때는 고객과 대화하면서 요구사항을 충분히 파악하는 시간을 가졌다. 그러나 우리의 초기 요구사항을 대상으로 일하는 동안 여러 가지 의문들이 생겼으며 인식의 격차가 드러났다. 따라서 나는 빈번하게 고객에게 알려서 문제점을 밝히고 그런 격차를 줄여야 했다. 때로는 고객이 나와 다시 만나는 것을 반가워하지 않았지만, 요구사항 개발에 반복적이고 점진적인 과정이 필요하다는 것을 우리는 알게 되었다.

점진적인 세부 사항 개선

코드 작성을 시작하기 전에 내가 어디로 가고 있는지 아는 게 중요하다는 것을 깨닫게 되자 작은 규모의 애플리케이션일지라도 내가 모든 요구사항을 정확하게 파악할 수 없다는 것을 알았다. 각 요구사항의 모든 세부 사항 역시 처음부터 고려할 수 없었다. 그러나 그래도 괜찮으며 모든 세부 사항은 즉시 필요하지 않고 시작에 따른 충분한 지식만 필요하다는 것을 알게 되었다.

> 제품의 각 부분을 만들거나 또는 다시 만들기 앞서 정확한 요구사항 정보를 충분히 얻어야 한다.

효과적인 요구사항 개발에는 요구사항과 이것의 세부 사항 및 명확성이 포함된다. 처음부터 정확한 모든 요구사항을 얻을 수는 없다. 그러나 제품의 각 부분을 만들거나 또는 다시 만들기 앞서 정확한 요구사항 정보를 충분히 얻어야 한다. 일단 프로젝트의 비즈니스 요구사항을 파악한 후에 일을 잘하기 위해 내가 알아낸 절차는 다음과 같다.

단계 1. 사용자 요구사항(유스케이스나 사용자 스토리)의 예비 리스트를 만든다. 각각을 충분히 숙지하여 범위와 규모 및 상대적 중요도를 알아낸다.

단계 2. 사용자 요구사항들을 우선순위에 기반하여 향후 개발 주기에 할당한다. 먼저 할 것이 있는가 하면 나중에 할 것도 있다.

단계 3. 곧 있을 개발 주기에 계획된 사용자 요구사항들을 도출하고 다듬는다. 이때 해당 사용자 요구사항으로부터 기능적 요구사항을 얻는다.

단계 4. 반복적으로 개발이 계속 진행되는 동안 우선순위를 다시 지정하고 우선순위 리스트에 반영한다. 이때 주의를 끄는 새로운 요구사항이 있으면 우선순위 재조정에 포함시킨다.

단계 5. 단계 2로 돌아가서 계속 반복한다.

지속적인 우선순위 지정은 중요하다. 왜냐하면 구현이 급하지 않은 요구사항의 세부 사항은 그때 가서 밝히면 되기 때문이다. 프로젝트가 시작될 때 일부 요구사항은 먼 장래로 연기되거나 아예 없어질 수도 있다. Mike Cohn(2010)은 이렇게 지적한다. "하나의 안건(여기서는 요구사항)에 더 많은 초기 노력을 기울이기에 앞서, 해당 안건을 더 잘 이해할 필요가 있는지 신중하게 확인해야 한다."

새로 부각된 기능적 요구사항

사람들은 소프트웨어 애플리케이션을 사용하면서 '…하면 좋지 않을까?' 또는 '…할 수 있다면?' 등의 생각을 한다. 어떤 액션을 더 쉽게 수행하는 방법을 생각하거나, 또는 액션 A를 수행 중에 잠시 액션 B를 실행하는 그런 방법을 찾고 있기 때문일 것이다. 만일 이런 생각들이 중요하다면 그런 것을 포함하기 위해 시스템을 변경해야 할 것이다. 이런 기능들은 우리가 미리 찾을 수 없고 나중에 새로 떠오르는 것이므로 **새로 부각된**emergent **요구사항**(Cohn 2010)이라고 한다. 우리가 추종하는 개발 생명 주기와 무관하게 프로젝트 계획에는 이런 자연적이고 유익한 요구사항들을 수용해야 한다.

그렇다고 우리가 이미 아는 것을 기반으로 완전한 시스템 구축(또는 완전한 반복 개발)을 한 다음에 나중에 떠오르는 모든 추가 기능을 덧붙여야 한다는 것을 의미하는 것은 아니다. 우리는 다양한 기법을 사용해서 새로 부각된 요구사항을 알아낼 수 있다. 한 가지 방법은 요구사항의 다양한 관점을 만드는 것이다. 즉, 유스케이스나 기능적 요구사항 또는 사용자 스토리만 작성하지 말고 몇 가지 그림을 그리자. 이때 시각적 분석 모델들을 사용하면 높은 수준의 추상화 관점으로 요구사항을 나타낼 수 있다. 따라서 사람들이 세부 사항에서 벗어나 작업 흐름과 상호 연관성의 더 큰 그림을 볼 수 있다.

테스트(애플리케이션이나 모듈)를 작성하면 다른 시각으로 요구사항을 살펴볼 수 있다. 테스트는 시스템의 기능들이 우리가 기대하는 것인지를 알려주는 방법을 정의하며, 이때 특정 상황에서 우리 예상대로 시스템이 작동하는지 검사한다. 초기에 테스트 작성을 고려하면 요구사항의 애매함과 오류를 알 수 있으며, 처리하지 않은 예외 등과 같이 누락된 요구사항을 찾을 수 있다. 또한 특정 요구사항의 테스트가 필요한데, 막상 어떤 테스트도 작성할 수 없다면 해당 요구사항이 필요하지 않다는 것도 알 수 있다. 초기에 테스트를 고려한다는 개념은 테스트 중심 개발을 지향하는 애자일 접근법의 기반이었다(Beck 2003).

프로토타입은 요구사항에 활력을 불어넣는 강력한 방법이며, 기능적 요구사항 리스트나 한 무더기의 스토리 카드보다 더 가시적인 것을 사용자에게 보여준다. 프로토타입은 간단 또는 정교하거나, 개략적 또는 정밀하거나, 종이 또는 실행 파일이 될 수 있다(Wiegers and Beatty 2013). 제품을 만드느라 훨씬 더 많은 노력을 기울이기에 앞서 반복적으로 프로토타입을 만들면 요구사항 관련 대화를 진전시키고 사용자가 요구사항의 오류와 누락을 찾는 데 도움을 준다. 더 자세한 내용은 레슨 17, "설계에는 반복이 필요하다"를 참고하자.

새로 부각된 비기능적 요구사항

기능적 요구사항과 마찬가지로 일부 비기능적 요구사항의 기준도 역시 초기에 정확하게 알기 어렵다. 엄밀히 말해서, 애플리케이션에서는 어떤 수준의 품질 속성, 즉 가용성이나 신뢰성 및 사용성을 필요로 하는 걸까? 각 품질 속성에 대해 수량화 할 수 있고, 현실적으로 성취할 수 있으며, 비용 효율이 좋은 목표 값에 도달하기 위해 주기적인 학습을 계획하자.

예를 들어, "사용에 필요한 요구사항들이 있나요?"라고 사용자에게 처음 물어볼 때 의미 있는 답변을 기대하지 말자. 이제 겨우 사용성을 알아내기 시작한 것이기 때문이다. 시간이 지나면서 우리는 사용성의 다양한 관점을 폭넓게 파악하고 결국 각 관점의 목표를 결정할 것이다. 그렇더라도 모든 품질 속성의 목적을 달성하기 위해 팀에서는 아키텍처 결정에 충분한 정보를 일찍 얻는 것이 좋은 방법이다. 이때 기본 아키텍처의 결함을 개선하기 보다는 새로운 기능을 넣는 것이 훨씬 수월하다. (레슨 20, "모든 바람직한 품질 속성을 최적화할 수는 없다"를 참고하자.)

어떤 종류의 유용한 요구사항을 개발하더라도 반복iteration이 필요하다. 그리고 이때 개발자들이 올바른 제품을 만들 수 있도록 적합한 시점에 더 많은 지식을 얻어야 한다. 내가 알기로는 이외의 다른 손쉬운 방법은 없다.

레슨 6 애자일 요구사항은 그 밖의 요구사항과 다르지 않다

많은 소프트웨어 조직들이 일부 프로젝트에서 애자일agile 개발 방법론을 사용한다. 때로는 비즈니스 분석가와 제품 소유자가 **애자일 요구사항**이라는 용어를 사용하여 자신들의 일을 나타낸다(Leffingwell 2011). 이 용어가 시사하는 것은 애자일 프로젝트의 요구사항이 다른 생명주기를 사용하는 프로젝트의 것과 질적으로 다르다는 것이다. 그러나 내 생각에는 그렇지 않다(Wiegers and Beatty 2016).

> 프로젝트에서 어떤 개발 프로세스를 사용하든 올바른 기능을 정확하게 구현하기 위해 개발자는 동일한 정보를 필요로 한다.

여기서 중요한 점은 프로젝트에서 어떤 개발 프로세스나 프로젝트 관리 프로세스를 사용하든 올바른 기능을 정확하게 구현하기 위해 개발자는 동일한 정보를 필요로 한다는 것이다. 애자일 프로젝트와 전통적 프로젝트에서는 다양한 관점으로 서로 다르게 요구사항을 처리한다. 그렇더라도 대부분의 입증된 요구사항 엔지니어링과 비즈니스 분석의 실무 적용은 애자일 프로젝트에서 유용하다.

애자일 접근법에서는 불가피하게 생기는 변경, 즉 모든 요구사항이 초기에 잘 파악되고 프로젝트 전반에 걸쳐 안정적인 상태로 남아 있지 않는 경우에 적응하도록 노력한다. 그러나 모든 프로젝트는 동일한 기본적 요구사항 활동을 필요로 한다. 따라서 누군가는 이해 당사자들을 파악하고, 다양한 정보원으로부터 요구사항을 도출하며, 이 요구사항을 기반으로 해결책에서 프로젝트의 비즈니스 목적을 달성하는지 검증해야 한다. 애자일 프로젝트와 전통적 프로젝트의 요구사항 활동 처리 방법은 다른 점이 있으며, 주요 차이점은 다음과 같이 몇 가지 범주로 분류할 수 있다.

역할과 책임

대부분의 전통적 프로젝트 팀에서는 한 명 이상의 전담 BA(비즈니스 분석가)를 포함하며, BA는 프로젝트의 요구사항 도출, 분석, 명세화, 검증, 관리 활동을 수행한다. 그러나 대다수의 애자일 프로젝트에는 공식적인 BA 역할이 없으며 대신에 제품 소유자가 프로젝트의 범위와 경계를 정의하고, 현안 작업의 **제품 백로그**product backlog를 생성하고 유지 관리하며, 구현 준비가 된 사용자 스토리를 얻는다(Cohn 2010, McGreal and Jocham 2018). 요구사항 개발은 협업 프로세스이며, 제품 소유자와 적합한 사용자 대표 및 다른 이해 당사자를 포함한다. (레슨 12, "요구사항 도출은 고객의 음성이 개발자의 귀에 잘 들릴 정도로 가까운 거리에서 해야 한다"를 참고하자.) BA가 아닌 개발자는 사용자 스토리의 개발 승인에 앞서 충분한 정보를 포함하도록 하는 책임이 있다.

용어

전통적인 프로젝트 팀은 대개 유스케이스와 기능적 요구사항을 사용한다. 반면에 대부분의 애자일 프로젝트 팀에서는 요구사항이라고 부르는 대신 사용자 스토리, 에픽epic(더 작은 사용자 스토리로 나누어지는 고수준의 기능이나 작업), 인수 테스트, 모든 현안 작업을 나타내는 제품의 백로그 항목이라고 말한다(Cohn 2004). 그러나 무엇으로 부르건 동일한 요구사항 지식을 의미한다. 아무튼 어떻게 나타내거나 부르는 것과는 무관하게, 프로젝트 팀에서는 각자의 일을 효과적으로 할 수 있도록 그런 요구사항 지식을 만들고 소통해야 한다.

문서의 상세함

애자일 방법론은 경량성의 원리와 적시 문서화를 지향한다. 따라서 애자일 프로젝트의 개발자와 고객이 긴밀한 협력을 할 때는 전통적 프로젝트에 비해 덜 상세한 요구사항을 필요로 한다는 의미가 된다. 이해 당사자들은 의사소통과 적합한 문서를 통해 자신들의 필요에 따라 거기에 맞는 정밀도의 요구사항을 개발한다. 이때 특정 사용자 스토리는 덜 상세한 요구사항을 제공할 수 있다. 그러나 위험하고 복잡하며 영향력이 큰 기능은 더 상세하게 만들어진다.

이때 주로 말로만 하는 의사소통에 의지하는 것은 위험하다. 인간의 기억은 불완전하고 일관성이 없으며 영구적이 아니기 때문이다. 프로젝트 팀의 사람들은 있다가 없어진다. 그리고 초기 개발 작업이 끝난 후에도 시스템은 오랫동안 계속 존재한다. 따라서 누군가는 시스템을 유지하고 변경하며 실무 시스템 지원을 해야 하고(때로는 한밤중에) 궁극적으로는 해체해야 한다. 아무도 사용하지 않을 정보를 기록하는 시간을 낭비함이 없이 각 프로젝트 팀은 그런 일을 관리하는 데 충분한 문서를 작성해야 한다. (레슨 7, "지식을 기록하는 데 따르는 비용은 지식을 습득하는 비용에 비해 적다"를 참고하자.)

활동 시기

높은 수준의 추상화 관점으로 요구사항의 광범위한 탐구를 시작하면 초기의 추정과 우선순위 지정 및 적용할 소프트웨어 개발 접근법을 물색할 수 있다. 전통적인 접근법은 프로젝트 초기에 완전한 요구사항 명세를 작성하는 것을 목표로 한다. 어떤 경우에는 이 방법이 잘 된다. 그러나 잘 되지 않는 경우에는 처절하게 실패하게 된다.

이에 반해 애자일 팀은 특정 기능의 일부분을 구현하기 바로 직전에 요구사항의 세부 사항 작성을 계획한다. 이 방법은 쓸모가 없게 된 정보나 불필요하게 된 요구사항으로 인한 위험을 줄인다. 그림 2.2에서 보듯이, 이해 당사자들과 제품 소유자는 초기의 일부 요구사항 도출과 분석을 수행한다. 그다음에 제품 소유자는 사용자 스토리와 그 밖의 백로그 항목들을 구현하기 위해 특정 반복에 할당한다. 더 나아가 제품 소유자와 개발자 및 고객은 통상적인 요구사항 개발 활동을 통해 각 스토리의 세부 사항을 명확하게 밝히며 이때 필요한 문서만 작성한다. 그리고 팀에서는 프로젝트 전반에 걸쳐 계속해서 요구사항을 수용하고 구현할 것이다.

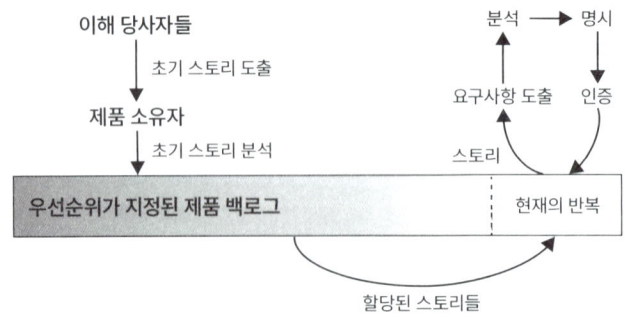

그림 2.2 애자일 반복에서 생기는 요구사항 활동

적시just-in-time 접근법은 불필요한 노력을 줄인다. 그러나 안정적인 제품 성장을 용이하게 하기 위해 일찍 해결되어야 하는 요구사항 간의 의존성과 시스템 아키텍처를 알기 어렵게 만든다. 따라서 결함이 있는 아키텍처의 위험성을 줄이기 위해 애자일 팀은 초기 반복에서 넓은 범위로 아키텍처를 검토하고 어떤 아키텍처로 결정하는 것이 필요한지 고려해야 한다. 마찬가지로 제품의 핵심 성능과 가용성 및 이외의 품질 목표를 설계에서 이룰 수 있도록 팀에서는 비기능적 요구사항의 파악을 일찍 시작해야 한다.

결과물의 형태

최상위 수준에서 사용자 스토리는 유스케이스와 유사하다. 차이점이라면 얼마나 철두철미하게 상세화하고 그것을 기록하는가이다. 전통적인 프로젝트의 BA는 유스케이스를 사용해서 기능적 요구사항들을 개발할 수 있다. 많은 애자일 프로젝트 팀에서는 개발자가 해당 스토리를 정확하게 구현했는지 나타내는 인수 기준과 테스트를 작성하여 각 사용자 스토리의 세부 사항을 구체화한다. 만일 여러분의 프로젝트에서 테스트를 사용하여 요구사항의 세부 사항을 나타낸다면 이번 장의 요구사항에 관한 다른 레슨을 읽는 동안 해당 레슨을 여러분의 테스트에 어떻게 적용할 수 있는지 고려해보자.

실제로는 기능적 요구사항 및 이것과 상응하는 테스트는 동일한 정보를 나타내기 위해 대체 가능한 방법들이다. 요구사항은 무엇을 만들지 명시하지만, 테스트는 시스템이 기대한대로 작동하는지 알려주는 방법을 나타낸다. 요구사항과 테스트 **모두를** 작성하면 강력한 조합을 제공한다. 특히 유스케이스와 같은 동일한 정보 원천으로부터 서로 다른 사람들이 요구사항과 테스트를 작성할 때 가장 좋다.

이러한 두 가지 요구사항 관점을 작성하고 비교할 때마다 나는 격차와 모호함 및 해석에서 차이점, 즉 오류를 발견한다. 요구사항을 파악하는 동안 이런 오류를 바로잡으면 구현된 소프트웨어에서 찾는 것보다 훨씬 더 비용이 적게 든다. 대안 전략으로는 개발자가 인수 테스트의 형태로 사용자 스토리의 세부 사항을 기록하게 하는 것이 있다. 이 경우, 요구사항과 테스트 모두를 작성하는 것처럼 문제점을 찾기 위해 머리를 맞대고 생각하는 과정을 거치게 된다.

요구사항에 관한 다수의 관점을 작성하는 경우 관점들을 분리하여 문제점을 드러낼 수 있다. 그러나 단지 한 관점만 작성한다면 우리가 선택한 방법과는 무관하게 설사 해당 관점이 틀리더라도 정확하다고 믿어야 한다.

우선순위 결정 시기

우선순위를 결정할 때는 고객에 대한 기여도 대비 각 요구사항의 구현에 드는 노력, 위험 및 비용의 상대적 가치를 고려한다. 전통적 프로젝트에서는 요구사항의 우선순위를 일찍 결정하고 좀처럼 되돌아보지 않을 수 있다. 그러나 애자일 프로젝트는 계속 진행되는 활동에서 제품 백로그 항목들의 우선순위를 매긴다. 이때 다가오는 반복에 넣을 항목들과 백로그에서 폐기할 항목들을 선택해야 한다. 팀에서는 항상 이렇게 묻는다. "다음 번에 작업할 가장 중요한 것이 무엇인가요?" 실제로 애자일 팀은 물론이고 모든 프로젝트 팀은 가능한 빨리 최대의 고객 가치를 내놓기 위해 그들의 남은 작업 우선순위를 관리해야 한다.

실제로 차이가 있을까?

대개의 경우 고객은 어떻게 소프트웨어 애플리케이션을 만드는지 상관하지 않는다. 고객은 단지 자신의 요구를 충족하고 효율적이며 사용과 확장이 쉽고 이외의 다른 품질 기대치를 만족시키는 제품을 원한다. 전통적인 프로젝트에서 사용하는 대부분의 요구사항 개발과 관리 기법은 애자일 프로젝트에도 똑같이 적용될 수 있다. 늘 그렇듯, 팀에서는 자신의 목적, 문화, 환경, 제약에 가장 잘 맞도록 적응해야 한다.

애자일 개발에서는 반복마다 변경이 생기며 각 변경에서는 독립적이면서 사용 가능한 기능의 각 부분을 제공한다. 이때 실패한 변경으로부터 배우고 해당 부분의 기능을 위한 더 좋은 해결책으로 신속하게 선회한다. 즉, 최종 제품은 우리가 반복적으로 개선하는 시스템이다. 그러나 완전하고 사용 가능하면서 작은 변경을 포함하는 소규모 요구사항 분석 프로세스는 대규모의 통합된 해결책을 하나의 개발 반복에 적합한 것으로 바꾸는 것과 다르다.

소규모 요구사항 분석 프로세스는 또한 애자일 프로젝트와도 다소 다르다. 레거시 BA 기법들(이해당사자와 비즈니스 규칙 분석, 프로세스 모델링, 그리고 이외 다수)은 여전히 사용되는 반면에 이 기법들을 점진적인 애자일 프로세스로 통합하는 방법은 많은 BA들에게 도전이 된다(Podeswa 2021). 이에 관해 비즈니스 분석 전문가인 Howard Podeswa는 다음과 같이 언급한다.

> 프로세스 전환의 일부로 새로운 사고 방식을 개발하는 것이 필요하다. 무엇을 할지 사전 결정하는 것에 관해 애자일 프로젝트의 BA 역할은 그리 크지 않지만, 개발 프로세스 도중의 지속적인 재조정 역할은 크다. 작업 팀이 해야 할 것과 하지 말아야 할 것(산출 가치를 최대화하는 데 필요한 상호 절충)에 관해 지속적인 평가가 수행된다.

그렇지만 기본적으로 애자일 프로젝트에서 사용되는 요구사항 지식은 전통적인 프로젝트의 것과 질적으로 다르다. 프로젝트의 모든 참여자가 올바른 제품의 일부를 잘 만들 수 있게 해주는 정보를 찾고 명확하게 의사소통하는 것이 요구사항 개발의 핵심이다.

레슨 7 | 지식을 기록하는 데 따르는 비용은 지식을 습득하는 비용에 비해 적다

내가 요구사항 과정을 가르칠 때는 기존 시스템을 변경하거나 새로운 기능을 추가하기 위한 방법을 알기 위해 해당 시스템의 정보를 역공학한 경험이 있었는지 교육생에게 물어본다. 이때는 거의 모든 교육생들이 손을 든다. 그러면 나는 그들이 배웠던 것을 향후에 참고하기 위해 기록했는지 물어본다. 이때는 소수의 교육생만 손을 든다. 이것은, 누구라도 향후에 시스템의 같은 부분을 변경해야 한다면 역공학 프로세스를 반복해야 할 것임을 의미한다.

역공학을 통한 지식의 복구는 지겨운 일이며, 반복해서 하는 것은 비효율적이다. 만일 우리가 배운 것을 기록한다면 우리나 그 밖의 누구라도 다시 볼 필요가 있을 때 언제든 사용 가능하다. 이처럼 기록하는 것은 제대로 문서화되지 않은 시스템에 관한 지식을 점진적으로 축적하기 위한 방법이다. 역공학을 통해 배웠던 것보다 역공학으로 배웠던 것을 기록하는 시간이 항상 덜 소요된다.

단, 나 자신을 포함해서 어느 누구도 시스템의 해당 부분을 다시 작업할 필요가 없다고 확신하는 경우에 한해서 나는 새롭게 복구된 지식은 기록하지 않는다. 나는 미래를 예측하는 능력이 없으므로 공유할 수 있는 형태로 정보를 보유하는 것을 선호한다. 시간이 지나면 기억이 희미해지는 내 머릿속에 간직하는 것보다 이렇게 하는 것이 더 좋다.

내가 컨설팅하는 고객들 중 한 고객사가 형편없이 문서화된 그들의 중요 제품(소프트웨어 시스템)으로부터 모든 유스케이스들을 역공학했었다. 그다음에 해당 제품이 계속 진화할 동안 그들이 철저한 회귀 테스트를 할 수 있게 해주는 포괄적인 테스트 유스케이스들을 역공학된 유스케이스로부터 개발하였다. 그리고 이렇게 역공학된 지식을 기록하기 위해 시간을 들일 충분한 가치가 있다는 것을 깨달았다.

기록에 대한 두려움

어떤 사람들은 요구사항의 문서화를 위해 시간을 투자하는 것을 망설인다. 그러나 문서화의 어려운 부분은 요구사항을 기록하는 것이 아니라 그게 무엇인지 이해하는 것이다. 이와 유사하게 프로젝트 계획 작성을 주저하는 사람들이 있다. 다시 말하지만, 프로젝트를 완료하는 데 필요한 모든 활동, 즉 결과물, 작업, 의존성, 필요 자원, 일정 등을 파악하는 것이 가장 어려운 부분이다. 계획 작성은 생각을 글로 옮기는 것이며 당연히 시간이 소요된다. 그러나 프로젝트 과정 전반에 걸쳐 일관된 방법으로 동일한 정보를 다수의 사람들과 구두로 소통하느라 노력하는 것보다는 시간이 덜 소요된다. 또한 모든 사람이 그런 모든 정보를 정확하게 기억해야 하는 것보다 오류 발생도 적다.

요구사항의 문서화를 주저하는 팀들은 분석 마비analysis paralysis(문제를 과도하게 생각하여 결정을 내리지 못하는 것)의 함정에 빠질까 우려된다. 이 경우 요구사항 개발이 무한정 계속되는 것처럼 보인다. 그렇지만 요구사항이 완료될 때까지 시스템 구축은 시작할 수 없다. 분석 마비는 잠재적 위험 요인이다. 그러나 판단을 잘하면 피할 수 있다. 필수 요구사항 정보를 기록하지 않는 것을 분석 마비 탓이라고 하지 말자.

나는 한때 중요한 기업 프로젝트를 맡은 세 번째 팀의 수석 BA였다. 이전 두 팀의 노력은 어떤 까닭인지 중단되었으며 왜 그랬는지는 알 수 없었다. 동료 BA들과 내가 요구사항에 관해 대화할 수 있는지 핵심 고객에게 물어보았을 때 그는 반발하면서 이렇게 말했다. "내 요구사항은 당신들의 전임자에게 전달했습니다. 이제는 더 이상 요구사항을 얘기할 시간이 없습니다. 시스템을 만들어 주세요!" 그가 말했던 "시스템을 만들어 주세요!"는 우리 BA 팀의 좌우명이 되었다.

불행하게도 이전 팀들은 자신들이 획득한 어떤 정보도 기록하지 않아서 우리는 맨 처음부터 시작해야 했다. 우리 고객은 만족하지 않았다. 그러나 우리가 알고 있던 요구사항 기법들을 사용하여 파악된 것을 기록하겠다는 약속을 했을 때 그는 협조하였다. 그 프로젝트는 크게 성공하였다. 내가 근무한 회사에서는 해당 시스템의 구현을 외부에 위탁하기로 결정했으며, 위탁 업체는 우리의 요구사항이 개발의 확고한 기반을 제공했다는 것을 알게 되었다. 처음 두 팀이 자신들이 알던 것을 기록했다면 우리는 그 프로젝트에서 유리한 출발을 했을 것이다.

문서로 기록된 의사소통의 장점

나의 소프트웨어 경력 초기에 나는 두 명의 다른 개발자와 함께 프로젝트를 이끌었다. 우리들 중 둘은 같은 빌딩에서 일했으며 나머지 한 사람은 400m 떨어진 곳에 있었다. 우리는 기록된 프로젝트 계획이나 요구사항을 갖고 있지 않았다. 하지만 우리가 나아가고 있는 방향에 관해 공통된 이해를 갖고 있었다. 우리는 다음 주 진도와 계획을 파악하기 위해 매주 만났다. 그러나 한 명의 개발자는 우리가 결정했던 것에 관해 다른 두 명과 이해가 달랐으며 두 번에 걸쳐 주간 회의에 참석하지 않았다. 그리고 그는 한 주 동안 잘못된 방향으로 일을 해서 그 일을 다시 해야 했다. 우리가 일을 계속 하는 동안 이 같은 시간 낭비를 피하기 위해 계획과 요구사항을 기록했다면 비용이 적게 들었을 것이다. 이후로 나는 이런 실수를 다시 범하지 않았다.

스크럼Scrum 방법론을 따르는 애자일 팀은 **일일 스크럼**daily scrum이라고 하는 짧은 회의를 개최하여 상태를 변경하고, 장애를 찾으며, 앞으로 24시간 동안 프로젝트 목표와 일치하도록 팀을 유지한다(Visual Paradigm 2020). 모든 사람이 같은 곳에 있거나 전자적으로 잘 연결되어 있을 때는 이렇게 하기가 더 쉽다. 그러나 일일 스크럼 같은 빈번한 접촉조차 그간의 어떤 기록도 유지하지 않아서 가까운 미래 이후의 계획 수립이 용이하지 않을 수 있다. 만일 회의에서 주고받은 결정이나 정보를 어느 누구도 재검토하지 않을 것이라는 확신이 있다면 그 내용을 기록할 이유가 없다. 그러나 그렇지 않다면 그런 유용한 지식을 기록하는 데 필요한 적정 시간을 투자하는 것이 좋다.

만일 모든 프로젝트 이해 당사자가 모든 논의 사항을 알고 있고 완벽한 기억력을 갖고 있었다면 결코 어떤 것도 기록할 필요가 없었을 것이다. 그러나 이건 현실이 아니다. 문서 기록은 팀 멤버들이 시공을 초월하여 참고할 수 있는 영구적인 그룹 메모리와 자원의 역할을 한다(Rettig 1990). 프로젝트를 돌이켜 볼 때는 의도했던 것과 실제 일어난 일에 관한 참여자의 기억을 프로젝트 기록을 통해 되살릴 수 있다. 만일 원래 개발자가 아닌 다른 사람들이 제품을 변경해야 한다면 좋은 문서 기록이 시간을 절약해 줄 수 있다.

개발자에게 유용한 피드백을 제공하기 위해 사용자가 실제 작동하는 소프트웨어를 볼 수 있을 때까지 기다리는 대신에 문서로 기록된 요구사항을 검토하면 이것이 코드로 생성되기 전에 해당 업무 전문가가 문제점을 찾게 할 수 있다. 많은 프로젝트에서 의사 결정표나 수학 공식으로 가장 잘 표현되는 복잡한 로직이나 비즈니스 규칙을 적용한다. 이런 정보의 정확성과 완벽성을 입증할 수 있도록 영구적인 형태로 기록하자. 이 기록은 테스트와 설계에서도 잘 사용된다.

누군가가 문서를 준비하는 데 수고를 들였다면, 해당 시스템에서 일하는 사람들은 그 지식을 활용해야 한다. 그러나 그런 지식이 무시되는 일이 생길 수도 있다. 한 프로젝트 팀이 일련의 훌륭한 요구사항들을 개발하였다. 그러나 계약 팀은 그 요구사항들이 무시된 시스템을 구현하기로 하였다. 이에 따라 외주 업체들은 사용자들과 다시 대화해야 했으며 이 때문에 사용자들을 성가시게 하고 시간을 들여야 했다.

> 만일 모든 프로젝트 이해 당사자가 모든 논의 사항을 알고 있고 완벽한 기억력을 갖고 있었다면 결코 어떤 것도 기록할 필요가 없었을 것이다.

나의 컨설팅 고객 중 한 회사는 계약 BA 팀을 고용했는데, 이들은 여러 개의 3링 바인더에 기록된 매우 큰 프로젝트의 요구사항을 개발하였다. 그다음에 이 회사는 개발된 요구사항을 제품으로 구현하기 위해 두 번째 계약 팀을 고용하였다. 이 팀에서는 여러 개의 바인더를 보고 이렇게 말했다. "이 모든 요구사항을 언제 읽어보냐? 소프트웨어를 만들어야 해!" 따라서 그들은 자기들이 생각했던 대로 시스템을 구축했다. 그러더니 이전에 BA팀에서 만들었던 실제 요구사항을 기반으로 다시 만들게 되었다. 시간이 촉박한 것과 무관하게 제품을 두 번 만드는 것보다는 일련의 훌륭한 요구사항에서 배우는 것이 더 빠를 것이다.

특정 정보의 문서 기록 여부가 개발자의 가장 큰 관심사일 때가 있다. 예를 들어, 만일 어떤 팀에서 비즈니스 규칙의 기록이 없는 소프트웨어를 특정 조직을 위해 작성 중이라면 해당 규칙을 적용해야 하거나 따르는 소프트웨어 코드는 관련 비즈니스 지식의 정보 출처가 된다. 따라서 여기저기에 비즈니스 규칙이 혼재된 코드를 구현했던 개발자는 정책이 바뀔 때 변경해야 하는 해당 비즈니스 부문의 전문가가 된다. 그리고 코드를 변경할 때마다 또 다른 역공학 프로세스로 비즈니스 지식을 추출해야 한다. 그러나 문서 기록이 있다면 그럴 필요가 없다.

올바른 균형

문서 기록은 장점과 한계가 있다. 가장 잘 기록된 요구사항일지라도 인간의 대화를 대체할 수는 없다. 그러나 확실히 도움은 된다. 뭔가를 기록한다고 해서 정확성과 완벽함 및 불변성이 보장되는 것은 아니다. 그러나 기록을 하면 해당 정보를 접근하는 사람들이 그 내용을 똑같이 이해하고 장래에 그들의 지식을 되살릴 수 있는 기회를 증가시킨다. 문서 기록은 현재 시점을 반영하고 정확해야 하며 필요한 사람들이 접근할 수 있어야 한다. 기록을 읽는 사람들이 찾고자 하는 것을 쉽게 발견할 수 없다면, 문서 기록이 얼마나 좋은지는 중요하지 않다.

어떤 사람들은 애자일 개발 철학을 잘못 이해하고 문서 기록 생성에 반발한다. 애자일 소프트웨어 개발 선언문에는 이렇게 명시되어 있다. "우리는 가치를 갖는다… 포괄적인 문서를 통해 작동하는 소프트웨어"(Beck et al. 2001). 그러나 이렇게 언급하지는 않는다. "형편없는 문서는 필요 없다." 애자일 전문가인 Mike Cohn(2010)은 기록된 문서의 단점을 지적하면서 이렇게 조언한다. "문서와 함께 중요한 것을 버리지 말아라."

> 문서로 기록된 의사소통에 약점이 있지만 그렇다고 기록된 요구사항 문서를 포기해야 한다는 것은 아니다. 절대 그렇지 않다. 대신에 적합한 곳에 문서를 사용해야 한다. 애자일 개발의 목표는 문서화와 논의 사항 간의 올바른 균형을 찾는 것이다. 과거에 우리는 문서 쪽에 너무 많이 편향된 사고 방식을 가졌다.

Cohn의 조언은 다음을 암시한다. 즉, BA, 프로젝트 관리자, 제품 소유자, 개발자는 사려 깊게 문서 기록을 생성해야 한다는 것이다. 이들은 반드시 최소가 아닌 적절한 수준의 세부 사항으로 정보를 기록해야 한다. 세부 사항을 알게 되고 정확성이 필요할 때 정보를 기록하자. 이 방법은 변하기 쉬운 예비 정보를 확정하려고 시도하는 것보다 더 현실적이며 또한 사람들의 기억에만 의지하는 것보다 더 안전하다.

경험에 비춰보면, 세상에는 어느 한 극단으로 쏠린다기보다는 그 중간인 회색지대로 몰리는 경향이 있다는 것을 알게 된다. 따라서 굉장히 상세하게 모든 프로젝트 정보를 기록하거나 또는 기록된 문서를 갖지 않는 두 개의 극단은 모두 비현실적이다. 그러나 지식을 알아내는(또는 재인식하는) 것보다 기록하는 데 드는 비용이 적게 든다는 것을 기억한다면 어떤 정보가 기록할 만한 가치가 있는지 결정할 수 있다.

레슨 8　요구사항 개발의 가장 중요한 목적은 명확하고 효율적인 의사소통이다

소프트웨어 개발은 부분적으로 컴퓨팅과 의사소통에 관한 것이다. 그렇지만 요구사항 엔지니어링은 전적으로 의사소통에 관한 것이다. 대게 우리는 인간적 측면 보다 기술적 측면의 소프트웨어 개발에 능숙하다. 요구사항 활동을 주도하는 그런 팀 멤버들은(직책과 무관하게 내가 비즈니스 분석가라고 부르는) 그림 2.3과 같이 프로젝트 의사소통 네트워크의 중심부에 있다. 이들은 모든 프로젝트 참여자들 간의 요구사항 지식 소통을 조정한다.

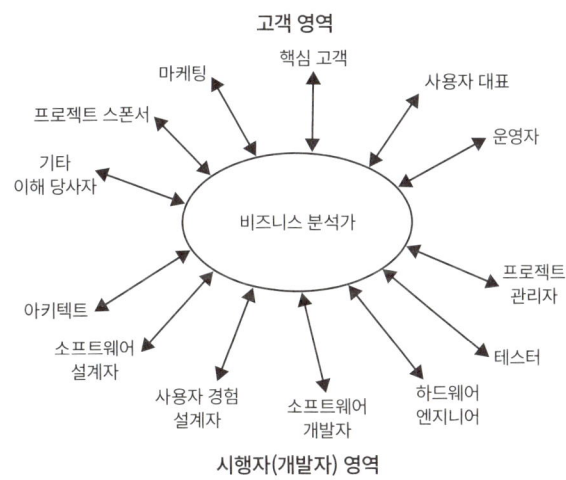

그림 2.3　비즈니스 분석가는 모든 프로젝트 참여자들 간의 요구사항 지식 소통을 조정한다.

그림 2.3에 있는 의사소통 연결은 모두 양방향 화살표로 되어 있다. 프로젝트 스폰서, 마케팅, 핵심 고객, 사용자 대표 등의 참여자들은 주로 고객 영역으로부터 프로젝트로 요구사항 입력(참여자가 자신의 요구나 의견을 프로젝트에 제공한 것)을 제공한다. 아키텍트, 소프트웨어 및 사용자 경험 설계자, 개발자, 테스터 등의 참여자들은 시행자 영역에 있으면서 요구사항 처리 출력을 소비한다. 만일 우리 제품이 소프트웨어와 하드웨어 구성 요소 모두를 포함한다면 전기 및 기계 엔지니어도 포함될 수 있다.

BA는 요구사항 지식, 우선순위, 프로젝트 상태, 변경 사항에 관해 모든 참여자에게 계속 알려야 한다. 모든 참여자는 다양한 관점으로 다른 종류의 사안을 볼 것이므로 요구사항 검토에는 모두 참여할 수 있다. 어떤 사람들은 모든 프로젝트가 직면하는 요구사항 관련 결정을 내릴 것이다. 그리고 개발 팀이 전체적인 이해에 도달하고 지속시키는 데 도움이 되도록 참여한 모든 사람은 요구사항에 관한 논평과 생각을 제공해야 한다.

다수의 독자, 다수의 요구

BA는 힘든 일을 수행한다. 다른 참여자들은 주로 말을 통해 요구사항 입력을 전달한다. BA는 관련 제품에 관한 비즈니스 규칙이나 정보의 출처와 같은 문서를 언급할 수 있다. BA는 그런 모든 정보를 적합하게 기록된 형태로 평가하고 분류하며 기록해야 한다. 여기서 '기록된'이라고 얘기한 이유는, 원래 출처와 해당 요구사항을 기반으로 일을 할 사람들에게 BA가 전달해서 정보 검증을 하기 때문이다. 다양한 배경과 어휘를 가진 매우 많은 독자들과 함께 하면서 BA는 그들 각각과 의사소통하는 가장 좋은 방법에 관해 신중하게 생각해야 한다. 요구사항 지식을 제공받는 사람들은 다음의 여러 관점에서 서로 다른 의견을 갖는다.

- 어떤 정보를 알아야 하는지
- 해당 정보를 언제 알아야 하는지
- 얼마나 자세한 것이어야 하는지
- 어떻게 정보를 제공받기 원하는지
- 기록된 정보를 어떻게 체계화하기 원하는지

모든 프로젝트 참여자들이 빨리 알아야 하는 모든 것을, 하나의 요구사항 결과물로 만들려고 해본 적이 있는 사람이라면 그것이 불가능하다는 것을 알 것이다. 표 2.1에 있듯이, 요구사항 정보에는 많은 종류가 있다. BA는 적합한 세부화 수준으로 각 유형의 정보를 나타내는 방법을 결정하고 각 독자(참여자)를 위해 의미 있게 구성해야 한다.

어떤 정보가 필요하고 어떻게 제공받기 원하는지에 관해 BA는 다양한 독자에게 물어봐야 한다. 예를 들어, 개발자와 테스터는 자신들이 작업하는 각 요구사항에 관한 세부 사항이 필요하다. 그러나 프로젝트 스폰서는 그런 세부 사항을 신경 쓰지 않는다. 전반적인 개요만 원하는 사람들은 세부적인 것에 빠져들지 않기 위해 말보다 그림을 좋아할 수 있다. 요구사항 관리 도구와 같은 공유된 저장소는 모든 세부 사항이 필요한 사람들을 위한 요구사항 정보의 완벽한 장소를 제공할 수 있다.

필요한 것을 어디서 찾는지 알 수 있도록 특정 정보는 표준 템플릿을 사용하면 도움이 된다. 비전과 범위 문서, 유스케이스 문서, 소프트웨어 요구사항 명세서의 경우는 템플릿이 특히 도움이 된다는 것을 알게 되었다(Wiegers and Beatty 2013). 문서 생성자는 각 결과물의 수령자들과 함께 일해서 그들의 요구에 잘 맞도록 표준 템플릿을 조정해야 한다. (레슨 57, "문서 템플릿에 줄여-맞추기 shrink-to-fit 철학을 쓰자"를 참고하자.)

문서 저자들은 자신들이 이해하기 쉬운 어휘와 세부화 수준 및 구성 방식을 선택한다. 그러나 일부 수령자들에게는 그들의 선택이 가장 효과적이지 않을 수 있을 것이다. 중요한 요구사항을 독자들에게 언어로 말하는 것의 어려움에 관해 수석 시스템 엔지니어들은 다음과 같이 설명한다.

> 시스템을 개발 및 구현하는 시행자implementor는 가장 중요한 요구사항 고객이다. 이들이 읽은 것을 어떻게 이해하는가에 따라 어떤 제품이 될지 결정되기 때문이다. 비즈니스 고객의 언어 표현으로 기록된 요구사항은 일반 시행자에게 친숙하지 않은 용어와 절차로 가득 채워질 수 있다. 이 경우 고객이 무엇을 요구하는지 시행자가 정확하게 이해하기 어려울 것이다. 요구사항들은 종종 비즈니스 고객의 언어 표현으로 작성된다. 이런 고객의 관점들을 시행자가 이해할 수 있는 요구사항으로 바꾸는 것은 중요한 발걸음이다.

프로젝트에 연루된 모든 사람들이 관련 비즈니스 용어, 전문 용어, 약어, 두문자어를 똑같이 이해할 수 있도록 용어 해설의 작성을 고려하자. 용어 해설은 동일한 애플리케이션 영역의 많은 프로젝트에 걸쳐 재사용될 수 있으며 이에 따라 일관성이 향상된다.

> 고품질의 소프트웨어 개발은 고품질의 요구사항을 기반으로 한다. 요구사항은 사용 가능한 형태로 만들어지고 알 필요가 있는 모든 사람에게 전달된다.

표현 기법 선택하기

요구사항 정보를 표현하는 가장 확실한 방법은 자연어 텍스트다. 그러나 문서, 색인 카드, 접착식 메모지, 또는 요구사항 관리 도구 중 어느 것으로 요구사항을 작성하든 자연어 텍스트는 분량이 많아진다. 독자들은 세부적인 요구사항을 얻을 수 있다. 그러나 그런 모든 세부 사항으로부터 개요를 가시화하거나 조각들이 어떻게 맞춰지는지 알기 어렵다. 자연어는 독자들의 상상력과 오역에 너무 많은 것을 맡기는 애매모호한 말이 되기 쉽다. 그럼에도 불구하고 자연어는 인간이 의사소통하는 방법이므로 이것으로 요구사항을 작성하는 것이 타당하다.

요구사항은 다양한 기법을 사용해서 작성할 수 있다. 유스케이스와 기능 요구사항 리스트를 사용하는 팀들이 있는가 하면, 사용자 스토리와 기능 서술 및 인수 테스트를 사용하는 팀들도 있다. 현재의 방법으로 독자와의 명확하고 효과적인 의사소통 목적을 성취할 수 있다면 우리가 선택하는 방법은 중요하지 않다.

물론 자연어를 사용하는 것에만 국한되지 않는다. 자연어를 완전히 대체하지는 않지만 가시적 모델, 프로토타입, 화면 설계, 표, 수학적 표현 등과 같이 다른 표현이나 관점으로 기록된 요구사항을 보충할 수 있다. 각 관점은 요구사항에 관해 사람들이 알 필요가 있는 것을 나타내며, 다수의 관점을 결합하면 더 풍부한 이해를 제공한다(Wiegers 2006a). 생명유지 필수시스템life-critical system과 같이 확정된 요구사항을 나타내는 공식적인 표기법을 사용하는 경우도 있다.

개요만 필요한 독자들의 경우는 텍스트보다 도표의 사용을 고려하자. 나는 오래전에 분석과 설계 모델링 과정을 수강했는데, 이 과정을 통해 나는 소프트웨어 개발에 접근하는 방법을 완전히 바꾸게 되었다. 도표에서는 처리 흐름, 데이터 간의 관계, 사용자 인터페이스 내비게이션, 시스템 상태와 상태 간의 전이, 결정 로직 등을 설명할 수 있다. 나는 열성적으로 가시적 모델링을 나의 개발 실무에 통합하였다.

그러나 소프트웨어 시스템에 관해 내가 알아야 하는 모든 것을 단일 도표(모델)로는 볼 수 없다(Davis 1995)는 것을 나는 곧 알게 되었다. 대신에 각 모델은 특정 관점으로 시스템 지식의 일부를 보여준다. 비즈니스 분석에서는 독자가 알 필요가 있는 정보를 기반으로 적합한 모델들을 선택해야 한다.

표준 어휘와 표기법은 명확한 의사소통의 중심이 된다. 만일 우리가 단어와 기호를 똑같이 이해하지 못한다면 우리는 함께 일할 수 없다. 한 컨설팅 고객이 그들의 BA가 그린 모델을 검토해 달라고 나에게 요청한 적이 있다. 나는 해당 도표를 이해했지만 그 BA는 일부 색다른 화살표 표기법을 사용했었다. 나는 그런 화살표가 무엇을 의미하는지 몰랐으며(범례가 없어서), 다른 곳에서 사용되는 표준 화살표와 왜 다른 지도 알 수 없었.

소프트웨어 방법론자들은 다음을 포함해서 분석과 설계 모델들을 그리기 위한 다양한 표준 표기법을 개발하였다.

- Structured analysis(DeMarco 1979)
- IDEF0(Feldmann 1998)
- Unified Modeling Language, 줄여서 UML(Booch et al. 1999)

- Requirements Modeling Language 줄여서 RML(Beatty and Chen 2012)

이것들이나 다른 표기법들 및 표준 모델들의 사용을 강력히 권한다. 그럴 리는 없겠지만, 자신이 원하는 것을 보여주는 어떤 모델도 존재하지 않는다는 결론에 도달하지 않는 한 여러분의 사적인 표기법을 만들지 말자. 때로는 도표를 보는 사람들에게 표기법을 읽는 방법에 관해 교육할 필요가 있을 것이다. 이때는 도표에서 사용된 기호를 설명하는 범례가 도움이 될 수 있다. 독자와 명확하게 의사소통하는 데 중점을 두도록 가능한 한 모델을 단순하게 만들자.

대화할 수 있을까?

고품질의 소프트웨어 개발은 고품질의 요구사항을 기반으로 한다. 요구사항은 적합한 사람들로부터 얻고, 사용 가능한 형태로 만들어지며, 알 필요가 있는 모든 사람에게 전달된다. 능력 있는 BA는 다양한 형태의 의사소통에 능숙하다. 예를 들어, 듣기, 질문하기, 다시 고쳐 말하기, 기록하기, 모델링하기, 발표하기, 진행하기, 몸짓과 같은 비언어적 표시 읽기 등이다.

만일 우리가 BA 역할을 한다면, 공통의 목적을 향하여 모든 프로젝트 참여자들을 결속시키기 위해 이런 모든 기술(그리고 이 기술들을 어떻게 언제 적용할지 알기 위한 지혜)들이 필요할 것이다.

레슨 9 요구사항 품질은 보는 사람의 관점에 따라 다르다

아름다움이 제 눈에 안경이듯이 품질도 그렇다. 소프트웨어 요구사항 결과물은 이것을 사용해서 자신이 맡은 부분의 프로젝트 작업을 수행하는 사람들이 지켜본다. 이것은 제품을 받거나 사용할 고객도 마찬가지다. 결과물을 만드는 사람이 아닌 이런 수령자들이 품질을 평가하는 데 적합하다.

[만일 누군가 내 요구사항의 문제점을 발견한다면 그들이 얼마나 잘하는가는 중요하지 않다.]

내 딴에는 완벽한 일련의 요구사항들을 만들 수 있었다. 이 요구사항은 해야 할 것과 해서는 안 될 것 모두를 포함하며, 내용은 논리적으로 잘 구성되었고 내가 보기에 모든 문장은 명확하고 이해 가능한 것처럼 보였다. 그러나 만일 누군가 내 요구사항의 문제점을 발견한다면 그들이 얼마나 잘하는가는 중요하지 않다. 만드는 사람들(BA들)과 수령자들(아키텍트, 설계자, 개발자, 테스터 등) 모두 요구사항의 내용, 형식, 구성, 스타일, 세부화 수준에 동의해야 한다.

많은 요구사항 독자들

이전 레슨에서 얘기했듯이, 요구사항 정보의 독자가 너무 많다는 것이 BA의 어려움이다. 이들 독자는 품질 및 자신들이 알기 원하는 것에 관해 다른 생각을 갖고 있다. 왜냐하면 서로 다른 목적으로 정보를 사용하기 때문이다. 이들은 다양한 배경과 관점을 가지며, 다양한 추정을 하고, 서로 다른 의사소통 수단을 선호할 수 있다. BA가 모든 사람의 요구를 충족하는 데 이런 다양성이 어려움을 준다.

우리가 만든 요구사항들이 고품질의 것인지 판단하는 좋은 방법은 다수의 독자 관점을 나타내는 사람들을 초대하여 검토하는 것이다. (레슨 48, "고객이 아닌 동료가 결함을 찾도록 노력하자"를 참고하자.) 이런 검토자들은 서로 다른 종류의 문제점을 찾을 것이다. 표 2.3에서는 다양한 요구사항 독자들이 검토에서 찾을 수 있는 일부 품질 사안을 보여준다. 아무쪼록 그들이 각 질문에 "네"를 답할 수 있기를 바란다. 공식적인 동료 검토(동등한 입장에서 하는 검토)를 **검사**inspection라고 하며, 특정 부류의 요구사항 오류를 찾는 데 특히 좋다(Wiegers 2002a). 검사를 진행하는 동안 각 요구사항을 자신의 말로 나타내는 사람들이 있는가 하면, 요구사항의 해석을 자신이 이해한 것과 비교하는 사람들도 있을 수 있다. 만일 요구사항과 그들의 해석이 일치하지 않는다면 분명하지 않은 점을 찾은 것이다.

표 2.3 서로 다른 요구사항 독자들이 찾을 수 있는 품질 사안

요구사항 독자	품질 사안
프로젝트 스폰서, 마케팅, 핵심 고객	• 요구사항에 기반한 해결책이 우리의 비즈니스 목적을 성취하는가? • 우리는 각 요구사항과 관련된 위험과 비즈니스 영향을 이해하고 있는가?
사용자 대표	• 나는 각 요구사항을 이해하고 있는가? • 각 요구사항이 고객의 요구를 정확하게 표현하는가? • 이 요구사항들에 기반한 해결책이 나의 요구를 충족하는가? • 모든 요구사항이 필요한가?
프로젝트 관리자	• 사용 가능한 자원과 기존 제약의 범위 내에서 개발 팀이 요구사항의 해결책을 만들 수 있는가? • 각 요구사항에 제공된 정보로 프로젝트의 복잡도와 영향을 추정할 수 있는가?
비즈니스 분석가, 제품 관리자, 제품 소유자	• 각 요구사항이 고객 가치를 다루고 있는가? • 요구사항이 명확하고 분명한가? • 각 요구사항이 타인과의 갈등은 없는가?
설계자, 개발자, 하드웨어 엔지니어	• 나는 각 요구사항을 잘 이해하고 있는가? • 내가 해결책을 설계하고 만드는데 필요한 모든 정보를 요구사항이 포함 또는 지적하고 있는가? • 요구사항에 기반한 해결책이 기술적으로 그리고 사용 가능한 자원과 시간 범위 내에서 성취할 수 있는 것인가?
테스터	• 나는 각 요구사항을 잘 이해하고 있는가? • 모든 예외가 확인되고 이 예외들을 처리할 방법이 서술되었는가? • 각 요구사항이 올바르게 구현되었는지 여부를 검증하기 위한 방법을 내가 생각할 수 있는가?
이외 다른 이해 당사자	• 나의 관점에 맞는 모든 기대와 제약을 요구사항이 반영하는가?

요구사항 품질 체크리스트

고품질 요구사항을 계속 만드는 동안 비즈니스 분석가는 다음 특성들을 자신의 결과물로 반영하기 위해 노력해야 한다(Davis 2005, Wiegers and Beatty 2013).

- **완전함**. 누락되는 요구사항이 없어야 한다. 각 요구사항은 독자가 자신의 일을 수행하는 데 필요한 모든 정보를 포함한다. 누락된 것은 TBD To Be Determined(추후 결정)로 표시한다. 실제로 모든 요구사항을 찾았는지 확인할 방법은 없다. 만일 우리가 의도적으로 불완전한 요구사항을 작성한다면 독자들이 알 수 있게 해야 한다.
- **일관됨**. 모든 요구사항을 충족하는 해결책은 다른 어떤 요구사항에도 같이 사용될 수 있어야 한다. 일관성이 없는 것을 잡아내기는 어렵다. 서로 다른 요구사항 유형 간에 일관성이 없는 것을 찾는 것도 어렵다. 예를 들어, 비즈니스 규칙을 위반하거나 또는 사용자 요구사항과 충돌하는 기능적 요구사항의 경우가 그렇다.
- **정확함**. 각 요구사항은 사용자나 다른 이해 당사자가 표현한 요구를 정확하게 언급해야 한다. 적합한 이해 당사자만 이 특성을 평가할 수 있다.
- **실현 가능함**. 알고 있는 기술, 일정, 자원 제약의 범위 내에서 개발자들은 이 요구사항을 해결하기 위해 해결책을 구현할 수 있다.
- **필수적임**. 각 요구사항은 일부 이해 당사자가 실제로 필요한 능력과 특성을 나타낸다.
- **우선순위 지정됨**. 요구사항은 상대적 중요성과 제품에 포함되는 시점에 의거 분류된다.
- **추적 가능함**. 각 요구사항은 고유하게 식별되어 그 출처로 다시 연결되고 해당 요구사항으로 인해 만들어진 디자인, 코드, 테스트 및 기타 모든 항목으로 연결될 수 있다. 각 요구사항의 출처를 알면 맥락을 추가하고 누구에게 문의해야 하는지 보여줄 수 있다.
- **분명함**. 모든 요구사항 독자들은 하나의 똑같은 방법으로만 각 요구사항의 의미를 이해할 것이다. 만일 요구사항이 애매모호하다면 이것이 완전하고, 정확하고, 실현 가능하고, 필수적이고, 검증 가능한지 결정할 수 없다. 왜냐하면 해당 요구사항의 의미를 정확하게 알지 못하기 때문이다. 우리는 자연어의 모든 애매함을 없앨 수 없다. 그러나 다음 단어들의 사용을 피하면 도움이 될 수 있다(Wiegers and Beatty 2013). **best, etc., fast, flexible, for instance, i.e.**와 **e.g., improved, including, maximize, optionally, several, sufficient, support, usually.**[1]
- **검증 가능**. 해결책이 요구사항을 충족하는지 결정하기 위한 객관적이고 모호하지 않으며 비용 효과적인 방법이 있다. 테스팅이 가장 공통적인 검증 방법이다. 따라서 어떤 사람들은 이런

---

1 [옮긴이] 이 단어들은 원어 그대로 두는 것이 좋을 것 같아 번역하지 않았습니다.

특성들을 더 좁은 의미로 **검사 가능 특성**testability이라고 한다.

우리는 결코 완벽한 요구사항들을 만들지 못할 것이다. 만약 개발 팀에서 요구사항을 구현하기 전에 요구사항 오류를 조기에 검출하고 바로잡는 메커니즘을 프로젝트의 개발 프로세스가 포함한다면 그럴 필요도 없다. 다수의 요구사항 독자들에게 피드백을 요청하면 요구사항 결함으로 인한 과도한 재작업 비용 발생을 막는 데 도움이 된다.

레슨 10 요구사항은 허용 가능한 위험 수준 범위에서 구축이 진행되는 데 충분한 것이어야 한다

앞에서 언급했듯이, 우리는 결코 완벽한 요구사항들을 얻지 못할 것이다. 일부 요구사항들은 불완전하거나, 부정확하거나, 불필요하거나, 실현 불가능하거나, 모호하거나, 또는 아예 누락될 수 있다. 때로는 요구사항이 서로 충돌한다. 그러나 우리는 여전히 사용 가능한 요구사항 정보를 기반으로 소프트웨어를 만들어야 한다.

실제로는 다음 개발 단계를 진행할 수 있을 만큼 충분한 요구사항을 개발하는 것이 목표다. 이것은 위험의 문제다. 요구사항 문제로 인해 계획에 없던 재작업을 과도하게 수행하는 위험을 줄이려면 요구사항 개발에 **충분한** 노력을 기울여야 한다.

유감스럽게도 요구사항이 충분하다고 해서 청신호가 들어오는 것은 아니다. 모든 관련 요구사항을 도출하고 이를 정확하게 기술했는지 BA가 판단하기는 어렵다. 하지만 누군가는 제품 요구사항의 그다음 부분이 구축에 적합한 기반을 제공하는지 판단해야 한다. 시스템 아키텍트와 설계자 및 개발자가 이런 판단을 하는 데 도움을 줄 수 있다.

[우리의 목표는 다음 개발 단계를 진행하는 데 충분한 요구사항 개발이다.]

세부 사항의 관점

충분히 좋다는 것은 제시된 정보의 양과 질 모두를 포괄한다는 의미다. 완벽하게 작성된 최소한의 요구사항 집합에는 개발자와 테스터가 필요로 하는 세부 정보가 부족할 수 있지만, 잘못 작성되고 부정확한 요구사항 집합은 쓸모가 없다. 요구사항 전문가인 Alan Davis(2005)는 요구사항 명세의 목표를 다음과 같이 잘 설명한다. "시스템 개발자, 마케팅 담당자, 고객, 사용자, 경영진들의 해석(요구사항에 대한 이해)이 긴밀하게 일치할 수 있도록 시스템의 원하는 행동을 충분히 상세하게 명시하는 것이다." 여기서 키워드는 **충분한 세부 사항**이다. 요구사항 완성도는 세 가지 관점으로 생각할 수 있다. 요구사항에 포함된 정보 유형, 지식의 폭넓음, 각 항목의 세부 사항 깊이다.

- **정보 유형.** 프로젝트 참여자들은 자연스럽게 사용자가 자신의 목적을 달성하는 데 필요한 기능에 중점을 둔다. 그러나 유용한 요구사항들은 그것을 훨씬 넘어선 좋은 내용을 포함한다. 또한 개발자들은 요구사항의 품질 속성, 설계와 구현 제약, 비즈니스 규칙, 외부 인터페이스 요구사항, 데이터 타입과 출처에 관해 알아야 한다. 따라서 간단한 기능적 요구사항이나 사용자 스토리로는 충분치 않다.

- **지식의 폭넓음.** 이 관점은 요구사항 명세에 포함된 요구사항 정보의 범위를 포함한다. 알려진 모든 사용자 요구사항을 범위 내에 포함하는가? 아니면 우선순위가 높은 것들만 포함하는가? 의미 있는 모든 품질 속성들을 다루고 있는가? 아니면 중요한 것만 다루고 있는가? 이 요구사항이 기대하던 것의 완전한 범위에 있는지 아니면 기대하던 것과의 격차를 줄여야 할 것인지 독자가 아는가? 만일 이 요구사항이 완전하지 않다면 독자 간에 격차가 있다는 것을 알게 될 것인가? 아무도 기록하지 않는 암시적이면서 추정된 요구사항들은 간과될 위험이 크다. (레슨 13, "흔히 사용되는 두 가지 요구사항 도출 관련가 텔레파시와 투시력이다. 이 방법들은 효과가 없다"를 참고하자.)

- **세부 사항 깊이.** 이 관점은 각 요구사항이 얼마나 상세하고 정밀한지를 다룬다. 발생 가능한 예외(오류)들을 찾고 시스템이 어떻게 그것들을 처리해야 하는지 요구사항에서 명시하고 있는가? 아니면 요구사항의 정상 작동 경로만 언급하고 있는가? 만일 요구사항 명세에서 설치성과 같은 비기능적 요구사항을 언급한다면 설치 제거, 재설치, 설치 복구, 설치 업데이트와 패치도 같이 다루고 있는가? 모든 기능적 및 비기능적 요구사항은 구현된 해결책에서 검증할 수 있을 만큼 충분하게 정밀해야 한다.

어느 정도면 충분할까?

주어진 상황에서 얼마나 많은 정보면 충분한지의 질문에 대한 정답은 없다. 그러나 요구사항의 어디서든 지식의 차이가 존재한다면 누군가는 결론을 내야 한다. 그렇다면 지정된 요구사항은 언제 충분한 것일까? 이것을 결정하려면 얼마나 상세한 것이 필요하고 누가 언제 관련 정보를 얻을지 알아야 한다. IIBA의 지식 비즈니스 분석 본문에서는 해결책 요구사항의 정의를 이렇게 명시한다. "해결책의 개발과 구현을 위해 해결책 요구사항은 적합한 수준의 세부 사항을 제공한다"(IIBA 2015). 여기서 '적합한'은 사람마다 다를 수 있는 개인적 의견(해석)을 의미한다.

대부분의 애자일 소프트웨어 개발 팀은 상세하게 기록된 요구사항을 지정하지 않는다. 그러나 그렇다고 해서 개발자와 테스터가 그런 세부 사항을 필요로 하지 않음을 의미하는 것은 아니다. 레슨 6에서 보았듯이, 그들은 필요하다. 만일 기록된 정보를 구현 시점에 사용할 수 없다면 누군가는 그것을 적합한 출처로부터 찾아야 한다. 그렇지 않으면 설사 고객의 관점과 맞지 않더라도 소프트웨어 팀 멤버들 스스로 빈틈을 채워야 한다. 만일 이런 일이 생긴다면 해당 요구사항들은 가장 중요한 시기에 준비되지 않은 것이다.

> **레슨 11** 요구사항은 단순히 수집하는 것이 아니다

사람들은 종종 소프트웨어 프로젝트의 요구사항을 수집한다고 말한다. 그러나 이것은 부정확한 표현이다. **수집한다**는 말은 요구사항이 주변 어딘가에 있으면서 모으기만 기다린다는 것을 암시한다. 어떤 사람이 '요구사항 수집하기'라고 말하는 것을 들을 때 나는 꽃을 따거나 부활절 달걀을 찾는 이미지를 머리 속에 떠올린다. 요구사항 수집은 그렇게 단순하지 않다.

수집하기 vs. 도출하기

요구사항이 사용자의 머릿속에 완전히 형성되어 필요에 따라 BA나 개발 팀에 전달될 준비가 되어 있는 경우는 거의 없다. 일련의 요구사항, 즉 요구사항 집합을 구성하는 데는 어느 정도 수집도 필요하지만 발견과 창안이 필요하다. 소프트웨어 담당자가 프로젝트 이해 당사자와 협력하여 현재 작업 방식을 탐구하고 미래의 소프트웨어 시스템이 제공해야 할 기능을 결정하는 방법을 더 정확하게 전달하는 용어가 **요구사항 도출**requirements elicitation이다. 요구사항 전문가인 Suzanne Robertson과 James Robertson(2013)은 이것을 '요구사항 트롤링(대대적인 조사)'이라고 생생하게 언급한다.

> 우리는 **트롤링**trawling이라는 용어를 사용해서 비즈니스를 조사하는 활동을 나타낸다. 이 용어는 우리가 여기서 하는 일의 본질인 낚시를 연상시킨다. 물고기가 덥석 물기만을 바라며 멍하니 줄을 늘어뜨리는 것이 아니라, 비즈니스 전체를 살피면서 체계적으로 그물을 던져 가능한 모든 요구사항을 잡아내는 것이다.

《American Heritage Dictionary of the English Language》(2020)에 따르면, 도출은 '불러 일으킨다', '꺼낸다', '유발한다'를 의미한다. 요구사항을 '불러 일으킨다'와 '꺼낸다'는 것은 단지 **수집한다**보다는 프로세스를 나타내는 것이다. (BA는 함께 일하는 이해 당사자를 자극하지 않으려고 노력하지만,

가끔 실수로 그런 일이 생길까봐 걱정된다.) 도출 과정에서 BA의 가장 큰 역할은 이해 당사자의 사고를 자극하고 피상적이고 뻔한 것을 넘어서는 올바른 질문을 하는 것이다.

> '요구사항 수집하기'라는 말을 들을 때 나는 꽃을 따거나 부활절 달걀을 찾는 장면을 머리 속에 떠올린다. 그러나 요구사항 수집은 그렇게 간단하지 않다.

요구사항을 탐구할 때 가장 쓸모없는 질문은 "원하는 게 무엇인가요?"와 "요구사항이 무엇인가요?"이다. 이런 막연한 질문은 불필요한 정보가 뒤섞이고 무언의 추정이 가미되는 요구사항 입력(마구잡이 식이지만 그래도 중요한)을 많이 발생시킨다. 비즈니스 분석가는 이해 당사자들이 말해주는 모든 것을 기록하는 단순한 서기가 아니다. 능숙한 BA는 체계적인 방법으로 참여자들을 인도하여 관련 지식을 발견하므로 대화에서 중요한 정보를 이끌어낼 수 있다. BA는 수집된 정보를 분석하고 정리해야 하며, 관련 없는 정보는 제외해야 한다.

요구사항 도출 시기

레슨 5에서 보았듯이, 요구사항 도출은 반복적이고 점진적인 방법을 필요로 하며, 이 방법은 개선하고, 명확하게 하고, 조정하는 반복 주기들을 갖는다. 이때 논의(상세한 대화)를 통해 불분명한 고수준의 개념이 세부 사항으로 바뀌거나, 또는 이후에 BA가 고수준의 추상체로 종합해야 하는 특정 기능들로 논의가 시작될 수 있다. 또한 한 출처에서 나온 정보가 다른 출처의 것과 충돌될 수도 있다. 때로는 논의 그룹이 해결된 사안이라고 생각한 것을 다시 논의하게 하는 새로운 요구사항 입력이 생기며 이것을 BA가 얻는다. 이 경우 해당 논의를 다시하면 참여자들이 불만스러울 수 있다 ("이 대화는 이미 했던 것 아닌가요?"). 그러나 인간의 의사소통과 탐구의 본질이 그렇다. 껍질을 벗길수록 더 큰 양파가 나타나는 경우를 제외하면 요구사항 도출은 계속해서 내부를 드러내는 양파 껍질 벗기기와 같다.

폭포수waterfall 모델의 개발 수명 주기development life cycle에서는 요구사항 도출이 프로젝트의 시작에서만 수행된다. 이 경우 이상적으로는 BA가 모든 중요한 요구사항들을 수집할 수 있으며, 이 요구사항들은 시스템 개발 전반에 걸쳐 변경 없이 안정적인 상태가 된다. 따라서 폭포수 모델을 사용하는 프로젝트의 작업은 잘 진행된다. 그러나 요구사항 단계에서 소요되는 시간이 중요하다. 만일 오래 걸리면 다음 단계가 늦게 시작되어 결국 프로젝트 전체의 일정이 늦어지게 되기 때문이다. 그러나 조기에 작성된 이런 요구사항들은 프로젝트 진행 과정 내내 수정되거나 더 정교화되어야 한다는 것이 문제다. 이것은 전통적인 프로젝트 팀에서도 알고 있다.

애자일 개발 프로젝트에서는 프로젝트의 더 작은 부분인 개발 반복에서 요구사항을 처리하며, 개발하는 동안 요구사항이 커지고 진화한다고 예상한다. 각 개발 반복은 도출 활동을 포함한다. 프로젝트는 우선 일부 요구사항 탐구로 시작한다. 그러나 이 시점에는 각 요구사항에 대해 완전하고 상세한 이해를 하지 않는다. 대신에 팀에서는 초기 개발 반복까지 요구사항의 우선순위를 정하고 할당하는 데 충분한 지식만 모은다. 그리고 각 반복이 진행되는 동안 팀에서는 할당된 요구사항들(대개 사용자 스토리와 인수 테스트에서 보여줌)을 개발자와 테스터가 필요로 하는 세부화 수준까지 개선한다.

도출 컨텍스트

프로젝트의 비전과 범위 문서 또는 프로젝트 헌장은 도출 기준을 세운다. 즉, 프로젝트의 비즈니스 목적, 범위(분명하게 포함되는 것), 제약(분명하게 제외되는 것)을 설정한다. 도출 프로세스를 시작하기 위해서 가치 있는 정보의 출처가 될 수 있는 이해 당사자들을 찾자. 이들은 요구사항에 대한 거부권을 가질 수 있거나("그렇게 할 수 없습니다"), 또는 요구사항을 추가하기 위한 권한을 갖는다("이것도 해야 합니다"). 우리는 이런 이해 당사자들과 함께 일하여 이들의 비즈니스 요구와 관심사 및 새로운 또는 변경된 시스템이 해주기 기대하는 것을 알아낼 것이다.

만일 우리가 BA라면 도출 착수에 앞서 전략을 수립하자. 우리가 선택하는 대화 방법은 이해 당사자와 어떻게 접촉하는가에 달려 있다. 즉, 그들이 어디에 있는지, 그룹이나 개인 논의 중 어느 것이 가장 적합한지, 얼마나 많은 시간을 보낼 수 있는지이다. 매번 개발 팀이 필요로 하는 정보를 얻을 수 있게 대화를 계획하자. 이해 당사자들과 어떤 수준의 약속을 하는가에 따라 대화 방법을 조정할 필요가 생길 수 있다.

도출 방법

비즈니스나 프로젝트에 관한 요구사항 지식은 많은 장소와 방법으로 찾을 수 있다. 대부분의 프로젝트 팀에 유용한 몇 가지 도출 방법은 다음과 같다(Davis 2005, Robertson and Robertson 2013, Wiegers and Beatty 2013).

인터뷰

1:1의 이해 당사자 인터뷰는 산만함이 없이 세부 사항으로 들어갈 수 있어서 효율적이면서도 집중적이다. 그러나 그룹 논의에서 흔히 새로운 발상을 고무시키는 시너지성synergistic 대화가 부족하다. 개인과 그룹 인터뷰 모두에서 BA는 살펴볼 부분의 리스트와 질문을 준비해야 한다(Podeswa 2009).

그룹 워크숍

여러 사용자 대표와 이외의 이해 당사자를 BA가 만나는 워크숍은 흔히 사용하는 도출 방법이다. 대개 워크숍에서는 사용자가 일을 수행할 수 있게 시스템이 해주어야 하는 작업을 알기 위해 사용자 요구사항을 탐구한다. 모든 그룹 활동은 회의의 목적에서 벗어나 논의 방향이 바뀌게 되는 위험을 초래할 수 있다. 따라서 그룹이 더 고수준의 주제를 논의해야 하는데도 불구하고 세부 사항에 빠져 너무 상세한 것을 들여다보기 쉽다. 능숙한 진행자는 참여자들이 주제에 집중하게 하여 워크숍에서 유용한 정보가 나올 수 있게 한다. (레슨 14, "많은 사람들이 모이면 요구사항을 정확히 어떻게 표현할지 합의하기는커녕 방에 불이 나서 탈출하는 데도 동의할 수 없다"를 참고하자.)

관찰

사용자들을 근무 환경에서 관찰하면, 이들이 하는 일에 관해 BA가 단순히 질문했을 때 얻을 수 있는 것보다 더 많은 정보를 얻을 수 있다. 또한 관찰력 있는 BA는 업무를 더 효율적으로 처리하기 위해 새로운 시스템이 해결할 수 있는 문제와 애로 사항을 파악할 수 있다. 사용자들은 종종 소프트웨어 시스템의 결점을 임시 방편으로 해결한다. 따라서 이런 것을 관찰하면 개선점을 드러내어 대체 시스템을 만들 수 있다. 일부 프로젝트에서 BA 역할을 수행하는 사용자 경험 설계자들도 사용자가 근무하는 동안 관찰하는 것이 가치가 있다는 것을 안다.

문서 분석

기존 시스템과 제품 및 비즈니스 프로세스의 문서는 잠재적인 요구사항들의 풍부한 정보원이 될 수 있다. 이런 문서를 검토하면 BA가 새로운 애플리케이션 도메인을 빨리 파악하는 데 도움을 준다. 문서는 기업 정책, 정부 규제, 산업 표준 등의 관련 비즈니스 규칙에 관한 정보를 제공한다. 기존 기록으로부터 새로운 요구사항으로 역공학 하는 과정을 Suzanne Robertson과 James Robertson(2013)은 '문서 고증학'이라고 부른다. 과거 자료에서 수집한 정보는 여전히 최신 상태인지 확인하기 위해 검증되어야 한다.

설문 조사

현장에서 하는 인터뷰와 워크숍은 한정된 수의 참가자들만 참여한다. 설문 조사를 하면 더 큰 집단으로부터 현 제품에 대한 입력(사용자 요구)과 견해를 얻을 수 있다. 온라인 설문 조사는 개발 팀이 대표적인 사용자들을 직접 접근할 수 없는 상용 제품의 경우에 유용하다. 우리가 찾는 정보를 도출하고 이 정보를 사용자들이 완성할 기회를 늘리는 설문 조사를 만드는 기술이 있다(Colorado State University n.d.). 설문 조사에서는 우리가 알아야 할 것을 말해줄 가장 적은 수의 질문을 해야 한다.

대개 온라인 설문 조사에서는 사용자가 모든 질문에 답을 해야 제출할 수 있게 한다. 그래서 나는 설문 조사가 너무 길어 응답을 포기하는 경우가 있다. 나는 기꺼이 내 의견을 공유할 수 있지만 여러 페이지에 걸친 질문에 응답하느라 많은 시간을 보내고 싶지 않기 때문이다.

위키

위키 및 이외의 다른 협동적 도구들은 우리가 워크숍에 수용할 수 있는 것보다 더 많은 사람들로부터 입력과 견해를 수집할 수 있게 해준다. 한 사람의 게시글은 다른 사람의 지지, 수정, 추가, 또는 반대 의견을 유발시킨다. 이런 자유분방한 방법의 단점은 BA가 주옥같은 정보를 찾기 위해 논의 스레드를 통해 걸러내야 한다는 점이다.

프로토타입

제안된 해결책이 될 수 있는 요구사항들을 추상적인 논의와 요구사항 리스트에서 가시화하는 것은 어렵다. 이때 프로토타입을 사용하면 요구사항을 더 유형적인 것으로 만들 수 있다. 심지어는 간단한 화면 스케치조차도 워크숍 참가자들이 자신들의 생각을 구체화하는 데 도움을 줄 수 있다. 그러나 요구사항 탐구 도중에 너무 일찍 프로토타입을 만드는 것은 위험하다. 왜냐하면 이상적이 아닐 수도 있는 특정 해결책에 대해 사람들이 너무 일찍 마음을 둘 수 있기 때문이다.

기반 만들기

도출은 소프트웨어나 시스템 개발 프로젝트의 핵심 요구사항 엔지니어링 프로세스다. 효과적인 도출을 통해 얻은 요구사항 지식의 확고한 기반이 없다면 프로젝트는 불안정한 상황에 처한 것이다.

> **레슨 12** 요구사항 도출은 고객의 음성이 개발자의 귀에 잘 들릴 정도로 가까운 거리에서 해야 한다

소프트웨어 개발자로서 가장 생산적인 시기 중 하나는 코닥 연구소의 손이라는 과학자를 위해 애플리케이션을 만들 때였다. 손이 유일한 사용자였으므로 내가 소프트웨어 팀 그 자체였다. 나는 애플리케이션 생성에 필요한 모든 활동을 수행했다. 즉, 요구사항 개발, 사용자 인터페이스와 프로그램 설계, 코딩, 테스팅, 문서화다. 한 애플리케이션은 복잡한 스프레드시트 도구였으며, 다양한 카메라와 필름들의 사진 결과를 손이 시뮬레이션할 수 있도록 해주었다. 그리고 다른 애플리케이션은 그의 실험 데이터를 분석하기 위한 메인 프레임 기반의 애플리케이션이었다.

손과 나는 3m 정도 떨어져 앉았다. 우리는 수시로 허물없이 빠르게 소통할 수 있었으므로 나는 대

단히 생산적이었다. 나는 그에게 내가 하고 있던 것을 보여주고, 내 질문의 답변을 듣고, 사용자 인터페이스에 대한 그의 피드백을 얻을 수 있었다. 이런 가까움과 손만 프로젝트에 입력을 제공했다는 사실 때문에 우리는 아주 작고 빠른 주기로 공동 작업을 할 수 있었다. 우리는 기록된 요구사항이 필요하지 않았다. 왜냐하면 내가 그로부터 필요한 세부 사항을 빨리 얻을 수 있었기 때문이다.

나는 이상적인 소프트웨어 개발 환경에서 손과 함께 일한 것이었다. 즉, 서로 가까이 앉아 있는 한 명의 개발자와 한 명의 고객이다. 이것은 드문 일이다. 대부분의 프로젝트는 여러 사용자 부류, 다양한 요구사항 출처, 다수의 의사 결정자들로 합쳐진 많은 고객을 갖는다. 프로젝트에는 개발 팀이 있으며, 한 곳에 있는 소수의 사람들로부터 여러 장소에 있는 수백 명의 사람들까지 범위를 갖는다. 이렇게 더 도전적인 프로젝트들은 개발자의 귀와 가까운 거리에서 고객의 음성을 듣기 위해 다른 방법이 필요하다. 요구사항을 도출하고, 우선순위를 정하고, 변경 사항을 전달하고, 결정을 하기 위해서다.

의사소통 경로

나 자신이 사용할 소프트웨어를 만드는 게 아니라면, 우리는 항상 소프트웨어를 필요로 하는 고객과 해결책을 만드는 개발자 간의 괴리에 직면할 것이다. 각 프로젝트 팀은 두 공동체 간의 효과적인 의사소통 경로를 프로젝트 초기에 확립해야 한다. 이것은 얼마나 많은 참여자가 포함되는지, 그들이 누구이고 어디에 있는지, 두 공동체가 서로 잘 알고 있는지, 소프트웨어 팀의 기술 역량은 어떤지에 달려있다.

[일단 사용자 부류를 파악하면 각 부류에서 고객의 목소리가 될 사람을 결정해야 한다.]

그림 2.4에서는 고객의 목소리를 개발자의 귀와 연결하는 몇 가지 의사소통 모델을 보여준다. 손과 함께 일했던 내 경우는 사용자와 개발자 간의 직접 연결이며 모델 A에 해당된다. 만약 개발자와 사용자가 서로의 용어를 이해한다면, 이런 직접 연결은 상세하게 기록된 요구사항이 거의 필요 없고 의사소통 오류가 생길 기회도 거의 없을 경우를 나타낸다. 그렇더라도 때로는 일부 중개인이 개입될 것이다.

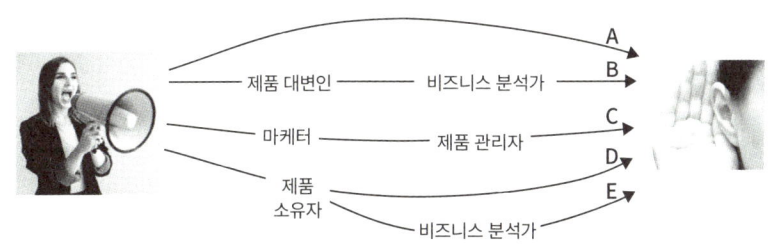

그림 2.4 여러 가지 의사소통 경로를 통해 고객의 목소리를 개발자의 귀에 전달할 수 있다.

다양한 요구를 가진 사용자가 많이 있는 경우 그들 모두가 개발자와 직접 대화할 수는 없다. 이것은 혼란을 초래한다. 어떤 입력 출처가 믿을 수 있는지 알 수 없는 입력이 개발자들에게 쏟아져 들어오기 때문이다. 이 경우 여러 출처로부터 나온 상충되는 입력을 해결해야 하는 부담을 개발자들에게 준다. 이런 다양성에 대처하기 위해 나의 많은 컨설팅 고객과 나는 그림 2.4의 모델 B를 성공적으로 사용하였다.

이해 당사자를 분석하면 대개의 경우 크게 다른 요구를 갖는 다수의 사용자 부류가 드러난다. 서로 다른 사용자 부류의 멤버들은 제품의 다른 기능들을 사용하거나, 다른 작업을 수행하거나, 사용 빈도가 다양하거나, 또는 이외의 다른 차이점들을 갖는다. 따라서 일단 사용자 부류를 파악하면 각 부류에서 고객의 목소리가 될 사람을 결정해야 한다.

제품 대변인

그림 2.4의 모델 B에서 요구사항 정보의 전달자에는 **제품 대변인**이라고 하는 한 명 이상의 주요 사용자 대표가 포함되며, 이들은 한 명 이상의 BA와 협력한다(Wiegers and Beatty 2013). 제품 대변인은 도메인 지식을 가지며 프로젝트의 비즈니스 목적을 알고 있다. 이들은 자신이 속한 사용자 부류 멤버들과 소통하여 요구사항 입력과 멤버들의 생각에 관한 피드백을 얻으며 멤버들에게 프로젝트 진척 사항을 알려준다. BA는 제품 대변인과 개발 팀 간의 의사소통 괴리를 해소해준다.

그림 2.4에서 역방향의 화살표를 따라 의사소통이 생길 수도 있다는 것에 주목하자. 개발자 또는 경로에 속한 어떤 다른 사람도 질문을 갖거나 설명이 필요할 수 있으므로 이것들을 해소하기 위해 그들은 요구사항의 출처로 돌아갈 필요가 있을 것이다. 따라서 개발자들이 필요한 답변을 빨리 얻을 수 있게 각 요구사항이 어디에서 나왔는지 기록하면 도움이 된다.

요구사항 의사소통의 다른 경로

상용 제품을 만드는 회사들은 그림 2.4의 의사소통 경로 C를 자주 사용한다. 마케팅 부서는 시장의 요구 및 새롭거나 개선된 제품의 점유율을 가늠한다. 마케터는 제품 관리자와 함께 일할 수 있으며, 제품 관리자는 비즈니스를 성공으로 이끌 제품 특성을 정의하는 주도적 책임을 갖는다. 마케팅과 제품 관리 기능을 가로질러 다양한 방법으로 제품을 정의하기 위해 조직에서는 책임을 분할할 수 있다.

제품 관리자는 BA가 IT 프로젝트에서 처리하는 것과 같은 기능을 수행한다. 제품 관리자 역할의 간결한 설명은 다음과 같다(280 Group 2021).

제품 관리자는 차별화된 제품을 시장에 내놓는 책임을 가지며, 시장의 요구에 부응하고 실행 가능한 비즈니스 기회를 제시한다. 제품 관리자 역할의 주요 구성 요소는 제품이 회사의 전반적인 전략과 목표를 지원하게 하는 것이다.

애자일 개발 방법을 추종하는 프로젝트, 특히 스크럼Scrum은 그림 2.4의 의사소통 경로 D를 따른다. 여기서 제품 소유자는 제품의 비전과 목표를 확립하고 제품 백로그의 내용을 생성 및 전달한다(Cohn 2010). 또한 제품 소유자는 로드맵을 정의한다. 이때 로드맵에는 고객 가치를 제공하는 성숙한 제품으로 점차 진화하는(개념으로부터 초기 릴리스를 통해) 내용이 담긴다(McGreal and Jocham 2018). 따라서 제품 소유자는 고객의 목소리가 된다.

사용자들이 나타내는 모든 영역에서 제품 소유자가 도메인 전문가가 아니라면 제품 소유자는 앞에서 언급한 제품 대변인과 같은 사람들로부터 입력(사용자들의 요구)을 구해야 할 것이다. 스크럼에서 제품 소유자는 한 개인이며, 설사 맡은 일의 일부를 다른 사람에게 위임하더라도 제품 백로그의 내용을 관리하는 유일한 책임을 갖는다(Schwaber and Sutherland 2020). 또한 제품 소유자는 마케팅 및 비즈니스 관리자와 대화하고 이들의 입력을 우선순위가 지정된 스토리 백로그에 반영할 것을 고려한다.

보다시피 제품 소유자는 BA가 IT 프로젝트에서 할 수 있는 역할 그 이상을 수행한다. 그러나 일부 애자일 프로젝트 팀에서는 능숙한 BA를 팀에 두어 제품 소유자와 함께 일하게 하는 것이 가치가 있다는 것을 인식하고 있다. 이처럼 두 가지 역할 모두 있는 경우 그들은 다양한 방법으로 협력할 수 있다. BA는 종종 제품 소유자의 확장자 또는 대리자로 기능한다. 제품 소유자는 특정 사용자 부류와 함께 일하는 것과 같은 일부분의 책임을 BA에게 위임할 수 있다. 그러면 BA는 다른 부분의 요구사항에 대한 우선순위 지정을 제외하고 해당 부분에 관한 모든 것의 책임을 갖는다. 우선순위 지정은 제품 소유자의 권한에 속하기 때문이다.

때때로 제품 소유자는 제품과 시장을 고려하고 반면에 BA는 사용자 요구사항으로부터 해결책을 만들면서 기술적인 것을 고려한다(Datt 2020a). 이 모델은 그림 2.4의 경로 E에 나타나 있다.

괴리 해소하기

비즈니스 분석가, 요구사항 엔지니어, 제품 관리자, 제품 소유자, 또는 이 밖의 어떤 직책이든 (또는 개발자 스스로 요구사항 활동을 수행하더라도) 모든 프로젝트는 제품의 사용자와 제작자를 연결해야 한다. 직책은 역할의 존재 여부와 책임 및 권한에 대한 명확한 정의보다 덜 중요하다. 고객 및 개발자와 함께 일하기 위해 그런 연결 기능을 수행하는 사람들은 올바른 지식, 기술, 경험, 성격이 필요하다. 이들은 두 공동체(사용자와 제작자) 모두의 상호 신뢰 및 존중을 기반으로 관계를 확립해야 한다.

효과적인 요구사항 개발을 통해 개발자는 고객의 목소리를 크고 명확하게 들을 수 있다. 이러한 연결은 프로젝트가 큰 성공을 거둘지, 아니면 결승선에 도달하지 못할지를 결정할 수 있다.

레슨 13 흔히 사용되는 두 가지 요구사항 도출 관례가 텔레파시와 투시력이다, 이 방법들은 효과가 없다

《The American Heritage Dictionary of the English Language》(2020)에 따르면, 텔레파시telepathy는 '생각을 직접 교환하는 것처럼 감각 이외의 수단을 통해 의사소통하는 것으로 추정되는 과정'이다. 그리고 투시력clairvoyance은 '감각으로 인식할 수 없는 사물이나 사건을 볼 수 있는 것으로 추정되는 힘'이다. 이러한 기술이 실제로 존재한다면 소프트웨어 개발이 훨씬 쉬워질 것이다. 실제로 존재하지는 않지만 텔레파시와 투시력은 일부 프로젝트의 기술적인 토대가 되는 것처럼 보인다.

요구사항을 알아내자!

어떤 요구사항은 너무 분명해서 굳이 언급할 필요가 없다고 생각하는 사람들이 있다. 그런가 하면 어떤 사용자들은 잘난 체하는 것처럼 보일까 봐 BA가 이미 알 거라고 자신들이 생각하는 것을 언급하지 않을 수도 있다. 그러나 정보가 없는데도 BA인 내 머릿속에 있다고 누군가 생각해 주기를 바라는 것보다는 두세 번 들어서 내가 이미 아는 것일지라도 다시 듣는 게 좋다(이렇게 함으로써 해당 정보의 유효성과 이것에 관해 내가 아는 것을 강화할 수 있다).

일부 바쁜 사용자들은 BA, 제품 소유자, 개발자와 함께 요구사항을 논의하느라 시간 보내기를 원치 않는다. 그들의 태도는 이렇게 보인다. "당신들은 내게 필요한 것을 이미 알고 있을 겁니다. 끝나면 전화주세요". 이런 태도는 BA 측에서 텔레파시와 투시력 모두를 갖고 있다고 생각하는 것처럼 보인다.

위험이 큰 두 가지는 추정 요구사항과 암시적 요구사항이다. **추정 요구사항**assumed requirement은 사람들이 굳이 말하지 않아도 예상할 수 있는 요구사항이다. **암시적 요구사항**implied requirement은 추가적인 다른 요구사항이 있음을 암시하기 때문에 명백하게 노출시킬 필요가 있다. 그러나 이런 감춰진 지식을 얻기 위해 BA가 사람들의 생각을 읽거나 또는 지평선 너머를 볼 수 있을 것이라고 기대하는 것은 합당하지 않다. 이미 보았듯이, 우리는 결코 완전한 요구사항 전부를 갖지 못할 것이다. 그렇지만 언급되지 않은 요구사항들에 대해서는 프로젝트 참여자가 스스로 판단을 내려야 한다.

명시적인 표현

나는 다른 사람이 내 생각을 알아주기를 바라기보다는 알고 있는 기대치를 명확하게 전달하는 것을 선호한다. 모든 프로젝트 이해 당사자가 요구사항을 자세히 기록하지 않고도 올바른 제품을 만들 수 있을 만큼 감정이입mind meld(다른 사람의 감정이나 생각을 이해하게 됨)을 갖는다면 정말 좋다. 함께 일한 경험이 많을수록, 그리고 개발 팀이 애플리케이션 도메인에 대해 더 많이 알고 있을수록 감정이입을 달성하기가 더 쉬워진다. 하지만 나의 일반적인 철학은, 요구사항에 특정 기능이나 특성이 설명되어 있지 않다면 누구도 제품에서 그 기능을 찾을 수 있을 것이라고 기대해서는 안 된다는 것이다.

> BA는 무언의 추정들을 드러내어 확인해야 한다. 때로는 그것들이 무효하거나 쓸모없는 것이기 때문이다.

때때로 독자가 우리와 비슷한 '감정 필터'를 가지고 있다고 가정하기 때문에 요구사항을 비공식적으로 표현하기도 하지만, 사람들은 같은 문장을 보고도 다르게 해석할 수 있는 법이다. 이런 애매함은 일치하지 않는 예상과 전달에 따른 놀라움을 초래한다. 여러분은 나와 다른 일련의 추정 하에 활동하고 있을 수 있다. **추정**assumption은 어떤 것이 사실이라는 결정적인 지식이 없는 상태에서 우리가 사실로 간주하는 표현이다. BA는 무언의 추정들을 드러내어 확인해야 한다. 때로는 그것들이 무효하거나 쓸모없는 것이기 때문이다.

시스템 구현을 외부에 위탁할 경우, 잘못된 의사소통의 위험이 증가한다. 나는 개발 작업을 외부에 위탁할 계획이었던 프로젝트의 요구사항 문서를 검토한 적이 있다. 이 문서에는 "이 시스템은 …을 지원해야 한다"로 시작하는 많은 요구사항들이 포함되었다. 매번 나타나는 단어인 **지원**이 의미하는 기능을 위탁 회사의 개발자가 어떻게 정확하게 알 수 있을지에 관해 나는 이 문서의 작성자에게 물어보았다. 잠시 생각한 후 그녀는 맞는 답을 말했다. "내 생각에는 그들이 모를 것 같아요." 그녀는 **지원**의 의미를 문서 전체에서 명확하게 하여 모호함을 제거하기로 현명하게 결정하였다. 이것은 텔레파시나 투시력에 의존하는 것보다 훨씬 낫다.

암시적 요구사항의 예는 다음과 같다. 실행 취소undo 기능을 애플리케이션에 추가해 줄 것을 우리가 요청한다. 개발자는 실행 취소 기능을 구현하고 우리는 이것을 테스트한다. 이 기능은 잘 작동한다. 우리는 개발자에게 다시 실행redo 기능이 어디 있는지 물어본다. "다시 실행 기능은 요청하지 않았는데요"라고 개발자가 응답한다. "실행 취소 기능을 요청하면 당연히 다시 실행 기능도 포함될 거라고 생각했거든요. 이 기능을 추가해 줄 수 있나요?"라고 우리가 요청한다. 개발자가 다시 실행 기능을 추가한다. 그리고 이 기능도 잘 작동한다. 그러나 한 단계의 다시 실행만 가능한 이유가 궁금해진다. 이것은 더 논의가 필요하다. 즉, 몇 단계의 다시 실행을 원하는가? 실행 취소했던 것 중 어떤 것으로도 건너뛸 수 있는가? 그리고 거기서부터 모든 실행 취소 액션을 다시 실행할 수 있기를 원하는가? 언제 실행 취소 내역을 지워야 하는가? 등등…

만일 개발자와 사용자가 긴밀한 접촉을 한다면, 이들은 간단한 실행 취소 요구사항으로 시작하고 논의를 하여 실행 취소/다시 실행 기능이 어떻게 작동해야 하는지 정확하게 동의할 수 있다. 이 방법에서는 고객이 생각했던 것을 재작업하기 위해 여러 번 개발 반복을 하지 않는다. 그러나 외부 위탁 개발이라면 사전에 충분히 생각하고 요구사항에 모든 상세 내역을 포함시키는 것이 좋다. 그렇지 않으면 불충분하게 기록된 요구사항을 멀리 있는 개발자가 해석한 것이 고객의 기대와 일치하지 않을 수 있기 때문이다.

위탁 계약자는 제안서에서 이런 암시적 기능을 발견했을 수도 있다. 그러나 우리가 추가적인 요구사항을 갖고 돌아올 거라는 예상을 하면서 그들은 원래 요구사항에만 근거를 둔다. 그다음에 위탁 계약자는 '범위 증가scope creep'를 수용하기 위해 더 많은 돈과 시간을 요구할 수 있다.

텔레파시가 실패하다

사람들의 생각과 논의만으로는 모든 기능의 미묘한 차이를 알아낼 수 없다. 때로는 개발 주기와 프로토타입만이 사용자 자신이 요구하는 것을 바로 알 수 있게 해준다. 그렇지만 추정 요구사항과 이에 따른 설계상의 선택은 고비용의 재작업을 초래할 수 있다. 최근에 나는 부적절한 설계 결정에 관한 책을 읽었다(Aleshire 2004). 여기서는 F-16 파이팅 팰컨 전투기의 조종간을 설계한 엔지니어들의 얘기를 다음과 같이 알려준다.

> 원래 엔지니어들은 조종간 자체를 단단하고 움직이지 않게 만들었다. 왜냐하면 조종사의 손으로부터 조종간에 전달되는 압력을 조종간의 실제 움직임처럼 쉽게 컴퓨터가 해석할 수 있었기 때문이다. 그러나 조종사들은 그것을 몹시 싫어했다. 그들은 조종간을 실제로 움직이면서 조종 감각을 얻기 원했다.

이것으로 알 수 있듯이, 제품을 사용할 사람들로부터 요구사항과 제안된 해결책에 대한 의견을 얻는 것만큼 좋은 것은 없다. 그리고 제품 설계자가 고객의 요구를 충족할 수 있도록 그에 따른 지식을 기록해 두지 않는 것은 변명의 여지가 없다.

레슨 14   많은 사람들이 모이면 요구사항을 정확히 어떻게 표현할지 합의하기는커녕 방에 불이 나서 탈출하는 데도 동의할 수 없다

나는 한때 중간 규모의 정보 시스템 프로젝트의 수석 BA였다. 그리고 다른 두 명의 BA와 나는 요구사항을 파악하기 위해 서로 다른 사용자 부류의 사람들과 함께 일했다. 어느 날 내 동료인 리넷이 걱정하면서 나에게 전화했다. 그녀의 첫 번째 도출 워크숍이 계획보다 진행이 잘 안 되는 바람에 실망한 참가자들이 얼마나 오래 걸릴지에 관해 우려했던 것이다. 리넷은 내게 조언을 구했다.

워크숍에 몇 명이 참가했는지 그녀에게 물었고 '12명'이라고 그녀가 대답했다. 음, 거기에 문제가 있었다. 인원이 많은 그룹은 합의에 도달하고 결정을 내리는 데 어려움이 많다. 그룹 멤버들은 옆 사람과 잡담을 하면서 쉽게 산만해지며, 각 주제에 대해 여러 사람들이 할 말이 많아서 성과도 없이 논의만 더 길어진다. 그리고 한 사람의 관심 주제에 너무 상세하게 말려들기 쉬워서 그날의 논의 목적에 맞는 진행이 어려울 수 있다. 또한 의견 충돌로 인해 장황한 토론으로 악화될 수 있으며, 다른 사람들은 아예 듣지도 않는데 특정 개인들이 토의를 주도할 수 있다.

나는 리넷에게 그룹의 규모를 반으로 줄이라고 제안했다. 그녀는 6명의 사용자 대표도 필요 없었고 두세 명이면 충분했다. 참관인 또는 자신의 이익을 지키기 위해 거기 있었던 일부 사람들은 요구사항 탐구에 도움을 주지 못하고 있었기 때문이다. 그리고 소프트웨어 개발과 테스팅 경험이 있는 사람들을 도출 논의에 포함시킬 것을 권하였다. 왜냐하면 이 사람들은 제안된 요구사항의 실현 가능성과 테스트 가능성에 관해 통찰력을 제공하기 때문이다. 리넷은 이후 워크숍의 그룹 인원을 줄였으며 모든 사람들이 더 빠른 진행에 훨씬 더 만족해했다.

주목하세요!

4인의 경우는 잡담으로 인해 산만해지지 않고 생산적인 논의를 할 수 있다. 그림 2.5에 있듯이, 4인으로 구성된 그룹에서는 소수의 쌍방 대화가 가능하다. 그러나 더 큰 그룹의 경우는 이런 연결의 수가 눈덩이처럼 불어난다. 10명의 그룹에서는 쌍방 연결이 얼마나 많은지 그림 2.6에서 보여준다. 따라서 일부 사람들이 사적인 대화에 빠질 거라는 것은 놀랍지 않다. 특히 그들이 현재의 주제에 관심이 없다면 더욱 그렇다. 빠른 진행을 위해 그룹 인원을 상대적으로 적게 유지하는 발상은 요구사항 도출 워크숍, 동료 검토(동등한 입장에서 하는 검토), 그리고 이와 유사한 집단 활동에 적용할 수 있다.

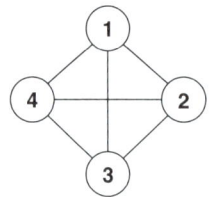

그림 2.5   네 명은 소수의 쌍방 연결만 된다.

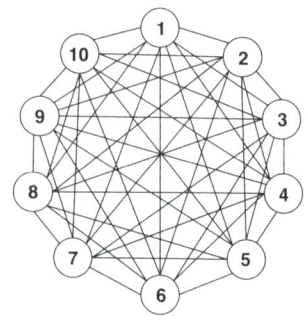

그림 2.6   큰 그룹에서는 쌍방 연결의 수가 폭발적으로 증가하므로 잡담으로 산만해지는 많은 기회를 제공한다.

우리가 그룹 규모를 제어하는 데 도움된다는 것을 알게 된 또 하나의 전략은 서로 다른 사용자 부류의 멤버들로 별도의 워크숍을 개최하는 것이었다. 서로 다른 사용자 부류들은 크게 다른 요구사항을 갖고 있다. 만일 하나의 워크숍을 모든 프로젝트 이해 당사자 대표들로 채운다면 논의되는 어떤 주제에 대해서도 그룹의 일부 멤버들만 관심을 가질 것이다. 그리고 이외의 다른 멤버들은 지루하게 되고 시간을 낭비하고 있다는 생각을 하게 될 것이다. 반면에 사용자 부류별로 별도의 워크숍을 진행하면 모든 참가자들이 논의 사항에 관심을 갖도록 도움을 준다. 즉, 사려 깊게 사용자 부류별로 멤버들을 구성하면 어떤 그룹에서도 생길 수 없는 참가자들의 연결과 질문 및 새로운 아이디어를 드러낼 수 있다.

구조에 나서는 진행자

큰 그룹의 논의를 계속 진행하려면 능숙한 중재가 필요하다. 때로는 중재가 즉석에서 이루어진다. 예를 들어, 그룹의 누군가가 솔선해서 매직펜을 들고 화이트보드 앞에 선 후 혼란에서 질서를 끌어낸다. BA는 진행자의 역할을 할 수 있으며, 또는 그룹이 외부의 공정한 진행자를 참여시킬 수도 있다. 진행자는 각 세션의 목적과 안건을 미리 준비해 와야 한다. 그리고 그룹이 한 주제에 너무 얽매여서 시간 부족으로 인해 다른 것들을 도외시하지 않도록 타임복싱timeboxing(크고 오래 걸리는 안건을 작게 쪼개어 제한된 작업 시간을 할당해 하나씩 해결하는 방법) 논의를 하여 진행을 지속할 수 있다.

진행자는 토론이 가져다주는 가치에 따라 언제 토론을 계획보다 더 길게 진행해야 하는지 판단할 수 있다. 또한 더 세부 사항으로 들어가기에 적합한 시점과 다음 주제로 이동할 때도 진행자가 가늠할 수 있다. 좋은 진행자는 요구사항에 관한 논의가 해결책 탐구로 빠져들었는지 살피다가 그룹을 다시 정상 논의로 되돌릴 것이다. Ellen Gottesdiener의 책인 《Requirements by Collaboration》(2002)에서는 요구사항 워크숍의 계획과 진행에 관한 광범위한 지침을 제공한다.

집중, 집중, 집중

큰 규모의 워크숍을 주도하는 가장 큰 도전 중 하나는 범위 내로 논의를 유지하는 것이다. 그림 2.7에서는 진행자가 제일 먼저 수평 범위를 고려해야 한다는 것을 보여준다. 수평 범위는 특정 워크숍에서 그룹이 계획해야 하는 논의 가능한 사용자 요구사항들의 일부다. 또한 수직 범위도 있으며, 이것은 그룹이 탐구해야 하는 선택된 각 항목의 깊이이다.

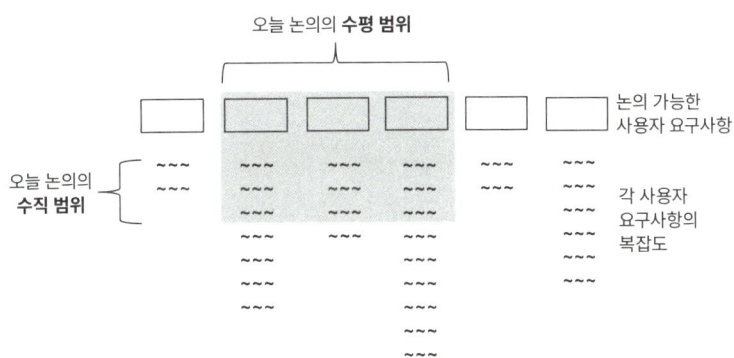

그림 2.7 도출 워크숍은 특정한 일부 요구사항들과 이것들의 특정 깊이에 중점을 두어야 한다.

워크숍은 모든 요구사항의 모든 세부 사항을 정의하는 시간이 아니다. 초기의 요구사항 탐구에서는 개발 팀에서 요구사항들의 상대적 규모를 추정하고 구현을 위해 우선순위를 정할 수 있도록 어떤 요구사항들이 있는지만 충분히 알면 된다. 각 요구사항이 의미하는 것에 관해 모든 참가자들이 공통적으로 이해할 수 있도록 문구를 논의하는 데 충분한 시간만 할애하자. 특정 개발 반복iteration에 할당된 요구사항의 구현 바로 직전과 같은 적절한 시기에 BA는 사용자들과 오프라인으로 세부 사항을 구체화할 수 있다.

🗝 진행자는 워크숍 참가자들이 제공하는 입력(참가자들이 논의한 것)을 존중해야 한다. 그리고 진행자는 논의가 그날의 주제에 집중되도록 해야 하며, 또한 들어줄 필요가 있는 기본적인 인간의 욕구도 존중해야 한다. 만일 누군가 논의 범위 밖의 쟁점을 제기하면 향후 참고를 위해 진행자는 그것을 기록하고 재빨리 논의를 범위 내로 되돌려야 한다.

그룹 외부에서 도움받기

워크숍 참가자들을 소수로 제한하면 뭔가 놓칠 수 있다. 작은 그룹을 유지하는 것은 이외의 사람들로부터 입력을 배제하려는 의도가 아니고 단지 진행을 촉진하기 위해서다. 이런 격차를 해소하기 위해 위키wiki와 같은 비동기적 방법으로 도출 워크숍을 보충하여 더 많은 사람들로부터 입력을 얻자. 그리고 각 워크숍의 정보를 기록하여 참가자들에게 즉시 배포하여 검토하게 하고 더 큰 그룹에도 배포하여 논평과 정정 및 정교화하게 하면 도움이 된다. 또한 다른 이해 당사자들을 참여시켜 우리 지식을 넓히고, 워크숍 결과를 검증하고, 프로젝트의 방향에 관해 커뮤니티에 알리자.

> 합의에 도달하기 위한 협상은 단순한 다수결 투표를 하거나, 한 사람에게 결정을 위임하거나, 또는 동전을 던지는 것보다 더 많은 토의가 필요하다.

🗝 여러 경로를 통해 다양한 이해 당사자들로부터 정보를 수집하는 동안 누군가는 상충된 요구사항을 해결해야 한다. 심지어는 용어까지도 상충될 수 있다. 같은 것의 의미를 나타내기 위해 두 사람이 다른 단어를 사용할 수 있으며, 또는 한 용어에 다수의 정의를 부여하여 혼란을 초래할 수 있다. 또한 다양한 사용자 부류로부터 얻은 요구사항들에 대해 누군가는 우선순위를 조정해야 하고, 제안된 변경 의견 중 어느 것을 수용할지 결정해야 할 것이다. 모든 프로젝트에서는 이런 사안들 각각에 대해 의사 결정자가 누구이며 이들이 어떻게 판단할지 결정해야 한다('그들의 결정 규칙' [Gottesdiener 2002]). 일부 의사 결정 과정은 다른 것보다 더 오래 걸릴 수 있다. 합의에 도달하기 위한 협상은 단순한 다수결 투표를 하거나, 한 사람에게 결정을 위임하거나, 또는 동전을 던지는 것보다 더 많은 토의가 필요하다.

도출 워크숍은 협력하여 요구사항을 탐구하는 데 효과적인 방법이다. 적극적인 사용자 대표들로 이뤄진 팀이 자신들의 요구사항과 해결책을 공동으로 이해하도록 이끌어주는 것이 BA로서는 보람 있는 일이다. 그러나 BA가 사람들이 계속 참여하게 하고 주제에 집중하기 위해 최선을 다하더라도 그룹이 너무 크면 결국 지치고 좌절하여 속담에 나오는 '고양이들을 떼로 모으는 일herding-cat'과 같은 상황에 처할 수 있다. 반면에 소규모 그룹은 훨씬 더 빨리 움직이며, 비상구가 필요할 경우 어떤 비상구를 사용할지 항상 합의할 수 있다.

레슨 15 | 포함될 기능을 결정할 때 데시벨 우선순위를 정하지 말자

"우는 아이 젖 준다"는 속담을 들어봤을 것이다. 이와 유사하게 소프트웨어에서는 자신들의 요구 사항에 가장 큰 소리를 내는 사람들이 최우선순위를 얻는다. 나는 이것을 **데시벨 우선순위 지정** decibel prioritization 라고 한다. 이것은 최상의 전략이 아니다.

대부분의 팀은 프로젝트 상자에 넣기는 너무 큰 많은 기능에 직면한다. 지정된 의사 결정자들은 포함할 것과 연기 또는 버릴 것을 선택해야 한다. 설사 요청된 모든 기능을 구현할 수 있더라도 가장 적합한 구현 순서를 결정해야 한다. 요청된 기능 중 일부는 중요하면서도 긴급하므로 제일 먼저 구현해야 한다. 중요하지만 나중에 구현할 수 있는 기능도 있고, 중요하지도 긴급하지도 않은 기능도 있다. 우선순위 지정은 프로젝트 계획 수립의 필수 요소이며, 기능 구현을 위한 남은 작업의 백로그에서 가장 적합한 반복이나 빌드, 또는 릴리스에 작업 항목들의 할당을 이끌어 준다.

[모든 우선순위 지정 작업의 목표는 최대한의 고객 가치를 빠르고 저렴하게 제공하는 것이다.]

모든 이해 당사자들은 자신들의 요구가 가장 중요하다고 생각하는 경향이 있다. 영향력이 크거나, 의지가 강하거나, 또는 큰 목소리를 내는 관리자들과 고객들은 많은 압박을 가하여 자신들의 요구를 제일 먼저 해결할 수 있다. 그러나 목소리가 가장 큰 고객이라고 해서 반드시 비즈니스 관점에서 가장 중요한 기능들을 요구하는 것은 아니다. 모든 우선순위 지정 작업의 목표는 최대한의 고객 가치를 빠르고 저렴하게 제공하는 것이다. 우리는 제품의 성공에 많이 기여하지 않는 기능들에 대해 노력을 낭비하는 것을 원치 않는다. 그러므로 우선순위 지정에서는 목소리 크기 외에 많은 요인들을 고려해야 한다.

우선순위 지정 방법

사람들은 소프트웨어 요구사항의 우선순위 지정을 위해 많은 방법을 개발하였다. 요구사항 우선순위 지정 방법 중 어느 것이 가장 실행 가능하고 효과적인지 몇몇 연구자들이 검토하였다(Hasan et al. 2010, Kukreja et al. 2012, Achimugu et al. 2014). 흔히 사용되는 방법들은 다음과 같다.

- 상-중-하로 구분된 3단계 분류
- MoSCoW Must, Should, Could, Won't 분류
- 우선순위별로 항목들을 분류하기 위해 각각의 특성, 기능적 요구사항, 유스케이스, 또는 스토리를 쌍대 비교 pairwise comparison 함

- 유사한 요구사항 항목들의 우선순위를 매김
- 각각의 요구사항들에 100점을 배분하되, 가장 우선순위가 높은 항목에는 가장 많은 점수를 부여함
- 애자일 프로젝트에 흔하게 사용되는 계획 짜기 게임planning game이 있으며, 여기서 고객과 개발자는 사용자 스토리들의 상대적인 우선순위 순으로 리스트를 작성함(Shore 2010)
- 제품에 기여하는 가치와 구현 비용을 기반으로 요구사항들을 평가하는 분석 방법들(Wiegers and Beatty 2013)

우선순위 지정 기준

유스케이스, 각 유스케이스 흐름, 특성과 하위 특성, 기능적 요구사항, 또는 사용자 스토리 중 어느 것의 우선순위를 지정하더라도 생각하는 과정이 똑같이 적용된다. 우리의 요구사항 중 어느 것이 반드시 있어야 하는지, 어느 것이 가치가 있는지, 그리고 어느 것이 선택적인지를 결정할 때 다음의 요인들을 고려하자.

비즈니스 목적

조직이 비즈니스 목적을 성취하는 데 각 요구사항이 도움을 줄 수 있는 정도가 가장 결정적인 기준이다. 이것을 판단하기 위한 참고 대상은 프로젝트 스폰서가 프로젝트 초기에 확립해야 하는 프로젝트의 비즈니스 요구사항에 있다. 이 요구사항은 생성 또는 활용되는 비즈니스 기회를 나타내며, 프로젝트의 비즈니스 목적을 수량화한다. 비즈니스 목적이 명확하지 않다면 어떤 기능을 언제 구현할지에 관해 합리적인 결정을 하기 어렵다.

사용자 부류

모든 사용자 부류가 동등한 것은 아니다. 호감이 가는 사용자 부류의 요구사항을 만족시키면 다른 부류의 요구보다 비즈니스 성공에 더 기여한다. 이해 당사자 분석에는 어떤 사용자 부류가 가장 중요한지(호감이 가는지) 결정하는 것이 포함된다. 이런 부류의 요구사항에는 더 높은 우선순위를 지정할 수 있게 하기 위해서다.

사용 빈도

사용자들이 특정 기능을 얼마나 자주 사용할지 안다면 어떤 기능을 먼저 구현할지 판단하는 데 도움을 줄 것이다. 사용 빈도를 가늠하는 한 가지 방법은 애플리케이션의 **운영 프로필**operational profile을 개발하는 것이다. 운영 프로필은 사용자가 몇 퍼센트의 사용 시간 동안 각 작업을 수행할지 나타낸다(Musa 1993). 예를 들어, 항공사의 웹 사이트에서 몇 퍼센트의 사용 시간 동안 비행기

예약, 예약이나 취소, 비행 편 상태 확인, 또는 분실된 수하물 추적을 하는지 등이다. 이때 가장 자주 사용된 작업은 가장 높은 구현 우선순위를 가질 것이다.

규제 준수

제품의 규제 준수나 인증을 성취하게 해주는 요구사항들은 높은 우선순위를 가져야 한다. 만일 제품을 판매 또는 사용할 수 없다면 올바른 사용자 기능이 있는지는 중요하지 않기 때문이다. 또한 특정 이해 당사자들은 필요하지만 대부분의 사용자들은 볼 수 없는 기능들도 있다. 예를 들어, 보안 요구사항, 접근 이력 기록, 빌딩 감사 추적 등이다. 이런 내부의 숨겨진 기능 중 일부는, 요구하는 최종 사용자가 없더라도 높은 우선순위를 가질 수 있다.

기본 기능

어떤 기능은 당장 사용자 가치를 제공하지 않더라도 이후 기능의 기반이 되므로 조기에 구현해야 한다. 즉, 구현 순서를 결정할 때 요구사항 간에 의존성을 고려해야 한다. 일부 기능은 제품 아키텍처의 건전성 확립에 영향을 줄 수 있다. 따라서 프로젝트 후반에 이런 종류의 기능을 억지로 집어넣으면 문제가 생기므로 조기에 만들어야 한다.

위험 기능

실현 가능성을 검증하고 프로젝트의 전체적인 기술적 위험을 줄이기 위해 구현 관점에서 높은 위험을 나타내는 요구사항들은 조기에 구현되어야 한다.

목소리 크기를 넘어서는 분석

우리가 선택한 우선순위 지정 방법이 어느 것이든, 분석을 할 때는 가장 큰 목소리만 듣는 것보다 앞의 요인들을 고려하는 것이 더 좋을 것이다. 반드시 우는 아이에게 제일 먼저 젖을 주어야 하는 것은 아니다.

레슨 16 문서화되고 합의된 프로젝트 범위 없이 어떻게 범위 증가를 알 수 있을까?

범위 증가scope creep 때문에 고통받았던 프로젝트에서 일한 경험이 있는 사람이 몇 명인지 내 교육 과정의 학생들에게 물었을 때 거의 모든 학생들이 손을 들었다. 그다음에 그런 프로젝트들 중 정의된 범위 문서를 가졌던 것이 얼마나 되는지 물었다. 한 명도 없었다. 프로젝트의 범위가 결코 명확하게 정의되지 않았는데 범위 증가라는 게 무슨 의미가 있을까?

유령 같은 범위 증가

기능의 지속적이고 통제 불능한 성장을 의미하는 범위 증가는 오랜 옛날부터 소프트웨어 프로젝트를 괴롭혔다. 계획된 일정에 맞추려고 하다가 프로젝트가 실패했던 이유로 범위 증가가 종종 인용된다. 그러나 "바로 이것이 이 기간에 우리가 하려는 것이다"라고만 명시되어 있고 합의된 기준점이 없는데도 어떻게 범위 증가가 생기는 것인지 우리는 알 수 없다.

[계획된 모든 작업 부분은 팀이 해당 부분에서 구현하고자 하는 기능의 기준선에서 시작한다.]

범위scope는 이해 당사자가 특정 반복, 빌드 또는 제품 릴리스에서 제공하기로 동의한 기능 집합으로 정의할 수 있다. 범위는 작업에 포함되는 것과 제외되는 것 간의 경계를 규정한다. 프로젝트의 모든 부분에 대한 범위는 제품 비전의 하위 집합을 나타내며, 프로젝트 시작에서 최종 제품 제공에 이르는 경로의 디딤돌이다. 계획된 모든 작업 부분은 팀이 해당 부분에서 구현하고자 하는 기능의 기준선에서 시작한다. 이 기준선은 범위 변경의 기준점이 된다.

사람들은 범위 증가를 나쁜 것으로 여긴다. 요구사항 도출이 불완전 또는 부정확해서 추가나 증폭된 요구사항들이 계속 생겼기 때문이다. 그간 보았듯이, 어떤 규모의 프로젝트에서도 모든 요구사항을 완전하게 정의하는 것은 불가능하다. 그리고 모든 요구사항들이 계속 변동 없을 거라고 기대하는 것은 비현실적이다. 사용자들이 초기 릴리스를 테스트하고 문제점에 관한 새로운 발상을 얻거나 더 잘 이해하는 동안 일부 요구사항들이 변경되거나 성장할 수 있다는 것을 모든 프로젝트에서 예상해야 한다.

범위 증가의 두려움 때문에 변경을 억제하면 아직 고객 요구를 충족하지 못하는 초기 비전을 갖는 제품을 초래할 수 있다. 그러나 만약 컨틴전시 버퍼contingency buffer(만약을 대비해 일정에 약간의 여유를 두는 것, 레슨 25를 참고)와 지속적인 우선순위 조정을 통해 계획과 일정이 변화를 수용하지 못하면 지속적인 범위 증가는 프로젝트를 좌절시킬 수 있다. (자세한 내용은 레슨 25, "빙산은 항상 처음 보이는 것보다 더 크다"를 참고하자.) 모든 새로운 요구사항을 포함하면 일정과 예산이 초과된다.

애자일 프로젝트에서는 프로젝트 전체의 범위를 정의하지 않는다. 대신에 구현을 위해 제품 소유자가 할당했던 제품 백로그의 항목들을 기반으로 각 반복의 범위를 정의한다. 새로운 요구사항들이나 다른 작업 항목들은 백로그에 추가된다. 그리고 적합한 시기에 향후 반복에 해당 항목들을 할당할 수 있도록 제품 소유자는 남아있는 작업의 나머지 항목과 대비해 새로운 백로그 항목들의 우선순위를 지정한다. 이 방법은 사용자 요구를 정확하게 목표로 삼는 데 도움을 준다. 그러나 최종 납품 일정에 영향을 줄 수 있다.

범위를 기록하는 방법

특정 개발 주기 동안 구현하기로 예정된 요구사항, 특성, 또는 백로그 항목의 리스트를 작성하는 것이 가장 간단한 범위 표현 방법이다(Thomas 2008a). 다양한 세부화 수준으로 범위를 표현하는 다른 유용한 방법들은 다음과 같다.

- **컨텍스트 다이어그램**, 시스템 내부는 나타내지 않으며, 시스템 경계를 가로질러 연결되는 시스템 외부의 개체들인 사용자, 다른 소프트웨어 시스템, 하드웨어 장치를 보여준다(Wiegers and Beatty 2013).
- **유스케이스 다이어그램**, 시스템 경계 밖의 액터$_{actor}$와 시스템과 상호 작용하는 유스케이스들을 나타낸다(Ambler 2005).
- **생태계 다이어그램**, 다수의 시스템들이 어떻게 상호 연결되는지를 보여준다. 따라서 우리 시스템과 직접 인터페이스 하지 않는 시스템들의 변경에 따른 파급 효과를 판단할 수 있다(Beatty and Chen 2012).
- **반복 백로그**, 하나의 반복 동안 끝내기 위해 애자일 팀이 계획하는 제품 백로그 항목들을 알 수 있게 해준다(Scaled Agile 2021a). 스크럼 프로젝트에서는 스프린트 백로그$_{sprint\ backlog}$라고 한다.
- **사용자 스토리 맵**, 프로젝트 전체, 하나의 반복, 또는 특정 특성이나 사용자 경험의 일부에 대한 범위를 정의하는 사용자 스토리들의 활동, 단계, 세부 사항을 보여준다(Kaley 2021).
- **기능 로드맵**, 각 기능에 대해 여러 단계의 기능 향상 수준을 정의한다. 그다음에 릴리스에 포함된 개별 기능의 구체적인 강화 수준을 나열하여 특정 릴리스의 범위를 나타낸다(Wiegers 2006a).
- **기능 트리**, 주요 기능들을 하위 기능들로 분해하여 시각적으로 보여준다. 이때 계획자는 각 개발 주기의 범위를 정의하기 위해 하위 기능들로 분류할 수 있다(Beatty and Chen 2012).
- **이벤트 리스트**, 각 릴리스가 처리할 외부 이벤트들을 보여준다(Wiegers and Beatty 2013).

각각의 경우에 범위를 정의하는 목적은 프로젝트의 특정 부분이 제공해야 하는 기능을 정의하는 것이다. 이러한 구분은 범위 경계를 설정하고 개발이 진행되는 동안 범위 변경을 고려할 때 기준점 역할을 한다.

이것은 범위 내에 있나요?

범위는 변동될 수 있으므로 모든 프로젝트에는 실용적인 변경 관리 프로세스가 있어야 한다. 제안된 항목들을 걸러내지 않고 단순히 백로그에 넣는 것은 도움이 되지 않는다. 이해 당사자가 변경을 요청할 수 있는 의사소통 메커니즘이 있어야 적절한 사람들이 그 영향을 평가하고 포함 여부를 결정할 수 있다. 공식적인 변경 프로세스는 개발 팀이 특정 작업에 대한 기준선을 설정할 때까지는 시작되지 않는다. 그 시점 전에는 요구사항이 동적이며 범위가 진화하고 있다는 것을 우리가 알고 있다. 시간이 지날수록 변경 관리가 더욱 엄격해져야 기준선을 예정대로 달성할 수 있는 가능성이 높아진다.

누군가 새로운 요구사항을 제안할 때 물어봐야 할 질문은 "이것이 범위에 포함되는가?"이다. 이때는 다음의 세 가지 답변을 할 수 있다.

- **네, 확실히 범위 내에 있습니다.** 제안된 기능은 현재 개발 주기의 목적을 성취하기 위해 필요하다. 따라서 이것을 진행 중인 작업에 추가해야 한다.
- **아니오, 분명히 범위 밖입니다.** 이 요구사항은 현재 작업의 비즈니스 목적에 기여하지 않는다. 따라서 지금은 이것을 언급할 필요 없다. 그리고 향후에 고려하기 위해 보류 작업 백로그에 두거나 또는 거부할 수 있다.
- **현재는 정의된 범위에 없습니다. 그러나 있어야 합니다.** 프로젝트의 범위를 늘려서 새로운 기능을 수용할 것인지에 관해 프로젝트 스폰서는 비즈니스 결정을 내려야 한다. 만일 요청된 변경이 비즈니스 가치를 충분히 추가한다면 범위를 늘리는 것이 올바른 선택이다. 그러나 이것은 항상 대가가 따른다. 만일 범위가 늘어나면 이것을 수용하기 위해 다른 것들이 바뀌어야 하기 때문이다. 예를 들어, 다른 기능, 일정, 비용, 또는 품질 등이다. 변경은 결코 공짜가 아니다.

모호한 요구사항 = 모호한 범위

요구사항을 어떻게 기록하는가에 따라 범위의 불확실한 이해가 초래될 수 있다. 이 경우 애매모호함으로 인해 특정 기능이 분명히 범위 내에 있다고 생각하는 사람들이 있는가 하면 이에 동의하지 않는 사람도 있다. 예를 들어, **support**, **etc.**, **for example**, **including**(더 나쁜 것은 **including but not limited to**) 등과 같은 애매모호한 말은 본질적으로 불확실하다.[2] 나는 이런 용어들을 요구사항 문장에서 보고 싶지 않다. 몇 가지 예를 보면 다음과 같다.

- "시스템은 A, B, C 등의 문자를 처리할 것이다". 이 경우 어떤 문자까지 처리하는지 모든 독자가 동의할까? 제한을 두지 않는 **등**etc이라는 용어는 항상 나를 불안하게 만든다.
- "시스템은 마이크로소프트 워드 문서를 지원할 것이다". 이 경우 **지원**support이 정확하게 무슨 기능을 언급하는 것인지에 관해 독자들이 매우 다른 생각을 할 수 있다. 프로젝트 관리자나 제

---

2 [옮긴이] 이 단어들은 원어 그대로 두는 것이 좋을 것 같아 번역하지 않았습니다.

품 소유자가 **지원**의 제한적 해석을 기반으로 계획을 세운다고 해보자. 그런데 이 기능을 요구했던 고객이 훨씬 더 광범위한 기대를 갖고 있음을 나중에 알게 되었다. 그렇다면 이것은 범위 증가일까? 아니면 원래 기대한 것을 개선만 한 것일까? 이런 문제를 막고자 노력하기에 앞서서 요구사항을 신중하게 기록하자.

애매모호하고 불완전한 요구사항은 위탁 프로젝트에서 범위가 논쟁을 일으킬 때 문제를 야기할 수 있다. 일례를 보자. 고객의 기존 정보 시스템으로부터 공급자의 새로운 소프트웨어 패키지로 데이터를 이전하는 요구사항이 포함된 프로젝트가 있었다(Wiegers 2003). 이 프로젝트가 진행된 후 몇 가지 더 많은 데이터 세트가 추가로 변환될 필요가 있음을 고객이 발견하였다. 고객은 이것이 원래 프로젝트 범위에 있는 것으로 여기고 새로운 변환에 대한 추가 비용 지불을 망설였다. 그러나 공급자는 동의하지 않았다. 이러한 문제와 다른 문제들 사이에서 결국 프로젝트가 취소되고 값비싼 소송이 발생했다. 또 다른 예를 보면 이렇다. 한 컨설턴트 친구가 5건의 계약 프로젝트에 대한 전문가 증인으로 고용되어 소송과 수백만 달러의 합의를 이끌어냈다. 프로젝트 실패 중 4건은 제대로 정의되지 않은 요구사항과 관련된 것이었고, 2건은 범위 문제와 관련된 것이었다.

현명한 위탁 계약자라면 컨틴전시 버퍼를 포함하여 범위의 성장과 애매모호함을 수용할 것이다. 그러나 이런 버퍼를 포함하는 프로젝트 가격을 제시하면 잠재 고객의 반감을 살 수 있다. 계약서에는 어떻게 범위 증가를 처리하고 이에 대한 비용을 누가 지불할 것인지를 명시적으로 언급해야 한다. 포함되는 것과 그렇지 않은 것을 명확하게 구분할수록 이런 논란의 고통은 줄어든다.

내 친구 중에는 티셔츠 문구 정도로 프로젝트의 목적을 간략하고도 확실하게 각인시킬 수 있는 이가 있다. 그는 회의 안건과 노트, 문서, 그리고 다른 공공 장소에서 그 목적을 볼 수 있게 해 두었다. 또한 요구사항 논의 시에 가져왔던 포스터 보드에 자신들의 비전과 범위 문구를 기록했던 사람들도 알고 있다. 이처럼 목적이나 범위를 잘 보이게 하면 "이것이 그 목적을 충족하기 위해 필요한 새로운 요구사항인가요?"라는 질문의 답변에 도움을 준다. 이것이 바로 범위 관리의 핵심 문제이다.

변경은 불가피하지만, 과도한 변경은 애초에 아무도 문제를 제대로 이해하지 못했음을 의미한다. 계획된 작업의 범위를 명확하게 정의하면, 팀은 일정과 예산의 제약 내에서 가치 있는 결과물을 만드는 데 집중할 수 있고, 변경 요청이 들어올 때 합리적인 비즈니스 결정을 내릴 수 있다.

다음 단계: 요구사항

1. 이번 장에 나온 레슨 중 어느 것이 요구사항 개발 및 관리의 각자 경험과 관련되는지 찾아보자.
2. 각자 경험에 비추어 여러분의 동료들과 공유할 만한 가치가 있는 다른 요구사항 관련 레슨들을 기억할 수 있는가?
3. 이번 장에 나타난 실무 사례들을 파악하자. 이것들은 이번 장 초반의 첫 단계에서 파악했던 요구사항 관련 문제에 대한 해결책이 될 수 있다. 여러분의 프로젝트 팀이 요구사항을 처리하는 방법을 각 실무 사례가 어떻게 향상시킬 수 있을까?
4. 앞의 3번 단계에서 각 실무 사례가 원하는 결과를 산출하고 있는지 여부를 어떻게 알 수 있을까? 그리고 그런 결과들이 여러분에게 무슨 가치가 있는가?
5. 3번 단계의 실무 사례를 적용하기 어렵게 만드는 장벽이 있는지 파악하자. 이러한 장벽을 어떻게 허물 수 있을까? 또는 실무 사례를 구현하는 데 도움을 줄 수 있는 협력자를 어떻게 확보할 수 있을까?
6. 향후 프로젝트 팀들이 우리의 요구사항 모범 실무 사례를 효과적으로 적용하는 데 도움이 되도록 프로세스 기술서, 템플릿, 지침 문서, 체크 리스트 및 기타 보조 자료를 마련하자.

CHAPTER

3

설계에 관한 레슨

설계 개요

해결책이 가져야 하는 문제와 특성을 정의하는 것이 요구사항이라면 그런 해결책을 만드는 것은 설계다. 요구사항은 **무엇**what에 관한 것이고 설계는 **어떻게**how에 관한 것이라고 말하는 사람들도 있다. 그러나 분명하게 구분하기는 어렵다.

그림 3.1에 있듯이, 요구사항과 설계 간의 경계는 실선이 아니고 그보다는 흐릿한 회색 영역이다(Wiegers 2006a). 요구사항을 탐구하는 동안 설계를 고려한 몇 가지 잠정적인 조치(예를 들어, 프로토타입 생성)를 하는 것은 가치가 있다. 문제를 아는 것이 어떻게 해결책으로 이어질 수 있는지를 생각하면 제품의 요구사항을 개선하는 데 도움이 된다. 사용자들은 프로토타입이 자신들의 생각을 명확하게 해주고 새로운 발상을 불러 일으킨다는 것을 알게 된다. 왜냐하면 프로토타입은 추상적인 요구사항보다 더 가시적이기 때문이다.

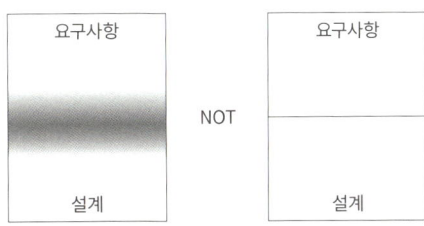

그림 3.1 요구사항과 설계 간의 경계는 실선이 아닌 흐릿한 회색 영역이다.

[완벽한 요구사항일지라도 설계물로 만드는 것은 쉽지도 않지만 분명하지도 않다.]

소프트웨어 설계의 본질은 요구사항을 코드로 결부시키는 것이다. 그러나 아무리 훌륭한 요구사항이라도 이를 구체적인 설계의 일부로 전환하는 것은 쉽지 않고 분명하지도 않다(Davis 1995). 소프트웨어를 어떻게 설계하는지 누군가 물어볼 때마다 나는 Sidney Harris의 오래된 만화를 떠올리곤 한다. 이 만화에서는 방정식으로 가득 채워진 칠판 앞에 서 있는 두 명의 과학자를 보여준다. 그리고 한 과학자가 칠판에 '그러면 기적이 일어난다'라고 적힌 곳을 가리키며, 그 부분을 좀 더 명확하게 해야 한다고 제안한다.[1]

소프트웨어 설계의 어떤 측면은 기적에 가까운 것처럼 보이기도 한다. 설계자의 경험과 직관을 바탕으로 에테르에서 결정체를 만들어내는 것 같기 때문이다. 데이터베이스 설계와 같은 특정 활동은 체계적이고 분석적이다. 하지만 다른 설계 활동은 보다 유기적이라서, 설계자가 문제에서 해결책으로 변모시키는 과정을 탐구하면서 점진적으로 설계 결과물이 만들어진다. 사용자 경험 설계에는 인적 요소에 대한 탄탄한 이해를 바탕으로 예술적으로 창의적인 접근 방식이 필요하다. 설계자는 새로 설계하는 부담을 줄이기 위해 소프트웨어 설계에서 반복되는 일반적인 패턴에 의존하는 경우가 많다(Gamma et al. 1995). Ken Pugh(2005)는 자신의 저서인 《Prefactoring》에서 설계자의 사고 과정에 대한 몇 가지 통찰을 제공한다.

설계의 다른 측면들

소프트웨어 설계에는 네 가지 주요 측면이 있는데, 아키텍처 설계, 상세(또는 저수준) 설계, 데이터베이스 설계, 그리고 사용자 경험 설계다(그림 3.2). 이들 설계 측면 모두는 설계자가 사용 가능한 옵션을 제한하는 많은 제약constraint을 갖는다. 다른 제품과의 호환성, 적용 가능한 표준, 기술적 한계, 비즈니스 정책, 규정, 비용, 그리고 이외의 다른 요인들로 인한 요구사항 때문에 제약이 발생할 수 있다. 내장된 소프트웨어를 갖는 물리적 제품들은 크기, 무게, 재료, 그리고 인터페이스를 포함하는 또 다른 제약을 갖는다. 요구사항에서는 설계에서 반드시 해야 하는 것을 제약이 나타내는 반면, 설계에서는 설계자가 할 수 없는 것을 제약이 알려준다.

아키텍처 설계는 시스템의 구조와 이것의 컴포넌트 또는 아키텍처 요소를 나타낸다(Rozanski and Woods 2005). 이 요소들은 소프트웨어 전용 시스템들의 코드 모듈로 구성되며, 큰 제품의 경우는 상호 연결된 다수의 서브 시스템들로 결합될 수 있다. 내장된 소프트웨어를 갖는 물리적 제품들은

---

1 [옮긴이] 원문은 "I Think You Should Be More Explicit Here In Step Two"(https://twitter.com/pickover/status/1278153846083194881 참고)

기계 및 전기 하드웨어 컴포넌트들을 포함할 것이다. 아키텍처 설계는 시스템을 컴포넌트로 분할하는 것을 포함하며, 이때 각 컴포넌트의 책임을 정의하고 특정 요구사항들을 적합한 컴포넌트들로 할당한다. 컴포넌트 간의 인터페이스 명시는 아키텍처 설계의 또 다른 측면이다. (레슨 22, "대부분의 시스템 문제는 인터페이스에서 생긴다"를 참고하자.)

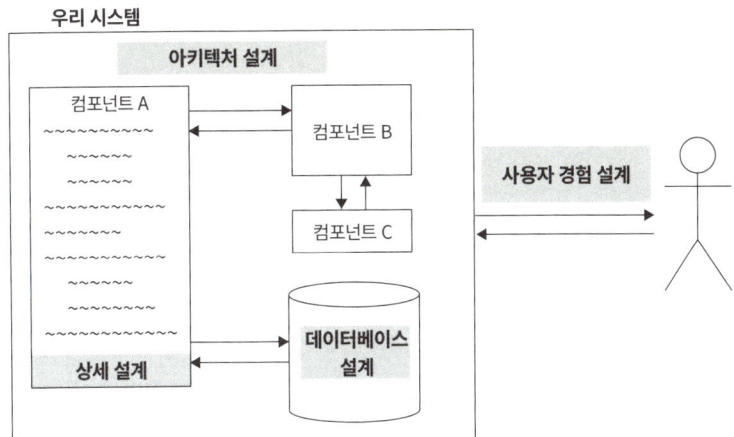

그림 3.2 소프트웨어 시스템은 아키텍처 설계, 상세 설계, 데이터베이스 설계, 그리고 사용자 경험 설계를 포함한다.

상세 설계는 각 프로그램 컴포넌트(코드 모듈, 클래스와 이것의 메서드, 스크립트 등)의 논리적 구조와 모듈 간의 인터페이스 명세에 초점을 둔다. 알고리즘 개발은 상세 설계의 중요한 측면이다.

데이터베이스 설계는 애플리케이션이 데이터베이스를 생성, 변경, 사용할 때 필요하다. 데이터베이스 설계는 다음 사항을 포함한다. 데이터 개체나 클래스 그리고 이것들 간의 관계를 찾으며, 또한 각 개체의 데이터 요소들과 이 요소들의 데이터 타입, 속성, 논리적 연결을 항목화한다. 저장된 데이터의 생성create, 읽기read, 변경update, 삭제delete 절차(CRUD라고 함)를 만드는 것도 데이터베이스 설계의 일부다. 리포팅 기능과 리포트 레이아웃의 설계는 데이터베이스 설계와 사용자 경험ux 설계 모두에 해당된다. 컴퓨터에 데이터를 넣는 단 한 가지 이유는 해당 데이터를 다시 꺼내어 유용한 형태로 사용할 수 있게 하기 위함이다.

인간이 사용하는 애플리케이션은 사용자 경험 설계를 포함한다. 인간-컴퓨터 상호 작용human-computer interaction 또는 줄여서 HCI라고도 하는 사용자 인터페이스user interface, UI 설계는 UX 설계의 일부다. UI 설계에는 아키텍처 설계 측면과 상세 설계 측면 모두가 포함된다. UI 아키텍처는 사용자와 시스템이 상호 작용할 수 있는 요소들과 이 요소들 간의 사용자 작업 흐름을 나타내는 내비게이션 경로를 포함한다. 상세 UI 설계는 사용자와 제품 간의 상호 작용에 관한 세부 사항을 다룬다. 이때 화면 레이아웃, 외형, 입력 컨트롤(각 텍스트 블록의 속성, 그래픽, 입력 필드), 그리고 출력 화면이 제품에 포함된다. 아키텍처 UI 설계와 상세 UI 설계는 사용자가 사용성(배움과 사용의 용이성)을 알 수 있게 해준다.

좋은 설계

설계에서는 제품의 생애에 걸쳐 요구사항들을 구현할 최적의 해결책을 만든다. 설계에서는 올바른 기능을 구현할 수 있어야 하며, 다양한 품질 속성에서 예상되는 특성들을 성취해야 한다. (레슨 20, "모든 바람직한 품질 속성을 최적화할 수는 없다"를 참고하자.) 더 나아가 설계에서는 개발 프로세스와 제품 릴리스 모두에서 기능 향상과 변경을 효율적으로 할 수 있게 해야 한다.

Edsger Dijkstra, David Parnas, Barbara Liskov, Larry Constantine, Glenford Myers와 같은 소프트웨어 공학의 개척자들은 설계자들이 더 나은 결과를 얻을 수 있게 해주는 원칙을 만들었다(Davis 1995, Gamma et al. 1995, Pugh 2005). 다음의 원칙을 따르면 그렇지 않을 때보다 덜 복잡하고 실패가 적으며, 이해/변경/확장/재사용이 더 쉬운 설계로 이끌어준다.

- **관심사 분리**: 설계는 서로 독립적인 모듈로 분할되어야 하며, 또한 각 모듈은 잘 정의되고 중복되지 않은 책임을 가져야 한다.
- **정보 은닉**: 각 모듈은 시스템의 다른 것으로부터 내부 데이터와 알고리즘의 세부 정보를 감추어야 한다. 그리고 각 모듈은 사전 정의된 인터페이스를 통해서만 다른 모듈의 데이터와 서비스에 접근해야 한다. 이렇게 하면 사용되는 모듈의 구현 부분을 필요에 따라 변경해도 사용하는 모듈에 영향을 주지 않는다.
- **낮은 결합도**: 결합도$_{coupling}$는 두 개의 소프트웨어 컴포넌트가 어떻게 결합되는지를 나타낸다. 잘 된 모듈화 설계는 컴포넌트들 간의 낮은 결합도를 보여준다. 결합도가 낮으면 한 모듈을 변경할 때 다른 모듈의 변경을 최소화할 수 있다(TutorialsPoint 2021).
- **높은 응집도**: 응집도$_{cohesion}$는 한 모듈의 기능들이 논리적으로 결합되는 정도를 나타낸다. 응집도가 높으면 각 모듈은 하나의 잘 정의된 작업을 수행한다(Mancuso 2016).
- **추상화**: 추상화$_{abstraction}$는 개발자가 모듈을 구현할 때 세부적인 것(플랫폼의 운영체제나 사용자 인터페이스 등)에 의존하지 않는 코드를 작성할 수 있게 해준다. 추상화는 이식성과 재사용성을 높여준다.
- **정의 및 준수되는 인터페이스**: 잘 정의된 모듈 인터페이스는 다른 코드 모듈의 개발자가 이 인터페이스를 갖는 모듈에 접근하기 쉽게 해준다. 또한 필요하다면 언제든 해당 모듈을 쉽게 교체할 수 있다. 왜냐하면 해당 모듈이 시스템의 다른 모듈에 제공하는 인터페이스는 변경되지

않기 때문이다. 시스템이 외부 세계에 제공하는 외부 인터페이스에도 같은 원칙이 적용된다.

설계를 요구사항의 단순한 확장으로 취급하거나 구현과 함께 '개발'로 묶는 경우가 있지만, 설계를 별개의 활동으로 간주하는 것이 더 좋다. 설계를 개별적인 활동으로 취급하든, 어떤 형태로 설계 결과를 기록하든 모든 프로젝트에서 누군가는 소프트웨어를 설계할 것이다.

요구사항으로부터 바로 코드를 작성했다면 설계를 한 후 코딩했던 것보다 훨씬 더 복잡한 프로그램을 만들게 될 뻔한 프로젝트에서 일을 한 적이 있었다. 요구사항에서는 분명하지 않았지만 설계 관점에서 보니 시스템의 여덟 개 모듈 중 세 개는 같은 알고리즘을 사용하고 있었고, 또 다른 세 개는 공통 알고리즘을 공유했으며, 나머지 두 개는 또 다른 알고리즘을 사용하고 있었다. 결국 같은 코드를 여러 번 작성하고 있다는 것을 알아챘을 수도 있지만, 구현 전에 반복되는 부분을 발견할 수 있어서 다행이었다.

요구사항으로부터 코드 작성으로 바로 건너뛰는 대신, 설계에서 처리 방법을 고려하고 가장 적합한 것을 선택하는 것이 중요하다. 이번 장에서는 여섯 개의 유용한 레슨을 설명한다. 이 레슨들은 모두 나의 소프트웨어 설계 경험에서 알게 된 것들이다.

> **첫 단계: 설계**
>
> 잠시 시간을 내서 다음의 활동 사항(여러분이 할 일)을 파악하고 이번 장의 설계 관련 레슨을 읽기 바란다. 그리고 이후에 나오는 레슨을 읽는 동안 여러분의 조직이나 프로젝트 팀에 어느 정도까지 각 레슨을 적용할 수 있을지 생각해보자.
>
> 1. 여러분의 조직이 특히 잘하는 설계 관련 실무 사례를 리스트로 작성해보자. 이런 실무 사례에 관한 정보를 문서화하여 팀 멤버들이 이를 상기하고 쉽게 적용할 수 있도록 하고 있는가?
> 2. 프로젝트 팀의 설계(아키텍처, 상세, 데이터베이스, 사용자 경험, 또는 다른 설계 활동) 수행 방법에서 결점이 될 수 있다고 생각하는 문제(고통스런 부분을 의미함)들을 찾아보자.
> 3. 각 문제가 프로젝트를 성공적으로 완료하는 능력에 미치는 영향을 설명하자. 해당 문제들이 개발 조직과 고객 모두의 비즈니스 성공 달성을 어떻게 방해할까? 설계의 결점은 다음과 같은 시스템의 불안정을 초래한다. 쉽게 변경 또는 개선되지 않음, 수준 이하의 성능, 중복된 코드, 제품 내부 또는 관련 제품들에 걸치는 불일치, 사용성의 문제 등이다.
> 4. 2번의 각 문제에 대해 해당 문제를 유발하거나 악화시키는 근본 원인을 찾아보자. 문제와 영향 및 근본 원인은 뭉쳐져서 모호하게 될 수 있으므로 따로 떼어내어 연관성을 찾자. 동일한 문제에 기여하는 여러 가지 근본 원인을 찾을 수도 있고, 또는 하나의 근본 원인에서 비롯된 다수의 문제를 찾을 수도 있다.
> 5. 이번 장을 읽는 동안 각자 팀에 유용할 거라고 생각되는 실무 사례를 리스트로 작성해보자.

레슨 17 설계에는 반복이 필요하다

고전적 저서인 《맨먼스 미신Mythical Man-Month》(Frederick P. Brooks, Jr. 1995)에서는 "어차피 버려야 할 것이니 버릴 계획을 세워라."라고 조언한다. 즉, 대형 프로젝트에서는 시험pilot 또는 예비 운영 시스템을 만들어 본 후 완전한 시스템을 만드는 가장 좋은 방법을 알아내는 것이 바람직하다는 발상을 브룩스가 언급한 것이다. 만일 시스템이 하드웨어 구성 요소를 포함하고 있다면 이것은 비용이 많이 들 가능성이 있다. 그러나 만일 기술적인 타당성 문제가 있거나, 또는 적합한 설계 전략이 초기에 명확하지 않다면 시험용 시스템을 만드는 것이 가치가 있다. 또한 시험 시스템은 미지의 것을 밝혀주고, 미처 인식하지 못했던 요인들이 중요한 것이었음을 알려준다.

대부분의 경우에 제품의 예비 버전을 만든 다음 버릴 가능성은 낮다. 그러나 예비 버전이라 하더라도 구현에 앞선 설계는 반복해야 한다. 가장 간단하게 설계 결과물을 만들 수 있다면 고객에게 해결책을 빨리 제공할 수 있으므로 단기적으로는 고객의 기대를 충족시킬 수 있다. 그러나 제품은 시간이 지남에 따라 성장하는 것이므로 최상의 장기적 전략은 아닐 수 있다.

소프트웨어 문제에 대한 설계의 해결책은 항상 여러 개가 있으며 최상의 유일한 해결책은 없다 (Glass 2003). 처음 구상한 설계 접근 방식이 최선의 선택이 아닐 수 있다. 소프트웨어 경험이 풍부한 설계자인 Norman Kerth는 다음과 같이 나에게 설명해주었다.

> 적어도 세 가지 이상의 해결책을 생각해보고, 충분하지 않다는 이유로 모두 폐기한 다음, 그중 가장 좋은 부분을 결합하여 우수한 네 번째 해결책을 만들어내지 않았다면 설계 작업을 제대로 수행하지 않은 것이다. 때로는 세 가지 옵션을 고려한 후 자신이 문제를 제대로 이해하지 못하고 있다는 사실을 깨닫게 될 수도 있다. 심사숙고 끝에 문제를 일반화하면 간단한 해결책을 발견할 수도 있다.

소프트웨어 설계는 선형적이고 질서정연하며 체계적이거나 예측 가능한 프로세스가 아니다. 최고의 설계자는 종종 해결책이 명확하지 않거나 실현 가능하지 않을 수도 있는 어려운 부분에 먼저 집중한다(Glass 2003). 설계자가 초기 개념에서 효과적인 해결책으로 나아갈 때 몇 가지 방법을 통해 반복을 촉진할 수 있다. 한 가지 방법은 제안된 설계의 그래픽 모델(다이어그램)을 만들고 다듬는 것이다. 이 방법은 레슨 18, "더 높은 추상화 수준에서 반복하는 것이 더 저렴하다"에서 다룬다. 프로토타이핑은 기술 및 사용자 경험ux 설계를 반복하는 데 유용한 또 다른 방법이다.

프로토타입의 위력

프로토타입은 부분적이고 예비적이면서 실현 가능한 해결책이다. 시스템의 일부를 실험으로 구축하여 시스템을 잘 설계하는 방법을 이해하고 있다는 가설을 테스트한다. 실험이 실패하면 다시 설계하고 다시 시도한다. 프로토타입은 특히 새로운 아키텍처나 디자인 패턴을 적용하기 전에 검증하려는 경우, 위험을 평가하고 줄이는 데 유용하다.

[**프로토타입을 제품으로 발전시키려면 처음부터 프로덕션 수준의 품질로 만들어야 한다.**]

프로토타입을 만들기 전에 이것을 버리고 실제 제품을 개발할지, 또는 예비 해결책인 프로토타입을 제품으로 키울지 결정하자. 프로토타입을 제품으로 발전시키려면 처음부터 프로덕션 수준의 품질로 만들어야 한다는 것이 중요하다. 이는 목적을 달성한 후 폐기할 임시적인 무언가를 만드는 것보다 더 많은 노력이 필요하다. 프로토타입에 더 많은 공을 들일수록 프로토타입을 크게 변경하거나 버리는 것을 꺼리게 되고, 이는 반복 개발을 통해 완성한다는 사고방식을 방해한다. 프로토타입 제작 방식은 주기적으로 개선하고, 필요한 경우 처음부터 다시 시작하도록 장려해야 한다.

때때로 애자일 팀은 해결책을 결정하기에 앞서 **스파이크**spike라고 하는 스토리를 생성하여 기술적인 접근법을 조사하고, 불확실성을 해결하며, 위험을 줄인다(Leffingwell 2011). 다른 사용자 스토리와 달리 스파이크의 주요 결과물은 작동하는 코드가 아닌 지식이다. 스파이크는 찾은 정보에 따라 기술적인 프로토타입이나 UI 프로토타입, 또는 둘 다를 포함한다. 스파이크는 과학적 실험처럼 명확한 목표를 가져야 하며, 개발자는 테스트할 가설을 갖는다. 스파이크는 가설과 테스트에 대한 증거를 제공하도록 설계되어야 한다. 그리고 접근법의 유효성을 확인하거나, 또는 팀이 알아낸 기술적 결정을 빨리 할 수 있게 해주어야 한다.

개념-증명

종적vertical 프로토타입이라고 하는 **개념-증명**proof-of-concept 프로토타입은 제안된 아키텍처를 검증하는 데 유용하다. 나는 한때 색다른 클라이언트-서버 접근법을 구상했던 프로젝트에서 일했다. 이 프로젝트의 아키텍처는 우리의 컴퓨팅 환경에 적합했다. 그러나 이것이 기술적인 문제가 없는지 확인하고 싶었다. 따라서 통신 계층과 컴퓨터 시스템에 걸치는 UI로부터 종적인 부분의 기능을 사용하는 개념-증명 프로토타입을 만들었다. 이 프로토타입은 잘 작동했으므로 우리는 이런 설계가 실행 가능하다고 확신했다.

개념-증명 프로토타입으로 실험하는 방법은 일부 실행 가능한 소프트웨어를 만들어야 한다. 그러나 비교적 저비용으로 반복해서 만들 수 있다. 이런 프로토타입은 제안된 설계의 기술적 관점인 아키텍처, 알고리즘, 데이터베이스 구조, 시스템 인터페이스, 통신을 평가하는 데 유용하다. 특히 성능, 보안, 안전성, 신뢰성 등과 같은 아키텍처의 필수 속성으로 아키텍처 자체를 평가한 다음 점진적으로 개선할 수 있다.

실물 모형

사용자 인터페이스user interface, UI 설계는 항상 반복을 필요로 한다. 그리고 확립된 UI 규약을 따르더라도 최소한 일상적인 사용성 테스트는 수행해야 한다. 배움 용이성, 사용 용이성, 접근성의 목표를 충족하는 데 적절한 컨트롤과 레이아웃을 선택하기 위해서다. 예를 들어, A/B 테스트는 주어진 작업의 두 가지 UI 대안을 사용자에게 제공하여 어느 것이 가장 타당한지 선택할 수 있게 하는 방법이다. A/B 테스트를 하는 사람들은 서로 다른 방법을 사용해서 사용자의 행동을 관찰하고 어떤 옵션이 더 직관적인지 또는 더 성공적인 결과로 이어지는지 결정할 수 있다. 이런 실험은 설계를 탐구하는 동안 수행하는 것이 좋다. 왜냐하면 제품 전달 후의 고객 불만이나 웹 페이지의 예상보다 낮은 클릭률(노출 대비 클릭한 횟수)에 대응하는 것보다 더 간단하고 빠르며 비용도 저렴하기 때문이다.

요구사항처럼 UX 설계는 프로토타입을 통해서 점진적으로 세부 사항을 개선할 수 있다. 이때 **횡적 프로토타입**horizontal prototype이라고 하는 **실물 모형**mock-up을 만들 수 있다. 실물 모형은 기능적으로 실제 작동하는 부분은 없으며 사용자 인터페이스 계층만으로 구성된다. 실물 모형은 기본 화면 스케치로부터 실행 가능한 인터페이스(진짜인 것처럼 보이지만 실제 업무 처리는 하지 않는)까지의 넓은 범위를 갖는다(Coleman and Goodwin 2017). 간단한 종이 프로토타입도 가치가 있으며 빠르게 만들고 수정할 수 있다. 이 경우 워드 프로세싱 문서나 색인 카드를 사용하여 잠재적인 화면을 나타내는 상자에 데이터 요소를 배치하고, 요소들이 서로 어떻게 관련되어 있는지 확인하고, 어떤 요소가 사용자 입력이고 어떤 요소가 표시되는 결과인지 나타낼 수 있다. 사용자 인터페이스 프로토타입을 만들고 사용할 때는 다음 사항들에 유의하자.

- 화면 흐름과 기능적인 레이아웃을 완전히 익히기 전에 UI의 겉모습을 완벽하게 하느라("이 텍스트는 더 짙은 빨간색이 어때?") 너무 많은 시간을 할애한다. 큰 틀부터 제대로 잡자.
- 고객이나 관리자는 모의 기능 외에는 아무것도 없는데도 UI가 좋아 보이기 때문에 소프트웨어가 거의 완성되었다고 생각한다. 덜 다듬어진 프로토타입은 아직 완성되지 않았다는 것을 보여준다.

- 프로토타입 평가자가 명확하지 않은 작업을 수행하려고 할 때 가르쳐 주려고 한다. 그러나 사용자가 프로토타입을 익히고 사용하도록 옆에서 도와준다면 프로토타입의 사용성을 판단할 수 없다.

사용자 경험과 기술적인 설계 방법 모두를 반복적으로 찾고 알아내는 데 시간과 노력을 투자하지 않는다면, 고객이 원하지 않는 제품을 제공할 위험이 따른다. 부주의하게 설계된 제품은 고객을 짜증나게 하고, 그들의 시간을 낭비하게 하며, 제품과 회사에 대한 호감을 떨어뜨리고, 나쁜 리뷰를 만들게 된다(Wiegers 2021).

레슨 18 더 높은 추상화 수준에서 반복하는 것이 더 저렴하다

설계를 수정하는 한 가지 방법은 제품 전체를 여러 번 제작하여 각 주기마다 개선하는 것이다. 그러나 이것은 현실적이지 않다. 또 다른 방법이 있다. 즉, 어려운 부분이나 아직 이해하지 못하는 부분을 포함하여 해결책의 작은 부분만 구현하고 어떤 설계 방법이 가장 효과적인지 결정하는 것이다. 이것이 바로 이전 레슨에서 살펴본 프로토타이핑의 개념이다.

그러나 세 번째 전략은, 사용자가 시스템을 사용하여 작업하고 후속 확장 기능을 개선하는 피드백을 제공할 수 있도록 시스템의 운영되는 부분을 구축하는 것이다.

이런 증분적(점진적) 접근법은 애자일 소프트웨어 개발의 핵심이다. 이것은 유형의 것(실행 코드)에서 사용자 입력(제안이나 의견)을 얻는 좋은 방법이며, 그럼으로써 고객 요구를 더 잘 충족시키기 위해 우리가 하는 일을 조절할 수 있다. 이 경우 제품의 첫 번째 구현 부분에 대한 초기 설계가 만족스러웠지만, 지속적인 개발을 통한 제품 성장에는 도움이 되지 않는다는 사실을 발견할 수도 있다. 또는 작동하는 소프트웨어를 제공하기 위해 서두르다 보니 설계 관련 결정을 신중하게 내리지 못해서 나중에 재검토하게 될 수 있다. (레슨 50, "오늘의 '당장 출시해야 하는' 개발 프로젝트는 내일의 유지보수 악몽이다"를 참고하자.) 시스템 아키텍처와 데이터베이스 설계에서 비롯된 결점은 바로잡는 데 비용과 시간이 많이 든다. 따라서 기술적 토대를 면밀히 검토하지 않고 처음 몇 번의 반복에서 성급하게 구현을 하는 것은 팀에게 고통스러운 결과로 돌아올 수 있다.

지금까지 얘기한 세 가지 설계 전략 모두의 공통점은 설계 방안을 평가할 수 있는 작동 소프트웨어를 구축하는 것이다. 하지만 이런 방식으로 설계를 점진적으로 개선하는 것은 상대적으로 느리고 비용이 많이 든다. 적합한 설계에 도달하기 위해 여러 번 만들었던 것을 다시 작업해야 할 수도 있기 때문이다.

세 가지 설계 전략의 대안이 되는 방법이 있다. 이것은 실행가능한 소프트웨어보다 높은 추상화 수준에서 반복하는 것이다. 그림 3.3에 있듯이, 높은 추상화 수준보다 낮은 추상화 수준으로 산출물에 대해 반복하는 것이 더 많은 비용이 든다. 왜냐하면 평가하고 수정하려는 산출물을 만드는 데 더 많은 작업을 해야 하기 때문이다. 이때 설계 모델링은 비용 효율적인 반복 대안을 제공한다.

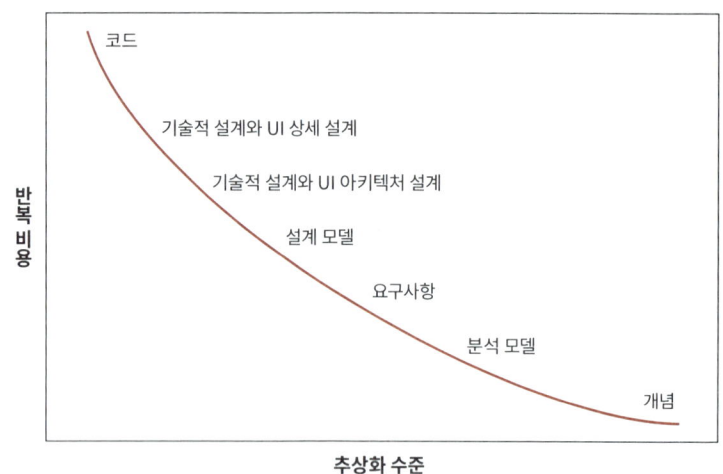

그림 3.3 반복 비용은 더 높은 추상화 수준에서 더 적게 든다.

상세한 것으로부터 한 걸음 물러나기

요구사항과 설계 모두에서 시스템의 다양한 관점을 나타내는 그림(다이어그램)을 그린 다음, 이것으로 반복하는 것은 큰 가치가 있다. 코드를 다시 작성하는 것보다 다이어그램을 수정하는 것이 훨씬 빠르다. 작동하는 소프트웨어는 실체가 있는 반면, 분석 및 설계 모델은 그 자체가 아닌 다른 것을 표현한다는 점에서 추상적이다. 높은 추상화 수준에서 정보를 묘사하는 다이어그램은 사람들이 나무에서 한 걸음 물러나 특정 각도에서 숲 전체를 연구할 수 있게 해준다.

간단하게 손으로 그린 스케치나 소프트웨어 모델링 도구에서 그린 고해상도 다이어그램 중 어느 것을 사용하더라도 물리적이 아닌 개념적인 수준에서 설계를 변경하게 된다. 각종 모델들은 실제 제품에 있는 현실적인 핵심 부분 모두를 보여주지는 않는다. 그러나 각 부분들이 어떻게 조화를 이루는지 시각화하는 데는 도움이 된다. 모델이 제공할 수 있는 가치 때문에 어떤 비즈니스 분석가business analyst, BA나 소프트웨어 설계자에게도 모델링은 필수 기술이라고 생각한다(Wiegers 2019a).

프로젝트의 특정 관점들을 다이어그램으로 그리면 도움을 받을 거라고 내가 제안했을 때 나의 컨설팅 고객은 이의를 제기하면서 이렇게 주장했다. "우리 시스템은 너무 복잡해서 모델 작성이 어렵습니다." 그러나 잠깐만, 모델은 모델링하는 대상보다 더 간단하다. 모델의 복잡성도 감당할 수 없는데 어떻게 문제의 복잡성을 감당할 수 있을까? 복잡하고 혼란스러운 시스템에서 다이어그램은 분명 복잡하고 혼란스러워질 수 있다. 바로 이 점이 개념적 복잡성을 이해하고 관리하기 위한 기술을 사용해야 하는 강력한 이유이다.

> 요구사항과 설계 모두에서 시스템의 다양한 관점을 나타내는 그림을 그린 다음, 이것으로 반복하는 것은 큰 가치가 있다.

빠른 시각적 반복

앞에서 보았듯이, 사용자 인터페이스는 두 개의 추상화 수준을 갖는다. 아키텍처와 상세다. 우리가 UI 화면을 볼 때는 상세 설계의 한 부분인 화면 요소들을 보게 되며, 여기에는 시각적 설계 테마, 텍스트 레이아웃, 이미지, 링크, 입력 필드, 선택 사항, 그리고 컨트롤들이 포함된다. 보다 정밀한 작업이 필요한 경우 DAR_{display-action-response} 모델과 같은 도구를 사용해서 화면이나 웹 페이지의 상세 설계를 명시할 수 있다(Beatty and Chen 2012). 그러나 상세 UI 설계로 반복 작업하려면 각 화면 요소들을 수정해야 한다. 효율적인 화면 생성 도구를 사용하지 않는다면 이러한 수정 작업은 지루할 수 있다.

UI의 아키텍처 설계는 각 화면에 표시되는 내비게이션 옵션을 통해 알 수 있다. 이때 **다이얼로그 맵**_{dialog map}을 그리면 아키텍처 설계를 바르게 구체화할 수 있다(Wiegers and Beatty 2013). 다이얼로그 맵은 상태-전이_{state-transition}나 상태 차트 다이어그램의 형태로 사용자 인터페이스 아키텍처를 나타낸다. 시스템이 사용자에게 제공하는 각 다이얼로그 요소는 시스템이 있을 수 있는 고유한 상태를 구성한다.

그림 3.4에서는 내가 컨설팅하는 회사 웹 사이트의 다이얼로그 맵을 보여준다. 각 직사각형은 사용자와 시스템이 상호 작용할 수 있는 다이얼로그 요소를 나타낸다. 다이얼로그 요소는 웹 페이지, 작업 영역, 메뉴, 대화 상자, 메시지 상자, 그리고 한 줄의 프롬프트까지도 될 수 있다. 다이얼로그 맵의 화살표는 한 다이얼로그 요소에서 다른 다이얼로그 요소로 이동하는 정의된 내비게이션 경로를 나타낸다. 화살표에는 라벨을 붙여서 내비게이션을 유발하는 조건 그리고/또는 액션을 나타낼 수 있다(그림 3.4에서는 이렇게 하지 않았다). 이 정도의 추상화 수준에서 UI를 나타내면 각 다이얼로그 요소의 상세한 모습으로 인해 사람들이 산만해지는 것을 막아준다. 따라서 사용자는 일련의 다이얼로그 요소를 따라가며 작업을 수행하기 위해 시스템과 어떻게 상호 작용할 것인지에 대한 큰 그림에 집중할 수 있다.

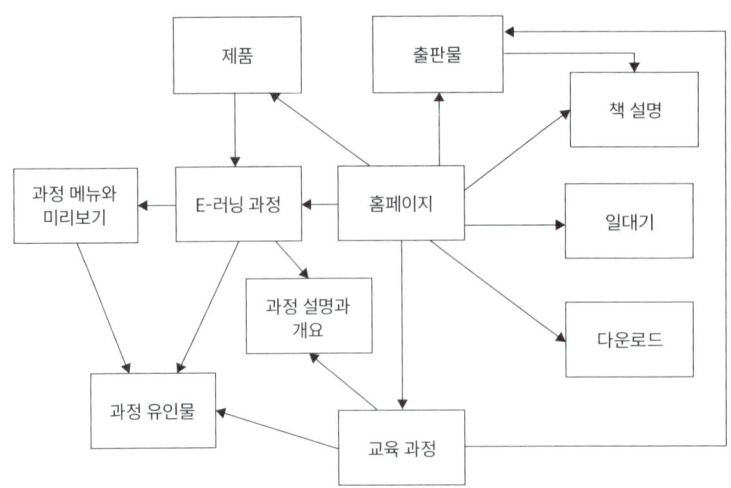

그림 3.4 다이얼로그 맵은 웹 페이지와 같은 다이얼로그 요소들 간의 내비게이션 옵션을 보여준다.

 개발 중이었던 새로운 시스템에서 어떻게 하면 특정 작업의 처리 흐름을 가장 잘 처리할지 알기 위해 나는 한때 여러 명의 사용자들과 논의를 하였다. 나는 한 손에 화이트보드 펜을 다른 손에는 지우개를 들고 있었다. 그리고 가능한 내비게이션 흐름을 다이얼로그 맵의 상자와 화살표를 사용해서 빠르게 화이트보드에 그렸다. 이때 우리는 화면이 어떻게 생겼는지에 대해서는 전혀 알지 못했고, 단지 이름과 용도에 대한 일반적인 개념만 알고 있었다. 그리고 내가 그린 것을 논의하고 변경 사항을 제안하면 나는 각 부분을 지우고 논의된 것으로 다시 그렸다. 이런 식으로 최적의 내비게이션 흐름에 대한 공유된 개념에 도달할 때까지 빠르게 조정할 수 있었다. 또한 이 과정에서 원래 생각했던 것의 몇 가지 오류와 누락도 발견했다. 이와 같은 반복적 모델링은 초기 설계 개념을 다듬는 강력한 사고 보조 수단이다.

다이얼로그 맵과 같은 모델은 정적이다. 다이어그램의 이어진 상자들을 검토하면서 사용자가 어떻게 작업을 수행할지 머릿속에 그릴 수 있다. UI 설계를 개선하기 위한 다음 반복 단계는 동적 시뮬레이션이다. 마이크로소프트 파워포인트와 같은 간단한 도구로 일련의 화면을 모의 제작하여 보다 실제처럼 보이는 UI의 스토리보드를 만든다. 그러면 작업 흐름의 한 화면에서 다른 화면으로 이동하면서 사용자 경험을 더 정확하게 시뮬레이션할 수 있다. 이 프로세스는 반복 작업을 높은 수준의 모델에서 추상화 수준을 한 단계 낮춘 간단한 UI 실물 모형으로 이동시킨다. 빠른 설계 모델링과 시뮬레이션 및 프로토타입을 잘 선택해서 조합하면, 사용자 인터페이스 전체를 구현한 다음 사용자가 만족할 때까지 수정하는 것보다 노력을 적게 들일 수 있다.

쉬운 반복

소프트웨어 시스템의 모델링을 시작했을 때 나는 두 가지 사실을 빨리 알 수 있었다. 첫째, 첫 번째 시도에서 이상적인 설계가 나오지 않았기 때문에 여러 번 반복해야 했다. 둘째, 다이어그램을 쉽게 수정할 수 있는 도구가 필요했다. 변경 사항이 생각날 때마다 다이어그램을 완전히 다시 그려야 한다면 한 번 이상 수정하지 않을 것이다.

소프트웨어 모델링 도구들은 1980년대와 1990년대에 보편화되었다. 이것들은 다이어그램을 쉽게 변경하게 해준다. 예를 들어, 어떤 개체의 위치를 변경하거나 크기를 조정할 때 이 개체에 연결된 화살표들이 같이 따라서 조정된다. 모델링 도구들은 몇 가지 표준 분석과 표준 설계 표기법의 기호와 의미 및 구문법을 알고 있어서 다이어그램의 유효성을 검사하고 발생 가능한 오류를 지적할 수 있다. 마이크로소프트 비지오와 같은 범용 다이어그램 패키지는 일부 소프트웨어 모델의 표준 표기를 지원한다. 그러나 일반적인 그리기 도구들은 모델링 전용 도구에서 유용한 유효성 검사 기능이 부족하다. 또한 시스템 전체의 여러 다이어그램들과 이것들에 연관된 데이터 정의를 통합하는 기능도 결여되어 있다.

모델링을 사용하면 여러 가지 접근 방식을 빠르게 탐색하고 한 번의 시도만으로 만들 수 있는 것보다 더 나은 설계를 쉽게 구상할 수 있다. 완벽한 모델을 생성할 필요는 없다는 점을 명심하자. 또한 시스템 전체의 모델을 만들 필요 없고 특별히 복잡하거나 불확실한 부분들만 모델링하면 된다. 다이어그램 도구는 반복 작업을 용이하게 하지만, 사용자는 모델을 완벽하게 만들기 위해 끝없이 마우스를 움직이면서 무한한 수정 작업 주기에 갇히기 쉽다. 이런 분석 마비 analysis paralysis(문제를 과도하게 생각하여 결정을 내리지 못하는 것)는 반복을 더 이상 생산적이지 않은 극단적인 상황으로 몰고 간다.

시각적인 모델은 지식을 표현하고 교환하는 방법이자 의사소통 보조 수단이다. 의사소통을 하려면 같은 언어를 사용해야 한다. 그러므로 요구사항이나 설계를 모델링할 때는 공인된 표기법을 사용할 것을 강력히 권한다. 제안된 시스템 아키텍처는 간단한 블록 다이어그램으로 모델링할 수 있다. 그러나 더 저수준의 설계에서는 보다 전문적인 기호와 의미가 필요하다. 객체지향 설계의 가장 보편적인 표기법은 Unified Modeling Language, 줄여서 UML(Page-Jones 2000)이다. 설계 발상을 탐구하고, 수정하고, 문서화하고, 공유하려면 다른 사람이 이해하지 못할 수도 있는 자신만의 표기법을 고안하지 말고 대신에 UML과 같은 표준 표기법을 사용하자. 모델링이 프로토타이핑을 완전히 대체할 수는 없지만, 높은 추상화 수준에서 설계를 빠르게 검토하고 수정할 수 있는 방법이라면 더 나은 제품을 만드는 데 도움이 될 것이다.

레슨 19 올바르게 사용하기는 쉽지만 잘못 사용하기는 어렵게 제품을 만들자

 최근에 나는 온라인 기대 수명 계산기를 사용해보았다. 이런 계산기들의 대부분은 단순하다. 몇 가지 데이터만 입력하면 알아서 수명을 추측해준다. 나의 개인적 특성, 가족 환경, 병력, 생활 방식에 관한 35가지 이상의 정보를 요구하는 종합 계산기를 알게 되어 기뻤다. 이 웹 사이트에서는 드롭다운 리스트를 제공하여 계산기가 요구하는 많은 데이터 항목들의 값을 내가 선택할 수 있게 해주었다. 그러나 그림 3.5에서 볼 수 있듯이, 이 웹 사이트에는 사소한 사용자 인터페이스 설계 문제가 하나 있었다.

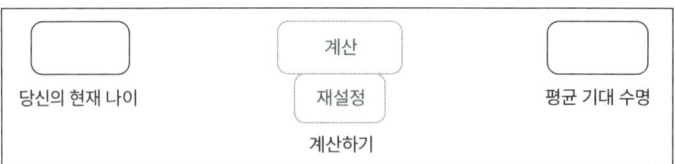

그림 3.5 이 웹 폼에서는 '계산' 버튼 대신 실수로 '재설정' 버튼을 누르기가 너무 쉽다.

모든 데이터를 입력한 후 내가 얼마나 오래 살 수 있을지 알기 위해 '계산' 버튼을 누르려고 했지만 실수로 '재설정' 버튼을 누르게 되었다. 그림 3.5에서 볼 수 있듯이, 두 개의 버튼은 스타일이 똑같고 글자를 알아보기가 쉽지 않다. 왜냐하면 화면 배경의 색상 배색이 회색인데, 옅은 회색의 버튼 배경에 글자도 조금 더 진한 회색으로 되어있기 때문이다. 또한 '계산하기' 프롬프트 텍스트가 '계산' 버튼에 인접해 있지 않고 '재설정' 버튼 바로 밑에 있어서 '계산' 버튼이 아닌 '재설정' 버튼을 무의식적으로 누르게 되었다. 이에 따라 나의 35개 항목 데이터가 바로 없어지고 나는 데이터 입력부터 다시 해야 했다.

이 웹 사이트는 사용자가 실수를 범하기 너무 쉬우며 이와 같은 설계 문제는 짜증스럽다. 어쩌면 실수로 '재설정' 버튼을 누른 사용자가 나 혼자일지도 모른다. 이런 경우는 나의 문제이지, 웹 사이트의 문제는 아닐 수 있다. 하지만 비공식적인 사용성 테스트에서도 버튼 레이아웃의 위험성을 발견했을 수 있다. 다음과 같이 세 가지만 간단하게 변경하면 이런 설계를 개선할 수 있다.

1. '계산'과 '재설정' 버튼을 떨어지게 배치하고, 사용자가 실수로 다른 버튼을 누를 가능성이 거의 없도록 각 프롬프트 텍스트를 관련 버튼 근처에 위치시킨다.
2. '계산'과 '재설정' 버튼의 스타일을 다르게 한다. 예를 들어, '재설정' 버튼은 위험스럽게 보이도록 더 작으면서 붉은색으로, 그리고 '계산' 버튼은 원하던 것처럼 보이도록 더 크게 하고 초록색으로 변경한다.

3. '재설정' 버튼처럼 기존 데이터를 없애는 파괴적인 액션의 경우는 사용자에게 물어서 확인을 받음으로써 사용자의 오류를 방지한다.

잘 설계된 사용자 인터페이스는 올바르게 사용하기는 쉽지만, 잘못 사용하기는 어려운 제품을 만들게 해준다. 프롬프트와 메뉴 옵션은 사용자가 이해할 수 있는 용어를 사용해서 명확하게 나타낸다. 설계자는 취소 옵션을 제공하여 사용자가 이미 제공한 정보를 다시 입력할 필요 없이 이전 화면으로 돌아가거나 작업을 다시 시작할 수 있게 한다. 데이터 입력은 논리적인 순서를 갖게 한다. 그리고 드롭다운 리스트 또는 필드에 인접한 안내 프롬프트 텍스트를 사용해서 각 필드에 입력하는 데 적합한 값들을 분명하게 알 수 있도록 한다.

> 자신이 이해할 수 있고, 자신의 오류를 방지하거나 수정해 주며, 명확하고 유익하게 의사소통할 수 있는 시스템을 사용자는 환영한다.

이러한 속성은 효과적인 UI 설계의 특징이며, 사용자가 웹 사이트나 애플리케이션을 사용할 때 필요한 작업을 쉽게 수행할 수 있도록 도와준다. 효율적인 사용성을 위한 설계는 물론이고 무엇이 잘못될 수 있는지, 그리고 어떻게 실수를 방지하거나 반응할지도 설계자가 고려해야 한다. 잠재적인 오류를 처리하기 위해 설계자는 다음의 네 가지 방법을 선택할 수 있다(Wiegers 2021).

1. 사용자가 실수할 수 없도록 만들자.
2. 사용자가 실수하기 어렵게 하자.
3. 오류를 쉽게 복구하게 하자.
4. 그런 일이 생기게 내버려 두자. (제발 이러지는 말자.)

사용자가 실수할 수 없도록 만들자

오류를 방지하는 것이 가장 바람직한 전략이다. 사용자가 특정 부분의 데이터를 입력해야 하는데, 비어 있는 입력 필드만 보여준다면 어떤 값을 입력할지 알기 어렵고 프로그램에서도 입력 값의 유효성을 검사해야 한다. 이럴 때는 허용되는 값들을 갖는 드롭다운 리스트나 다른 컨트롤을 제공하여 유효한 값을 선택하도록 제한할 수 있다. 그리고 유효하지 않은 선택 옵션은 제공하지 말자. 나는 오늘 날짜보다 더 이전 연도를 선택 값으로 포함하는 신용카드 유효기간 드롭다운 리스트를 본 적이 있다. 이것은 논리적으로 말이 안 된다. 이와 유사하게, 2월 30일과 같이 존재하지도 않는 날짜를 사용자가 입력할 수 있는 컨트롤을 본 적도 있다. 유효하지 않은 입력 데이터를 허용하면 애플리케이션이나 웹 페이지가 해당 정보를 처리할 때 오류를 초래한다.

사용자가 실수하기 어렵게 하자

사용자 실수를 불가능하게 만들 수 없다면 최소한 어렵게 만들어야 한다. 앞의 기대 수명 계산기 예에서는 사용자가 실수로 잘못된 버튼을 누를 가능성을 줄이기 위한 세 가지 방법을 제안하였다. 이외에 또 다른 좋은 방법이 있다. 대화상자들의 옵션을 선택할 때 시스템에서 해당 옵션에 관한 라벨을 보여주어 모호함을 막는 것이다. 사용자가 같은 정보를 또 다시 입력하게 하지 말자. 그렇지 않으면 실수할 가능성이 두 배로 증가하고 시간도 두 배로 소요되기 때문이다. 예를 들어, 화면 폼에서 사용자의 배송 주소와 청구서 발부 주소를 모두 입력받는다면 사용자가 체크상자를 클릭하여 두 주소가 동일하다는 것을 나타낼 수 있게 한다.

오류를 쉽게 복구하게 하자

최선의 노력에도 불구하고 사용자 측에서 또는 시스템이 작동할 때 오류가 발생하는 경우가 있다. 이런 경우에 사용자가 쉽게 복구할 수 있게 설계하자. 손쉬운 복구성은 견고한 소프트웨어 시스템의 한 가지 특성이다. **견고성**robustness은 예기치 않은 입력, 이벤트, 작동 조건을 어떻게 제품이 잘 처리하는지를 나타내는 품질 속성이다. 사용자가 오류를 수정하는 데 도움이 되는 명확하고 의미 있는 피드백 메시지와 다단계의 실행 취소undo/다시 실행redo 기능은 특히 유용하다. HTML 에러, 데이터베이스 사용상의 문제, 또는 네트워크 장애에 관한 아리송한 숫자 오류 코드는 기술적인 진단에는 도움이 될 수 있지만 일반 사용자에게는 아무런 도움이 되지 않는다.

그런 일이 생기게 내버려 두자

가장 바람직하지 않은 설계 옵션은 오류가 생기게 놔두고 사용자가 그 결과를 처리하게 하는 것이다. 시스템이 작업을 제대로 수행하기 위해 충족해야 하는 특정 전제 조건이 있는 유스케이스use case의 시작을 사용자가 요청한다고 가정해보자. 이 경우 소프트웨어는 이러한 전제 조건을 검사하고 필요한 경우 사용자가 전제 조건을 충족할 수 있도록 도와야 하는 것이지 무작정 최선을 다한다고 되는 것이 아니다. 그러나 전제 조건이 충족되지 않으면 해당 유스케이스를 시작하지도 않아야 한다. 또한 사용자의 시간 낭비를 방지하기 위해 잠재적인 중단 조건을 가능한 한 빨리 감지하도록 설계해야 한다. 사용자는 자신이 이해하고, 사용자 오류를 예방하거나 수정하며, 명확하고 유용하게 소통하는 시스템을 높이 평가한다.

그런데 내가 사용해 본 기대 수명 계산기에서는 아마도 내가 몇 년 더 살 수 있을 것이라고 암시했던 것 같다. 비록 그다지 이상적이지 않은 UI 디자인으로 인해 내 기대 수명이 두 배로 줄어들긴 했지만, 그래도 좋은 소식이었다.

레슨 20 모든 바람직한 품질 속성을 최적화할 수는 없다

내가 사용할 다음 소프트웨어 앱(애플리케이션)은 자체에 결함이 없어야 하고, 사용하려는 폼이 웹 서버에 없어서 생기는 404 '페이지를 찾을 수 없음' 에러나 작업 중인 폼과 일치하지 않는 도움말 화면이 표시되지 않아야 한다. 또한 메모리를 많이 사용하거나 컴퓨터 속도를 저하시키지 않아야 하며, 작업이 끝나면 사용했던 메모리를 모두 비워야 한다. 그리고 내 데이터를 어느 누구도 훔쳐가거나 또는 나인 것처럼 가장할 수 없도록 완벽하게 안전해야 하며, 나의 모든 명령에 즉시 응답하고 완벽하게 신뢰할 수 있어야 한다. 나는 '내부 서버 에러' 또는 '애플리케이션이 응답하지 않습니다'와 같은 어떤 메시지도 보고 싶지 않다. 이 앱의 사용자 인터페이스는 실수를 허용하지 않아야 하고, 즉시 다운로드 기능을 갖고 내가 원하는 어떤 장치에서도 앱을 사용할 수 있어야 하며, 내가 필요한 어떤 데이터도 다른 곳으로부터 가져오거나 내보낼 수 있어야 한다. 아, 그리고 깜박 잊을 뻔했는데 이 앱은 무상이어야 한다.

이건 정말 멋진 앱이지 않은가? 물론 그렇다! 이런 나의 기대가 타당할까? 당연히 아니다.

소프트웨어 시스템의 기능과 특성의 모든 관점에 대해 가능한 모든 최상의 결과를 얻는 것은 불가능하다. 다양한 품질 관점 간에는 불가피한 상충 관계trade-off가 있어서 하나의 품질 관점을 높이면 어쩔 수 없이 다른 것이 낮아진다. 따라서 요구사항 분석에서 중요한 것은 설계자가 적절하게 해결할 수 있도록 어떤 특성이 가장 중요한지 알아내는 것이다.

품질의 관점

요구사항을 탐구할 때 소프트웨어 프로젝트 팀은 폭넓은 **품질 속성**quality attribute들을 고려해야 한다. 품질 속성은 **품질 요인**quality factor 또는 **서비스 요구사항 품질**quality of service requirement이라고도 한다. **DfX**Design for Excellence라는 용어도 품질 속성을 나타내며, 여기서 X는 설계자가 최적화하기 위해 노력하는 관심 속성이다(Wikipedia 2021a). 사람들이 비기능적 요구사항을 말할 때는 대개 품질 속성을 가리킨다.

비기능적 요구사항은 소프트웨어나 하드웨어에 직접 구현되지 않는다. 대신에 파생된 기능성, 아키텍처 결정, 또는 설계와 구현 방법의 근원이 된다. 일부 비기능적 요구사항은 설계자나 개발자가 할 수 있는 선택들을 제한하는 제약을 갖는다. 예를 들어, 상호 운용 요구사항은 특정 표준 인터페이스를 사용하도록 제품 설계를 제한할 수 있다.

다양한 계층과 그룹으로 구성된 50개 이상의 소프트웨어 품질 속성들을 나는 알고 있다. 그러나 이렇게 많은 것들을 걱정할 필요가 있는 프로젝트는 거의 없을 것이다. 표 3.1에서는 일부 품질 속성들을 보여준다. 모든 소프트웨어 팀에서 자신들의 제품에 의미가 있는 품질이 어떤 것인지 파악할 때 이것들을 고려해야 한다(Wiegers and Beatty 2013). 내장 소프트웨어를 포함하는 실제 제품은 표 3.2에 있는 것과 같은 일부 품질 속성들을 추가로 갖는다(Koopman 2010, Sas and Avgeriou 2020).

표 3.1 소프트웨어 시스템의 중요한 품질 속성

품질 속성	주 관심사
가용성	• 내가 필요하다면 언제 어디서 시스템을 사용할 수 있는가?
표준 준수	• 기능성, 안전성, 통신, 인증, 인터페이스에 적용되는 모든 표준을 시스템이 준수하는가?
효율성	• 시스템이 컴퓨터 자원을 효율적으로 사용하는가?
설치성	• 시스템 및 업그레이드를 쉽게 설치, 제거, 재설치 할 수 있는가?
무결성	• 데이터의 부정확, 훼손, 손실로부터 시스템이 데이터를 보호하는가?
상호 운용성	• 데이터와 서비스를 상호 교환하기 위해 시스템이 다른 것들과 잘 연결되는가?
유지보수성	• 개발자가 시스템을 쉽게 변경, 수정, 개선할 수 있는가?
성능	• 사용자 액션과 외부 이벤트에 대해 시스템이 충분히 빠르게 응답하는가?
이식성	• 시스템이 다른 플랫폼으로 쉽게 이행될 수 있는가?
신뢰성	• 시스템이 작동해야 할 때 장애 없이 실행되는가
재사용성	• 개발자가 다른 제품에서 시스템의 일부를 재사용할 수 있는가?
견고성	• 잘못된 입력과 예기치 않은 작동 조건에 대해 시스템이 합리적으로 응답하는가?
안전성	• 시스템이 사용자를 위해로부터 보호하고 자원을 손상으로부터 보호하는가?
확장성	• 더 많은 사용자, 데이터, 트랜잭션을 수용하기 위해 시스템이 쉽게 확장될 수 있는가?
보안성	• 악성 소프트웨어 공격, 불법 침입자, 인가되지 않은 사용자, 데이터 도난으로부터 시스템이 지켜주는가?
사용성	• 사용자가 시스템의 사용법을 쉽게 배워서 효율적으로 자신의 작업을 수행할 수 있는가?
검증 가능성	• 해당 소프트웨어가 올바르게 구현되었는지 테스터들이 결정할 수 있는가?

표 3.2 내장 소프트웨어를 포함하는 실제 제품이 추가로 갖는 품질 속성

품질 속성	주 관심사
내구성	• 정상적인 사용 조건하에서 제품이 잘 견딜 수 있는가?
확장 가능성	• 기능에 지장을 주지 않고 새로운 기능, 센서, 또는 하드웨어가 제품에 쉽게 추가될 수 있는가?
결함 처리	• 발생한 결함을 제품이 검출과 복구 및 기록하는가?
제조 가능성	• 제품이 쉽게 그리고 비용 효과가 높게 생산되는가?
자원 사용	• 메모리, 네트워크 대역폭, 전원, 프로세서 수용 능력 등에 자원이 소비된 상태에서 충분한 여유 용량을 제품이 유지하는가?

표 3.2 내장 소프트웨어를 포함하는 실제 제품이 추가로 갖는 품질 속성 (계속)

요구사항 독자	품질 사안
유용성	• 사람들이 예방 유지보수와 고장 수리를 효율적으로 수행할 수 있는가?
지속 가능성	• 원자재 추출로부터 제조, 이용, 처분까지의 생명주기에 걸쳐 제품이 최소한의 불리한 환경 영향을 받는가?
업그레이드 가능성	• 컴포넌트의 추가나 교체로 제품이 쉽게 향상될 수 있는가?

[**기능과 마찬가지로, 설계자는 품질 목표 달성이라는 가치와 비용 간의 균형을 맞춰야 한다.**]

앞의 두 가지 표 어디에도 나타나지 않은 속성으로 비용이 있다. 기능과 마찬가지로, 설계자는 품질 목표 달성이라는 가치와 비용 간의 균형을 맞춰야 한다. 예를 들어, 모든 사람은 언제든 사용할 수 있는 소프트웨어를 좋아할 것이다. 그러나 이렇게 하려면 비용이 많이 든다.

나의 컨설팅 고객 중 한 회사는 생산 제어 컴퓨터 시스템을 갖고 있었는데, 이 시스템은 중단이 허용되지 않고 하루 24시간 연간 365일(윤년의 경우 366일) 사용 가능해야 하는 요구사항을 갖고 있었다. 그들은 추가로 컴퓨터 시스템을 도입하여 그 요구사항을 충족하였다. 즉, 오프라인 시스템에서 소프트웨어 업데이트를 설치하고, 테스트하고, 온라인으로 전환한 다음 두 번째 시스템을 업데이트할 수 있었다. 두 개의 독립적인 컴퓨터 시스템을 가짐으로써 비용이 많이 들었다. 그러나 제어 시스템이 중단되는 동안 자신들의 제품을 생산할 수 없는 것보다는 저렴했다.

품질 속성 명시하기

어떤 품질 속성들이 가장 중요한지, 이런 속성들의 어떤 관점이 중요한지, 그리고 목표가 무엇인지를 설계자는 알아야 한다. 단순히 "시스템은 신뢰할 수 있어야 한다" 또는 "시스템은 사용자 친화적이어야 한다"라고 말하는 것으로는 충분치 않다. 요구사항을 도출하는 동안 이해 당사자들이 말하는 '신뢰할 수 있는' 또는 '사용자 친화적'이 무슨 의미인지 알기 위해 BA는 질문해야 한다. 시스템이 신뢰할 수 있었는지 또는 사용자 친화적이었는지를 어떻게 알 수 있을까? 신뢰할 수 없거나 또는 사용자 친화적이 아닌 예는 무엇일까?

BA가 이해 당사자들의 품질 기대치를 더 정확하게 명시할수록 설계자들은 올바른 선택을 할 수 있고 목표에 도달했는지 평가하기가 더 쉬워진다. Roxanne Miller(2009)는 수많은 범주에서 명확하게 작성된 품질 속성 요구사항의 많은 예를 제공한다. 가능하다면, 설계 결정을 하기 위해 측정할 수 있고 검증 가능한 방법으로 품질 목표를 명시하자. Planguage의 사용도 고려해보자. 이것은 가용성이나 성능과 같은 애매모호한 속성의 정확하고 정량적으로 명시할 수 있는 키워드 언어다

(Simmons 2001, Gilb 2005). 이렇게 세심하게 요구사항을 지정하는 데는 시간이 걸리지만, 제품이 고객의 기대를 충족시키지 못한 후 재구성하는 것에 비하면 충분히 투자할 만한 시간이다.

품질을 위한 설계

설계자는 자신이 가장 중요하다고 생각하거나 들은 내용에 따라 거의 모든 품질 속성에 대해 해결책을 최적화할 수 있다. 그러나 확실한 지침이 없다면 한 설계자는 성능을, 다른 사람은 사용성을, 그리고 또 다른 사람은 플랫폼 간의 이식성을 따로 최적화하게 될 수도 있을 것이다. 따라서 프로젝트의 요구사항 탐구에서는 어떤 속성들이 다른 것들보다 더 중요한지 파악해서 설계자가 비즈니스 성공을 위한 가장 중요한 방향으로 나아갈 수 있도록 안내해야 한다. 즉, 기능적 요구사항과 마찬가지로 비기능적 요구사항의 우선순위를 정해야 한다.

서로 대응되는 한 쌍의 특정 품질 속성들 간에는 상충 관계가 존재하므로 우선순위 지정은 필수적이다. 한 가지 품질 속성을 높이려면 설계자가 다른 영역의 속성을 절충해서 조정해야 하는 경우가 많다(Wiegers and Beatty 2013). 상충 관계 결정이 필요한 품질 속성 충돌의 예를 보면 다음과 같다.

- 다중 인증multifactor authentication은 간단한 로그인 암호보다 더 안전하다. 그러나 인증을 위한 추가적인 단계가 필요하고 하드웨어가 개입될 수도 있으므로 사용성을 저하시킨다.
- 재사용이 가능하도록 설계된 제품이나 컴포넌트는 해당 기능의 코드가 단일 애플리케이션에 최적화되어 있는 경우보다 효율성이 떨어질 수 있다. 성능 저하를 감수할 수 있다면 재사용 가능한 컴포넌트를 만드는 것이 합리적일 수 있다.
- 개발자가 특정 운영체제나 언어 속성을 사용하여 성능을 최대한 끌어내려고 할 경우 시스템 성능을 최적화하면 이식성이 저하될 수 있다.
- 복잡한 품질 속성의 특정 관점을 최적화하면 다른 속성이 저하될 수 있다. 예를 들어, 폭넓은 사용성의 경우에 신규 사용자나 가끔 사용하는 사용자가 배우기 쉽게 설계하면 전문가가 사용하기에는 덜 효율적인 시스템이 된다.

이와는 달리, 품질 속성의 일부 쌍은 시너지 효과를 발휘한다. 예를 들어, 신뢰성을 높게 시스템을 설계하면 다음의 다른 속성들도 향상될 것이다.

- 가용성(시스템이 중단되지 않는다면 사람들이 계속 사용할 수 있다.)
- 무결성(시스템 장애로 인한 데이터 손실이나 훼손 위험이 감소된다.)

- 견고성(예기치 않은 사용자 행동이나 환경적인 조건으로 인해 제품이 고장날 가능성이 적다.)
- 안전성(제품의 안전 메커니즘이 안정적으로 작동한다면 아무도 다치지 않는다.)

품질 속성의 상호 작용은 프로젝트 팀이 주요 이해 당사자에게 품질이 의미하는 바를 조기에 이해하고, 모든 사람의 작업을 이러한 목표에 맞춰 조정해야 하는 이유를 보여준다. 이러한 이해를 형성하기 위해 BA와 협력하지 않는 이해 당사자의 경우에는 설계자가 최선의 추측을 할 수밖에 없다. 요구사항을 도출하는 동안 비기능적 요구사항을 탐구하고 이를 정확하게 지정하지 않았는데도 설계자가 고객이 중요하게 생각하는 속성을 처리한다면, 이것은 운이 좋아서 그런 것일 뿐이다.

아키텍처 속성과 품질 속성

개발팀은 적절한 아키텍처 설계를 선택할 수 있도록 초기에 어떤 속성에 세심한 주의가 필요한지 파악해야 한다. 시스템의 아키텍처는 다수의 속성들에 영향을 주며, 이런 속성에는 가용성, 효율성, 상호 운용성, 성능, 이식성, 신뢰성, 안전성, 확장성, 그리고 보안 등이 포함된다. 종종 속성 간에는 절충이 필요하므로, 어떤 속성들이 가장 중요한지 아키텍트가 모른다면 원하는 결과를 내지 못하는 설계 선택을 할 수 있다.

개발 후반부나 제품 릴리스가 된 다음에 품질 결함을 해결하기 위해 이전으로 되돌아 가서 시스템 아키텍처를 다시 설계하는 것은 많은 비용이 든다. 가장 중요한 품질 목표에 관한 초기 지식 없이 시스템을 만들면 바로잡기 어려운 문제를 야기할 수 있다. 특히 하드웨어와 소프트웨어 모두가 포함될 때 그렇다. 소프트웨어 프로젝트에서 흔히 볼 수 있듯이, 품질 목표를 이해하기 위해 조금 더 시간을 들이면 더 저렴하고 내구성 있는 해결책으로 이어질 수 있다.

레슨 21 힘들게 재코딩하는 것보다 조금이라도 설계하는 것이 가치가 있다

25년 전에 첫 번째 책을 저술했을 때는 내가 무엇을 하고 있는지 몰랐다. 우스꽝스러울 정도로 빈약한 개요로 시작했고, 초기의 책 구성에는 심각한 결함이 있었다. 특별히 인내심이 강한 편집자(고마워요, 웬디!)의 지도를 받아 나는 원고를 훨씬 더 읽기 쉽게 재구성하였다. 이때 잘라내기와 붙여넣기, 끌어놓기, 덧붙이기와 다듬기를 하느라 한 달이 걸렸다. 이렇게 함으로써 책의 내용에 부가된 가치는 없었지만 출간에는 훨씬 도움이 되었다.

이런 고통스러운 재작업 경험은 강력한 메시지를 전달했다. 책을 설계하는 데 구성과 세부적인 수준 모두에서 더 많은 노력을 기울이기 시작한 이후로 나는 사소한 순서 조정 이상의 작업을 할 필요가 없었다. 지금은 구성이 아닌 내용에 집중할 수 있다. 레슨 18, "더 높은 추상화 수준에서 반복하는 것이 더 저렴하다"에서 보았듯이, 책의 큰 틀에서 항목들을 옮기는 것이 문장을 재구성하고 다시 작성하는 것보다 훨씬 쉽다.

소프트웨어 설계에도 같은 교훈이 적용된다. 설계를 신중하게 고려하는 데 투자한 시간은 나중에 문제를 해결하지 않아도 되는 시간보다 훨씬 더 많은 보상을 받을 수 있다. 불확실한 상황에서 설계를 완벽하게 하려고 하다 보면 시간을 낭비할 수 있으므로 문제의 성격에 맞게 설계에 들이는 노력을 조정해야 한다. 최선을 다해 설계를 한 후에도 나중에 단점을 발견하여 수정해야 할 수도 있다. 그럼에도 불구하고 프로그램의 다양한 관점을 구성하는 방법을 고려하는 데 시간을 할애하면 과도한 재설계와 재코딩을 피할 수 있다.

기술 부채와 리팩토링

성급하게 수행된 설계는 **기술 부채**technical debt를 발생시킬 수 있다. 이것은 제품의 올바른 기능성과 확장성을 유지하기 위해 장래에 누군가 해결해야 할 결함이다. (기술 부채의 자세한 내용은 레슨 50, "오늘의 '당장 출시해야 하는' 개발 프로젝트는 내일의 유지보수 악몽이다"를 참고하자.) 설계를 대충하고 무턱대고 코드를 작성하여 긴급한 비즈니스 목표 달성을 앞당길 수 있다면 약간의 기술 부채는 감수할 수 있는 수준일 수 있다. 그러나 결함은 여전히 남는다. 팀이 결함을 해결하기 위해 더 오래 기다릴수록 재작업은 더 광범위하고 비용이 많이 들며 혼란을 야기할 것이다. 여느 금융 대출과 마찬가지로, 기술 부채는 일시적인 것으로 간주하되 꾸준히 갚아 나가야 한다.

기술 부채를 줄이기 위한 재작업은 종종 리팩토링refactoring의 형태로 수행된다. 리팩토링은 기존 코드의 기능 변경 없이 설계를 개선하기 위해 코드를 재구성하는 프로세스이다. 일부 코드를 재구성하여 단순화하거나, 유지보수나 확장이 더 용이하게 하거나, 코드의 효율을 향상시키거나, 중복 및 불필요한 부분을 제거하거나, 또는 이외 다른 개선 작업을 수행할 수 있다. 팀에서 새롭고 유용한 기능을 만들고자 할 때 설계를 크게 변경하면 상당한 재코딩 작업이 필요할 수 있다. 접두사인 '재-'가 이렇게 여러 번 사용되는 것을 보면 나는 마음이 편치 않다. 이미 한 번 했던 것을 다시 하는 것이니까 말이다.

설계 재작업은 고객에게 즉각적인 가치를 제공하지 않고 노력만 소모한다. 그러나 지속적인 제품 성장을 위해 안정적인 기반을 유지하는 데 필요하다. 잘 된 설계는 기술 부채의 발생을 최소화한다. 반면에 리팩토링은 누적된 기술 부채를 서서히 줄여준다. 이 두 가지를 적절히 조화시킬 때 최상의 결과를 얻을 수 있다. 초기 설계가 부족하면 과도한 재작업이 필요하고, 지나치게 규범적인 설계는 과도한 시간을 소비하고 여전히 목표를 놓칠 수 있다. 설계 전문가의 다음 두 가지 인용문은 이러한 이분법을 잘 보여준다.

> 코드 설계를 지속적으로 개선함으로써 작업하기 쉽고 편리해진다. 이는 리팩토링을 거의 하지 않고 새로운 기능을 신속하게 추가하는 데 많은 관심을 기울이는 일반적인 방식과는 완전히 대조적이다(Kerievsky 2005).
>
> 프로젝트를 시작할 때 모든 것을 생각하거나 모든 것을 아는 것은 사실상 불가능하다... 하지만 자신의 경험과 다른 사람들의 경험을 활용하여 특정 방향으로 나아갈 수 있다. 내일의 변경을 최소화할 수 있는 결정을 오늘 내릴 수 있다(Pugh 2005).

바로 앞의 인용문에서 Pugh가 지적했듯이, 설계 목표는 미래에 불필요한 변경을 방지하기 위해 지금 현명한 결정을 내리는 것이다. 비즈니스 이해 당사자의 의견과 판단을 사용해서 제품의 특정 부분을 변경해야 할 가능성에 따라 설계 선택을 하도록 하자.

> 팀에서 설계를 올바르게 수행할 시간이 없다는 이유로 기술 부채가 쌓이면 문제가 미래로 미뤄질 뿐이다.

아키텍처 결함

설계를 진행하면서 조금씩 수정하는 것은 그리 어렵지 않다. 꾸준히 점진적으로 제품을 개선할 수 있다. 그러나 제품의 견고성이나 사용자 경험을 개선하기 위해 아키텍처를 대대적으로 재구성하는 것은 좀 더 파괴적이다.

잘못된 아키텍처 설계가 사용자 경험에 어떤 영향을 미치는지 보여주는 예로, 스마트폰에서 항목을 삭제하는 여러 가지 방법을 생각해보자. 문자 메시지, 메일 메시지, 저장된 지도 위치, 사진, 메모, 캘린더 이벤트, 알람, 연락처, 부재중 전화 또는 전체 앱 등 삭제하는 항목에 따라 사용자 액션, 프롬프트 및 아이콘이 달라진다. 일부 삭제 작업은 확인이 필요하지만, 그렇지 않은 것도 있다. 또한 개체의 단일 인스턴스를 삭제할 때와 여러 인스턴스를 삭제할 때 처리 과정이 달라지는 경우도 있다. 이는 사용자에게 혼란을 줄 수 있다.

설계자가 공통의 UI 표준과 전체적인 설계 아키텍처에 따라 작업했다면 그런 불일치를 상당 부분 피할 수 있었을 것이며, 일부 코드 재사용도 가능하게 했을 것이다. 재사용은 품질을 향상시키고,

개발자의 생산성을 높여주며, 사용자의 학습 곡선을 줄일 수 있는 훌륭한 방법이다. 그러나 제품 성숙도가 낮은 단계에서 그런 삭제 작업의 공통성을 확보하려면 과도한 작업이 필요하다. 이는 거의 모든 소프트웨어 시스템에 어떤 형태로든 나타나는 한 가지 작업의 경우일 뿐이다.

소프트웨어 개발자는 항상 즉흥적으로 또는 신중한 생각을 통해서 설계를 한다. 팀에서 설계와 구현을 올바르게 수행할 시간이 없다는 이유로 기술 부채가 쌓이면 문제가 미래로 미뤄질 뿐이며, 기술 부채의 영향력은 계속 커진다. Ken Pugh(2005)가 **프리팩토링**prefactoring이라고 부르는 설계에 투자하면 나중에 다른 작업을 할 때 상당한 재구성과 재코딩을 줄일 수 있다.

레슨 22 대부분의 시스템 문제는 인터페이스에서 생긴다

가장 간단한 소프트웨어 시스템은 하나의 코드 모듈과 사용자에 대한 하나의 인터페이스로 구성된다. **인터페이스**interface는 두 개의 아키텍처 요소들이 어떻게 연결되는지 나타낸다(내부적으로 다중 컴포넌트 시스템의 두 컴포넌트 간에 또는 시스템과 외부 환경 간에). 일부 인터페이스는 확립된 표준과 규약을 준수해야 한다. 예를 들어, 통신과 하드웨어 연결 또는 재사용 가능한 라이브러리에 모듈을 포함하기 위해서다. 그런가 하면 다른 인터페이스는 특정 애플리케이션에 특화되어 있다.

규모가 큰 많은 소프트웨어 시스템은 한 컴포넌트가 다른 것을 호출하여 서비스를 제공할 목적으로 컴포넌트 간에 많은 내부 인터페이스와 많은 모듈을 갖는다. 그림 3.6에 있듯이, 시스템은 또한 인간 사용자, 다른 소프트웨어 시스템, 하드웨어 장치, 네트워크, 컴퓨터 운영체제에게 외부 인터페이스를 제공할 수도 있다. 하드웨어와 소프트웨어 컴포넌트 모두를 포함하는 제품은 더 복잡한 인터페이스를 추가로 가질 수 있다.

내부 및 외부 인터페이스는 문제의 일반적인 원인이다. 예를 들어, 인터페이스 설명이 제대로 문서화되지 않았거나 잘못 문서화된 재사용 가능한 라이브러리는 개발자가 컴포넌트를 시스템에 통합하는 데 어려움을 겪으면서 코딩 시간을 증가시킬 수 있다. 성실한 설계자는 복잡한 시스템의 모든 컴포넌트가 상호 인터페이스에서 올바르게 맞물리도록 할 것이다. 개발자가 기존 시스템에 통합하는 새로운 컴포넌트는 확립된 인터페이스 규약을 준수해야 한다.

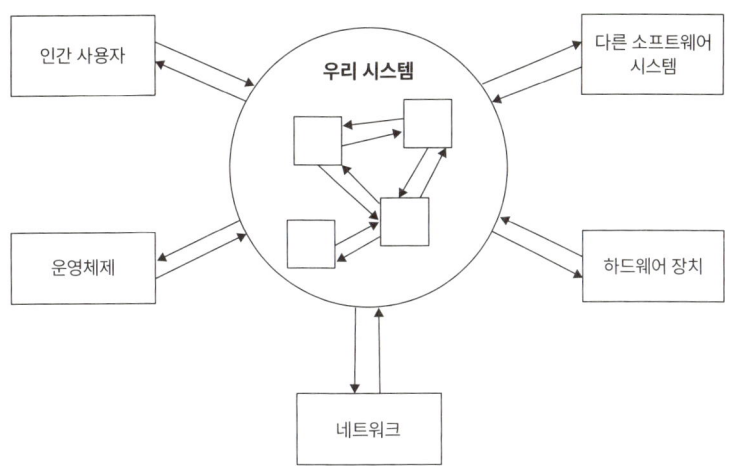

그림 3.6 소프트웨어 시스템은 컴포넌트 간에 내부 인터페이스를, 그리고 외부의 다른 개체와는 외부 인터페이스를 갖는다.

기술적인 인터페이스 문제들

인터페이스는 두 개의 아키텍처 요소들(하나는 요청자, 다른 것은 제공자)이 데이터나 서비스 또는 둘 다를 상호 교환하기 위해 어떻게 연결되는지에 관한 계약이나 합의를 정의한다. 이 요소들 각각은 명확하게 정의된 경계 및 제공하는 일련의 책임 또는 서비스를 갖는다. 인터페이스 정의는 단순히 인터페이스를 통해 오퍼레이션을 호출하는 방법을 명시하는 것 이상을 포함한다. 완전한 인터페이스 명세에는 다음과 같이 많은 요소들이 포함된다(Pugh 2005, Rozanski and Woods 2005).

- 인터페이스를 거치는 서비스 요청과 응답의 문법(타입과 형식)과 의미이며, 데이터와 제어 입출력 모두가 포함됨
- 인터페이스를 거쳐서 전달될 수 있는 데이터 타입이나 값을 제한하는 제약
- 인터페이스가 기능하는 데 필요한 메커니즘 또는 프로토콜이며, 메시징이나 원격 프로시저 호출과 같은 것이 있음
- 인터페이스를 거치는 상호 작용이 시작될 때 참$_{true}$이어야 하는 조건을 명시하는 전제 조건
- 성공 시나리오와 예외 시나리오 모두의 상호 작용에 따라서 참이 될 조건을 명시하는 사후 조건

만일 인터페이스를 공유하는 요청 컴포넌트와 제공 컴포넌트의 책임이 분명하지 않으면 문제가 생길 수 있다. 컴포넌트 간에 기능이 중복되거나, 두 컴포넌트에서 작업하는 사람들이 각각 다른 컴포넌트가 처리할 것이라고 생각하여 기능이 누락될 수 있다. 아키텍처 컴포넌트는 항상 정해진 인터페이스를 존중해야 한다. 예를 들어, 각 코드 모듈에서는 모듈 상호 간의 인터페이스를 통하지

않고 다른 모듈의 코드나 데이터에 접근하려고 시도해서는 안 된다.

인터페이스의 각 구현 코드에서는 이 인터페이스의 계약에 명시된 것을 준수해야 한다(Pugh 2005). 더 나아가 구현 코드에서는 과다한 메모리를 사용하거나 또는 불필요하게 데이터 객체에 대한 잠금 유지lock를 설정하는 등의 해를 끼치지 않아야 한다. 또한 설계에서는 인터페이스 에러를 처리해야 한다. 만일 인터페이스의 구현 코드에서 어떤 이유로든 이 인터페이스의 책임을 수행할 수 없다면, 복구에 도움이 되도록 적절한 통보를 제공해야 한다.

최근에 나는 도서관에서 빌린 전자책을 iPad의 웹 브라우저에서 읽기 시작했다. 그리고 오프라인에서 보기 위해 다운로드 버튼을 사용해서 여러 차례 파일 다운로드를 시도하였다. 그러나 다운로드는 시작되었지만 그림 3.7과 같이 충분한 정보를 알려주지 않는 에러 메시지를 보게 되었다. 보아하니 내 아이패드와 전자책 파일이 있는 서버 간에 어떤 장애가 생긴 것 같았고, 관련 소프트웨어에서 적절한 절차에 따라 나에게 알려준 것이었다. 그러나 어디에 문제가 있는지, 또는 어떻게 해야 할지 이 메시지로는 전혀 알 수 없었다. 결국 나는 전자책을 다운로드할 수 없었고 같은 방법으로 시도했던 다른 책도 마찬가지였다.

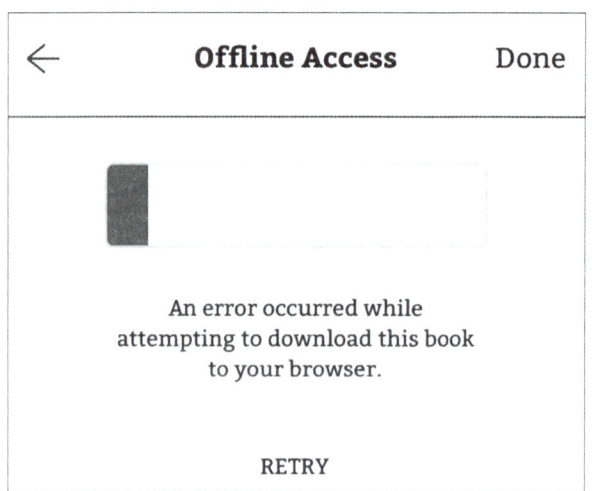

그림 3.7 내 아이패드와 전자책 서버 간의 인터페이스 에러를 바로잡는 데 이 메시지는 나에게 도움을 주지 못했다.

설계자는 시스템의 내부와 외부 인터페이스를 철저하게 계획하고 파악해서 그런 사용자 고충을 방지해야 한다. 상호 연결된 많은 컴포넌트를 갖는 복잡한 시스템은 변경하기가 어렵다. 정의된 인터페이스들 중 하나를 변경하면 이것과 연결된 다른 컴포넌트들도 모두 변경해야 한다. 만일 분명하게 정의된 컴포넌트 인터페이스들로 시스템이 설계되지 않는다면, 인터페이스 변경이 필요한 새로운 기능을 팀에서 추가할 때 기술 부채가 발생할 수 있다. 새로운 기능이 기존 인터페이스를 존중하지 않는 경우에도 문제가 생길 수 있다.

인터페이스를 설계할 때는 사용자(인간 또는 다른 시스템)가 필요로 할 수 있다고 설계자가 생각하는 모든 것부터 시작하는 것이 일반적이다. 이러한 접근 방식은 인터페이스 사용자가 전혀 사용하지 않을 기능으로 가득 찬, 부피만 큰 인터페이스를 만들 수 있다. 따라서 "내 인터페이스의 사용자들이 실제로 필요한 기능이 무엇일까?"라고 질문하여 요청자 중심의 설계를 하는 것이 바람직하다. 그리고 구현에 앞서 테스트를 작성하면 인터페이스가 어떻게 사용될지 설계자가 미리 생각해 볼 수 있다. 따라서 설계자는 불필요한 요소들을 포함하지 않는 필수 인터페이스만 설계에 포함시킬 수 있다. 또한 사용자가 소프트웨어로 수행하기 원하는 작업들을 알면 간소화된 UI를 만드는 데도 도움이 된다.

개발자가 시간이 지남에 따라 시스템에서 변경할 가능성이 있는 사항을 예상하고 인터페이스에 어떤 영향을 미칠지 고려하게 하자. 이런 예측은 반복-증분적 개발 생명주기에서 애플리케이션을 성장시킬 때 특히 중요하다. 애초부터 아키텍처를 잘 설계하면 지속적인 제품 성장과 빈번한 릴리스가 용이해진다(Scaled Agile 2021b).

입력 데이터 검증

상호 작용에 연루된 각 컴포넌트는 인터페이스를 통해 수신되는 입력을 처리하기 전에 유효성을 검사해야 한다. 많은 보안 악용이 발생하는 이유는, 악의적인 공격자가 잘못된 입력을 거부하지 않는 인터페이스를 통해 악성 코드를 삽입하기 때문이다. 내 웹 사이트의 에러 로그에는 악성 사용자가 유효하지 않은 입력으로 사이트에 접근하려고 시도했다는 메시지가 가끔 표시된다. 다행스럽게도 나의 웹 사이트를 호스팅하는 제공 업체가 그런 위험한 입력을 살펴보고 차단하기 때문이다. 이런 유형의 악성 코드 공격을 좌절시키기 위해 마이크로소프트(2017)는 사용자 입력의 유효성을 검사하는 몇 가지 방법을 권장한다. 보안 코딩 표준을 준수하고, 인터페이스 위험과 기타 보안 위협을 살피는 도구를 사용하면 시스템 보안 취약성을 줄일 수 있다(SEI 2020).

그림 3.8에서는 인터페이스 행동을 판단하는 방법을 도표로 보여준다. '계약에 의한 설계' 인터페이스 전략을 따르면 굵은 점선 안에 있는 두 개의 사분면에 컴포넌트가 위치하도록 할 수 있다.

> 상호 작용에 연루된 각 컴포넌트는 인터페이스를 통해 수신한 입력을 처리하기 전에 유효성을 검사해야 한다.

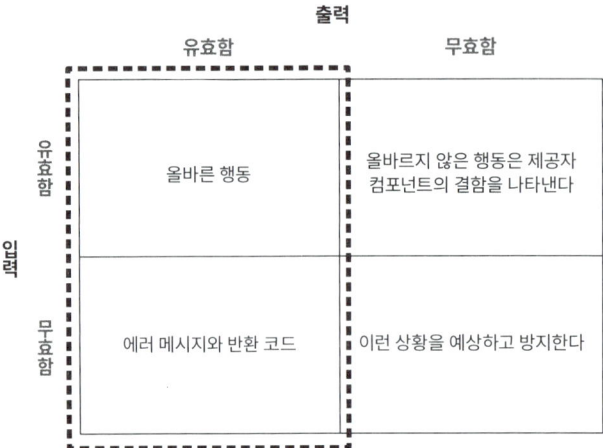

그림 3.8 유효하거나 무효한 입력과 출력을 살펴보면 적절한 인터페이스 행동을 가늠할 수 있다
(Gary K. Evans 제공).

잘 설계된 시스템은 내부와 외부 인터페이스 모두에서 발생하는 예외를 올바르게 처리할 것이다. 나는 최근에 윈도우 PC에서 집의 와이파이 네트워크에 연결된 프린터로 문서를 출력하려고 하였다. 프린터의 전원은 켜져 있었고 네트워크에도 연결되어 있었다. 그러나 내 PC에는 프린터가 오프라인 상태였다. 따라서 PC를 다시 시작해야 했고, 프린터가 온라인 상태가 된 것을 PC가 알고 인쇄 작업을 해주었다. PC와 프린터 사이의 처리되지 않은 인터페이스 문제로 인해 두 장치 간의 연결이 끊어진 것 같았고, 컴퓨터를 재부팅하는 극단적인 조치 외에는 이를 복구할 방법이 없었다.

사용자 인터페이스 문제들

사용자는 시스템의 내부 아키텍처가 아니라 사용자 인터페이스에 관심이 있다. 사용자 인터페이스에 결점이 있으면 사용자는 제품이 생각 없이 설계된 것으로 여긴다. 또한 이전 레슨에서 스마트폰의 다양한 삭제 작업에서 보았듯이, 일관성 없는 UI는 사용자를 혼란스럽고 불만스럽게 만든다. 잘못 설계된 사용자 인터페이스는 사용하기 어렵거나 명확하지 않은 제품으로 이어지고, 사용자의 시간을 낭비하며, 실수하기 쉽고, 현실적인 사용 시나리오에서 잘 작동하지 않는다(Wiegers 2021).

UI 표준을 정의하면 애플리케이션과 이것의 관련 애플리케이션들 모두에 걸쳐 일관된 사용자 경험을 제공하는 데 도움이 된다. 예전에 내가 소규모 소프트웨어 그룹을 관리했을 때 회사 내부에서 사용할 목적으로 개발했던 애플리케이션들의 UI 지침을 채택했었다. 이 지침 덕분에 모든 애플리케이션의 모양과 동작이 비슷해졌다. 사용자들은 UI를 보고 자신이 사용하는 애플리케이션이 우리 그룹에서 개발되었다는 것을 알 수 있었지만, UI의 표준화된 스타일 때문에 어떤 팀 멤버가 설계했는지는 알 수 없었다.

잘 설계된 사용자 인터페이스는 도움말 화면과 사용자 가이드 및 기능 요약과 같은 형태의 지원 문서가 거의 필요하지 않다(Davis 1995). 또한 사용자가 새로운 애플리케이션을 더 쉽게 익힐 수 있 노록 도와주며, 애플리케이션을 사용할 때 오류를 줄일 수 있다. 소프트웨어 UX(사용자 경험)에 관 해서는 고전적 저서인 《About Face》(Alan Cooper 외, 2014)를 비롯해 많은 문헌들이 있다. 설계자 의 경우는 사용성 전문가인 Jakob Nielsen의 〈Usability heuristics for UI design〉(Nielsen, 2020) 이 도움이 될 것이다. 제품 기능보다 사용에 중점을 둔 설계를 하면 많은 UX 문제들을 피할 수 있 다. (레슨 4, "요구사항 관련해서는 용도 중심의 접근법이 기능 중심의 접근법보다 더 좋게 고객의 요구를 충 족한다"를 참고하자.)

인터페이스 전쟁

때로는 팀에서 코드 모듈들을 제품으로 통합할 때 인터페이스 문제가 드러난다. 그리고 다수의 모 듈들이 결합되는 경우, 통합 테스트가 실패하면 개발자가 문제의 원인을 파악하려고 시도하면서 서로를 손가락질하게 될 수 있다. 이런 갈등은 건전하지 않다. 그러나 아키텍처가 적절하게 구조화 되어 있고, 인터페이스가 잘 정의되어 있으며, 개발자가 인터페이스를 존중하고, 모듈이 단위 테스 트를 통과한다면 통합은 불화 없이 순조롭게 진행될 것이다.

> **다음 단계: 설계**
> 1. 이번 장에 나온 레슨 중 어느 것이 소프트웨어 설계의 다른 관점을 갖는 각자 경험과 관련되는지 찾아보자.
> 2. 각자 경험에 비추어 여러분의 동료들과 공유할 만한 가치가 있는 다른 설계 관련 레슨들을 기억할 수 있는 가?
> 3. 이번 장에 나타난 실무 사례들을 파악하자. 이것들은 이번 장 초반의 첫 단계에서 파악했던 설계 관련 문제 에 대한 해결책이 될 수 있다. 여러분의 프로젝트 팀이 제품을 설계하는 방법을 각 실무 사례가 어떻게 향 상시킬 수 있을까?
> 4. 앞의 3번 단계에서 각 실무 사례가 원하는 결과를 산출하고 있는지 여부를 어떻게 알 수 있을까? 그리고 그 런 결과들이 여러분에게 무슨 가치가 있는가?
> 5. 3번 단계의 실무 사례들을 적용하기 어렵게 만들 수 있는 장애를 찾자. 그런 장애를 어떻게 극복하여 실무 사례를 구현하는 데 도움을 줄 수 있을까?
> 6. 향후 프로젝트 팀들이 우리의 설계 모범 실무 사례를 효과적으로 적용하는 데 도움이 되도록 지침 문서, 체 크 리스트 등을 만들어두자.

CHAPTER 4

프로젝트 관리에 관한 레슨

프로젝트 관리 개요

PMI(Project Management Institute)에서는 '고유한 제품, 서비스, 또는 결과를 만들기 위해 수행되는 일시적인 노력'을 **프로젝트**라고 정의한다(PMI n.d.). 그리고 **프로젝트 관리**는 '프로젝트 요구사항을 충족하기 위해 지식, 기술, 도구, 그리고 기법을 프로젝트 활동에 적용하는 것'으로 정의한다.

이런 정의는 합리적인 것처럼 들리지만 나는 프로젝트 관리가 별개의 분야라고 생각하지 않는다. 대신 프로젝트 관리는 프로젝트 성공에 기여하는 많은 활동을 종합적으로 관리하는 것을 포함한다. 이런 활동들은 한 개인, 대규모 프로젝트의 관리자 그룹이나 계층, 또는 여러 팀 멤버들 간에 활동을 분할하여 협력적으로 수행될 수 있다. 예를 들어, 스크럼Scrum 개발 프로세스를 따르는 프로젝트에서는 다양한 프로젝트 관리 책임이 스크럼 마스터(애자일 프로젝트 팀의 관리자), 제품 소유자, 그리고 이외의 팀 멤버들 간에 분산되어 있다. 이 책에서 **프로젝트 관리자**는 직책이나 다른 프로젝트 책임에 관계없이 프로젝트의 시작부터 성공적인 완료까지 프로젝트를 이끄는 활동에 관여하는 모든 사람을 의미한다.

[프로젝트 관리는 프로젝트 성공에 기여하는 많은 활동을 관리하는 것을 포함한다.]

여기서는 프로젝트 관리에 포함된 몇 가지 분야에 대해 설명하며, 그중 몇 가지는 이번 장의 레슨에서 더 자세히 다룬다. 프로젝트 관리 전문가가 아니더라도 우리는 자신의 일을 관리하고 프로젝트를 완료할 책임을 갖는다. 따라서 이번 장의 내용 대부분은 프로젝트 팀뿐만 아니라 개인에게도 적용된다.

인력 관리

프로젝트는 한 명의 개인부터 소규모로 구성된 팀, 여러 장소에서 여러 개의 하위 프로젝트를 수행하는 수백 명의 팀에 이르기까지 다양한 사람들이 수행한다. 프로젝트를 관리하려면 해야 할 일과 시기를 파악하고, 이를 수행하는 데 필요한 기술의 조합을 결정하고, 다양한 프로젝트 역할을 수행할 개인을 파악한 후 적시에 투입해야 한다. 일단 사람들이 프로젝트에 합류하면 그들을 관리하고 이끌어야 하며 적절하게 교육해야 한다. 때로는 성과가 좋지 않거나 업무에 적합하지 않아 특정 인력을 교체해야 할 수도 있다.

요구사항 관리

2장에서 보았듯이, 모든 프로젝트에는 요구사항이 있다. 대부분의 요구사항은 제품 자체를 설명하지만, 교육 자료 개발이나 교체 시스템으로의 이행 등과 같이 프로젝트에 관련되는 일을 설명하는 것도 있다. 일부 프로젝트는 이미 완료된 요구사항을 사용해서 시작되지만, 이외의 다른 프로젝트에서는 요구사항 개발이 프로젝트 작업의 일부분으로 진행되기도 한다. 후자의 경우 개발 팀에서는 요구사항 활동에 숙련된 인력과 요구사항 작업을 수행하는 데 필요한 시간이 모두 있어야 한다. 팀이 필요한 시스템 기능과 특성을 제공하는 데 집중할 수 있도록 프로젝트 계획을 조정하는 것이 핵심 프로젝트 관리 활동이다.

기대 관리

프로젝트 관리의 중요한 부분은 이해 당사자들이 이해하고 수용하는 현실적인 기대치를 설정하는 것이다. 이런 기대치는 프로젝트 팀이 제공할 해결책의 특성과 제공 매개변수를 포함한다. 제공 매개변수에는 중간 및 최종 제공 일정, 비용, 품질, 소요 자원, 그리고 제약사항이 포함된다. 프로젝트 참가자들은 솔직한 논의를 통해서 다른 사람들이 그들에게 기대하는 것을 알 수 있으며, 상호 수용할 수 있고 달성 가능한 약속을 협상하는 데 도움이 된다(Karten 1994).

일부 이해 당사자들은 특정 기대치에 만족하지 않을 수 있다. 그러나 프로젝트 관리자는 이상적이지만 달성할 수 없는 결과에 대한 환상이 아니라 현실을 직시해야 한다. 프로젝트의 상황이 바뀌면, 프로젝트 관리자는 영향을 받는 이해 당사자들과 조정된 기대치를 협상해야 한다.

작업 관리

프로젝트에서 기대치를 산출하려면 많은 작업을 올바른 순서로 정확하게 완료해야 한다. 어떤 작업은 다른 작업이 시작 또는 완료되어야 비로소 시작(또는 완료)될 수 있다. 프로젝트 참가자는 적정 수준으로 세분화해서 작업을 식별하고, 각 작업에 자원을 할당하며, 정의된 체크포인트까지의 진행 상황을 보여주는 일정표에 작업을 포함시켜야 한다. 프로젝트 관리자는 불필요한 대기 상태와 지연을 피하면서 최단 시간 내에 최저 비용으로 프로젝트의 목표를 달성할 수 있도록 작업 순서를 정해야 한다. 작업 관리는 지속적으로 저글링을 하는 것과 같다.

약속 관리

프로젝트 관리자는 자신의 고객과 관리자 및 팀 멤버들에게 약속을 한다. 마찬가지로 프로젝트의 참가자도 프로젝트 관리자와 서로에게 약속한다. 대개 이런 약속은 본질적으로 불확실성을 갖는 추정을 기반으로 한다. 경험 많은 한 프로젝트 관리자가 이렇게 언급하였다. "추정값은 미리 예측한 실제값이 아니다 Estimates are not actuals in advance." 모든 사람은 이용 가능한 최선의 정보를 바탕으로 성실하게 약속을 이행해야 한다. 그리고 약속에 대한 진행 상황을 추적하고, 현실의 변화에 따라 정직하게 조정하며, 약속이 이행되지 않을 경우에는 조치를 취해야 한다.

위험 관리

모든 프로젝트에는 미지의 요소와 위험이 존재한다. 잠재적인 위험을 예측하고, 프로젝트에 미칠 수 있는 영향을 평가하고, 가능한 범위 내에서 위험을 통제하는 것이 중요한 성공 요인이다. 위험을 적극적으로 관리하지 않으면 그로 인해 발생하는 문제가 프로젝트에 돌발 변수로 작용하여 프로젝트가 탈선할 수도 있다. 프로젝트 관리자는 프로젝트의 성공에 집중해야 하지만, 앞으로 발생할 수 있는 문제도 예의주시해야 한다. 위험 관리는 '지금 해야 할 일 what-do-we-do-nows'이 되기 전에 '만약의 경우 what-ifs'에 대해 걱정하는 것이다.

의사소통 관리

의사소통은 프로젝트 관리의 핵심이다. 프로젝트는 상태, 문제, 자원 소비와 요구, 변경 사항, 기대치 등에 관한 정보를 생성한다. 프로젝트 관리는 이런 정보를 수집하고, 적절하게 저장하며, 적정 시기에 적합한 사람들과 공유하는 것을 포함한다. 여러 위치에서 여러 팀이 참여하고 때로는 서로 다른 언어를 사용하며 다양한 문화와 의사소통 선호도를 가진 대규모 프로젝트는 특별한 의사소통 문제를 야기한다.

변경 관리

프로젝트의 최종 결과물이 처음에 사람들이 예상했던 것과 정확히 일치하지 않을 수 있다고 가정하는 것이 안전하다. 프로젝트 관리자는 요구사항, 우선순위, 자원, 기술, 프로세스, 그리고 규정의 변경에 잘 대처해야 한다. 각 팀은 처음부터 가능한 한 혼란을 최소화하면서 변화를 예측하고 수용하는 데 도움이 되는 메커니즘을 구축해야 한다. 애자일 프로젝트는 변경을 수용하도록 명시적으로 구조화되어 있으며, 새로운 요구사항을 수용하고 남은 작업의 백로그를 동적으로 조정하여 팀이 항상 최우선 순위에 있는 활동에 집중할 수 있도록 한다.

자원 관리

관리자가 사람을 '자원'이라고 부르는 것을 좋아하지 않지만, 대부분의 소프트웨어 프로젝트에서 사람이 가장 큰 비중을 차지하고 비용이 가장 많이 드는 자원인 것은 사실이다. 관리자는 적절한 인원을 배치하는 것 외에도 물리적 시설, 컴퓨터 시스템, 통신 인프라, 테스트 기반, 계약 업체에 대한 접근 권한을 제공해야 한다. 프로젝트의 예산을 관리하는 것도 또 다른 중요한 활동이다.

의존성 관리

많은 프로젝트가 통제할 수 없는 외부 요인에 의존성을 갖는다. 프로젝트를 진행하기 전에 타사의 소프트웨어나 하드웨어 구성 요소가 제공되기를 기다리고 있을 수도 있다. 내가 아는 어떤 프로젝트에서는 새로운 프린터를 만들었지만 새로운 하드웨어 인터페이스 프로토콜의 국제 표준이 아직 확정되지 않아 지연된 적이 있다. 작업과 활동은 프로젝트 내에서 내부 의존성을 가질 수도 있다. 프로젝트 관리자는 이런 의존성을 파악하고, 적절한 리드 타임을 프로젝트 일정에 반영하며, 각 의존성이 충족되는지 알기 위해 항상 상태를 관찰해야 한다. 의존성 충족 실패를 대비한 비상 계획을 수립하는 것도 좋은 생각이다.

의존성은 다른 방법으로도 수행될 수 있다. 만일 다른 프로젝트에서 현재 프로젝트에 의존성을 갖는다면 프로젝트 관리자는 다른 프로젝트 팀에게 현재 프로젝트의 상태를 자주 알려주어 예상되는 사항을 알 수 있도록 해야 한다.

계약 관리

계약은 당사자 간의 법적 구속력이 있는 합의를 의미한다. 모든 프로젝트에 공식적인 계약이 필요한 것은 아니지만, 계약이 필요한 프로젝트는 누군가가 세심하게 관리해야 한다. 계약을 이행하지 못하면 심각한 결과를 초래할 수 있다. 개발 조직은 고객, 상품 공급 업체, 그리고 프로젝트 작업의 일부를 수행하는 하청업체와 계약을 체결할 수 있다. 계약서에는 고객이 요청한 범위 변경에 대해 누가 비용을 지불할 것인지, 계약상의 약속을 지키지 않았을 때 어떤 결과가 초래되는지 등의 세부 사항이 포함되어야 한다.

공식적인 계약서가 없는 프로젝트에서도 참여자 간의 합의는 어느 정도의 '계약'을 의미한다. 이런 암묵적인 계약은 명시적으로 타결되어 문서화된 것이 아니기 때문에 관리하기 더 어렵고 위험할 수 있다. '서면 계약이 없다'는 이유로 프로젝트 관리자가 암묵적인 합의, 기대치, 또는 약속을 무시하는 것은 현명하지 못하다.

공급자 관리

소프트웨어 프로젝트는 종종 아웃소싱(이에 따르는 계약)을 수반한다. 전체 개발 작업을 해외에 있는 타사에 아웃소싱할 수도 있다. 일부 프로젝트는 시스템 테스트와 같은 특정 활동만 아웃소싱하기도 한다. 이런 공급자(업체)와 파트너십을 구축하려면 계약상의 합의, 소통 메커니즘, 공통 사용 도구, 품질 기대치, 그리고 분쟁 해결 절차를 수립해야 한다. 서드파티 공급업체와의 계약은 프로젝트 관리자가 거의 영향력을 행사할 수 없는 위험과 의존성을 초래한다.

장벽 제거 관리하기

지금까지 얘기한 많은 영역을 기반으로 하는 프로젝트 관리는 어떤 규모의 프로젝트에서도 분명히 광범위하고 도전적인 프로세스다. 각 프로젝트의 성공을 책임지는 사람들은 이러한 영역 중 어떤 영역이 프로젝트에 적용되는지 평가하고 자신이나 다른 팀원들이 적절한 경험, 기술, 시간을 확보하고 있는지 확인해야 한다.

프로젝트 관리자의 주된 책임은 팀의 진행에 방해가 되는 장애물을 제거하는 데 있다. 나는 프로젝트 관리자가 팀을 위해 일하는 사람이지 그 반대가 아니라고 생각하고 싶다. 자원을 제공하고, 갈등을 해소하며, 결과를 협상하고, 활동을 조정하며, 귀찮은 일을 처리해주고, 팀을 원활하게 운영하는 일을 누군가는 해야 한다. 어떤 직책으로 어떤 프로젝트에서 하든 그것은 큰 책임이다. 이번 장에서는 프로젝트 관리자의 일을 더 쉽게 만들어줄 수 있는 12개의 레슨을 소개한다.

첫 단계: 프로젝트 관리
잠시 시간을 내서 다음의 활동 사항(여러분이 할 일)을 파악하고 이번 장의 프로젝트 관리 관련 레슨을 읽기 바

란다. 그리고 이후에 나오는 레슨을 읽는 동안 여러분의 조직이나 프로젝트 팀에 어느 정도까지 각 레슨을 적용할 수 있을지 생각해보자.

1. 여러분의 조직이 특히 잘하는 프로젝트 관리 관련 실무 사례를 리스트로 작성해보자. 이런 실무 사례에 관한 정보가 문서화되어 팀 멤버들을 상기시키고 쉽게 적용되는가?
2. 프로젝트 팀의 프로젝트 관리(추정, 계획, 조정, 작업 추적) 수행 방법에서 결점이 될 수 있다고 생각하는 문제(고통의 지점)들을 찾아보자.
3. 각 문제가 프로젝트를 성공적으로 완료하는 능력에 미치는 영향을 설명하자. 해당 문제들이 개발 조직과 고객 모두의 비즈니스 성공 달성을 어떻게 방해할까? 흔히 생기는 문제에는 다음과 같은 것들이 포함된다.
   - 필요한 작업과 이것의 상태에 대한 부적절한 가시화
   - 의사소통 괴리
   - 협업 부족
   - 비현실적인 추정과 계획
   - 이행되지 않은 약속
   - 문제로 나타나는 예기치 않은 위험
   - 실패한 의존성
4. 2번의 각 문제에 대해 해당 문제를 유발하거나 악화시키는 근본 원인을 찾아보자. 근본 원인 중 일부는 프로젝트 팀이나 조직 내부에 있는 반면, 다른 근본 원인은 팀 외부의 통제할 수 없는 곳에서 발생한다. 문제와 영향 및 근본 원인은 뭉쳐져서 모호하게 될 수 있으므로 따로 떼어내어 연관성을 찾자. 동일한 문제에 기여하는 여러 가지 근본 원인을 찾을 수도 있고, 또는 하나의 근본 원인에서 비롯된 다수의 문제를 찾을 수도 있다.
5. 이번 장을 읽는 동안 각자 팀에 유용할 거라고 생각되는 실무 사례를 리스트로 작성해보자.

레슨 23 작업 계획은 마찰을 고려해야 한다

나는 어느 날 회사에서 다음 대화를 우연히 들었다.

> 관리자 섀넌: "제이미, 지금 카나리아 프로젝트의 사용성 평가를 하고 있다며? 몇몇 다른 프로젝트에서도 사용성 평가에 관심이 있던데, 평가하는 데 시간이 얼마나 걸리니?"
>
> 팀 멤버 제이미: "1주일에 8시간 정도요."
>
> 관리자 섀넌: "아, 그래? 그러면 1주일에 다섯 프로젝트에서 일을 할 수 있겠네."

여러분은 섀넌의 생각에 어떤 결함이 있는지 알 수 있을 것이다. 8 곱하기 5는 주당 근로 시간인 40이므로 외견상으로는 타당한 것처럼 보인다. 그러나 섀넌은 사람들이 매일 프로젝트 작업에서 사용 가능한 시간을 단축하는 많은 요인들을 고려하지 않았다. 그중에는 프로젝트 마찰이 있다(이것은 여기서 논의하지 않는 대인 관계로 인한 마찰과는 다르다).

업무에 투입된 시간과 실제 사용 가능한 시간 사이에는 차이가 있다. 이 차이는 규모나 노력의 추정치를 달력 시간으로 변환할 때 프로젝트 계획 수립자와 개별 팀 멤버 모두가 명심해야 할 요인 중 하나일 뿐이다. 이러한 프로젝트 마찰 요인을 계획에 반영하지 않는다면 작업을 완료하는 데 걸리는 시간을 영원히 과소평가하게 된다.

작업 전환과 몰입

사람들은 멀티태스킹(동시 다중 작업)을 하는 것이 아니라 작업을 전환한다. 멀티태스킹을 하는 컴퓨터가 한 작업에서 다른 작업으로 전환할 때는 전환하는 동안 비생산적인 시간이 생긴다. 사람도 마찬가지인데, 다만 그 정도가 훨씬 더 심할 뿐이다. 전환 작업할 다른 활동의 관련 정보로 뇌를 충전하는데, 이때 필요한 모든 자료를 모으느라 시간이 걸린다. 그리고 저번에 해당 활동으로 일했던 당시의 상황을 기억하기 위해 새로운 문제에 초점을 두면서 정신적인 맥락을 변경해야 한다. 이것이 사람의 느린 부분이다.

어떤 사람은 다른 사람들보다 작업 전환을 잘한다. 나는 한 가지에 오래 집중하지 않는 편이지만, 다른 일에 집중했다가 중단했던 작업을 바로 재개하는 데는 능숙하다. 하지만 많은 사람들의 경우에 과도한 작업 전환은 생산성을 떨어뜨린다. 다음에서 Joel Spolsky(2001)가 설명하듯이, 프로그래머는 특히 멀티태스킹이 시간을 잡아먹는 영향에 취약하다.

> 특히 프로그래머를 관리할 때 작업 전환은 정말로 시간이 오래 걸린다. 프로그래밍은 동시에 많은 것을 머릿속에 기억해야 하는 작업이기 때문이다. 한 번에 더 많은 것을 기억할수록 프로그래밍의 생산성은 더 높아진다. 전력을 다해 코딩하는 프로그래머는 수십억 가지를 한꺼번에 머릿속에 담고 있는 셈이니 말이다.

[**사람들은 멀티태스킹을 하는 것이 아니라 작업을 전환한다.**]

내가 관리자였을 때 조던이라는 이름의 개발자가 일에 관련된 애로사항이 많다고 말했다. 조던은 자신의 밀린 작업 목록에 기록된 항목(할 일)의 우선순위를 알지 못했다. 그는 한동안 A 작업을 하다가도 B 작업을 뒷전으로 미룬 것이 잘못되었다고 생각해서 B 작업으로 전환하곤 했다. 그 결과 그는 거의 일을 해내지 못했다. 나는 조던과 함께 작업 우선순위와 계획을 작성하여 각 작업에 차례대로 시간을 할당하였다. 그러자 조던은 안정을 되찾고 생산성이 향상되었으며, 자신의 발전에 대해 훨씬 더 기분이 좋아졌다. 작업 전환에 따른 부담과 우선순위로 인한 혼란이 조던의 생산성과 심리 상태 모두에 영향을 주었던 것이다.

어떤 일에 깊이 몰두하여 활동에 집중하고 방해 요소가 없을 때, 우리는 **몰입**flow이라고 하는 정신 상태에 빠진다. 소프트웨어 개발(또는 책 저술)과 같은 창의적인 지식 작업은 생산성을 높이기 위해 몰입 상태가 필요하다(DeMarco and Lister 2013). 몰입 상태에서는 작업 내용을 이해하고, 필요한 정보가 작업 기억에 저장되어 있으며, 어디로 향하고 있는지 알 수 있다. 일이 잘 진행되고 재미있어서 시간 가는 줄 모를 때 몰입 상태에 있다고 말할 수 있다. 그렇지만 바로 이때 휴대폰에서 문자 메시지가 왔다는 소리를 내거나, 이메일 알림이 뜨거나, 5분 후에 회의가 시작된다는 것을 컴퓨터가 알려주거나, 또는 누군가 얘기하러 잠시 들르면 순식간에 일의 흐름이 깨진다.

방해는 몰입 상태를 깬다. 우리의 뇌가 생산적인 상태로 돌아와서 방해가 있기 전에 생각하던 것을 회복하려면 수 분이 소요된다. 일부 보고서에 따르면 방해와 작업 전환으로 인해 작업자 시간의 최소 15%(하루당 1시간 이상에 해당되는)를 손해볼 수 있다고 한다(DeMarco 2001). 효과적인 작업 능력을 측정하는 현실적인 방법은, 근무 시간이나 작업 시간이 아니라 중단 없이 작업을 수행하는 시간이 얼마나 되는지를 기준으로 삼는 것이다(DeMarco and Lister 2013).

늘어난 몰입 상태로부터 생기는 높은 생산성과 만족을 성취하려면 작업 시간을 적극적으로 관리해야 한다. 방해나 중단을 차단하는 조치를 취하지 않는 한, 산만함과 방해의 가능성은 항상 존재한다. Jory MacKay(2021)는 작업 전환 및 이에 따른 생산성 저하를 줄이는 몇 가지 사항을 다음과 같이 권장한다.

- **우리 일정을 시간대로 나누어 집중할 수 있는 경계를 명확하게 설정하자.** 하루의 시간을 사용할 계획을 세울 때 특정 활동에 전용 시간을 할당하면 더 오래 집중할 수 있는 기회를 얻을 수 있다. 만일 일의 성격상 가능하다면, 매주 하루 중 일정 시간을 할애하여 가장 중요한 작업들에 중점을 두거나 또는 다른 사람들과 더 적극적으로 협력하거나 또는 급한 일을 처리하는 데 사용하자.
- **하루 내내 한 가지 일에 집중하는 습관을 기르자.** 유능하지만 생산성이 낮은 나의 팀 멤버 중 한 명은 반나절 동안 전화, 문자, 이메일을 전혀 받지 않기로 합의한 후 더 많은 업무를 처리할 수 있었다.
- **한 작업에서 집중했던 것들을 다음 작업으로 넘어갈 때 뇌리에서 없애기 위한 나름의 방법을 사용하자.** 신체적으로 인간은 다음 활동으로 이동하더라도 이전 활동에 관한 것이 뇌에서 즉시 없어지지 않아 집중에 방해가 될 수 있다. 이 경우 한 잔의 커피나 재미있는 동영상과 같은 것들로 머리를 식히면 새로운 작업으로 전환하는 데 도움이 될 수 있다.

- **재충전을 위한 정기 휴식을 취하자.** 몰입 상태에서 깊이 몰두하면 많이 피로하므로 가끔 한숨 돌려야 한다. 피곤한 목과 팔 및 어깨의 긴장을 풀자. 또한 계속 화면만 주시하지 말고 주기적으로 멀리 있는 것을 잠시 바라보면서 눈의 피로를 최소화하자. 잠깐의 정신적인 휴식은 생산적인 몰입 상태로 빠져들기 전에 원기를 북돋워준다.

유효 시간

회의에 참석하고, 이메일에 답장을 보내고, 웹을 검색하고, 팀 동료의 코드를 검토하는 등 근무 시간은 여러 경로를 통해 지나간다. 예상치 못한 버그 수정, 동료들과 아이디어를 주고받는 일, 관리 활동, 일상적인 사교 활동에 시간을 허비하게 된다. 재택근무는 프로젝트 작업보다 더 재미있는, 수많은 다른 방해 요소들을 제공한다. 따라서 1주일에 40시간을 근무하더라도 프로젝트에는 그다지 많은 시간을 할애하지 않는다.

내가 속한 한 소프트웨어 그룹에서는 몇 년 동안 프로젝트에 시간을 어떻게 투자했는지 측정했다(Wiegers 1996). 이때 각 프로젝트에 들였던 시간(30분 단위까지)을 다음 10가지 활동별로 기록하였다. 프로젝트 계획, 요구사항, 설계, 구현, 테스트, 문서화, 그리고 네 종류의 유지보수 활동이다. 주간 수치를 합산하여 총합을 만들려고 하지는 않았다. 우리는 단지 우리가 시간을 어떻게 보냈는지, 시간을 어떻게 보냈다고 생각하는지, 시간을 어떻게 보내야 하는지 알고 싶었을 뿐이다.

결과는 놀라웠다. 데이터를 수집한 첫해에는 주당 평균 26시간만 프로젝트 업무에 투입했다. 이 추적을 통해 우리 모두는 시간을 더 생산적으로 집중할 수 있는 방법을 찾아야겠다는 의식을 갖게 되었다. 하지만 주당 평균 프로젝트 시간이 31시간을 넘은 적은 한 번도 없었다.

내 동료들 중 몇몇도 비슷한 결과를 얻었는데, 하루 평균 5~6시간씩 프로젝트 작업에 집중하는 것으로 나타났다. 다른 자료에 따르면 이상적인 작업 시간, 즉 '프로젝트 작업에 집중할 수 있는 시간'의 일반적인 평균은 하루 5시간 정도라고 한다(Larman 2004). 발표된 수치를 신뢰해서 효과적인 프로젝트 시간을 추정하기보다는 자신만의 데이터를 수집하자. 일반적인 몇 주 동안의 업무 방식을 기록해 두면 주당 프로젝트 작업에 얼마나 많은 시간을 할애할 수 있는지 알 수 있고, 이는 팀의 예상 생산성이나 속도에 영향을 미친다.

이러한 시간 추적의 목적은 관리자가 누가 열심히 일하고 있는지 확인하기 위한 것이 아니다. 관리자는 개인에 대한 데이터는 볼 수 없고 팀 또는 조직의 집계된 데이터만 볼 수 있다. 팀의 평균 주당 유효 근무 시간을 알면 모두가 보다 현실적인 예상, 계획 및 약속을 세우는 데 도움이 된다.

프로젝트 마찰의 다른 원인

프로젝트 팀은 매일 무수히 많은 활동으로 시간을 허비하는 것 외에도 다른 마찰 요인으로 인해 시간을 뺏긴다. 예를 들어, 대부분 기업의 IT 조직은 새로운 개발과 현재의 운영 시스템 개선 및 유지보수를 모두 담당한다. 언제 문제가 발생하거나 변경 요청이 들어올지 예측할 수 없기 때문에 이러한 산발적이고 중단적인 유지보수 작업은 계획에 없던 작업으로 팀 멤버들의 시간을 빼앗아 간다.

프로젝트 참가자 간의 거리가 멀어지면 정보 교환과 의사 결정을 지연시킬 수 있다. (레슨 39, "물리적 분리로 인해 의사소통과 협업이 저해되지는 않는다"를 참고하자.) 사용 가능한 협업 도구가 많더라도 여러 위치와 시간대의 사람들이 있는 프로젝트는 의사소통 마찰로 인해 진행이 느려질 수 있다. 때로는 우리가 필요한 답변을 제공하는 핵심적인 고객 대표와 같은 개인에게 연락이 닿지 않는 경우도 있다. 이때는 프로젝트를 계속 진행할 수 있도록 연락이 닿을 때까지 기다리거나 또는 우리가 최선의 추측을 통해 일을 진행해야 한다. 특히 잘못된 추측으로 인해 재작업을 해야 하는 경우에는 작업 속도가 느려진다.

프로젝트 참가자들이 서로 다른 모국어를 구사하고 다양한 문화권에서 일하는 경우, 팀 구성으로 인해 마찰이 더욱 심해질 수 있다. 요구사항의 우선순위가 불분명하고 변동성이 크면 사람들이 조사하고, 토론하고, 우선순위를 조정하는 데 시간을 허비할 수 있다. 우선순위가 더 높은 새로운 작업이 일정에 끼어들면 팀은 완료되지 않은 작업을 일시적으로 보류해야 할 수도 있다. 계획에 없던 재작업은 또 다른 시간 낭비이다.

나는 미국 동부의 고객과 캐나다 서부의 공급업체가 관련된 계약 프로젝트를 알고 있다(Wiegers 2003). 그들의 프로젝트 계획에는 특정 결과물에 대한 동료 검토가 포함되어 있었다. 그러나 장거리 검토는 예상보다 오래 걸렸고, 수정 사항을 검증하기 위한 후속 조치도 마찬가지였다. 먼 곳에서의 느린 의사 결정은 프로젝트의 속도를 더욱 떨어뜨렸다. 요구사항에 관한 문제를 해결하기 위한 느린 반복과 각 문제에 적합한 담당자가 누구인지 모호한 것도 또 다른 장애물이었다. 이러한 요인들과 다른 요인들로 인해 프로젝트는 첫 주 만에 예정보다 늦어졌고 결국 실패로 끝났다.

암시적 영향을 예상하기

프로젝트 마찰은 예상에 지대한 영향을 미치므로 개인과 팀 모두 이를 염두에 두어야 한다. 나는 방해를 받지 않고 집중하면서 생산적인 시간을 보낼 수 있다고 가정하고 개별 작업에 소요되는 시간을 추정한다. 그런 다음, 이 이상적인 작업 시간 추정치를 유효 근무 시간 비율에 따라 달력 시간으로 변환한다. 또한 앞서 언급한 다른 마찰 요인이 내 추정치에 영향을 미칠 수 있는지도 고려한다. 그리고 작업이 완료되거나 막히는 지점에 도달할 때까지 한 번에 하나의 작업에 집중할 수 있도록 작업 일정을 조정한다.

 내 동료인 데이브는 관리자가 과도한 다중 작업으로 인한 시간 손실의 영향을 고려하지 않는 현재 프로젝트에서 어떤 일이 벌어지는지 설명했다.

> 관리자는 한 사람을 여러 팀에서 일하게 하는 것을 좋아한다. 예를 들어, 이 팀에 50%면서 저 팀에 50%, 또는 3개 팀에 50%, 25%, 25% 등이다. 그러나 이렇게 되면 사람들은 해당 비율을 잊은 채 각 팀의 모든 인원이 한 팀에 풀타임으로 일하는 사람들이라고 생각할 수 있다. 그리고 그들은 일이 오래 걸리는 것에 놀라게 된다. 한 사람이 여러 팀에서 일한다는 것은 회의에 따른 부담이 더 많아지고 코딩할 수 있는 시간은 줄어든다는 것을 의미하기 때문이다.

사람들이 시간 분할과 프로젝트 여건으로 인해 작업 속도가 느려질 수 있는 여러 가지 방법을 고려하지 않고 항상 추정치를 작성하면 매번 추정치를 초과할 수밖에 없다.

레슨 24 다른 사람에게 섣불리 추정치를 제시하지 말자

당신은 비즈니스 분석가BA 또는 제품 소유자다. 회사 복도를 걸어가다 당신 프로젝트의 고객 대표 중 한 명인 멜로디와 마주치게 된다. 이때 "우리가 진행 중인 프로젝트에 추가하고 싶은 것이 있습니다."라고 멜로디가 말한다. 당신은 멈춰 서서 그녀의 새로운 기능에 대한 설명을 듣는다. 그녀는 "그 기능을 추가하는 데 얼마나 많은 시간이 필요할 것 같나요?"라고 묻는다.

> 당신은 잠시 곰곰이 생각해보고 "한 3일 정도"라고 대답한다.
> 멜로디가 말하길, "좋아요, 고마워요. 해보죠." 두 사람 모두 복도를 따라 각자 가던 길을 간다.

당신은 책상으로 돌아가서 멜로디가 말한 새로운 기능에 대해 다시 한 번 생각해 본다. 자세히 들여다보면 볼수록 규모가 더 크게 나타난다. 앞서 멜로디에게 말했듯이, 팀이 3일 간의 노력만으로 구현할 수 있는 방법이 없다는 것을 알게 된다. 당신이 생각했던 것보다 훨씬 더 많은 것들이 있는 것이다. 그리고 해당 기능을 더 잘 이해하게 되면서 팀이 다음 개발 주기에 계획했던 다른 기능과 충돌할지도 모른다는 우려도 생긴다. 멜로디에게 했던 답변을 변경하기에는 너무 늦지 않았을까?

성급한 예측

추정 요청에 대한 가장 좋은 답변은 "다시 연락드릴게요."이다. 제한된 정보와 피상적인 분석에 기초하여 제공하는 추정치는 매우 부정확할 수 있지만 상대방에게는 약속하는 것처럼 들릴 수 있다. 멜로디는 당신의 말을 그대로 받아들였으니, 이제 당신은 그녀의 요청이 처음에 생각했던 것보다 더 큰 것이라고 설명해야 한다. 팀이 이 새로운 기능의 추가를 약속하기 전에 절충과 계획 재작성이 필요할 것이다. 이것은 난처한 대화가 될 수 있다. Mike Cohn(2010)은 다음과 같이 지적한다.

> '우리는 이것이 7개월이 걸릴 것으로 예상한다'가 '우리는 7개월 안에 끝낼 것을 약속한다'로 번역될 수 있다. 추정과 약속은 둘 다 중요하지만 별개의 활동으로 봐야 한다.

즉석에서 누군가에게 빠른 추정치를 제공하는 것은 솔깃한 일이지만 요청을 충분히 검토할 때까지는 그런 유혹을 억제하도록 노력하자. 그런 빠른 답변은 분석적으로 도출된 추정치가 아니라 뜬금없는 추측에 불과하다. 추정치를 제공하기 전에, 요청에 포함된 내용을 정확히 파악하자. 그다음에 해당 요청을 처리하는 데 현실적으로 무엇이 필요한지 평가하자.

정확하지 않을 수 있는 성급한 추정은 새로운 요구사항과 변경 요청을 처리할 때 흔히 생길 수 있는 문제. 영향 분석을 통해 초기 정보에 근거하여 생각했던 것보다 문제가 더 크다는 것을 알게 되는 경우가 많다. 이 경우 현실적인 추정치를 제공하면 요청자는 필요한 시간이나 비용의 가치가 없다고 판단하여 요청을 모두 취소할 수도 있다. 새로운 기능의 구현을 시작하기 전에 이를 미리 파악해 두는 것이 중간에 변경 사항이 부당하게 큰 것으로 판명되었을 때 포기하는 것보다 낫다. 나는 그런 경우를 많이 보았다. 이는 엄청난 노력의 낭비이다.

문제를 연구하고 작업에 대한 최적의 추정치를 도출할 때는 다음 요인들을 고려하고 견적을 제공할 때 질문의 답을 포함시키자.

- 어떤 추정들이 추정치에 영향을 주었나? 그것들이 유효한지 어떻게 확인할 수 있는가?
- 누가 그 일을 할 것인지 알고 있는가? 팀 멤버마다 기술 역량이 다르며, 일부는 다른 팀 멤버보다 생산성이 높다. 만일 해당 일을 누가 처리할지 모른다면 팀 멤버의 평균적인 성과 수준을 추정해야 한다.
- 누군가는 새로운 기능의 테스트를 작성하고 실행해야 한다. 변경으로 인해 다른 기능이 손상되지 않았는지 확인하기 위해 코드를 검토하고 회귀 테스트를 할 필요가 생길 수 있다. 추정치가 작업의 전체 범위를 포함하는지 아니면 코딩 부분만 포함하는지 분명히 하자.

- 단순히 새로운 기능을 구현하는 것 외에 예상치 못한 영향과 추가 작업이 필요할 수 있다는 점을 고려했는가? 새로운 기능의 구현은 다른 기능에 영향을 미치거나 일부 품질 속성에 부정적인 영향을 줄 수 있다. 또한 설계 변경, 인터페이스 변경 또는 사용자 설명서 업데이트가 필요할 수도 있다.
- 모든 것이 순조롭게 진행될 것이라는 예상에 영향을 미칠 수 있는 위험 요소는 무엇인가?

[문제 진술이 모호하고 추정이 확실하지 않을수록 추정치는 더 모호해진다.]

불확실성에 대한 두려움

때때로 추정치를 받는 사람들은 신중하게 만들어진 추정치조차도 얼마나 많은 불확실성을 가질 수 있는지 알지 못한다. 문제 진술이 모호하고 추정이 확실하지 않을수록 추정치는 더 모호해진다. 고객이 '3일'과 같이 하나의 숫자를 듣는다면 그들이 기억하고 믿게 되는 것은 바로 그 숫자다. 단일 값 대신 범위(최상의 경우에서 최악의 경우까지)의 형태로 추정치를 제공하면 추정치는 미래에 대한 대략적인 예측이지 보장이 아님을 상기시킬 수 있다(McConnell 2006). "그럼 3일 내로 끝날 수 있군요?"와 같이 추정치를 듣는 사람은 범위의 더 낮은 숫자에 여전히 중점을 두려고 할 수 있다. 따라서 추정치를 제시할 때는 기대치를 명확하게 전달하는 것이 중요하다.

막연하고 근거 없는 추정치를 제공할 때 가장 큰 문제는 추정치를 받는 사람이 그것을 어떻게 산출했는지 거의 이해하지 못한다는 것이다. 분석, 계획, 우발적 상황을 고려한 철저한 작업을 수행해도 "말도 안 돼요. 그렇게 오래 걸리지 않을 거예요."라는 답변이 돌아올 수 있다. 신중한 분석이 결여된 피상적인 추측이 더 낙관적이어서 더 잘 받아들여지지만, 현실이 닥쳤을 때 모두가 더 큰 실망감을 느낄 수 있다.

우리 모두는 누군가가 무언가를 요청할 때 즉각적인 만족감을 주고 싶어 한다. 하지만 문제 해결을 위한 추정치를 제시하기 전에 시간을 들여 문제에 대해 생각해 본다면 지키기 못할 약속을 남발하지 않게 될 것이다

레슨 25 빙산은 항상 처음 보이는 것보다 더 크다

나의 관리자가 전화해서 "시간 있어요?"라고 나에게 물어본 적이 있었다. 그가 자신의 연구에 사용하는 화학 용액의 공식을 계산할 수 있게 자신의 PC에 간단한 BASIC 프로그램을 작성해 준 과학자가 그에게 도움을 요청했기 때문이다. 이 과학자는 다른 사람들이 사용할 수 있도록 소프트웨어 담당자가 자신의 프로그램을 메인프레임으로 이식해 주기를 원했다.

겉으로 보기에는 간단한 작업처럼 보였다. 내 관리자의 첫 번째 요청은 실제로 몇 시간밖에 걸리지 않았을 것이다. 하지만 나는 문제가 훨씬 더 크다는 것을 깨달았다. 연구원마다 사용하는 화학 물질이 다르기 때문에 프로그램에는 그 과학자가 해결한 것보다 더 많은 계산이 포함되어야 했다. 그리고 그 계산들은 그 과학자의 단순한 자체 개발 방식보다 더 정확해야 했다. 또한 대규모 사용자 그룹이 사용할 수 있고 실험실에서 사용하기에 적합한 보고서를 생성할 수 있는 유연한 인터페이스가 필요했다.

나는 모든 요구사항을 조사하고 계산 정확도를 개선하는 방법을 연구했다. 그런 다음 해결책과 UI(사용자 인터페이스)를 설계하고, 소프트웨어 코드를 작성하고, 애플리케이션을 테스트했다. 이 프로젝트에서 소요된 나의 시간은 100시간이 조금 넘었다. 해당 애플리케이션이 수년 동안 많이 사용되었으므로 이것은 좋은 투자였다.

대부분의 소프트웨어 프로젝트는 처음에 예상했던 것보다 100배 이상 커지지는 않는다. 하지만 프로젝트는 개발 과정에서 보다 철저한 문제 분석과 변경 요청을 통해 초기 구상보다 규모가 커지는 경향이 있다. 프로젝트는 오래 걸릴수록 더 커질 것으로 예상할 수 있다. 소프트웨어 산업 분석가인 Capers Jones(2006)는 대규모 프로젝트에 설정된 요구사항은 일반적으로 개발 기간 동안 매월 1%에서 3% 사이로 증가한다는 사실을 발견했다. 어느 정도 성장을 예상하고 이를 수용할 계획을 세우지 않으면 계획보다 늦어질 수밖에 없다.

[반복적 개발 접근법에서는 빙산의 크기를 처음부터 완전히 알 수 없다는 것을 인정한다.]

빙산의 많은 부분이 수면 아래에 숨겨져 있다는 이야기를 들어봤을 것이다. 마찬가지로 소프트웨어 프로젝트를 수행하는 데 필요한 많은 작업이 처음에는 보이지 않을 수 있다. 반복적 개발 접근법에서는 빙산의 크기를 처음부터 완전히 알 수 없다는 것을 인정한다. 소프트웨어가 여러 조각으로 제공되므로 이해 당사자들은 더 많은 기능의 추가를 고려할 것이다. 즉, 그들이 더 많이 알수록 더 많은 것을 원하게 될 것이다(Davis 1995). 빙산은 처음에 생각했던 것보다 항상 더 크며 계속 커진다.

컨틴전시 버퍼

요구사항 증가에 대처하는 한 가지 방법은, 프로젝트 일정에 **컨틴전시 버퍼**contingency buffer를 추가하는 것이다. 버퍼는 불확실성을 처리할 수 있는 오류에 대한 여유를 제공한다. 우리가 개발 주기를 계획할 때는 프로젝트 범위에 대한 제한된 정보, 사실이 아닐 수도 있는 가정 및 기타 변수를 바탕으로 추정치(일정과 작업 등)를 만든다. 이때 이런 제한된 정보로는 알 수 없는 것들이 있으므로, 컨틴전시 버퍼의 형태로 약간의 여유 기간을 일정에 추가하는 것이 좋은 생각이다. 그렇지 않으면 새로운 요구사항이 처음 등장하거나, 예상보다 낮은 비용이 책정되거나, 예상치 못한 작업이 처음 발생하면 일정이 엉망이 될 수 있다.

컨틴전시 버퍼는 일정에 붙여 넣은 임의의 오차 범위도 아니며, 모든 개별 추정 일정을 임의로 부풀린 것도 아니다. 일정 초과와 요구사항 증가에 대한 이전 경험을 바탕으로 합리적인 버퍼를 산출할 수 있다. 정량적 위험 분석은 프로젝트가 직면한 잠재적 위험, 발생 가능성, 그리고 그런 위험이 일정에 어떤 영향을 끼칠 수 있는지 생각해 볼 수 있는 또 다른 방법이다. 임계 사슬 프로젝트 관리critical chain project management는 잘 구상된 버퍼들을 추가하는 기법이다(Goldratt 1997). 이 버퍼들은 일련의 종속적인 작업의 끝에 나타날 수 있으며(피딩 버퍼feeding buffer), 또한 프로젝트 전체의 끝에 나타날 수도 있다(프로젝트 버퍼project buffer). 그림 4.1은 간트Gantt 차트 일정표에서 두 유형의 버퍼 모두를 추가하는 방법을 보여준다.

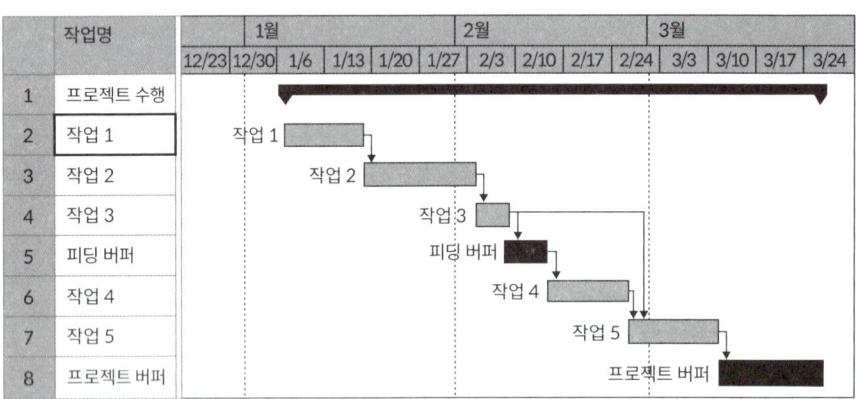

그림 4.1 피딩 버퍼는 작업 그룹 다음에 나타나고, 프로젝트 버퍼는 프로젝트의 간트 차트에서 마지막 작업 다음에 나타난다.

애자일agile 프로젝트의 경우는 적당한 컨틴전시 버퍼를 각 반복에 추가하여 프로젝트의 불확실한 것들을 고려한다. 컨틴전시 버퍼를 사용하면 반복 주기를 순조롭게 진행하는 데 도움을 주며, 완료되지 않은 작업을 이후의 반복으로 연기할 필요성을 줄이는 데 도움이 된다. 연기 및 추가된 사용자 스토리와 기타 미완성 작업을 수용하기 위해 프로젝트의 끝에 버퍼를 사용해서 추가 반복을 계획할 수도 있다. 예를 들면, 그림 4.2와 같다(Thomas 2008b).

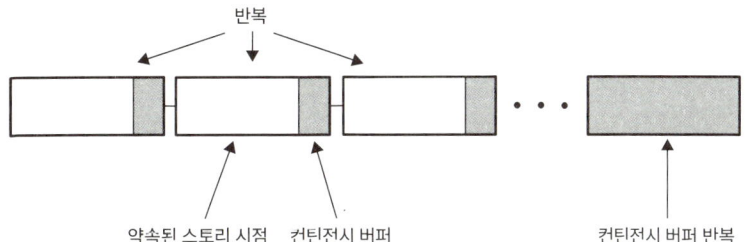

그림 4.2 컨틴전시 버퍼는 각 반복의 끝과 계획 끝의 추가 반복 모두로 애자일 프로젝트의 반복 계획에 추가될 수 있다.

애자일 프로젝트에 버퍼를 추가하는 한 가지 방법을 살펴보자(Cohn 2006). 사용자 스토리(또는 더 포괄적으로 백로그 항목)는 다양한 크기로 나오며, 많은 팀이 **스토리 포인트**story point 단위로 추정한다(Cohn 2004). 애자일 프로젝트에서는 몇 주간의 각 개발 반복에서 팀의 속도velocity를 측정한다. 속도는 팀이 반복당 얼마나 많은 스토리 포인트를 제공할 수 있는지를 나타내는 측정치다.

제품 백로그에 150개의 추정된 스토리 포인트 작업이 포함되어 있다고 가정해보자. 그리고 우리 팀의 프로젝트가 다섯 번의 반복으로 수행된다고 하면, 속도 측정치는 30(150 ÷ 5)이며, 이것은 팀에서 반복당 평균 30개의 스토리 포인트를 제공할 수 있다는 것을 나타낸다. 만일 반복당 25개의 스토리 포인트라는 약간 더 보수적인 속도 측정치를 기반으로 한다면, 총 여섯 번의 계획된 반복(150 ÷ 25)에 대해 전체 계획을 수립할 수 있다. 따라서 확정된 계획에는 각 반복에 평균 5개의 콘틴전시(만일의 사태에 대비하여 여유를 두는) 스토리 포인트가 포함된다.

이 팀은 각 반복에서 여전히 30개의 스토리 포인트를 제공할 것처럼 반복을 계획하고 있다. 즉, 외부에 한 약속(25개)보다 더 야심 찬 내부 목표(30개)를 향해 노력한다. 이런 차이로 인해 추정한 것보다 더 커진 항목들, 예상치 못한 작업, 결함 수정, 리팩터링, 그리고 시간이 소요되는 기타 활동들을 처리할 수 있는 여유가 생기게 된다. 이 팀의 속도 측정치에는 진행 중인 결함 수정과 리팩터링의 영향이 이미 포함되어 있을 수 있다. 그러나 예상치 못한 작업과 같은 것은 어떤 프로젝트에서도 언제든 발생할 수 있어서 속도 측정치에 반영하기 어렵다(Cohn 2014).

위험한 가정

컨틴전시 버퍼를 일정에 추가하면 예상 납품 일정이 늘어나므로 관리자와 고객이 반발할 수 있다. 그들은 '컨틴전시 버퍼는 일정을 부풀리는 패딩일 뿐'이라고 항의한다. "이 패딩을 빼면 더 일찍 끝나겠지?" 아마 아닐 것이다.

컨틴전시 버퍼가 미래를 바꾸지는 않는다. 이것은 알 수 없는 것, 예상치 못한 것, 추정이 부정확한 것들을 처리하기 위해 안전을 보장하는 여유를 제공한다. 컨틴전시 버퍼를 빼면 그런 변수들을 제거하지 못하며, 단지 그런 변수들에 대처하면서 여전히 약속을 이행하는 우리 능력을 감소시킬 뿐이다. 컨틴전시 버퍼를 제거하는 관리자는 다음 몇 가지 가정을 하고 있다.

- 현재 갖고 있는 프로젝트 범위 정보는 잘 이해할 수 있고 정확하며 안정적이다.
- 모든 추정치는 정확하거나, 또는 어떤 부정확한 추정치가 있더라도 서로 균형을 맞출 것이다.
- 우리는 누가 프로젝트에서 일할 것인지 알고 있으며, 팀은 프로젝트 내내 온전하게 유지될 것이다.
- 현재 프로젝트에 필요한 이전 제품에 대한 지원 작업이나 이외 다른 전환 작업을 수행하는 데 팀 멤버들이 방해를 받지 않는다.
- 아무도 병에 걸리거나 휴가를 가거나 회사를 떠나지 않을 것이다.
- 어떤 위험도 문제로 바뀌지 않을 것이고, 어떤 새로운 위험도 발생하지 않을 것이다.
- 외부 요소에 대해 프로젝트가 갖는 모든 의존성은 제시간에 이루어질 것이다.

이러한 가정들은 개발팀을 궁지에 몰아 일정 초과를 일으킬 것이 뻔하다. 만일 컨틴전시 버퍼에 대한 반발에 직면한다면 이전 프로젝트에서 예기치 않게 겪었던 경험을 지적하자. 새로운 프로젝트는 달라질 것이며, 그런 불쾌한 경험이 재발하지 않을 것이라고 믿는 이유가 있는지 해당 관리자에게 물어보자. 만일 없다면 컨틴전시 버퍼는 제거되지 않고 남아있어야 한다.

컨틴전시 버퍼를 정당화하는 가장 좋은 방법은 해당 조직의 이전 프로젝트 경험을 기반으로 컨틴전시 버퍼를 산출한 방법을 보여주는 것이다. 일반적으로 프로젝트가 경험하는 요구사항 증가양이 얼마나 되는지 나타내는 과거 데이터는 우리가 버퍼를 옹호하여 그런 증가를 수용하는 데 도움이 된다.

나는 컨설팅 고객 중 한 명의 상급 관리자와 5년이 걸릴 것으로 예상했던 거대한 프로젝트에 관해 얘기한 적이 있다. 나는 그에게 그런 규모의 프로젝트에 대해 매달 2% 정도의 요구사항 증가율을 시사했던 산업 데이터에 관해 말했다. 이 증가율에 따르면 60개월 프로젝트의 최종 제품이 처음 예상했던 것보다 두 배 이상 크게 될 수 있다. "그럴듯하군요."라고 그가 대답했다.

그런 다음 "그런 증가를 수용하기 위해 당신의 프로젝트 계획에 컨틴전시 버퍼가 포함되어 있습니까?"라고 내가 물어보았다. 그의 예측 가능한 대답은 "아니오."였다. 나는 그 프로젝트가 5년보다 훨씬 더 오래 걸렸을 거라고 생각한다.

빙산 계약

빙산 현상은 프로젝트 계약에도 영향을 미친다. 일을 따내려는 계약자라면 가격을 낮게 유지하기 위해 입찰에서 컨틴전시 버퍼를 제외하고 싶을 것이다. 그러나 빙산의 일각이라는 사실을 알게 되면 어떻게 될까? 또는 고객이 프로젝트의 범위 확대를 요청하고 다른 약속된 요구사항을 연기하는 데 동의하지 않을 경우 어떻게 될까?

계획에 컨틴전시 버퍼가 포함되었다면, 프로젝트 예산이나 일정을 낭비하지 않고 약간의 성장을 수용할 수 있다. 고객이 "이 작은 요구사항 하나만 추가하거나 한 가지를 더 변경해 주실 수 있나요? 그래도 제시간에 끝낼 수 있겠죠?"라고 물으면 컨틴전시 버퍼는 우리가 긍정적으로 대답하게 해줄 수 있다. 고객은 우리의 "예"라는 답변을 유연성과 만족을 위한 열망의 신호로 받아들일 것이다. 하지만 여유 용량을 계획적으로 확보하지 않으면 프로젝트가 커지면서 비용이 초과되어 일정 약속을 놓칠 수도 있다.

계약을 따내기 위해 비현실적으로 낮은 가격을 제시하는 관행('최고의 거짓말쟁이가 이긴다'는 신드롬으로 묘사된)을 들어본 적이 있다. 우리는 미래에 대한 최선의 평가에 근거하여 사업을 할 것인지, 아니면 나중에 발목을 잡을 수 있는 환상을 바탕으로 할 것인지를 결정해야 한다. 점진적 개발 접근 방식은 프로젝트 결과에 영향을 줄 수 있는 아직 모르는 것이 많다는 것을 미리 인정함으로써 규모의 불확실성에 대처하는 데 도움을 준다. 그러나 일부 고객들은 조정 가능한 프로젝트를 주저하기도 한다.

버퍼의 묘미

미래에 일어날 수 있는 일에 대해 계획한다고 해서 미래에 일어날 일이 바뀌지는 않는다. 하지만 계획을 망치지 않고 현실에 대처하는 능력이 향상된다. 빙산의 전체 크기를 모른다면, 빙산이 보이는 것보다 더 클 것이라고 예상하고 그에 따라 계획을 세우자. 어떤 약속이든 약간의 유연성을 부여하면 일정에 맞춰 납기를 유지하는 데 도움이 된다.

프로젝트가 순조롭게 진행되어 할당된 컨틴전시 버퍼를 다 쓰지는 않는다고 생각하자. 미리 납품을 하면 모두가 이길 수 있다.

레슨 26   자신의 주장을 뒷받침할 데이터가 있으면 협상에서 유리한 위치에 설 수 있다

자동차 대리점에서 딜러를 만나 가격 협상을 할 때 우리는 불리한 입장에 놓이게 된다. 딜러는 다음과 같이 다양한 데이터를 손쉽게 활용할 수 있기 때문이다.

- 우리가 원하는 차량에 대한 제조업체의 권장 소매 가격
- 딜러가 차량에 지불한 금액(송장 기재 가격)
- 딜러가 수락할 수 있는 최소 이익
- 액세서리 또는 옵션에 대한 딜러 비용과 가격 인상
- 딜러 또는 고객에게 제공되는 특별한 판촉 활동이나 인센티브
- 보상 판매의 가치
- 같은 차를 마지막으로 샀던 사람들이 지불한 금액

우리가 사용할 수 있는 데이터는 오로지 차창에 부착된 스티커 가격일 것이다. 만일 사전에 조금이라도 가격 정보를 알아봤다면, 우리가 컨슈머 리포트Consumer Reports(소비자 보고서)와 같은 정보 출처의 내부 가격 정보를 갖고 있을 수 있다. 이런 준비가 안되면 판매원이 우리보다 훨씬 더 유리한 협상 위치에 있게 된다. 그들이 갖고 있는 추가 정보 때문이다.

그 수치는 어디서 구했어요?

소프트웨어 프로젝트는 시작점으로 사용할 스티커 가격이 미리 정해지지 않지만, 차량의 경우와 유사한 데이터 불균형이 주요 이해 당사자 간의 협상에 영향을 줄 수 있다. 내가 프로젝트 관리자라고 가정해보자. 프로젝트 스폰서(일부 상급 관리자, 마케팅 담당자 또는 나의 주요 고객)는 새 프로젝트를 완료하는 데 얼마나 걸리는지, 비용은 얼마인지 묻는다. 나는 프로젝트에 대한 이해와 경험을 바탕으로 견적서를 작성하고 제시한다. 만일 스폰서가 해당 견적에 만족하지 못하면 두 가지 가능한 결과가 뒤따를 수 있다. 첫 번째는, 스폰서가 더 공격적인 목표를 고집하는 동안 데이터 없이 견적을 방어하려고 노력한다. 이것은 협상이라기보다는 내가 질 가능성이 높은 논쟁에 가깝다.

두 번째는 대안적인 결과이며, 이것은 감정, 압력 또는 정치적 힘이 아닌 데이터에 기반한다. 나는 스폰서에게 어떻게 견적을 냈는지 설명한다. 아마도 이런 식일 것이다.

- 나는 새로운 프로젝트에 어떤 종류의 업무가 포함되는지 잘 알고 경험이 많은 팀 멤버들과 함께 일했다.

- 당시에 갖고 있던 정보를 바탕으로 프로젝트의 규모를 추정했다. 이 정보에는 이전의 경험에 기반하는 예상되는 프로젝트 규모 증가와 불확실성 요인이 포함된다. 광대역 델파이Wideband Delphi(Wiegers 2007)와 같은 그룹 추정 기법 또는 여러 애자일 추정 방법 중 하나(Sliger 2012)를 사용했다.
- 견적에 영향을 미치는 특정 추정치를 적용했다.
- 프로젝트 규모, 추정치, 실제 결과, 직면한 위험 및 예상 밖의 것 등에 관한 데이터를 기록했던 유사 프로젝트에서 이전의 경험을 참조하였다.
- 참조 프로젝트가 새 프로젝트의 좋은 모델이 될 수 있는 정도를 평가하여 새 프로젝트의 다양한 특성이 추정치에 어떤 영향을 미칠지 판단했다.
- 이전의 생산성 측정치를 바탕으로 기간과 비용에 대한 가장 가능성 있는 추정치, 비관적인 추정치, 낙관적인 추정치를 계산했다.

내가 이렇게 설명했는데도 스폰서가 여전히 추정치를 마음에 들어 하지 않는다면, 사실에 입각한 논의를 할 수 있을 것이다. 이 프로젝트는 이전에 해본 적이 없는 새로운 프로젝트일 수도 있고, 참고할 만한 데이터가 없을 수도 있다. 이것은 위험과 추정의 불확실성을 증가시킬 것이다. 또한 우리가 의미 있는 견적을 내는 데 충분할 만큼 프로젝트를 잘 이해하지 못할 수도 있다. 따라서 점진적으로 접근하여 진행하면서 각 부분을 추정해야 한다. 이것은 프로젝트가 언제 완료될 것이고, 궁극적으로 비용이 얼마나 들 것인지에 관해 불확실성을 초래한다. 우리의 기초 데이터와 분석적 추정 과정은 현실에 대한 균형 잡힌 논의의 기초가 된다. 그러나 우리 모두가 그런 현실을 좋아하는지 아닌지는 완전히 별개의 문제다.

데이터는 우리의 협력자다. 한 관리자가 내가 제시한 추정치에 대해 반발한 적이 있다. 이때 이전 프로젝트의 기록을 바탕으로 내가 추정치를 산출한 방법과 그 관리자의 생산성 대폭 향상 가정이 현실적이지 않다고 생각하는 이유를 설명했다. 또한 이 프로젝트가 우리가 이전에 했던 프로젝트보다 갑자기 더 빠르고 원활하게 진행될 것이라고 가정하는 관리자가 어떤 근거로 그랬는지에 관해 물었다. 관리자는 제대로 된 설명을 하지 못했다. 그 가정은 현실적인 예상보다 더 기대에 찬 관리자의 희망이었다. 희망은 전략이 아니다.

> 아무도 미래를 정확하게 예측할 수 없다.
> 우리가 할 수 있는 최선의 방법은 이전의 경험에서 추정하고, 필요한 경우 조정하고, 불확실성을 인정하는 것이다.

원칙적 협상

이해 당사자의 기대 또는 요구와 미래에 대한 예측 간에 견적에서 차이가 있을 때는 언제든지 협상을 해야 한다. **원칙적 협상**은 상호 수용 가능한 합의에 도달하는 방법이다(Fisher et al. 2011). 원칙적 협상은 다음 네 가지 원칙을 포함한다.

- **문제에서 사람들을 분리하자.** 만일 우리와 더 조직적인 힘을 가진 누군가 사이의 개인적인 투쟁으로 논의가 귀결된다면, 상대의 입장을 바꿀 수 있는 설득력 있는 사례를 만들지 못하면 패배할 것이다.
- **지위가 아닌 관심사에 집중하자.** 끝까지 요지부동하면서 우리 견적을 옹호하지 말자. 대신 상대방의 관심사를 먼저 이해하려고 노력하자. 이것이 더 공감적인 접근법이다. 상대방의 목표, 요구사항, 우려사항, 압박감, 제약 조건은 무엇일까? 문제 설명이나 제안된 해결책을 수정함으로써 그들과 우리의 관심사를 모두 만족시키는 방법이 있을 것이다.
- **상호 이익을 위한 옵션을 만들자.** 팀이 이행할 수 없다는 것을 알고 있는 약속을 하도록 압박을 받고 있다면, 우리가 약속할 수 있는 실현 가능한 목표를 가지며 상호 수용도 가능한 대안적인 결과를 찾자. 또한 절충할 수 있는 방법이 있는지 알아보자. 대부분의 성공적인 협상에서 어느 쪽도 원하는 모든 것을 얻지는 못하지만, 두 당사자 모두 타협된 결과를 감수할 수 있다.
- **객관적인 기준을 고집하자.** 이때 데이터가 중요한 역할을 한다. 사실과 분석은 큰 소리로 개진된 의견, 주장, 일화보다 더 강력한 설득력이 있다. 데이터를 사용하여 추정치를 뒷받침하는 사례를 구축하고 협상 상대가 제시하는 데이터를 존중하자.

아무도 미래를 정확하게 예측할 수 없다. 우리가 할 수 있는 최선의 방법은 이전의 경험을 바탕으로 추정하고, 필요한 경우 조정하고, 불확실성을 인정하는 것이다. 데이터에 맡기고 협상 상대방이 우리의 데이터를 공유하도록 초대하자. 어딘가에서 의견의 일치와 수용 가능한 결과가 나올 가능성이 있다.

> **레슨 27** 추정치를 기록하고 실제와 비교하지 않으면 추정이 아닌 추측에 그칠 수밖에 없다

새로운 일에 직면했을 때, 누군가는 그 일이 얼마나 걸릴지 알고 싶어한다. 그 사람은 고객, 관리자, 팀 동료 또는 나 자신일 수 있다. 해당 일이 이전에 수행한 것과 완전히 같은 것이 아니라면 이전의 유사한 경험을 바탕으로 추정해야 한다. 하지만 기억은 결함이 있다. 이전에 어떤 일이 얼마나 오

래 걸렸는지 기억하더라도, 그것이 얼마나 걸릴 것이라고 **생각했는지** 기억하지 못할 수도 있다. 상당히 정확한 추정치를 만들려면 막연한 기억이 아니라 데이터가 필요하다. 데이터는 우리가 이해하고 예측하고 개선하기 위해 분석할 수 있는 일련의 사실들로 구성된다.

어떤 사람이 나에게 "과거 데이터를 기반으로 추정해야 한다면 과거 데이터는 어디서 구할 수 있나요?"라고 물었다. 오늘 한 일을 기록하면 그것이 내일의 과거 데이터가 된다는 것이 가장 간단한 답이다. 개인, 팀, 그리고 조직은 추정치를 기록하고 실제 결과의 기록을 보존하는 습관을 들여야 한다. 이것이 다가오는 활동을 더 잘 예측할 수 있는 유일한 방법이다.

예측과 궁극적인 실체 사이에 큰 차이가 있다면, 그 이유를 살펴보고 유사한 작업에 대해 차후에 더 현실적인 추정치를 만들 수 있는 방법을 고려하자. 예상보다 더 많은 작업을 수행해야 했는가? 생각보다 시간이 오래 걸렸는가? 생산성에 대한 가정이 지나치게 관대했는가? 예상치 못한 요인으로 인해 업무에 차질이 생겼는가? 시간이 지나면서 데이터를 축적하면 향후 작업에 대한 보다 의미 있는 추정치를 생성하는 데 도움이 되는 몇 가지 평균을 계산할 수 있다. 데이터가 없으면 추측에 불과하다.

과거 데이터의 여러 출처

과거 데이터에는 네 가지 잠재적인 출처가 있다. 첫 번째는 우리의 개인적인 경험이다. 개인의 역량은 업무를 수행하는 사람의 기술과 경험에 따라 크게 달라진다. 나는 1인 컨설팅과 교육을 하는 회사에서 20년 넘게 자영업을 하고 있다. 그러나 다른 컨설턴트가 교육 과정을 개발할 때 걸리는 시간을 안다고 해서 내가 비슷한 일을 하는 데 걸리는 시간을 예측할 수는 없다. 나는 나의 개인적인 이력에 의존해야 하므로, 내가 다시 접할 수 있는 업무에 대한 계획, 추정치, 그리고 실제 업무 기간을 기록한다.

몇 년 전 내가 교육하는 여섯 개 과정의 e-러닝 버전을 만들기로 결정했다. 그러나 전에 그런 일을 해본 적이 없어서 시간이 얼마나 걸릴지 전혀 예상할 수 없었다. 나는 내가 생각할 수 있는 모든 단계가 포함된 작업 목록을 만들었다. 이것은 나에게 새로운 경험이었고 몇 가지 학습 곡선에 직면했기 때문에 일부 작업을 간과했고 이것을 후속 프로젝트를 위한 계획 목록에 추가하였다. 그리고 처음 개발한 과정에서 각 항목을 수행하는 데 걸리는 시간을 기록하였다.

그런 다음에 기록했던 데이터로부터 다음 과정에 소요될 시간을 추정하였다. 그리고 당시 내가 익힌 학습 곡선, 새로 발견한 작업, 두 과정 간의 차이점을 바탕으로 예상 시간을 조정하였다. 두 번째 과정 개발을 완료한 후, 예상한 시간과 각 단계의 실제 소요 시간을 비교하여 나머지 과정 개발에 대한 더 나은 예상 시간을 도출할 수 있었다. 이런 데이터 덕분에 몇 년 후 고객이 고정 가격 계약으로 맞춤형 e-러닝 코스웨어를 개발하기 위해 나를 고용했을 때 적절한 견적을 작성하는 데 도움이 되었다.

계획 작업 진행표worksheet는 특정 프로젝트에서 수행해야 할 모든 작업과 각 활동에 소요되는 시간을 생각하는 데 도움이 되며, 간과할 수도 있는 작업들을 상기시켜 준다. 예를 들어, 테스트와 동료 검토 등의 품질 관리 활동에 따르는 재작업 수행 시간을 계획하는 것을 사람들이 종종 잊어 버린다. 그러나 일부 재작업은 사실상 항상 필요하다. 특정 상황에서 시간이 얼마나 걸릴지 정확히 알 수 없는 경우에도 나는 재작업 수행을 추정치에 포함한다.

다른 세 가지 과거 데이터 출처는 현재 프로젝트, 조직의 집합적 경험, 그리고 현재 프로젝트와 유사한 프로젝트의 업계 평균치다. 가장 의미 있는 데이터는 현재 프로젝트의 최근에 완료된 부분에서 나온다. 이 데이터는 현재의 팀, 환경, 문화, 프로세스, 그리고 도구가 팀의 성과에 미치는 영향을 반영한다. 애자일 프로젝트는 이런 데이터 수집에 매우 적합하다. 팀의 구성과 작업의 특성 및 품질이 일정하게 유지된다고 가정할 때, 최근 개발한 반복iteration들의 평균 속도를 기반으로 미래 성과를 가장 정확하게 예측할 수 있다.

조직에서 이전에 완료된 프로젝트의 데이터와 업계 평균치는 프로젝트, 팀, 조직에 따른 차이가 불확실성을 증가시키기 때문에 미래를 예측하는 데 신뢰성이 떨어진다. 그럼에도 불구하고 이런 종류의 과거 데이터에 의존하는 것이 기억이나 추측만으로 추정하는 것보다 여전히 좋다.

소프트웨어 메트릭

지나간 일이 프롤로그가 될 수는 있겠지만 기억은 틀리기 쉽고 인식은 주관적이다. 이전 프로젝트에서 어떤 일이 일어났는지 이해하고 더 의미 있는 계획을 세우려면 몇 가지 소프트웨어 메트릭software metric을 수집해야 한다. 소프트웨어 프로젝트의 다양한 측면은 개인 기여자, 프로젝트 팀, 개발 조직의 세 가지 수준에서 측정할 수 있다. 크기, 노력, 시간, 그리고 품질 범주의 측정measure은 프로젝트 작업에 대한 상당한 통찰력을 제공할 수 있다(Wiegers 2007).

- **크기.** 수행 중인 작업의 종류에 맞는 의미 있는 규모, 즉 작업의 양을 선택한다. 여기에는 요구 사항, 기능 점수, 사용자 스토리, 스토리 포인트, 클래스, 그리고 소스 코드의 라인 수가 포함된다. e-러닝 과정의 경우 나는 과정 모듈과 슬라이드의 수를 세었다.

- **노력**. 각 결과물을 작성하거나 각 작업을 완료하는 데 필요한 노력의 작업 시간을 추적한다. 크기와 노력을 결합하면 생산성을 계산할 수 있다.
- **시간**. 완료된 작업의 예상 및 실제 기간을 달력 시간 단위로 기록한다. 레슨 23의 "작업 계획은 마찰을 고려해야 한다"에서 보았듯이, 작업 노력이 달력 시간으로 변환되는 방식에는 수많은 요인들이 영향을 준다.
- **품질**. 다양한 방법으로 발견된 결함 개수를 세면 다음 두 가지를 알 수 있다. 어떤 품질 관리 기준이 오류를 찾는 데 가장 효과적인 것인지와 품질 개선 기회가 어디에 있는지이다. 결함을 수정하기 위해 재작업에 소요된 시간을 기록하는 것도 계획 수립에 도움이 된다. 결함이 있는 작업(특정 반복, 요구사항 또는 활동)이 어디에서 비롯되었는지 알면, 향후 품질 개선에 더 많은 노력을 기울여야 할 곳을 더 명확하게 알 수 있다.

Steve McConnell은 그의 저서 《Software Estimation》(2006)에서 이런 각 범주의 측정과 관련된 수많은 문제를 지적한다. McConnell은 사람들이 일관된 방식으로 데이터를 기록할 수 있도록, 우리가 수집하는 각 소프트웨어 메트릭을 명확하게 정의하는 것이 중요하다고 강조한다. 외부 기준과 비교하여 벤치마킹을 하는 것이 아니라면 내부 측정의 일관성이 절대적인 진리보다 더 중요하다. 예를 들어, 모든 팀 멤버는 동일한 방법으로 자신의 노력을 추적하고 결함을 계산해야 한다. 어떤 팀 멤버는 디버깅과 재작업에 들어가는 노력을 개발의 일부분으로 포함하고, 다른 팀 멤버는 테스트에 포함시키며, 또 다른 팀 멤버는 전혀 기록하지 않는다고 가정해보자. 이렇게 되면 팀 멤버들 간에 데이터를 기록하는 방식이 달라진다. 따라서 이러한 사과와 오렌지 가변성apples-and-oranges variability,[1] 즉 주먹구구식 변동성으로는 미래를 예측하는 데 의미 있는 데이터를 얻을 수 없다.

> 소프트웨어 메트릭의 황금률은 데이터를 사용하여 무슨 일이 생겼는지 이해하고 결과를 개선하는 것이지, 누군가에게 벌을 주거나 보상하기 위한 것이 아니다.

소프트웨어 메트릭에 대한 생각은 일부 사람들을 불안하게 만든다. 소프트웨어 측정software measurement은 많은 잠재적 위험이 있는 민감한 영역이다(Wiegers 2007). 소프트웨어 메트릭의 황금률은 데이터를 사용하여 무슨 일이 생겼는지 이해하고 결과를 개선하는 것이지, 누군가에게 벌을 주거나 보상하기 위한 것이 아니다. 사람들은 또한 데이터를 수집하고 분석하는 데 얼마나 많은 시간이 걸릴지에 관해 걱정한다. 그러나 나는 프로젝트 활동에 관한 몇 가지 기본적인 정보를 기록하는 데는 거의 노력이 필요하지 않다는 것을 알게 되었다. 업무 절차의 일부분으로 습관을 들이면 된다.

---

[1] 이 가변성은 두 가지 사이의 명백한 차이점을 언급하기 원할 때 사용되는 '사과와 오렌지를 비교하는 것(comparing apples to oranges)'이라는 관용구에서 비롯된 것이다.

작업이 완료된 지 한참 후에 소프트웨어 메트릭 데이터를 정확하게 재구성하는 것은 불가능하다. 그러므로 개발 진행 중에 데이터를 수집하고 저장할 수 있는 메커니즘을 구축하자. 그리고 개발 주기가 끝날 때 회고전retrospective을 수행하면 데이터를 취합하여 과거를 평가하고 미래를 계획할 수 있는 좋은 기회를 제공한다. 오늘 있었던 일을 기록하는 데 약간의 시간을 투자하면 내일은 다음 작업을 추정하는 데 도움이 되는 과거 데이터를 얻을 수 있다.

레슨 28 받는 사람이 듣고 싶어 하는 말을 근거로 견적을 변경하지 말자

프로젝트의 다음 부분을 완료하는 데 얼마나 걸리는지 고객이 물어본다고 가정해보자. 해당 일에 대한 분석을 바탕으로 "두 달 정도요."라고 우리가 대답한다. "두 달? 12살짜리 내 딸도 3주 안에 그 일을 할 수 있을 거예요!"라고 고객이 비웃으며 말한다. "그러면 고객님 딸을 고용하시죠."라고 말하고 싶은 유혹을 우리는 뿌리치고 다시 말한다. "좋습니다, 한 달은 어때요?"

그러면 이 몇 초 동안 무엇이 변했을까? 일의 규모가 작아진 것은 아니며 우리의 생산성이 즉각적으로 향상된 것도 아니다. 또한 이 일을 도와주기 위해 누군가 갑자기 나타난 것도 아니다. 우리의 첫 번째 답변이 고객의 마음에 들지 않아서 더 나은 대안을 제시했을 뿐이다. 이처럼 추정치와 요청자의 기대치가 너무 차이가 나는 경우는 협상을 통해 합의를 도출해야 한다. 그러나 누군가가 만족스럽지 않다고 해서 신중하게 작성한 추정치를 변경해야 할 타당한 이유는 없다(Wiegers 2006b).

추정치는 미래에 대한 예측이다. 우리는 그 당시 문제에 관해 알고 있는 것, 유사한 일에 대한 이전 경험, 그리고 우리가 하는 가정을 바탕으로 추정한다. 만일 우리가 철두철미하다면, 통제할 수 없는 요소에 대한 모든 의존성, 발생 가능한 위험, 문제 설명 내용의 잠재적 변경, 그리고 계획에 영향을 줄 수 있는 불확실성도 고려할 것이다. 이 모든 것들에 관해 아는 것이 적을수록 추정치가 궁극적인 현실과 일치할 가능성은 줄어든다. 생각하는 과정에 다른 매개 변수가 포함된 다른 사람이 동일한 작업에 대해 상당히 다른 추정치를 생성할 수도 있다.

목표 대 추정치

추정치와 목표를 구별하는 것은 중요하다. 나는 새로운 프로젝트에 관해 어떤 상급 관리자와 개발자가 논의하는 것을 본 적이 있다. 프로젝트 기간에 대한 개발자의 예상은 관리자의 예상보다 4배 더 길었다. 개발자는 달성할 가능성이 전혀 없는(그리고 달성되지도 않을) 훨씬 더 짧은 일정에 대한 관리자의 요구에 순순히 동의했다.

이때 조금 더 합리적인 접근법은 개발자가 이렇게 말하는 것이었을 것이다. "내가 예상한 추정치는 이렇거든요. 당신은 어떻게 예상했나요?" 그러나 이 경우 관리자에게는 추정치가 아니라 목표가 있었다. 개발자에게도 추정치는 없었고 추측만 있었다. 목표와 추측은 서로 거리가 멀었다. 두 당사자 중 한 명이라도 정확한 추정치를 작성했다면 서로 가까워질 수 있었을 것이다. 대신, 더 많은 권한을 가진 쪽이 상대방으로부터 그럴듯한 말로만 약속을 받아내는 적대적인 논쟁이 되었다.

[추정치와 목표를 구별하는 것은 중요하다.]

조정 시기

추정치는 요청자가 듣고 싶어 하는 내용과 무관해야 한다. 그럼에도 불구하고 다음을 포함하여 추정치를 변경하거나 더 적절하게 표현하여 다시 추정하는 것이 합리적인 경우가 있다.

- 추정 또는 정보가 틀렸음을 발견한 경우
- 일단 일을 시작하고 그 일을 더 잘 이해하게 될 때
- 일의 범위가 변경되는 경우
- 예상보다 더 빠르게 진행 중이라는 것을 알게 된 경우
- 프로젝트에 참여하는 사람 등 조건이 바뀐 경우
- 위험이 현실화되거나 의존성이 실패하는 경우

이와 같은 변화가 생기지 않는 한, 미래에 대한 예측을 바꾸는 것은 적절하지 않다.

만일 우리의 추정치가 다른 사람의 목표, 기대 또는 제약과 일치하지 않는다면, 당사자들은 그 차이를 공동으로 조사해야 한다. 갈등을 해결하지 못한 채 묻어두는 것은 누구에게도 도움이 되지 않는다. 추정에 의문을 제기하고, 위험에 대해 논의하고, 다른 추정 방법을 시도하여 추정치를 검증하거나 거부할 수 있다. 우리가 의존했던 과거 데이터는 고려 중인 일을 추정하는 데 적합한 모델이 아니었을 수도 있다. 그리고 더 적합한 추정치에 도달하기 위한 변경 방법이 있는지 알기 위해 프로젝트의 범위, 자원, 또는 품질을 협상할 수 있다. 그러나 분석적으로 추정치를 준비했다면, 다른 사람을 웃음 짓게 하려고 굴복하지 말자. 상대방은 충분한 압력을 가하면 추정치를 무시할 수 있다는 것을 알기 때문에 우리의 미래 추정치를 신뢰하지 않을 것이다.

레슨 29 임계 경로를 피하자

수행해야 할 많은 작업을 파악하는 것이 프로젝트 계획의 핵심이다. 이런 작업들의 대부분은 특정 순서로 수행되어야 한다. 그리고 일부 작업은 다른 작업과 연결되어 있으므로 계획자는 작업 간의 시간적 의존성도 식별해야 한다.

임계 경로 정의

프로젝트 계획자는 작업 간의 시간적 관계를 보여주기 위해 **활동 네트워크 다이어그램**activity network diagram(PERT 차트라고도 함)을 그린다. 그림 4.3은 A부터 F까지 라벨이 붙은 6개의 작업만 있는 프로젝트의 활동 네트워크 다이어그램을 보여준다.

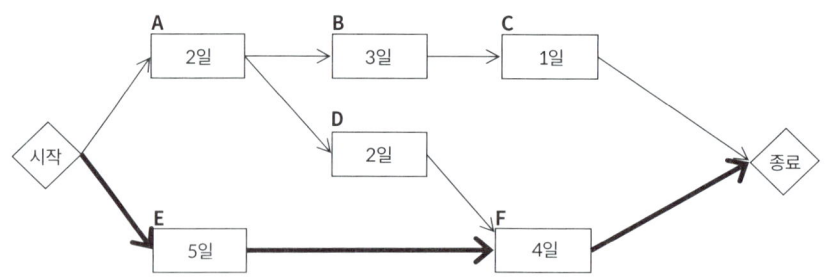

그림 4.3 임계 경로(두꺼운 화살표로 표시)는 프로젝트 시작과 종료 사이에서 가장 긴 작업 순서 의존성이다.

각 작업에는 추정 기간이 표시되어 있다. 실제 활동 네트워크 다이어그램에는 훨씬 더 많은 정보가 포함된다. 예를 들어, 각 작업의 가장 빠른 시작 날짜와 가장 늦은 완료 날짜 등이다. 여기서는 간단하게 설명하기 위해 이전 작업이 모두 완료될 때까지 어떤 작업도 시작할 수 없다고 가정한다. 즉, F 작업은 A, D 및 E 작업이 완료될 때까지 시작할 수 없다.

시작부터 끝까지 이어지는 다양한 경로에 있는 작업들의 추정 기간을 합산하면 EF 경로가 5 + 4 = 9일(두꺼운 화살표)로 가장 긴 것을 알 수 있다. 이 작업 순서가 **임계 경로**critical path이며, 이것은 프로젝트를 완료하는 데 필요한 최단 추정 기간shortest estimated duration을 정의한다(Cohen 2018). 만일 임계 경로에 있는 작업이 일정을 초과하면, 프로젝트의 전체 완료 날짜가 해당 지연 기간만큼 밀리게 된다. 마찬가지로 임계 경로에 추가되는 새 작업들도 프로젝트 완료를 지연시킨다.

임계 경로에 있지 않은 작업들은 **여유일**float이라고도 하는 약간의 여유 시간이 있으므로 프로젝트 전체를 지연시키지 않고 어느 정도까지 오래 수행될 수 있다. 예를 들어, A와 D 작업을 결합하면 하루의 지연 시간이 2 + 2 = 4일로, 임계 경로에 있는 E 작업보다 하루가 짧다. 즉, 하루의 여유가 있다는 것이다. 임계 경로는 바뀔 수 있다. 예를 들어, A 작업이 원래 추정치의 두 배인 4일을 소비한다고 가정하면, 9일의 EF 경로를 하루 초과한 10일(4 + 2 + 4)의 ADF가 임계 경로가 된다. 그러나 임계 경로 작업을 해야 할 작업자에게 추가 작업이 부여된다면, 이로 인해 실제로는 임계 경로의 기간이 연장될 수도 있다. 임계 경로에 있지 않은 추가된 작업은 노력이 들어가지만 이 작업을 수용하는 데 충분한 여유가 제공되면 프로젝트의 완료를 지연시키지는 않는다.

[프로젝트를 단축하려면 임계 경로 작업을 가속하는 방법을 찾아야 한다.]

임계 경로에 있는 작업들은 여유 시간이 없다. 따라서 프로젝트의 단축을 원한다면 임계 경로 작업들을 가속하는 방법을 찾아야 하는데, 아마도 그 작업들 중 일부를 병행으로 수행해야 할 것이다. 빈틈없는 프로젝트 관리자라면 임계 경로를 주의 깊게 살펴보고 그런 작업이 제시간에 완료되거나 또는 조기에 끝나도록 노력할 것이다.

방해되지 않게 하기

나의 프로젝트 철학은 내 작업이 프로젝트의 임계 경로에서 최대한 벗어나도록 하는 것이다. 다른 사람의 진전을 가로막는 장애물이 되고 싶지 않기 때문이다. 나는 중요도와 긴급성의 두 가지 차원을 고려하여 일상 업무 처리의 우선순위를 정한다(Covey 2020). 임계 경로에 있는 작업은 그렇지 않은 작업보다 더 시급하다. 만일 다른 사람들이 작업을 계속하기 전에 내가 완료할 때까지 그들을 기다리게 하는 작업이 있다면, 이 작업은 내 우선순위 대기열의 맨 앞으로 이동한다. 나는 프로젝트 전체를 지연시킬 수 있는 무효 시간$_{dead\ time}$과 대기 상태의 원인이 되는 것을 피하려고 노력한다.

나는 이 생각을 책을 쓸 때도 적용한다. 책을 구상, 기획, 제안, 집필, 검토, 편집, 출판하는 과정은 많은 활동이 수반되는 1년 정도의 프로젝트다. 특히 두 명 이상의 저자가 참여한다면 그렇다. 대부분의 작업은 병행 또는 임의의 순서로 수행될 수 있다. 그러나 때로는 한 참여자가 특정 활동을 완료해야 다른 참여자가 다음 단계를 수행할 수 있다. 예를 들어, 모든 베타 리더(원고 검토자)가 검토 결과를 알려줄 때까지는 원고의 각 장을 마무리할 수 없다. 일정에 맞추기 위해 여유 시간을 만들지 않는다면, 늦게 도착한 검토 결과를 무시해야 하기 때문에 해당 검토자의 시간을 낭비하게 되고 어쩌면 책의 품질을 떨어뜨릴 수도 있다.

출판사에서 최종 교정을 위해 조판된 페이지를 보내주면, 임계 경로를 빨리 벗어나기 위해 나는 다른 모든 것을 제쳐두고 읽기 시작한다. 출판사는 나의 검토 피드백을 받을 때까지 내용을 수정하거나 색인을 마무리할 수 없다. 교정이 지연되면, 일정에 얼마나 많은 여유 시간을 포함했는지, 그리고 전체적으로 계획보다 앞서 있는지 여부에 따라 출판이 지연될 수 있다.

일정을 지키려면 빈번한 의사소통이 필수적이다. 때때로 두 당사자는 누구 차례인지 혼동해서 상대방의 응답을 기다린다. 이메일로 보낸 질문에 대한 답변을 받지 못하면 이렇게 상대방에게 다시 전화, 문자 또는 이메일을 보낸다. "3일 전에 보낸 이메일에서 제가 요청한 것을 이해하셨나요? 아니면 이미 답장을 했고, 제가 당신의 이메일을 받지 못했거나 보낸 답장을 간과했나요?" 이 경우 한 사람이 불필요하게 다른 사람을 붙잡고 있는 것이다. 사람들이 특정한 순서로 끝내야 하는 여러 활동을 곡예 하듯이 하고 있으면 프로젝트가 악화될 수 있는 상황이 많이 생긴다.

나는 다른 사람이나 전체 프로젝트의 속도를 늦출 수 있는 활동을 신속하게 완료했을 때 항상 기분이 좋다. 가능한 한 빨리, 나는 그런 임계 경로를 벗어난다.

레슨 30 작업은 전체적으로 완료 또는 완료되지 않음 중 하나다, 부분적인 완료는 없다

"이봐, 필, 그 하위 시스템 구현 잘되고 있어?"

"꽤 좋아요. 90% 정도 했어요."

"잠깐만. 몇 주 전에 90% 했다고 하지 않았어?"

"네, 하지만 지금은 실제로 90%를 완료했어요!"

소프트웨어 프로젝트와 작업이 90% 완료된 것으로 보고되는 것은 업계에서 오랫동안 농담처럼 통용되어온 개념이다(Wiegers 2019b). (관련 농담에 따르면 소프트웨어 프로젝트의 전반부는 자원의 90%를 소비하고, 후반부는 나머지 90%를 소비한다는 우스갯소리도 있다.) 낙관적이지만 오해의 소지가 있는 이런 프로젝트 상태 추적은 언제 진정으로 작업을 완료할 것인지 판단하기 어렵게 만든다. 우리 모두는 해야 할 작업 목록에서 항목의 작업이 완전히 끝날 때까지는 해당 항목을 삭제하려는 유혹을 이겨내야 한다. 만일 스스로 또는 다른 사람에게 "이것만 빼고 다 끝냈어."라고 말한다면, 아직 끝난 것이 아니다.

'완료'는 무엇을 의미할까?

근본적인 문제는 우리가 어떤 작업을 완료했다고 말할 때 정확히 무엇을 의미하는지에 있다. 처음에 필요하다고 생각했던 모든 작업을 완료했는데, 생각보다 더 많은 작업이 필요하다는 사실을 알게 될 수도 있다. 이런 일은 기존 시스템에서 변경 사항을 구현할 때 생길 수 있다. 구성 요소의 추가적인 변경이 계속 생기기 때문이다. 또한 우리는 일을 계획할 때 필요한 모든 활동을 생각하지 못하는 경우가 종종 있으며, 규모가 클수록 일부 작업을 간과할 가능성은 높아진다.

[스스로 또는 다른 사람에게 "이제 …만 빼고 다 끝냈어."라고 말한다면 아직 끝난 것이 아니다.]

애자일 커뮤니티는 **완료 정의**definition of done, DoD를 활동 계획에 포함시켜 이 문제를 정면으로 해결하였다(Datt 2020b, Agile Alliance 2021a). 프로젝트 초기에 팀에서는 특정 백로그 항목, 작업, 또는 반복의 완료 여부 결정에 사용할 기준을 항목별로 정리해야 한다. 그리고 이런 항목으로 구성된 체크리스트는 특정 작업이나 제품 증분을 완료한 것으로 간주하기 위해 완료해야 하는 최소한의 작업을 지정하는 데 유용하다.

완료 정의는 프로젝트 또는 반복이 성공적인 완료를 향해 어떻게 진행되고 있는지 판단하기 위한 객관적인 기준을 제공한다. 완료done는 완전히 코드화되고, 테스트되고, 제품에 통합되고, 문서화되어 있어서 잠재적으로 고객에게 배포될 수 있는 소프트웨어의 증분과 같이 **완전히** 끝난 것을 의미한다. 사용자 스토리 구현과 같은 개별 작업 단위는 '100% 완료' 또는 '완료되지 않음' 중 하나이며 사이에는 아무것도 없다(Gray 2020). 예를 들어, '90% 완료'와 같은 것은 없다.

상태	작업
	1. 과정 슬라이드를 별개의 파워포인트 파일의 모듈로 분할한다.
	2. 각 모듈의 슬라이드를 조정한다. 배경과 바닥글을 추가한다.
	3. 모든 슬라이드에 대해 강사 노트를 작성한다.
	4. 애니메이션 타이밍 마커를 사용하여 모든 슬라이드에 대한 스크립트를 만든다.
	5. 모든 모듈에 대한 오디오 스크립트를 녹음한다.
	6. 오디오 스크립트를 가져오고 애니메이션을 동기화한다.
	7. 모든 슬라이드 모듈을 e-러닝 형식으로 게시한다.
	8. 모듈 메뉴와 기타 링크가 포함된 HTML 셸을 생성한다.
	9. 과정 유인물 PDF를 작성한다.
	10. 프레젠테이션 전체를 테스트한다.
	11. 테스트 중에 발견된 오류를 수정한다.
	12. 가격을 책정한다.
	13. 과정 설명과 마케팅 자료를 개발한다.

그림 4.4 이 계획 진행표는 파워포인트 프레젠테이션에서 e-러닝 과정을 만드는 것과 관련된 몇 가지 작업을 보여준다.

내가 반복되는 활동을 수행할 때는 관련된 단계를 항목별로 나타낸 계획 진행표를 작성한다. 이것을 사용하면 어떤 것이든 간과할 가능성이 줄어들며, 각 활동에 대해 얼마나 많은 시간을 계획해야 하는지 추정하는 데 도움이 된다. 또한 계획 진행표를 통해 진행 상황을 추적 관리할 수도 있다. 레슨 27에서 설명한 바와 같이, 그림 4.4는 파워포인트 교육 과정을 e-러닝 과정으로 전환하기 위한 계획 진행표의 일부를 보여준다. 여기서는 시작한 작업, 완료한 작업, 그리고 아직 시작하지 않은 작업을 '상태' 열을 사용하여 추적 관리한다.

목록에 있는 작업들은 크기가 매우 다양하다. 가격 책정(작업 12)은 몇 분밖에 걸리지 않으며, 모든 코스 모듈의 오디오 스크립트를 녹음하는 데(작업 5)는 많은 시간이 소요된다. 내 강좌는 4개의 모듈에서 18개까지로 크기가 매우 다양하다. 나는 그림 4.4의 양식보다 더 세분화하여 상태와 모듈 수준 작업에 소요된 시간을 모두 추적하고 싶었다. 따라서 각 과정 모듈을 구현하는 데 필요한 각 활동의 진행 상황을 모니터링하기 위해 스프레드시트를 만들었다. 그러나 내가 사용하는 상태 값은 보류 중, 진행 중, 그리고 완료만 있다.

부분 점수는 없다

완성도doneness를 평가할 때 한 가지 문제는, 시작했지만 완료하지 못한 작업에 대해 너무 많은 부분 점수partial credit를 부여하여 지나치게 낙관적인 생각을 하게 된다는 것이다. 우리는 어느 날 아침 복잡한 모듈의 알고리즘을 고심하다가, 해당 알고리즘이 어려운 부분이었으므로 약 30%를 끝냈다고 결론지을 수 있다. 그럴 수도 있지만 코드를 작성하고, 검토하고, 테스트하고, 다른 작업과 통합하는 데는 여전히 많은 시간이 소요될 수 있다. 큰 작업의 완료율을 정확하게 평가하는 것은 어렵다. 처음 생각했던 것보다 규모가 더 클 수 있고, 알아내야 할 미확인 활동들이 남아있을 수 있어서 남은 작업이 어떻게 진행될지 확신할 수 없기 때문이다.

이런 완성도 문제를 해결하기 위한 첫 번째 단계는 큰 작업인 마일스톤milestone을 **인치-페블**inch-pebble(Page-Jones 1988, Rothman 1999)이라고 하는 여러 개의 작은 작업으로 나누는 것이다. 각 인치-페블은 약 4~6 노동 시간이 될 수 있다. 이 정도 크기면 작업을 완료하는 데 필요한 모든 것을 파악할 수 있다. 따라서 논리적으로 더 작은 부분으로 세분화될 수 없는 인치-페블들을 식별하면 필요한 작업을 판단하기 쉽다. 이것은 유용한 휴리스틱heuristic(논리적 분석이나 사실에 의거하기보다 경험적 지식에 의존해서 판단함)이다. 만일 우리가 이전에 활동activity을 수행한 경험이 있다면, 마일스톤 수준의 세부 사항으로 정확하게 추정할 수 있을 것이다. 그러나 익숙하지 않거나 불확실하거나 복잡한 활동의 경우는 인치-페블의 미세한 세분화가 더 유용할 것이다.

인치-페블에 대해 이분법적으로(완료 아니면 미완료) 작업 진행 상황을 모니터링하자. 미완료 작업에는 부분 점수가 없다. 0점이다. 그러면 큰 작업의 진행률은 이 작업의 인치-페블 중 몇 퍼센트가 완전히 완료되었는지에 따라 결정된다. 이런 작업 추적은 모호하게 정의된 대규모 작업의 몇 퍼센트가 끝났는지 추측하는 것보다 더 통찰력이 있다(Rothman 2004).

여기서 '큰 작업'이란 고객에게 가치를 제공하는 작업 단위를 의미한다. 내 e-러닝 프로젝트의 경우, 최종 목표는 판매할 수 있는 완료된 과정을 만드는 것이었다. 그림 4.4에서 보았듯이, 큰 과제를 이것과 관련된 무수히 많은 더 작은 활동들로 분해함으로써, 내가 최종 목표에 어떻게 접근하고 있는지에 대한 가시성을 확보할 수 있었다. 최종 목표 내부에는 다수의 과정 모듈이 있었으며, 각 모듈은 각각 고유한 하위 작업들을 갖는다. 그리고 프로젝트 전체나 개별 하위 작업의 완료율을 추정하는 대신, 가장 세분화된 수준에서 이분법적 완료/미완료 작업 추적을 사용하였다.

일부 프로젝트 추적 도구에는 작업의 완료 비율을 표시할 수 있는 컨트롤이 포함되어 있다. 그림 4.5는 몇 가지 프로젝트 작업이 포함된 샘플 간트 차트 뷰를 보여준다.

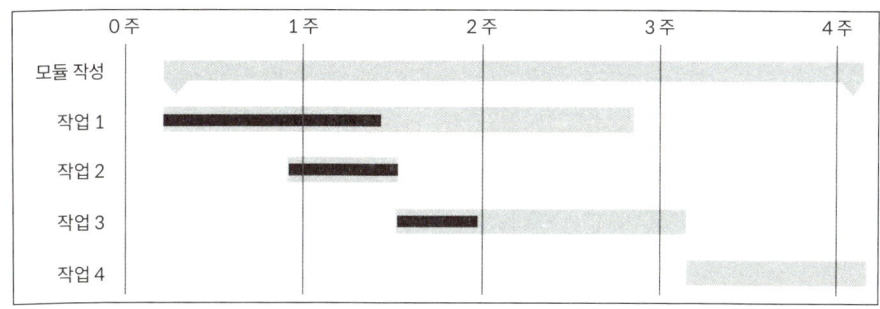

그림 4.5 개별 작업의 완료율(회색 막대 내부의 검은색 막대)을 보여주는 기능은 사용하지 않는 것이 좋다.

전체적으로 작업 1에서 작업 4까지 있는 회색 막대는 '모듈 작성'이라는 큰 목표를 구성한다. 여기서 말하는 컨트롤은 회색 작업 막대 내부에 좁고 검은 막대로 나타난다. 검은색 막대는 각 작업이 완료된 양을 나타낸다. 이런 부분적인 완료 표시는 사용하지 않는 것이 좋다. 이 표시는 우리가 실제보다 더 많이 진행되었다고 착각할 수 있기 때문이다. 나는 완료된 작은 인치-페블들을 집계하는 방식이 진행 상황을 더 의미 있게 나타낸다고 생각한다.

요구사항 상태별 추적

프로젝트 진행 상황을 모니터링하는 또 다른 방법은 각 요구사항 구현의 부분적인 완료를 추정하는 것이 아니라 요구사항 상태를 추적하는 것이다(Wiegers and Beatty 2013). 기능적 요구사항, 유스케이스 흐름, 사용자 스토리, 기능, 또는 하위 기능 등에 할당된 각 요구사항은 주어진 시간에 특정 상태를 갖는다. 가능한 상태 값에는 제안, 승인, 구현, 검증, 연기 및 삭제가 포함된다. 이 접근법에서는 작업에 할당된 각 요구사항의 상태가 다음 세 가지 중 하나일 때 계획된 작업이 완료된 것이다.

- 검증됨(해당 요구사항이 완전히 구현되고 테스트됨)
- 연기됨(이후 구현에 앞서 해당 요구사항이 지체됨)
- 삭제됨(해당 요구사항은 더 이상 구현이 필요하지 않음)

완성도가 가치로 이어진다

프로젝트 작업 추적의 요점은 단순히 계획된 작업을 모두 완료했는지 확인하는 것이 아니다. 고객에게 납품될 때 가치를 제공할 수 있는 작업을 완료하는 것이다. 이 가치에 대한 진행 상황을 가시화하는 가장 좋은 방법은, 작업이 실제로 완료되었을 때만 작업 상태를 완료로 전환하는 것이다.

> **레슨 31** 프로젝트 팀은 범위, 일정, 예산, 인원, 그리고 품질의 다섯 가지 관점 중 하나 이상에 대해 유연성이 필요하다

"좋은 것, 빠른 것, 싼 것 중 원하는 것은? 두 개를 고르세요." 이런 일상적인 개념은 범위와 일정 및 원가(비용) 간의 관계를 다루는 삼중 제약triple constraint이나 철의 삼각형iron triangle에 관한 것으로 프로젝트 관리 문헌 전반에 걸쳐 나타난다. 삼각형의 꼭짓점이나 모서리에 서로 다른 매개변수를 갖는 삼각 관계의 몇 가지 표현 및 일정하게 유지되고 있는 것에 관한 다양한 가정들을 나는 알고 있다. 내가 보기에 전통적인 철의 삼각형은 지나치게 단순하지만, 제약과 상충 관계trade-off의 개념은 확실히 유효하다(Wiegers 2019c).

다섯 가지 프로젝트 관점

그림 4.6(Wiegers 1996)에서 보는 것처럼, 프로젝트 팀은 다음의 다섯 가지 관점을 관리해야 한다.

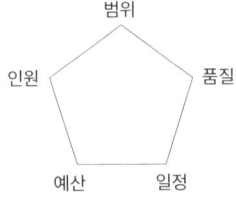

그림 4.6 소프트웨어 프로젝트의 다섯 가지 관점은 범위(scope), 품질(quality), 일정(schedule), 예산(budget), 인원(staff)이다.

첫째, 제품의 기능적 역량을 나타내는 범위 또는 기능이 있다. 그러나 품질과 범위를 구분하는 것이 중요하다. 만일 소프트웨어가 올바르게 작동하지 않아도 된다면 매우 빠르게 작성할 수 있다.

그래서 가장 일반적인 철의 삼각형에서 표현하는 것과 다르게, 나는 별개의 관점으로 품질을 나타낸다. 범위와 품질 외의 다른 세 가지 관점은, 납품에 필요한 일정(시간), 예산(비용), 그리고 프로젝트에 투입할 수 있는 인원이다. 어떤 사람들은 위험을 여섯 번째 관점으로 추가하지만 위험은 다른 다섯 가지보다 조정 가능 정도가 약한 매개변수다.

사람들은 종종 인원과 예산을 '자원resource'으로 결합하지만, 나는 이것들을 분리하는 것을 선호한다. 실제로는 프로젝트 비용의 대부분이 직원 급여다. 그리고 팀이 충분한 예산을 갖고 있더라도 때로는 인원수 제한에 의해 제약을 받는다. 이 경우 프로젝트 관리자는 예산을 투입하여 패키지 해결책을 구입하거나, 일부 소프트웨어 컴포넌트의 라이선스를 구입하거나, 작업의 일부를 아웃소싱하거나, 하청업체를 고용할 수 있다.

각 프로젝트는 필수 프로젝트 목표를 달성하기 위해 가장 중요한 관점들을 결정하고 다른 관점들과 균형을 맞춰야 한다. 다섯 가지 관점 간의 절충은 단순하거나 선형적이지 않다. 예를 들어, 인원을 추가하면 비용이 증가하고 일정이 단축될 수 있다. 그러나 Frederick Brooks(1995)가 '브룩스의 법칙'에서 "늦어지는 소프트웨어 프로젝트에 인력을 추가하면 프로젝트가 더 늦어진다"라고 지적한 바와 같이 일정이 반드시 단축되는 것은 아니다. 일반적인 절충안은 품질을 희생하면서 일정을 단축하거나 기능을 추가하는 것이다. 결함이 많은 소프트웨어로 인해 피해를 본 사람이라면 누구나 이런 절충안의 결정에 의문을 제기한다. 그러나 개발 조직은 때로는 의도적으로, 때로는 기본적으로 그런 선택을 한다.

각 관점은 프로젝트에서 다음 세 가지 속성 중 하나를 취할 수 있다.

- 제약constraint
- 추진 요인driver
- 자유도degree of freedom

제약은 프로젝트가 반드시 지켜야 하는 제한이나 규제를 정의한다. 프로젝트는 제약된 관점에 대해 유연성이 없다. 만일 프로젝트 팀의 규모가 고정된다면 인원의 제약이 따른다. 비용은 고정-가격 계약 하에서 수행되는 프로젝트에 대한 제약이다. 품질은 안전 또는 생명에 중요한 제품을 개발하는 프로젝트에 제약이 될 것이다. 고정-날짜 계약이나 이벤트(예를 들어, Y2K, 선거, 브렉시트)와 결부된 프로젝트는 일정에 제약을 받는다.

추진 요인은 프로젝트의 핵심 목표 또는 성공 기준이다. 희망했던 절호의 마케팅 기회를 가진 제품의 경우 일정이 추진 요인이다. 상용 애플리케이션은 종종 경쟁을 목적으로 하는 기능을 추진 요인으로 사용한다. 추진 요인은 특정 관점에 대해 약간의 유연성을 제공한다. 지정된 기능들의 집합은 프로젝트의 기본 추진 요인이 될 수 있다. 그러나 해당 기능들을 전혀 절충할 수 없다면 범위가 제약이 된다.

추진 요인도 제약도 아닌 프로젝트 관점은 **자유도**이다. 프로젝트 관리자는 특정 범위 내에서 자유도를 조정할 수 있다. 제약이 강요하는 한계 내에서 프로젝트의 성공 추진 요인을 달성하기 위해서는 자유도를 조정하는 것이 관건이다. 예를 들어, 애자일 방법론을 따르는 프로젝트는 범위를 자유도로 처리한다. 이때 반복 일정의 시간 제약에 맞추기 위해 각 반복이 제공하는 결과물의 범위를 조정한다.

자유도가 0인 프로젝트는 실패할 개연성이 있다. 이 경우 다섯 가지 관점 모두 제약이 될 수 없고, 추진 요인도 될 수 없다. 그리고 추가된 기능, 떠나는 팀 멤버, 문제가 되는 위험, 너무 낮은 추정치 등 모든 것이 일정을 망칠 수 있다. 이는 과도하게 구속된 프로젝트 관리자가 그런 이벤트에 유연하게 대응할 수 없기 때문이다.

내가 가르친 프로젝트 관리 수업의 한 학생이 나에게 이렇게 말했다. "우리 프로젝트는 예산이 정해져 있고, 인원을 더 확보할 수 없고, 모든 기능이 중요하고, 결함이 있을 수 없으며, 제 시간에 끝내야 합니다." 나는 이처럼 지나치게 제약된 프로젝트의 성공 가능성에 관해 낙관적이지 않았다.

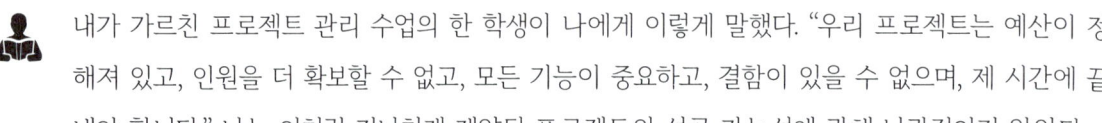

[자유도가 0인 프로젝트는 실패할 개연성이 있다.   ]

우선순위 협상하기

여기서 중요한 측면은 프로젝트 초기에 팀, 고객 및 경영진이 각 관점의 상대적 우선순위에 대해 합의해야 한다는 것이다. 예를 들어, 일정이 실제로는 추진 요인인데 종종 제약으로 제시되기도 한다. 이 차이점을 알아내는 방법은 고객에게 다음과 같은 질문을 하는 것이다. "6월 30일까지 제품이 납품되기를 원하는 것으로 알고 있습니다. 7월 말까지 완료되지 않으면 어떻게 되나요?" 만일 우리에게 유용하지 않게 되거나 계약상 불이익을 받을 것이기 때문에 모든 것을 잊자는 것이 고객의 답변이라면, 일정은 확실히 제약이 된다. 그러나 "음, 6월 30일까지가 좋겠지만, 꼭 그래야 한다면 7월 31일까지 기다릴 수 있어요."가 답변이라면 일정은 추진 요인이 된다.

유연성 다이어그램

레이더 차트, 별 차트, 또는 스파이더 차트라고도 불리는 **키비아 다이어그램**Kiviat diagram은 5가지 관점 모두에 대한 유연성의 양을 시각적으로 나타낼 수 있는 방법을 제공한다. 예를 들면 그림 4.7과 같다.

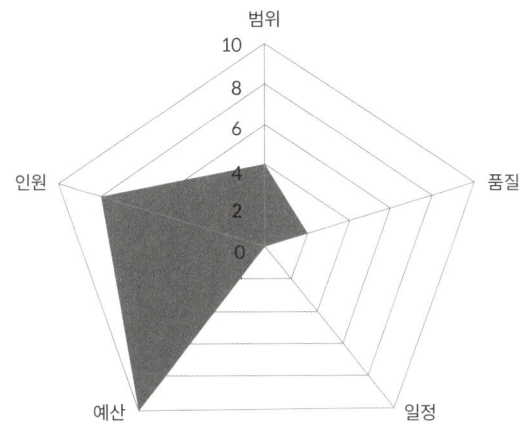

그림 4.7 재사용 가능한 소프트웨어 컴포넌트에 대한 유연성 다이어그램은 일정이 제약이고, 품질과 범위가 추진 요인이며, 인원과 예산이 자유도임을 보여준다.

마이크로소프트 엑셀에서 쉽게 생성할 수 있는 키비아 다이어그램은 공통 원점에서 방사되는 여러 축을 갖고 있다. 모든 축은 길이가 같고 동일한 척도로 정규화된다. 이 경우 각 축은 프로젝트 관리자가 해당 관점에서 얼마나 많은 유연성을 갖고 있는지를 나타내므로 나는 이런 그림을 **유연성 다이어그램**flexibility diagram(Wiegers 1996)이라고 한다.

유연성을 나타내기 위해 나는 0에서 10까지의 상대적인 척도를 사용한다. 0에 점을 표시하면(원점) 해당 축의 관점이 유연성이 없는 제약임을 나타낸다. 축에서 꽤 낮은 점인 0에서 4 사이의 지점은 추진 요인을 나타낸다. 이 프로젝트는 범위 관점에서 약간의 유연성을 갖고 있다. 축에서 더 높은 값으로 표시된 관점들은 조정의 관용도를 더 많이 제공하는 자유도를 나타낸다. 다섯 개의 관점에 표시된 점들을 연결하면 불규칙한 모양의 오각형이 윤곽을 드러낸다. 프로젝트 유형이 다르면 다른 형태의 유연성 다이어그램이 된다.

그림 4.7은 나의 팀이 개발했던 재사용 가능한 소프트웨어 컴포넌트의 유연성 다이어그램이다. 이 컴포넌트는 동시에 개발 중이었던 다른 여러 애플리케이션이 사용하기 전에 제공되어야 했기 때문에 일정이 제한되었다. 따라서 일정 관점은 유연성이 전혀 없었다. 이 컴포넌트는 신뢰성과 정확성이 매우 중요했다. 그래서 품질이 중요한 성공 추진 요인이었다. 나는 그림 4.7에 품질의 유연성 값

을 2로 나타냈다. 프로젝트 초기에는 핵심 기능들을 제공해야 했지만, 시간이 지남에 따라 기능을 확장할 수 있었다. 이런 이유로 프로젝트 범위는 4의 유연성 값을 갖는다. 그리고 프로젝트가 제시간에 완료되어야 했으므로, 예산과 인원은 상당한 관용도를 갖고 있었다. 따라서 이 관점들의 자유도 값은 각각의 축에 높게 나타난다.

유연성 다이어그램은 고해상도이거나 정량적인 것을 보여주는 도구가 아니다. 오각형의 형태는 프로젝트의 중요한 관점을 시각적으로 나타낸다. 그러나 우리는 오각형의 면적 같은 것을 산출하려고 하지 않는다. 하지만 오각형의 크기는 프로젝트 관리자가 얼마나 유연성 있게 작업해야 하는지를 대략적으로 보여준다. 오각형의 크기가 작다는 것은 여러 제약과 추진 요인을 갖는다는 것을 의미하며, 성공으로 가는 길을 따라가기 어렵게 만든다.

다섯 가지 관점 적용하기

이런 다섯 가지 관점 분석은, 프로젝트 관리자가 프로젝트의 주요 목표를 달성하기 위해 변화하는 프로젝트 조건이나 현실에 가장 잘 대응할 수 있는 방법이 무엇인지 결정하는 데 도움이 될 수 있다. 인원이 제약이라고 가정하자. 만일 새로운 요구사항이 포함되어야 한다면, 잠재적으로 변경할 수 있는 매개변수들은 범위, 품질, 예산 및 일정뿐이다. 공짜는 없다. 유연성 다이어그램은 진행 방법을 결정하기 위한 논의를 촉진할 수 있다. 일부 다른 기능들을 줄이거나 연기할 수 있는가? 새로운 기능을 수용하기 위해 개발 반복을 추가하고 일정을 연장할 수 있는가? 제품이 출시 첫날에 완벽하게 작동해야 하는가? 프로젝트의 모든 관점이 필수적이고 타협이 불가능하다고 가정하는 것보다는 이러한 다섯 가지 관점을 고려하는 것이 우리 프로젝트의 우선순위를 이해하는 더 합리적인 방법이다.

레슨 32 | 프로젝트의 위험을 통제하지 못하면, 위험이 우리를 통제할 것이다

한 회사에서 최근의 국제 계약 프로젝트가 실패한 이유를 알아내기 위해 나에게 의뢰한 적이 있다 프로젝트 기록을 검토하던 중 나는 해당 팀이 프로젝트 위험risk 목록을 관리하고 있었으며, 이는 탄탄한 프로젝트 관리 관행이라는 사실을 발견했다. 그러나 월별 상태 보고서에는 매번 동일한 두 가지 사소한 위험만 표시되어 있었고, 각 위험에 대한 예상 위협은 미미했다. 프로젝트가 실패한 이후, 아무도 보지 않는 사이에 몇 가지 추가 위험이 슬그머니 나타나서 프로젝트를 공격한 것으로 보였다. 이 프로젝트의 관리자들은 복잡하고 분산된 프로젝트에서 생길 수 있는 몇 가지 공통적인 위험을 고려하지 못했다. 예를 들어, 느린 의사 결정, 의사소통 문제, 범위 변경, 요구사항의 모호성, 지나치게 낙관적인 약속 등이다. 이 경험으로부터 다음의 몇 가지 교훈을 얻을 수 있다.

- 수백만 달러 규모의 프로젝트임에도 두 가지 위험 요소밖에 못 찾았다면, 충분히 자세하게 살펴보지 않았다는 뜻이다.
- 위험이 초래할 수 있는 잠재적 위협을 과소평가한다면, 위험에 대해 충분히 주의를 기울이지 않을 수 있다.
- 상위 위험 목록에 매월 동일한 항목이 계속 남아 있다면, 이런 항목을 적극적으로 관리하고 있지 않거나 또는 완화 노력이 효과가 없는 것이다.

[위험은 아직 발생하지 않은 잠재적인 문제다.]

위험 관리란 무엇인가?

위험risk은 프로젝트에 해를 끼칠 가능성이 있는 조건 또는 사건이다(Wiegers 1998a). 위험은 아직 발생하지 않은 잠재적인 문제다. 위험 관리의 목표는 프로젝트가 직면하는 위험의 잠재적인 부정적 결과에도 불구하고 프로젝트가 성공할 수 있도록 보장하는 것이다. 위험 관리는 효과적인 프로젝트 관리의 필수 요소이다. 특히 대규모 프로젝트의 경우, 프로젝트 관리는 곧 **위험 관리**라고 할 수 있다(Charette 1996). 좀 더 기발하게 표현하자면, 위험 관리는 성인을 위한 프로젝트 관리라고 할 수 있다(DeMarco and Lister 2003).

위험 관리는 무서운 조건과 사건들을 파악하고, 이것들이 문제로 구체화될 경우 프로젝트에 미칠 수 있는 영향을 평가하고, 우선순위를 정하고, 통제하려는 노력을 포함한다. 공식적인 위험 관리는 서서히 다가오는 가장 큰 위협에 에너지를 집중시킨다. 발생하더라도 큰 피해를 주지 않거나 발생 가능성이 거의 없는 일에 대해 걱정할 필요는 없다. 미래를 예측할 수 있는 사람은 아무도 없지만, 예견하고 피할 수 있었던 일을 당하고 싶지는 않을 것이다.

소프트웨어 위험 식별하기

소프트웨어 프로젝트에서는 놀라울 정도로 많은 것들이 잘못될 수 있다. 각 프로젝트 팀은 위험 요소에 대처하기 위해 초기부터 지속적인 노력을 기울여야 한다. 위험 관리가 누군가의 책임이 아니라면, 그것은 제대로 이루어지지 않을 것이다. 대규모 프로젝트는 종종 위험 관련 활동을 조정하는 데 주도적인 책임을 지는 위험 관리 담당자를 정한다. 다음은 프로젝트의 잠재적 위험을 찾기 위한 몇 가지 기법이다.

브레인스토밍

그룹 세션을 통해 모든 팀 멤버는 위험 식별에 참여할 수 있다. 그들은 각자 다른 관점과 경험을 논의 테이블로 가져올 것이다. 그리고 밤잠을 설치게 하는 걱정거리에 관해 상호 보완적인 생각을 할 것이다. 이러한 브레인스토밍brainstorming을 시작하기 좋은 출발점은, 추정치에 반영된 가정을 포함하여 팀이 하고 있는 모든 가정을 검토하는 것이다. 미약한 가정은 위험을 포함할 수 있기 때문이다.

나는 이런 브레인스토밍 세션에서 나오는 제안된 위험 중 많은 것이 실제로 현재 프로젝트의 현실을 반영하고 있다는 것을 발견했다. 그것들은 위험이 아닌 문제다. 우리는 잠재적인 문제보다 현존하는 문제를 더 적극적으로 대처해야 한다.

출판된 위험 모음집

또 다른 위험 식별 전략은 소프트웨어 서적에서 추출한 광범위한 위험 목록으로 시작하는 것이다. Capers Jones(1994)와 Steve McConnell(1996)의 책에는 출판 당시와 마찬가지로, 오늘날에도 대부분 유용한 소프트웨어 위험의 긴 목록이 포함되어 있다. 또한 Bright Hub PM(2009)에 있는 것과 같은 다양한 프로젝트 위험 목록도 온라인에서 찾을 수 있다.

잠재적인 위험의 긴 목록을 검토하는 것은 일부 약물의 모든 잠재적인 부작용을 읽는 것과 같이 끔찍하다. 목록의 모든 항목이 우리 프로젝트에 적용되는 것은 아니다. 그러나 아무런 사전 지식없이 시작했다면 상상하지 못했을 위험 발생 가능성을 목록이 경고해 줄 수 있다. 소프트웨어 위험은 다음과 같은 범주로 분류된다.

- 요구사항과 범위
- 설계와 구현
- 조직과 인원
- 관리와 계획
- 고객
- 아웃소싱과 하청업체
- 개발 환경과 프로세스
- 기술
- 법률과 규제

프로젝트 기록

세 번째 위험 식별 전략은 조직의 이전 프로젝트에서 축적된 정보를 검토하는 것이다. 이런 위험은 일반적인 위험 목록에서 발견되는 것보다 우리에게 더 관련이 있을 것이다. 프로젝트 회고retrospective는 좋은 프로젝트 경험과 나쁜 프로젝트 경험 모두를 수집하고 기록할 수 있는 기회다. 팀을 경악시킨 프로젝트 사건은 종종 예상치 못했던 위험을 반영한다. 어떤 불쾌한 사건이 일회성으로 끝났다고 결론 내리고 싶은 유혹이 있다. 그러나 향후 프로젝트에서 해당 사건이 문제가 될 수 있는지 고려할 수 있도록 어떻게든 종합 목록에 추가하자.

조직의 위험 수집에는 이전 팀이 특정 위험에 대해 시도했던 완화 전략과 그 효과에 관한 정보도 포함되어야 한다. 그러면 향후 프로젝트는 이전 경험을 바탕으로 위험을 신속하게 평가하고 통제 방법을 결정하는 데 도움이 될 것이다. 이전 경험을 연구하는 것은, 모든 프로젝트에서 모든 고통스러운 학습 곡선을 밟지 않아도 되는 방법이다.

위험 관리 활동

위험 관리는 일회성 프로젝트 작업이 아니며, 프로젝트를 시작할 때 수행한 다음 계속 유지하는 것이다. 그림 4.8은 위험 관리와 관련되는 다양한 활동의 흐름도를 보여준다.

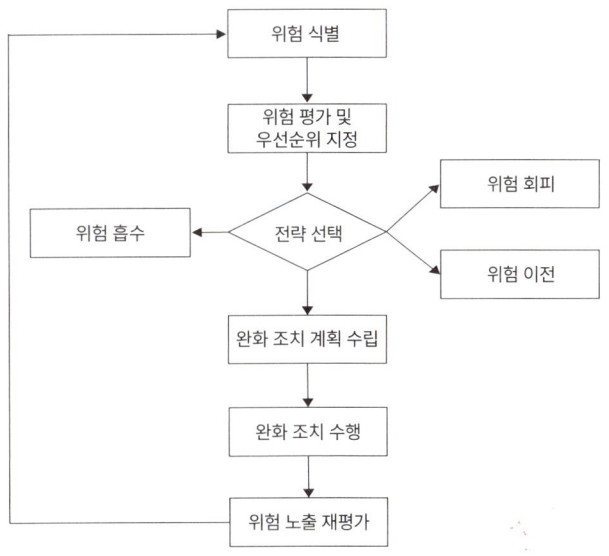

그림 4.8 **위험 관리는 많은 활동을 포함한다.**

위험 식별. 사용할 수 있는 소프트웨어 위험 수집 목록들을 샅샅이 살펴보고 우리 프로젝트와 관련이 있을 수 있는 것은 모두 메모하자. 위험 목록에는 일반적으로 '내부 규제 기관의 부적절한 보고 요구사항'과 같이 문제가 될 수 있는 조건을 명시한다. 이에 덧붙여 나는 가능한 결과를 덧붙이는 형태로 위험 보고서를 작성하는 것을 좋아한다. 예를 들어, "내부 규제 기관의 부적절한 보고 요구사항으로 인해 소프트웨어 배포 후 감사 실패 audit failure를 초래할 수 있다."

이러한 패턴으로 위험을 기록하면 하나의 조건이 여러 가지 결과를 초래할 수 있다는 것을 알 수 있으므로, 통제 가능성이 높은 조건이 될 수 있다. 또는 여러 위험 조건에서 동일한 결과가 발생할 수 있으며 이 경우 해당 결과를 완전히 피하기 어려울 수 있다. 따라서 필요하다면 해당 결과를 처리하기 위한 비상 계획을 수립하는 것이 좋다.

위험 평가 및 우선순위 지정. 조건과 그로 인해 발생할 수 있는 결과의 목록을 작성했다면, 각 조건이 프로젝트에 얼마나 큰 피해를 줄 수 있는지 고려하자. 위험 평가는 다음 두 가지 관점을 고려한다.

1. 위험이 실제 문제가 될 확률은 어느 정도인가? 어떤 위험은 현실화될 가능성이 낮지만, 어떤 위험은 분명하고 현존하는 위험을 초래한다.
2. 만일 문제가 현실화된다면 프로젝트에 얼마나 큰 영향을 미칠 수 있는가? 어떤 영향은 너무 사소해서 걱정하지 않아도 되지만 치명적일 수 있는 것도 있다.

나는 0에서 1까지의 척도로 확률을 추정하고 0에서 10까지의 상대적 척도로 영향을 추정하는 것을 좋아한다. 확률에 영향을 곱하면 각 위험 항목의 노출을 추정할 수 있다.

위험 노출을 추정한 후에는 가장 위협적인 항목이 맨 위로 가도록 노출을 내림차순으로 정렬하자. 이처럼 우선순위를 지정하면 가장 필요한 곳에 주의를 집중할 수 있다. 우선순위가 지정된 목록의 맨 위에서 위험 관리 계획을 시작하고 내려가면서 목록을 살펴보자. 현명한 프로젝트 관리자는 상위 10개 정도의 위험 목록을 가장 중요한 위치(앞쪽 중앙)에 두고 지속적으로 모니터링한다.

전략 선택. 각 위험에 대응하는 방법으로는 네 가지를 선택할 수 있다. 첫 번째 옵션은, 단순히 위험을 흡수하는(받아들이는) 것이다. 그렇다, 그런 일이 생길 수 있고, 일부 부정적인 영향을 끼칠 수 있다. 그러나 어떤 조치도 취하지 않기로 결정하고 그저 무슨 일이 생길지 기다리면서 지켜보는 것이다. 때로는 선택의 여지가 없다. 예를 들어, 정부 규제의 잠재적인 변화를 위험으로 파악했다면, 이것에 관해 아무것도 할 수 없다. 만일 우리가 위험을 흡수(감수)해야 한다면, 만일의 경우에 대비해 비상 계획을 세우는 것이 좋다.

두 번째 전략은, 위험을 덜 유발하는 다른 기술이나 동업자를 선택하는 것과 같이 방향을 바꿈으로써 위험을 완전히 피하는 것이다. 세 번째 방법은 위험을 다른 사람에게 이전하여 더 이상 걱정하지 않도록 하는 것이다. 그러나 대부분의 경우 네 번째 옵션을 선택해야 한다. 즉, 위험을 완화하여 노출을 줄이는 것이다.

완화 조치 계획 수립. 완화 계획에는 위험이 문제가 될 가능성을 줄이기 위한 조치 또는 문제가 될 경우 영향을 줄이기 위한 조치를 선택하는 것이 포함된다. 완화 조치는 프로젝트 작업이 되며, 누군가는 각 작업을 담당해야 한다. 또한 위험이 단순한 가능성이 아니라 다가오는 위협이 될 수 있음을 알려주는 촉발 조건이나 이벤트를 파악하자.

완화 조치 수행. 아무리 훌륭한 계획이라도 실행하지 않으면 소용이 없다. 다른 프로젝트 작업과 마찬가지로 완화 조치의 실행을 모니터링하여 의도한 대로 수행되는지 확인하자.

위험 노출 재평가. 완화 조치가 성공적이면 해당 위험 요소로 인한 노출이 줄어야 한다. (성공하지 못하면 다른 방법을 시도하자.) 그림 4.8에서 알 수 있듯이, 위험 관리는 일회성 활동이 아니다. 따라서 매주 상위 10대 위험 목록을 재평가하는 것이 좋다(McConnell 1996). 적극적으로 대처하고 있는 위험은 예상 위험 노출이 감소함에 따라 우선순위가 지정된 위험 목록에서 아래쪽으로 내려가야 한다(노출이 내림차순으로 정렬되었으므로). 그리고 목록에서 더 아래쪽에 있는 항목을 모니터링하여 상태가 변경되었는지 확인하자. 피해를 줄 가능성이 없는 위험들은 목록에서 제거될 수 있다. 또는 처음에는 그다지 위협적이지 않았다가 발생 가능성이 높아지거나 더 영향력이 강해지는 그런 위험들은 프로젝트 상황에 따라 변경될 수 있다. 새로운 위험은 언제든지 나타날 수 있다. 따라서 프로젝트에 참여하는 모든 사람은 항상 주의를 기울여야 한다.

항상 걱정해야 할 것이 있다

위험은 우리가 찾든 찾지 않든 항상 존재한다. 위험 관리에 실패하면 위험을 용인하고 그 결과를 받아들이는 것과 같다. 나는 조기에 그리고 자주 프로젝트 위협에 대응하는 것을 선호한다. 팀의 완화 조치가 성공함에 따라 활성 위험 목록이 줄어드는 것을 보면 위안이 된다.

또는 위험을 무시하고 그저 놀랍거나 불쾌한 일이 생기지 않기를 바랄 수도 있다. 행운을 빈다.

레슨 33 고객이 항상 옳은 것은 아니다

우리 사회에서는 "고객은 항상 옳다."는 말이 유행처럼 번지고 있다. 이 얘기는 고객이 무언가를 요구하면 반드시 들어줄 의무가 있다는 것을 의미한다. "우리 회사에는 두 가지 규칙만 있다. 규칙 #1: 고객은 항상 옳다. 규칙 #2: 고객이 틀리면 규칙 #1을 참조하자."라는 업체 간판을 본 적이 있을 것이다.

[고객이 항상 옳은 것은 아니다. 그러나 고객에게는 항상 주안점이 있다.]

물론 현실은 고객이 항상 옳은 것은 아니다. 때로는 고객이 잘못 듣거나, 비합리적이거나, 혼동하거나, 언짢아 하거나, 또는 제 역할을 다하지 않을 수도 있다. 고객이 항상 옳은 것은 아니다. 그러나 고객은 항상 자신의 주안점이 있어서 우리는 그것을 이해하고 존중해야 한다고 말하고 싶다. 이것은 고객이 원하는 대로 항상 해주는 것과는 다르다.

'옳지 않다'는 것

집 근처에서 끝없이 이어지는 도로 공사에 짜증났던 기억이 난다. 몇 달 동안 나는 파헤쳐진 교차로를 매일 지나가야 했다. '이 도로 공사가 왜 이렇게 오래 걸리는 걸까?' 나는 차를 몰고 엉망진창인 도로를 지날 때마다 이런 생각을 했다. 그러다가 나는 도로 공사에 관해 아무것도 모른다는 중요한 사실을 깨달았다. 나는 그 교차로를 재건하는 데 얼마나 오래 걸릴지 예측할 근거가 없었다. 그 공사는 짜증스러웠지만 내가 현실적으로 이룰 수 없다면 더 일찍 끝낼 것을 요구하는 것은 합리적이지 않았다. 나는 새 도로에 대한 불만스러운 '고객'이 될 수 있었다. 그러나 그것이 내 기대가 옳았다는 의미는 아니었다. 어떻게 소프트웨어 고객이 항상 옳지 않을 수 있는지에 관해 몇 가지 예를 살펴보자.

상반되는 요청

두 고객이 어떤 문제에 대한 상반된 해결책을 요구한다고 가정하자. 예를 들어, 시스템의 일부분이 어떻게 작동해야 하는지에 관한 서로 다른 생각과 같은 것이다. 그들은 분명히 둘 다 옳을 수 없다. 그럼에도 불구하고, 각자의 사고 과정이 그들 각각의 요청으로 이어진 것이다. 어떤 것이 프로젝트의 비즈니스 목표를 달성하는 것과 더 밀접하게 부합하는지를 평가하려면 해당 요청의 근거를 이해해야 한다. 이것이 우리가 해결해야 할 요구사항이다.

해결책 대 요구사항

요구사항 도출 논의를 하는 동안 고객 대표자는 요구사항이 아닌 그들이 염두에 두고 있는 몇 가지 해결책을 제시할 수 있다. 숙련된 BA는 고객의 그런 요구사항이 사실은 해결책에 관한 발상이라는 것을 알아차리고 근본적인 문제를 밝히기 위해 질문을 할 수 있다. 때로는 고객이 이런 대화의 요점을 완전히 이해하지 못하는 경우도 있다. 고객의 반응은 이럴 수 있다. "내가 필요한 것을 당신에게 말했죠. 고객이 항상 옳다는 말 못 들어봤나요? 일이 끝나면 전화하세요." 이런 태도는 실제 문제를 해결하기 위한 협력적인 접근 방식을 잘 반영하지 못한다.

대표자

고객은 그들이 속하지 않은 일부 사용자 계층을 대신하여 요구사항을 제공하겠다고 제안할 수 있다. 내가 어떤 프로젝트의 수석 BA였을 때 그런 일이 있었다. 우리의 가장 중요한 두 가지 사용자 계층은 화학자들의 대규모 커뮤니티와 화학물질 창고에서 일하는 소수의 사람들이었다. 그중에서 화학물질 창고를 관리하던 여성이 나에게 이렇게 말했다. "저는 몇 년 전까지 실험실 화학자였습니다. 이 시스템에 대한 화학자의 모든 요구사항을 알려줄 수 있습니다." 불행하게도, 그녀는 틀렸다.

오늘날의 화학자들이 시스템에 기대했던 것에 대해 그녀가 알고 있는 것은 시대에 뒤떨어졌고 불완전했다. 그녀의 의견에만 의존하는 것은 실수였을 것이다. 대신 그들의 요구사항을 이해하는 데 도움이 되는 몇몇 실제 화학자들을 찾았으며, 그 결과 훨씬 더 나은 결과를 얻을 수 있었다.

사용자 커뮤니티의 한 관리자가 요구사항 논의의 대표자 역할을 제안하는 경우에도 동일한 문제가 발생할 수 있다. 그 관리자는 사용자가 작업을 수행하는 방법에 관한 일상적인 세부 사항을 모두 알지 못할 수 있다. 어쩌면 그 관리자의 경험이 쓸모없을 수도 있을 것이다. 어떤 경우이건 그 관리자는 생각만큼 사용자 요구사항을 잘 제시하지 못할 수 있다.

뒷문을 통해서

누군가는 자신의 이익을 위해 기존 프로세스를 우회하려고 시도할 수 있다. 어느 컨설팅 고객사의 한 그룹에 시스템에 대한 요구사항 변경 및 개선이 어떻게 이루어졌는지 내가 물어본 적이 있다. 어색한 침묵이 뒤따랐다. 해당 그룹의 사람들은 아는 듯한 눈초리를 서로 주고받았다. 누군가가 마침내 말했다. "고객이 변경을 원한다면, 그들은 항상 필립이나 데비에게 말합니다. 그들은 필립과 데비가 시스템의 변경을 이끌어낼 거라는 걸 알고 있지만, 나머지 우리들은 그 변화에 대해 힘들어하죠."

그 회사는 변경 요청을 평가하는 메커니즘을 가지고 있었다. 그러나 변경 요청 프로세스를 따르는 대신 뒷문으로 몰래 변경을 처리하려고 했다. 사람들은 분명 비효율적이고 반응이 없는 프로세스를 우회하려고 할 것이고 어쩌면 그렇게 해야 할지도 모른다. 그러나 이 경우에 고객은 단지 프로세스를 거치는 것을 귀찮아 하고 의사 결정권자가 변경 요청을 거부하는 것을 원치 않았을 뿐이다.

성급한 결정

숙련된 BA이자 소프트웨어 엔지니어인 내 동료 타냐는 한 회사에서 일부 활동을 자동화하기 위한 새로운 정보 시스템의 요구사항을 구체화하고 구현하는 일을 맡게 되었다. 이것은 완전히 새롭고 중대한 전환이었다. 타냐는 잠재적인 사용자의 현재 수작업 프로세스를 이해하고 문서화하는 일부터 시작했다. 여기서 그녀는 적절한 해결책 요구사항을 개발할 계획을 세웠다. 자동화된 시스템으로 전환하는 것을 꺼려하던 사용자들은 타냐의 작업에 만족하며 프로젝트를 받아들였.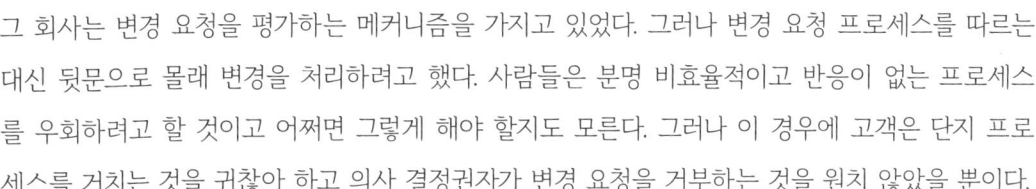

하지만 안타깝게도 사용자의 관리자는 타냐가 현재 상태의 예비 작업을 기록한 인상적인 바인더를 검토하고 요구사항이 완료되었다고 잘못 판단하여 그의 친구가 우연히 판매하게 된 기존 소프트웨어 패키지를 구입하기로 결정했다. 그러나 그 새로운 패키지는 형편없이 부적절했고 사용자의 요구를 충족시키지 못했다. 타냐가 실제 해결책 요구사항을 구체화할 때까지 관리자가 기다렸다면, 원하는 비즈니스 목표를 달성할 수 있는 더 적절한 구축 또는 구입 결정을 내릴 수 있었을 것이다.

지위 영향력

고객은 때때로 그들의 조직 상태나 프로젝트에 대한 기타 영향력 있는 지위 때문에 그들의 요구사항이 최고 우선순위를 가져야 한다고 요구한다. (레슨 15, "포함될 기능을 결정할 때 데시벨 우선순위를 정하지 말자"를 참고하자.) 만일 그들의 요구사항이 다른 것보다 우선시하는 것을 정당화할 만큼 자주 사용되지 않는 기능을 요청한다면 그런 요구는 문제가 될 수 있다. 특정 개인이 권력을 가지고 있다고 해서 그들의 주장이 옳다는 것을 의미하지는 않는다.

그렇긴 해도 개발 팀보다 회사의 전략 계획을 훨씬 더 잘 파악할 수 있는 고위급 인력은, 비록 팀에게는 논리적으로 보이지 않는 방식이지만, 정당하게 요구사항의 우선순위를 정할 수 있다. 그들의 요청 배경에 있는 논리적 사고를 이해하면 모두가 적절한 비즈니스 목표를 향해 나아가는 데 도움이 될 것이다.

변경은 공짜가 아니다.

고객이 항상 옳은 것은 아니라는 것의 흔한 예는 이렇다. 고객이 새로운 기능 또는 기타 변경 사항을 요청하지만 가격과 납품 일자는 변함없다고 요구하는 경우다. 그들의 태도는 "변경은 공짜니까 그냥 하세요."라고 하는 것처럼 보인다. 이것은 〈딜버트Dilbert〉 만화[2]에서나 나올 법한 얘기 같지만 실제 현실에서 일어나는 일이다.

견해 존중하기

우리는 일상생활에서 모두 고객이다. 우리는 매장에서 제품을 구입하고, 다양한 공급업체에서 서비스를 받는다. 우리는 옳다고 생각하고 싶지만 그렇다고 항상 옳은 것은 아니다. 인터넷 검색을 통해 어떤 의학적 증상에 대한 진단을 확신하고 의사를 만났다가 완전히 틀렸다는 사실을 알게 될 수도 있다. 한번은 브레이크를 교체하기 위해 정비소에 차를 맡긴 적이 있다. 이후에 내가 차를 가지러 갔을 때 정비사는 브레이크는 교체할 필요가 없어서 조정만 했다고 말했다. 그리고 무료였다. 이 경우에는 고객으로서 틀린 것(여기서는 브레이크 교체 요구)이 나에게 유리했다.

그러나 고객은 항상 견해가 있다는 것을 기억하자. 그들이 요청하거나 또는 요구하는 것에는 이유

---

2   [옮긴이] 자기 업무용 칸막이 안에 틀어박혀 강요된 일을 해야 하는, 무감각하고 권위적인 계층구조 내의 톱니바퀴에 불과한 직장인들의 모습을 주로 그린 만화

가 있다. 소프트웨어 제공자로서 고객의 견해를 존중하고, 이해하려고 노력하며, 요청을 충족하려고 하지 않는다면 최고의 해결책을 제공하고 있다고 말할 수 없다. 고객이 잘못했을 때는 그것을 정중히 설명하고, 일부 고객이 요구했다는 이유만으로 부적절한 일을 해야 하는 압력을 받을 때는 이에 맞서야 한다.

레슨 34   우리는 소프트웨어에서 너무 많은 가식 행위를 한다

현실이 항상 우리가 생각하는 이상적인 것은 아니기 때문에, 사람들은 때때로 그들의 현재 상황과 다른 것처럼 가식 행위pretending를 한다. 이런 가식 행위는 대안적 사실 또는 심지어 노골적인 조작을 포함할 수 있다. 그러나 내가 여기서 말하는 가식 행위는 자기 망상이나 부적절한 낙관주의의 문제이며, 때로는 현실을 외면하는 것이고, 현실이 아직 존재하지 않기를 바라는 것이다. 때로는 희망 사항이기도 하다.

상상의 나라에 살기

예를 들어, 우리는 유의미한 프로젝트 이해 당사자들을 모두 파악한 것처럼 행동할 수 있다(실제는 그렇지 않을 수도 있지만). 그리고 그들과 프로젝트의 목표를 이해하고 있으며 필요한 모든 요구사항 및 기타 프로젝트 정보를 축적했다고 생각할 수 있다. 그러나 그렇지 않을 가능성이 있다. 잠재적 이해 당사자들의 긴 목록부터 시작해서 그들 중 누가 우리 프로젝트와 관련이 있는지 고려하는 철저한 이해 당사자 분석을 수행하지 않았다면 어떻게 될까? 각 이해 당사자 그룹의 요구와 제약을 정확하게 전달할 수 있는 사람을 찾을 수 없거나 또는 함께 일할 수 없다면 어떻게 될까? 이런 상황은 모두 문제를 일으킬 수 있다.

적절한 이해 당사자와 소통했더라도, 우리는 올바른 요구사항을 파악하고 이를 정확하게 기록하여 다른 사람들이 함께 일할 수 있도록 하는 척한다(희망이라는 표현이 더 나을지도 모른다). 로널드 레이건 전 미국 대통령은 옛 소련과의 무기협정을 논의할 때 "신뢰하되 검증하라"는 러시아 속담을 채택했다. 이 개념은 소프트웨어 프로젝트에도 적용된다. 우리는 함께 일하는 사람들을 신뢰한다. 그러나 그들의 정보를 검증하고 그 정보를 기반으로 진행된 작업이 올바르게 수행되었는지도 확인해야 한다.

소프트웨어 관련 일을 하는 사람들은 때때로 프로젝트 관리와 관련하여 가식 행위를 한다. 필요한 작업을 모두 생각한 것처럼 행동하고 추정치가 정확한 것처럼 행동한다. 그리고 프로젝트의 범위를 잘 이해하고 있고 통제 범위를 벗어나지 않을 것이라고 생각한다. 그러나 항상 그런 것은 아니다. 우리는 이전 프로젝트를 망친 위험 요소나 예상치 못한 사건들의 어느 것도 이번에는 문제가 되지 않을 것이라고 여긴다. 그럴지도 모르지만 새롭게 지장을 초래할 가능성이 있으므로 그런 가능성을 예상하고 대응 방안을 고려해야 한다. 모든 프로젝트 참가자는 프로젝트를 계속 진행하기 위해 사실적이고 정확한 정보를 필요로 한다. 관리자는 팀 멤버들이 좋은 소식은 신속하게, 나쁜 소식은 더 빨리 전달하도록 독려해야 한다.

비이성적 기대감

다음 프로젝트가 지난 프로젝트보다 더 빠르고 순조롭게 진행될 것으로 기대하는 사람들은 팀의 향상된 경험이 큰 도움이 될 것이라고 확신할 수 있다. 아니면 그냥 팀에 대한 믿음이 강할 수도 있다. 나는 관리자들이 새로운 도구와 방법을 통해 팀이 얻을 수 있는 엄청난 생산성 향상에 대해 열변을 토하는 것을 들었다. 그러나 그들은 한동안 팀의 속도를 늦출 수 있는 학습 곡선을 고려하지 않았다. 또한 공급업체의 마케팅 과대 광고가 그들의 기대에 영향을 끼쳤는지도 고려하지 않았다. 그들은 그저 생산성의 기적이 일어날 것이라고 생각했다.

우리는 우리 팀에 최고의 인재가 있다고 생각할 수 있지만, 모든 팀에 90번째 백분위수 직원을 보유할 수는 없다. 일부 회사들은 진정으로 뛰어난 재능으로 가득 찬 소프트웨어 조직을 만들었다. 이는 능력 분포의 하위권에 속한 더 많은 사람들이 다른 곳에 몰려 있다는 것을 의미한다. 나는 컨설팅 업무를 수행하면서 광범위한 스펙트럼의 조직 역량을 관찰해왔고, 그중 일부는 양쪽 끝에서 두각을 나타냈다.

가식 행위의 다른 형태는 다음과 같은 것을 상상하는 것이다. 즉, 팀 멤버들이 그들 시간의 100%를 프로젝트 작업에 할애하면서도 여전히 팀의 역량을 배우고 혁신하고 성장시키기 위한 시간을 확보할 수 있다는 것이다(Rothman 2012). 이것은 전혀 가능하지 않다. 레슨 23, "작업 계획은 마찰을 고려해야 한다"에서 본 바와 같이, 많은 요인들이 작업 소요 시간을 줄여 유효 작업 시간을 감소시킨다. 모든 인원들의 시간을 프로젝트 작업에 최대한 활용하는 것이 실현 가능하고 바람직한 것처럼 생각하는 관리자는 현실을 부정하고 있는 것이다. 실제로는 팀에서 일하는 방식으로 작업하기 위해 배우고, 탐구하고, 개선할 시간이 없다. 따라서 다음번에 더 나은 결과를 기대할 수 있는 기반이 빈약해진다.

사람들이 하는 게임

팀과 조직에서는 그들이 특정 프로세스나 방법론을 따르고 있다고 주장한다. 그렇게 해야 한다는 것을 알고 있거나 또는 그렇게 하고 있다고 말하는 것이 어떤 맥락에서는 좋게 들리기 때문이다. 그러나 실제로는 다른 것을 하고 있다. 그들은 프로세스의 특정 부분을 준수하지만 불편하거나 또는 시간이 많이 소요되거나 또는 따르기 어려운 부분은 건너뛸 수도 있을 것이다.

나는 흥미로운 가식 행위를 하는 정부 기관을 컨설팅한 적이 있다. 그들의 프로젝트는 1년 차 7월 1일부터 2년 후 6월 30일까지 격년제 일정으로 자금이 지원되었다. 그들은 항상 예정대로 6월 30일까지 프로젝트를 완료했다. 그때까지 시스템을 완전히 출하할 수 없는 경우에는 불완전하고 결함이 많은 버전을 납품하여 일정에 성공했다고 주장할 수 있도록 했다. 그런 다음에 그들은 다음 자금 조달 주기에서 프로젝트 완료와 수정에 대한 비용을 지불했다. 그들은 이런 식으로 납품 일정을 절대 놓치지 않는 척했지만, 나는 누구도 이런 전략에 속지 않을 것이라고 생각했다.

[현실에 그리 만족하지는 않지만 그것이 내가 가진 전부이므로 감수하고 살아야 한다.]

조직에서 가식적 행위를 하는 것이 있는가? 그렇다면 어떤 영향이 있을까? 그것에 관해 우리가 할 수 있는 일이 있는가?

나는 가식을 별로 좋아하지 않는다. 세상이 실제와 다르기를 바라는 것은 위로가 될 수 있지만 건설적이지는 않다. 현실에 그리 만족하지는 않지만 그것이 내가 가진 전부이므로 감수하고 살아야 한다. 우리 모두 그래야 한다.

다음 단계: 프로젝트 관리

1. 이번 장에 나온 레슨 중 어느 것이 각자의 프로젝트 관리 경험과 관련되는지 찾아보자.
2. 각자 경험에 비추어 여러분의 동료들과 공유할 만한 가치가 있는 다른 프로젝트 관리 관련 레슨들을 기억할 수 있는가?
3. 이번 장에 나타난 실무 사례들을 파악하자. 이것들은 이번 장 초반의 첫 단계에서 파악했던 프로젝트 관리 관련 문제에 대한 해결책이 될 수 있다. 여러분의 프로젝트 팀이 프로젝트를 계획하고 추적하는 방법을 각 실무 사례가 어떻게 향상시킬 수 있을까?
4. 앞의 3번 단계에서 각 실무 사례가 원하는 결과를 여러분에게 제공하고 있는지 여부를 어떻게 알 수 있을까? 그리고 그런 결과들이 여러분에게 무슨 가치가 있는가?
5. 3번 단계의 실무 사례들을 적용하기 어렵게 만들 수 있는 장애를 찾자. 그런 장애를 어떻게 극복하여 실무 사례를 구현하는 데 도움을 줄 수 있을까?
6. 향후 프로젝트 팀들이 우리의 프로젝트 관리 모범 실무 사례를 효과적으로 적용하는 데 도움이 되도록 처리 과정 설명, 템플릿, 지침 문서 등을 만들어두자.

CHAPTER 5
문화와 팀워크에 관한 레슨

문화와 팀워크 개요

모든 조직, 회사, 부서, 그리고 팀은 고유한 문화를 갖고 있다. 간단히 말해서, 그 문화는 '우리가 이곳에서 일을 하는 방식'을 설명한다. 건강한 소프트웨어 문화는 조직 내 사람들의 행동과 결정을 주도하는 일련의 공통된 가치와 기술적 실무 사례로 특징지어진다(Wiegers 1996, McMenamin et al. 2021). 그리고 건강한 소프트웨어 문화는 개인, 프로젝트 팀 및 조직 차원의 약속을 포함한다. 적합한 프로세스와 실무 사례를 합리적으로 적용하여 고품질 제품을 만들기 위해서다. 모든 것이 잘 되면 팀 멤버들도 그 과정에서 즐거운 시간을 보낼 수 있다.

1996년에 출간된 나의 첫 번째 책 제목은 《Creating a Software Engineering Culture(소프트웨어 공학 문화 만들기)》이다. 이 책에서는 내가 속한 소프트웨어 개발 그룹이 채택한 14가지 공유 가치(문화적 원칙)를 항목별로 수록하고 있다. 그리고 그 목록을 되돌아보면 나는 그것들이 여전히 성공적인 소프트웨어 개발과 관련이 있다고 믿는다. 사실 그것들 중 몇 가지는 다음과 같이 이 책에서 레슨으로 다루고 있다.

- 레슨 44: 고품질은 자연스럽게 생산성 향상으로 이어진다.
- 레슨 47: 상사나 고객이 나쁜 일을 하도록 부추기지 말자.
- 레슨 48: 고객이 아닌 동료가 결함을 찾도록 노력하자.

- 레슨 60: 모든 것을 한 번에 바꿀 수는 없다.

조직의 문화는 리더가 적극적으로 특정 방향으로 이끌지 않는 한 유기적으로 성장한다. 모든 사람들의 과거 경험에서 합쳐진 임의의 행동 방식이 자연스럽게 건강한 문화로 형성될 가능성은 거의 없다. 소프트웨어가 주요 제품인 젊은 기업들은 종종 그들의 팀과 그들이 수행하는 일에 가장 도움이 되는 강력한 문화적 의무를 확립한다(Pronschinske 2017). 이와 반대로, 비기술 기업 내부의 IT 부서는 해당 기업의 일반적인 문화적 특성을 그대로 물려받는다. 따라서 IT 문화를 현대의 지식 업무에 적합한 문화로 이끄는 것은 쉽지 않은 일이 될 수 있다. IT 직원들의 업무는 일부 다른 유형의 기업 업무와 다르므로, 문화도 다른(기왕이면 화합할 수 있고 상호 보완적인) 방향으로 진화하는 것이 합리적이다.

예를 들어, 나는 의사 결정 절차가 엄격한 대형 소비재 회사에서 일한 적이 있다. 이 회사는 의사 결정의 어떤 부분으로 인해 어떤 식으로든 영향을 받는 모든 사람이 전체 결정에 100% 동의하지 않는 한 아무도 결정을 내릴 수 없는 것처럼 보였다. 이것은 의사 결정에 관여하는 모든 사람들이 거부권을 행사하는 것처럼 보였다. 만장일치도 좋지만, 비즈니스는 앞으로 나아가야 하므로 빠르게 변화하는 소프트웨어 프로젝트에서는 그런 식으로 의사 결정을 내릴 수 없다. 해당 기업 문화의 특정 측면은 오늘날의 민첩하고 반응이 빠른 IT 관련 업무의 요구와 충돌했다.

신념 지키기

관리자는 비전, 말, 행동을 통해 조직의 문화에 영향을 준다. 또한 다양한 문화 조성 조치를 취함으로써 협력적인 팀워크를 조성하고 긍정적인 문화적 가치에 부합하도록 한다. 그러나 문화는 취약한 것이다. 문화를 죽이는 행동은 그룹이 점진적으로 쌓아온 품질 지향적 기반을 쉽게 훼손할 수 있다(Wiegers 1996, McMenamin et al. 2021).

개선된 문화를 조직이 확고히 정착시켰다는 가장 좋은 신호는 핵심 리더가 떠난 후에도 새로운 태도와 실무 사례, 행동이 지속된다는 것이다. 내가 몇 년 동안 관리했던 소규모 소프트웨어 그룹은 함께 일하는 방식을 크게 개선했으며, 우리가 제공한 시스템에서 그 이점을 확인할 수 있었다. 3년 만에 우리는 5명의 그룹에서 18명으로 성장했다. 새로운 사람들이 팀에 합류하면서 그들은 우리의 문화적 가치를 받아들였으며, 우리가 중요하다고 믿었던 행동과 실무 사례를 유지하는 데 도움을 주었다. 결국 나는 매니저 역할에 흥미를 느끼지 못했기 때문에 나를 대신할 새로운 관리자를 고용했으며, 그와 동시에 여러 명의 다른 새로운 사람들이 그룹에 합류했다.

실망스럽게도 새 관리자는 우리의 소프트웨어 개발 프로세스를 지속적으로 개선하기 위한 노력을 완전히 공유하지 않았고, '부드러운 압박, 지속적으로 적용'이라는 나의 개선 철학도 공유하지 않았다(레슨 54 참고). 리더가 지속적인 개선을 향한 노력을 지속하지 않는 한, 일부 팀 멤버들은 적당히 일을 하는 익숙한 관행으로 되돌아 갈 수 있다. 아니나 다를까, 우리가 시도했던 일부 프로세스 변화는 점차 퇴색되었다. 그러나 이외 다른 것들은 최선의 업무 방식으로 내면화한 팀 멤버들에 의해 여전히 실천되었다.

문화적 일치성

일치성congruence은 건강한 문화의 중요한 요소다. **일치성**이란 관리자와 팀 멤버가 조직이 가치를 요구하는 방식으로 행동하는 것을 의미한다. 공식적인 가치 선언과 상충될 수 있는 무언의 규칙을 따르는 것이 아니다(McMenamin et al. 2021). 일치하지 않는 행동은 고품질 기준과 윤리적 행동에 대해 선언한 초점을 약화시켜 문화를 오염시킨다. 다음과 같은 질문을 통해 문화가 일치하는지 여부를 알 수 있다.

- 관리자는 자신이 역설하는 것을 실천하는가, 아니면 아직 출시 기준을 충족하지 못한 제품을 제공하는 것처럼 외부 압력에 굴복하는가?
- 기술 분야 실무자들은 정해진 절차를 따르는가, 아니면 마감일이 다가오면 품질 저하를 감수하고 편법을 택하는가?
- 팀 멤버들은 현실적으로 달성 가능한 약속을 하고 지키는가, 아니면 지나치게 야심에 찬 약속을 하고 이행하지 않는 경우가 너무 많은가?

우리 조직이 앞의 질문이 나타내는 것과 다른 가치관을 갖고 있다면, 다른 질문들을 선택하여 문화에 부합하는 행동이 있는지 테스트할 수 있다. 팀이 중요하게 여기는 원칙이 무엇이든, 사람들은 그것과 일치하는 방식으로 행동해야 한다.

조직의 관리자들이 보상하는 행동을 보면 그들의 진정한 가치가 무엇인지 알 수 있다. 한 회사가 두 개의 주요 레거시 시스템 교체 프로젝트를 동시에 수행했다(이 사례에 관한 자세한 내용은 레슨 44, "고품질은 자연스럽게 생산성 향상으로 이어진다"를 참고하자). A팀은 설계는 소홀히 하고 코딩에만 집중하다 보니 시스템이 매일 고장 나거나 오작동을 일으켰다. 장애가 발생할 때마다 시스템을 다시 가동하기 위해 A팀이 구성한 '특공대'는 뛰어난 고객 서비스로 상을 받았다. 그에 반해서 B팀은 굳건한 소프트웨어 공학 원칙에 따라 시스템을 구축했다. 그리고 몇 달 늦게 합류했음에도 불구하고 시스템이 잘 작동했다. 이 팀은 어떤 상이나 인정도 받지 못했다.

경영진은 고품질 개발 관행을 따라 조용히 화재를 예방했던 B팀 실무자들보다 화재를 진압했던 A팀 영웅들을 더 선호했다. 경영진은 A팀의 영웅적인 노력을 칭찬하면서 B팀을 늦었다는 이유로 패배자로 대했으며, 이에 따라 처음에 B팀의 사기는 떨어졌다. 그러나 A팀의 시스템이 붕괴되었을 때, B팀은 자신들의 확고한 성과에 자부심을 가지면서 사기가 향상되었다. 여러분은 어떤 팀과 함께 일하고 싶은가? 나는 B팀을 선택할 것이다.

문화의 구체화

조직의 문화는 일반적으로 무형적이며, 사람들이 어떻게 함께 일하고 무엇이 그들에게 중요한지에 대한 무언의 이해다. 일부 회사들은 직원 핸드북에 그들 문화의 중요한 요소들을 명문화한다(Pronschinske 2017). 이와 같은 공개적인 의사소통은 문화적 가치를 가시적으로 유지하고 새로운 팀 멤버들과 공유하는 것을 용이하게 한다.

> 문화적 요소를 명시하면 모든 팀 멤버들이 공유된 가치를 믿는 데 도움이 되고, 이는 협업 개선으로 이어진다.

Jim Brosseau(2008)는 그의 저서 《Software Teamwork》에서 모든 팀이 팀 계약서를 채택할 것을 권장한다. 이것은 팀이 모두 지킬 수 있는 공통의 가치, 참여 규칙, 그리고 행동 규범을 확인하는 합의이다. 각 팀은 경영진이 강요하거나, 다른 팀으로부터 이어받거나, 온라인에서 찾은 계약서를 채택하기보다는 자체적으로 계약서를 작성해야 한다. 팀 계약서는 각 팀의 특정한 성격을 반영해야 하지만 다른 팀 및 회사 전체와도 조화를 이루어야 한다. 팀 계약서는 사람들이 주기적으로 참조하고 필요에 따라 업데이트할 수 있는 살아있는 문서여야 한다. 계약서에는 다음과 같은 문구가 포함될 수 있다(Resologics 2021).

- 우리는 합의된 의사결정을 위해 존중하는 토의 시스템을 사용한다.
- 우리는 회의와 기타 예정된 활동에 제시간에 도착하고 의제를 존중한다.
- 팀 멤버들은 그들이 약속한 모든 과제를 기한 내에 완료해야 한다.
- 우리끼리는 의견이 다를 수 있지만 팀 밖에서는 단일화된 입장을 제시한다.
- 우리의 집단적 창의성을 극대화하기 위해 다양한 관점과 상반되는 의견을 환영한다.

문화적 요소를 명시하면 모든 팀 멤버들이 공유된 가치를 믿는 데 도움이 되고, 이는 협업 개선으로 이어진다. 명시적인 팀 계약서를 작성하면 시간이 지남에 따라 팀 멤버들이 이를 개선하고 유지할 수 있다. 계약서는 새로운 팀 멤버가 기존 문화에 적응하고 자신이 어떻게 기여할 수 있는지 이해하는 데 도움이 된다. 다음과 같은 필수 요구사항이 충족될 때 소프트웨어 팀은 가장 생산적이며 팀 멤버는 가장 행복하다(Hilliard 2018).

- 안전하고 편안한 물리적 환경
- 정직하고 개방적인 협업 환경
- 팀의 정서적 결속력과 상호 지원
- 도전적이면서 목적이 뚜렷한 실현 가능한 업무
- 적합한 도구
- 업무 수행에 있어 자기 결정권과 자율성 보장
- 기술적으로 기여하고 전문적으로 성장할 수 있는 기회 제공

IT는 다양한 배경, 특성 및 관점을 가진 사람들을 끌어들이고 그들의 존재로부터 이익을 얻는 특이한 기술 분야이다. 민족, 인종, 성별, 나이, 능력의 다양성이라는 명백한 가치 외에도 수학, 공학, 과학, 창의적 디자인, 심리학, 비즈니스 및 기타 분야에서 경험이 있는 사람들은 모두 프로젝트와 문화에 무언가를 가져다준다(Mathieson 2019). 강력한 소프트 스킬과 애플리케이션 영역의 지식을 가진 사람들이 참가함으로써 하드코어 기술 전문가들로 구성된 개발 그룹이 질적으로 향상될 것이다.

성장하는 그룹

효과적인 팀워크는 공통의 목표와 그 목표를 달성하기 위한 메커니즘에 대한 조율이 필요하다. 새로운 팀 멤버들은 긍정적이든 부정적이든 그들만의 문화적 짐을 가지고 온다. 그룹에 합류할 지원자들을 인터뷰할 때, 그들이 회사의 문화에 얼마나 잘 융화될 수 있을지 판단해보자.

나는 대니엘이라는 개발자를 인터뷰한 적이 있다. 그는 기술적으로는 뛰어나지만 프로젝트에 어떻게 시간을 쓰는지에 대해 매일 측정치를 기록하는 우리의 오랜 관행에 주저했다. 나는 우리의 프로젝트 작업을 이해하고 더 나은 계획을 세우는 데 도움을 주기 위해서만 해당 데이터를 사용했다고 설명했다. 그러나 대니엘은 그냥 그렇게 하지 않을 것이라고 말하고, 이유는 설명하려 하지 않았다. 아마도 그녀는 개인에게 보상하거나 불이익을 주기 위해 측정 데이터를 남용한 관리자와 이전에 좋지 않은 경험이 있었기 때문일 것이다. 나는 그녀의 정직함에 감사했지만 대니엘은 고용 제안을 받지 못했다. 그룹과 문화적으로 충돌할 수 있는 사람을 바로 고용하는 위험을 감수하고 싶

지 않았기 때문이다. 나는 그 당시에 세 명의 다른 개발자들을 고용했는데, 이들은 우리의 지속적인 문화 발전에 빠르게 적응하고 건설적으로 기여하였다.

현재 문화의 특정한 측면이나 이것이 지향하는 방향을 사람들이 반대하는 이유를 이해하는 것은 가치가 있다. 그들은 우리가 아직 알아채지 못한 타당한 견해를 가질 수 있다. 아마도 다른 곳에서 사용되는 더 나은 접근 방식을 보았거나, 또는 우리가 아직 경험하지 못한 특정 관행이나 가치의 일부 장기적인 단점을 발견했을 수도 있을 것이다. 이런 관점만으로도 팀의 문화를 개선하는 데 도움이 될 수 있다.

어떤 사람이 다른 팀 멤버들과 잘 어울릴지는 금방 알 수 있다. 고팀이라는 개발자가 내 팀에 합류한 직후 우리는 단체 점심 식사를 했다. 또 다른 팀 멤버인 앤지는 항상 식단에 주의를 기울였다. 가끔 같이 하는 점심 식사에서 그녀는 절대 디저트를 주문하지 않았지만, 다른 사람들의 디저트를 한 입 먹는 것을 즐겼다. 고팀의 디저트가 나오자 그는 말없이 앤지에게 접시를 건네주었다. 나는 그때 고팀이 잘 어울릴 것이라는 것을 알았고 실제로 그렇게 되었다.

몇 년 후 나는 고팀이 유능한 관리자로 성장한 다른 부서로 옮겼다. 그는 팀을 효과적으로 이끄는 방법을 잘 알고 있었고 나는 그에게 보고하는 것이 매우 편안했다. 이번 장에서는 나와 고팀이 문화와 팀워크에 관해 배운 7가지 레슨을 설명한다.

첫 단계: 문화와 팀워크

잠시 시간을 내서 다음의 활동 사항(여러분이 할 일)을 파악하고 이번 장의 문화와 팀워크 관련 레슨을 읽기 바란다. 그리고 이후에 나오는 레슨을 읽는 동안 여러분의 조직이나 프로젝트 팀에 어느 정도까지 각 레슨을 적용할 수 있을지 생각해보자.

1. 여러분의 조직은 건강한 소프트웨어 공학 문화를 갖고 있는가? 그렇거나 그렇지 않은 이유는?
2. 관리자나 팀 멤버가 품질 중심의 문화에 초점을 강화하는 행동이나 조치를 찾을 수 있는가?
3. 문화를 죽이는 행동은 팀 멤버들의 태도, 사기, 행동, 또는 결과에 부정적인 영향을 끼친다. 이것을 본 적이 있는가? 반복되는 문화 파괴 행위를 정상으로 되돌리는 것이 업무 환경 개선의 분명한 시작점이다.
4. 여러분은 각자 회사의 문화를 얼마나 잘 알고 있는가? 여러분의 소프트웨어 팀 문화는 회사의 문화에 부합하는가? 만일 그렇지 않다면 잘 맞도록 하기 위해 여러분이 무엇을 할 수 있는가?
5. 여러분의 문화에서 결점이 될 수 있다고 생각하는 문제(고통의 지점)들을 찾아보자.
그리고 팀 내부와 여러 팀에 걸쳐 사람들이 소통하는 방법의 결점도 알아보자. 이런 결점으로 인해 발생하는 유형 및 무형 비용은 얼마인가?
6. 각 문제가 프로젝트를 성공적으로 완료하는 능력에 미치는 영향을 설명하자. 해당 문제들이 개발 조직과 고객 모두의 비즈니스 성공 달성을 어떻게 방해할까? 다른 사람들과 정보를 교환하려 하지 않거나, 약속을 받아들이고 이행하지 않거나, 또는 수립된 절차를 온당치 않게 건너뛰려는 사람이 문화적 결함으로 인해

생길 수 있다. 직원의 사기 문제와 이직률은 문화에 어떤 문제가 있다는 것을 나타낸다.
7. 5번의 각 문제에 대해 해당 문제를 유발하거나 악화시키는 근본 원인을 찾아보자. 문제와 영향 및 근본 원인은 뭉쳐져서 모호하게 될 수 있으므로 따로 떼어내어 연관성을 찾자. 동일한 문제에 기여하는 여러 가지 근본 원인을 찾을 수도 있고, 또는 하나의 근본 원인에서 비롯된 다수의 문제를 찾을 수도 있다.
8. 이번 장을 읽는 동안 각자 팀에 유용할 거라고 생각되는 실무 사례를 리스트로 작성해보자.

레슨 35 지식은 제로섬이 아니다

예전에 스테판이라는 소프트웨어 개발자와 함께 일한 적이 있다. 스테판은 자신의 지식에 관해 공유보다는 소유하려는 성향이 강했다. 따라서 내가 그에게 질문을 하면 그가 머릿속으로 무슨 생각을 하는지 알 수 있었다. 그는 이런 식으로 생각했다. "만일 내가 이 사람의 질문에 대해 완전한 답을 준다면, 이 사람은 해당 주제에 관해 나만큼 많이 알게 될 것이다. 이것은 용납할 수 없으니 일단 절반의 답만 주고 그가 가버리는지 보겠다." 따라서 나중에 더 완벽한 답변을 구하러 다시 스테판에게 왔다면, 나는 남은 답변의 절반을 얻을 수 있었을지도 모른다. 이런 식으로 질문에 대한 완전한 답을 얻기 위해 나는 점근적으로 접근했다.

스테판에게서 조금씩 정보를 추출하는 것은 짜증 나는 일이었다. 내가 찾았던 정보는 결코 기밀이 아니었다. 우리는 둘 다 같은 회사에서 일했기 때문에 공동의 성공을 위해 협력해야 했다. 동료들과 자유롭게 지식을 공유하는 것이 건강한 소프트웨어 문화의 특징이라는 것에 스테판은 동의하지 않는 것 같았다.

지식은 다른 상품들과 같지 않다. 만일 내가 3달러를 갖고 있고 그중 하나를 여러분에게 준다면, 이제 나는 2달러밖에 없다. 여러분이 이 거래에서 무언가를 얻기 위해서는 내가 돈의 일부를 잃어야 한다는 의미에서 돈은 제로섬이다. 그에 반해서 내 지식의 일부를 여러분에게 주더라도 나는 여전히 모든 지식을 갖고 있다. 여러분처럼 나는 다른 사람들과 지식을 공유할 수 있다. 이렇게 지식의 순환이 확장되면 모두에게 이익이 된다.

[건강한 조직은 자유로운 지식 교환과 지속적인 학습 문화를 조성한다.]

지식 독점

어떤 사람들은 불안감 때문에 정보를 쌓아 두기도 한다. 이런 사람들은 어렵게 얻은 소중한 지식의 일부를 다른 사람들과 공유할 경우 그 사람들이 자신과 더 경쟁적이 되는 것을 두려워한다. 그럴지도 모른다. 그러나 누군가가 우리에게 도움을 요청하는 것은 기분 좋은 일이다. 요청자가 우리의 우수한 경험과 통찰력을 인정하고 있는 것이기 때문이다. 드물지만, 어떤 정보를 스스로 알아내기 싫어서 정보를 요청하는 경우도 있다. 다른 사람의 일을 대신 해 줄 필요는 없지만, 우리와 팀 동료들은 모두 같은 목적을 위해 일하고 있다는 사실을 기억해야 한다.

직업 안정의 한 형태로 자신의 지식을 조심스럽게 보호하는 사람들도 있다. 자신이 아는 것을 다른 사람이 모른다면 너무 많은 기업 지식이 외부로 유출될 수 있기 때문에 회사는 그들을 해고할 수 없다. 어쩌면 그들은 자신만이 중요한 정보를 많이 보유하고 있기 때문에 연봉을 올려야 한다고 생각할 수도 있다.

조직의 지식을 숨기는 사람들은 위험을 초래한다. 그들은 다른 사람들의 일을 방해할 수 있는 정보 병목 현상을 일으킨다. 내 동료 Jim Brosseau는 지식 비축knowledge hoarding을 **기술적 몸값** technical ransom이라고 적절하게 표현했다(Brosseau 2008). 소프트웨어 설계의 경우는 정보 은닉information hiding이 우수한 실무 사례이며 필요하다. 그러나 소프트웨어 팀의 경우는 그렇지 않다.

무지를 바로잡기

건강한 조직은 지식 교류와 지속적인 학습 문화를 조성한다. 지식을 공유하면 모든 사람의 성과를 향상시킨다. 따라서 경영진은 지식을 혼자만 간직하고 있는 사람들이 아니라, 자신이 알고 있는 것을 자유롭게 전달하는 사람들에게 보상을 준다. 학습하는 조직에서 팀 멤버들은 질문을 하는 것이 심리적으로 안전하다고 느낀다(Winters et al. 2020). 우리 모두는 우주에 있는 대부분의 지식에 대해 무지하니 기회가 있을 때 동료로부터 배우자.

조직의 숙련된 구성원은 여러 가지 방법으로 자신의 전문 지식을 공유할 수 있다. 가장 확실한 방법은 단순히 질문에 답하는 것이다. 그러나 전문가들은 단순히 질문에 답만 하는 정도를 넘어 질문이 나올 수 있게 유도해야 한다. 이에 따라 그들은 동료 직원들, 특히 초보자들에게 친근하게 다가가야 하며, 누군가가 그들에게서 조언을 구할 때 사려 깊게 인내심을 갖고 대해야 한다. 단순히 정보를 전달하는 것을 넘어 전문가들은 특정 상황에 지식을 적용하는 방법에 관한 통찰력을 전달할 수 있다.

일부 조직은 공식적인 멘토링 프로그램을 통해 신입 팀 멤버들이 바르게 지식을 습득하게 한다(Winters et al. 2020). 이때 신입 사원과 경험이 있는 동료를 짝지어 학습 속도를 크게 높인다. 내가 연구 화학자로서 전문적인 경력을 시작했을 때, 나는 새로운 멘토링 프로그램을 위한 첫 번째 실험 대상이었다. 나의 멘토인 세스는 내가 입사한 그룹의 과학자였다. 그러나 그는 나의 보고 체계에 속해 있지 않았으므로 그에게 질문하는 것이 편안하게 느껴졌다. 그렇지 않았다면 세스는 나의 관리자가 되었을 것이고, 그런 질문은 어색하게 나의 무지를 드러낼 수 있었을 것이다. 세스는 내가 낯선 기술 분야에서 일할 수 있도록 도와주었다. 멘토링 또는 '친구buddy' 프로그램은 신입 팀 멤버들의 학습 곡선을 단축해주고 즉시 그들과의 관계를 구축할 수 있게 도와준다.

지식 전수 확대

일대일 커뮤니케이션은 효과적이지만 확장성이 떨어진다. 경험이 많고 재능 있는 사람들은 그들의 프로젝트 작업과 그들이 공유할 수 있는 전문 지식 모두에서 수요가 많다. 지식 공유 문화를 조성하려면 일대일로 함께 시간을 보내는 것보다 정보를 더 효율적으로 활용하는 기술을 고려해야 한다. 여기 몇 가지 가능성이 있다.

기술 강좌

나의 소프트웨어 개발 팀은 한때 스티브 맥코넬의 고전적인 책인 《Code Complete》(McConnell 2004)에 나오는 많은 훌륭한 프로그래밍 예제를 함께 공부하기로 결정했다. 우리는 교대로 특정 부분을 공부한 다음 점심 식사를 겸한 학습 시간에 그룹 사람들에게 설명하였다. 이런 비공식 그룹 학습 경험은 그룹 전체에 좋은 프로그래밍 실무 사례를 효율적으로 전파했다. 이를 통해 기술과 공통 어휘에 대한 이해를 공유할 수 있었다.

프레젠테이션과 교육

공식적인 기술 프레젠테이션과 교육 과정은 조직 전체에 걸쳐 기관의 지식을 전달할 수 있는 좋은 방법이다. 나는 코닥에서 근무할 때 다수의 교육 과정을 개발하여 여러 번 시행하였다. 내부 교육 프로그램을 마련할 때는, 한 명이 항상 동일한 과정을 가르칠 필요가 없도록 자격을 갖춘 강사를 충분히 준비하자.

문서화

문서화된 지식은 광범위하게 적용되는 기술 지침서, 자습서, 질의응답FAQ, 위키 및 팁 시트부터 특정 프로젝트나 애플리케이션 문서까지의 넓은 범위에 걸쳐 있다. 그러나 프로젝트의 다른 결과물을 만드느라 시간을 들이지 않으면서 누군가가 이외의 시간으로 그런 문서를 작성해야 한다. 팀 멤버들에게 도움이 되는 자원으로 사용한다면, 서면 문서는 매우 유용한 조직 자산이다.

나는 기존 문서에서 지식을 찾기보다는 스스로 지식을 재발견하는 것을 선호하는 사람들을 알고 있다. 그 사람들은 레슨 7의 "지식을 기록하는 데 따르는 비용은 지식을 습득하는 비용에 비해 적다"는 교훈에 귀를 기울이지 않았다. 누군가 시간을 투자하여 관련성 있고 유용한 문서를 만든다면, 동일한 정보를 재구성하는 것보다 해당 문서를 읽는 것이 훨씬 더 빠르다. 모든 조직 구성원은 그런 문서를 업데이트하여 공유된 경험의 최신 자료로서 가치를 유지할 수 있어야 한다.

결과물 템플릿과 예제

내가 대규모 제품 개발 조직에서 근무했을 때, 프로세스 개선 그룹은 고품질 템플릿과 많은 프로젝트 결과물의 예시를 포함하는 광범위한 온라인 카탈로그를 구축했다(Wiegers 1998b). 우리는 회사 소프트웨어 부서들을 다니며 우수한 요구사항 명세, 설계 문서, 프로젝트 계획, 프로세스 설명, 그리고 기타 항목을 샅샅이 찾았다. 이렇게 찾은 '우수 실무 사례'들은 회사의 소프트웨어 실무자가 새로운 프로젝트 산출물을 만들어야 할 때마다 유용한 출발점이 되었다.

기술적인 동료 검토

소프트웨어 작업 결과물에 대한 동료 검토는 기술 지식을 교환하기 위한 비공식적인 메커니즘의 역할을 한다. 이것은 다른 사람들의 지식을 엿볼 수 있는 훌륭한 방법이다. 때로는 검토자로서 다른 경우에는 검토할 대상의 작성자로서, 나는 내가 참여했던 모든 검토에서 무언가를 배웠다. 두 사람이 함께 코드를 작성하는 페어 프로그래밍 기법은 프로그래머들 간의 지식 교환은 물론이고, 즉각적인 동료 검토의 형태를 제공한다. 검토에 관한 더 자세한 내용은 레슨 48, "고객이 아닌 동료가 결함을 찾도록 노력하자"를 참고하자.

토론 그룹

궁금한 점이 있을 때 정확하게 적합한 사람을 찾기보다는 회사 내 토론 그룹이나 그룹 채팅 도구에 질문을 게시할 수 있다. 그러나 부족한 지식을 대규모 커뮤니티에 노출시키는 것은 어색할 수 있다. 그렇기 때문에 질문을 유도하고 도움을 주는 사람들에게 보상을 주는 문화를 조성하는 것이 중요하다. 무지는 비극이 아니지만, 도움을 요청하지 않는 것은 비극이다.

토론 참가자는 질문에 대한 다양한 관점을 신속하게 제공할 수 있다. 게시된 답변은 토론에 참가한 모든 사람이 볼 수 있으며 이는 지식을 더욱 확산시킨다. 어떤 특정 질문에 대한 답을 몰랐던 사람은 나만이 아니었을 것이다. 그래서 물어봐 준 게 고맙다. 내가 아는 사람 중에 가장 호기심이 많은 친구가 있다. 그는 일상에서 마주치는 사람이라면 누구에게나 그가 잘 모르는 것에 관해 기꺼이 물어본다. 그는 그런 식으로 많은 것을 배웠고, 그가 묻는 사람들은 그들이 알고 있는 것을 공유하게 되어 항상 반가워했다.

건강한 정보 문화

모든 사람은 가르치고 배울 것이 있다. 내가 소프트웨어 개발 그룹을 관리할 때, 나는 컴퓨터 공학 전공 대학원생을 여름철 임시 직원으로 채용한 적이 있다. 나는 처음에 실용적인 소프트웨어 공학에 대한 그의 이해 정도에 회의적이었다는 것을 고백한다. 마찬가지로 그는 우리 그룹이 옹호하는 프로세스 중심 접근법을 약간 경멸했다. 그러나 불과 몇 주 후 나를 훨씬 능가하는 최신 프로그래밍 지식을 가진 그를 존중하게 되었다. 그리고 그는 합리적인 프로세스가 팀의 효율을 높이는 데 얼마나 도움이 될 수 있는지 알게 되었다. 우리 둘 다 상대방이 공유해야 하는 것에 대해 열린 자세로 임하면서 성장했다.

다른 사람에게 도움이 되기 위해 어떤 주제의 세계적인 전문가가 될 필요는 없다. 우리는 단지 일부 유용한 지식 블록과 그것을 공유하려는 의지가 필요하다. 기술 분야에서는 어떤 분야에서 다른 사람보다 1주일 정도 앞서 있다면 귀재라고 할 수 있다. 다른 분야에서는 틀림없이 다른 누군가가 우리보다 앞서 있을 것이므로, 그들의 선구자적인 지식을 이용하자. 건강한 학습 문화를 가진 사람들은 그들이 알고 있는 것을 공유하고 또한 다른 누군가가 더 나은 방법을 알고 있을지도 모른다는 것을 인정한다.

> **레슨 36** 다른 사람들이 아무리 많은 압력을 가하더라도, 이행할 수 없는 약속은 절대 하지 말자

1990년대 중반 나는 450명의 엔지니어로 구성된 제품 개발 부서에서 공식적인 소프트웨어 프로세스 개선 계획을 이끌었다. 이 부서는 내장 소프트웨어가 탑재된 디지털 이미징 제품들을 만들었다. 그 당시의 많은 대기업들과 마찬가지로, 우리도 CMM Capability Maturity Model(소프트웨어 능력 성숙도 모델)을 사용하여 프로세스 개선 노력을 이끌었다(Paulk et al. 1995). CMM은 조직이 소프트웨어 공학과 관리 실무 사례를 체계적으로 개선하는 데 도움이 되는 5단계 프레임워크였다. 나의 관리자와 나는 부서장인 마틴과 회의를 하여 프로세스 개선 현황, 목표, 그리고 계획을 논의했다.

마틴은 내가 제안한 일정을 보고 망설였다. 우리 팀은 대규모 조직의 현재 상태와 목표 달성을 위해 해소해야 할 격차를 면밀히 평가한 결과, 18개월이 현실적으로 달성 가능한 목표라는 결론을 내렸다. 하지만 마틴은 이러한 과제를 충분히 이해하지 못했으며 6개월을 요구했다. 그는 동료들 중에서 다음 프로세스 마일스톤 process milestone을 달성하는 최초의 부서장이 되기를 원했다. 나는 6개월이 비현실적이라고 생각한 이유를 설명했다. 공격적인 부서장답게 마틴은 이렇게 대답했다. "할

수 없다고 말하지 말아요. 당신이 그것을 할 수 있도록 내가 무엇을 해야 하는지 말해주세요." 이것은 친절하게 도와주는 것처럼 들리지만 마법처럼 문제를 해결하지는 못할 것이다. 마틴은 마지못해 12개월을 제시했다. 그러나 나는 어떤 조건에서도 여전히 목표를 달성할 수 없다고 확신했다.

기한을 뻔히 맞추지 못할 것을 아는데도 약속하라고 그가 계속 압박하자 나는 마침내 이렇게 말했다. "마틴, 미안하지만 그것을 약속할 수 없어요." 그는 나를 노려보았다. 마틴은 잘라 말했다. "약속할 수 없다고? 흠." 마치 아무도 전에 그의 압력에 저항한 적이 없었다는 것처럼 그는 어떻게 응답할지 확신하지 못하고 있었다. 우리가 가능한 한 빨리 목표에 도달하기 위해 할 수 있는 한 열심히 일할 것이며, 도움이 필요하면 언제든 그의 도움을 받겠다고 약속하자 마틴은 마지못해 우리가 제의한 추진 목표를 받아들였다. 나중에 사무실로 돌아왔을 때, 좋은 사람이었던 나의 관리자가 사람들에게 "칼이 마틴에게 약속하지 않을 거라고 말했어요!"라고 말하는 것을 들었다. 나의 관리자는 내 판단을 신뢰했다.

마틴이 나에게 기대는 상황이 되자 내 맥박은 치솟았다. 그러나 내가 지킬 수 없는 약속을 하는 것은 비윤리적이고 프로답지 못한 행동이었을 것이다. 또한 분석을 무시하고 팀 멤버들에게 과도한 부담을 주는 약속을 하는 것도 잘못된 행동이었을 것이다.

사람들은 강압에 의해 한 약속을 진지하게 받아들이는 경우가 거의 없다. 그들은 또한 협의나 협상 없이 다른 누군가가 그들을 대신하여 하는 약속을 심각하게 받아들이지 않는다. 불가능한 약속을 강요하는 것은 피해자의 스트레스 수준을 증가시키지만 기적을 이루는 경우는 드물다. 만일 그들이 성취할 수 없는 목표를 이룰 수 없다는 것을 안다면, 노력을 느슨하게 할 수도 있다. 어쨌든 실패할 운명이라면 왜 스스로의 무덤을 파는 걸까?

> 약속은 종속적인 사슬에 누적된다. 사슬에서 각각의 약속을 받는 사람은 약속을 하는 사람에 따라 달라진다.

약속, 약속

약속commitment은 특정 시간에 특정 작업을 수행하거나 특정 품질 상태로 결과물을 제공하겠다는 것을 말한다. 약속 관리는 4장의 개요에서 설명한 것처럼 프로젝트 관리의 구성 요소이다. 지킬 수 없다는 것을 알고 있는 약속을 하지 않는다는 개념은 개인적인 윤리 의식이다. 약속은 또한 건전한 프로젝트와 인력 관리를 반영하는 것이기도 하다.

약속은 그림 5.1에 보여준 것과 같이 종속 사슬에 축적된다.

레슨 36 다른 사람들이 아무리 많은 압력을 가하더라도, 이행할 수 없는 약속은 절대 하지 말자

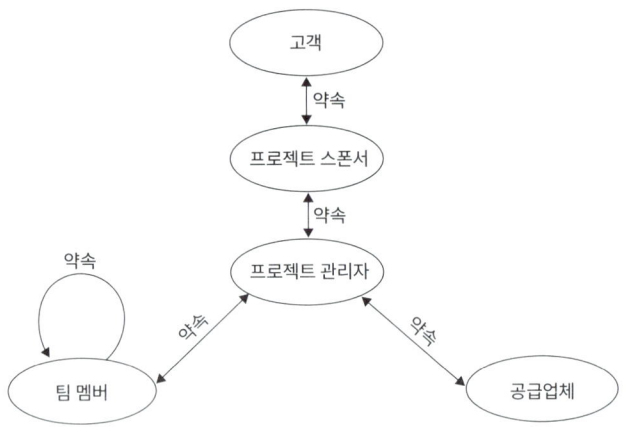

그림 5.1 약속 시퀀스는 다단계 종속 사슬로 이어진다.

사슬에서 각각의 약속을 받는 사람은 약속을 하는 사람에 따라 달라진다. 모든 사람이 선의로 성취 가능한 약속을 협상한다면, 서로를 믿고 의지할 수 있다(Wiegers 2019d). 그렇지 않으면, 약속 사슬은 사상누각처럼 불안정한 것이 된다. 이행되지 않은 하위 수준의 약속은 기초를 약화시킬 것이다.

컨설턴트 겸 저자로서, 나의 실무 사례는 "덜 약속하고, 더 해주자undercommit, overdeliver"이다(지킬 수 있는 약속을 하되, 그 이상의 더 나은 결과를 제공한다는 것이며, undercommit은 underpromise와 동일한 의미다). 나는 기업 소프트웨어 개발자였을 때도 그랬다. 나의 실무 사례는 때때로 내가 지나치게 신중한 것처럼 보이게 하지만, 또한 나를 신뢰할 수 있게 만든다. 내가 일정에 맞게 일하는 한 가지 방법은, 추정 불확실성, 변화하는 요구사항, 그리고 기타 예상치 못한 것을 처리할 수 있도록 내 약속에 컨틴전시 버퍼(자세한 내용은 4장의 레슨 25를 참고)를 추가하는 것이다. 이 버퍼는 내가 계획한 대로 일이 진행되지 않을 경우에 이를 대비한 안전망을 제공한다. 나는 내가 다른 사람들에게 하는 약속보다 더 공격적인 개인적 목표를 설정한다. 그런 다음 내부 목표를 향해 부지런히 일을 한다. 설령 내부 목표를 달성하지 못하더라도 여전히 외부의 약속을 위해 제대로 진행될 것이라는 것을 알기 때문이다. 대부분의 경우 나는 목표를 일찍 달성하는데, 모든 사람들이 그 결과를 좋아한다.

살다 보면 그럴 수 있지

사람들은 최선의 의도를 갖고 약속을 한다. 그러다 보면 좋거나 궂은 일이 생기고, 때때로 상황은 변한다life happens. 새로운 과제나 기회가 생겨 시간이 달라지거나 예상보다 일이 커질 수도 있다. 어쩌면 당사자는 원래의 약속에 흥미를 잃고 아무도 관심 갖지 않기를 바라면서 그냥 지나쳐 버릴 수도 있다. 그러나 사람들은 알아차린다.

어떤 이유에서든 의도한 대로 약속을 이행할 수 없다는 것을 알게 되면, 영향을 받는 사람들에게 가능한 한 빨리 알려주어 그들이 자신의 계획을 적절하게 조정할 수 있게 하자. 누군가가 나에게 약속을 하면, 나는 그들이 약속을 이행할 것이라고 믿는다. 원래의 기대가 현실적이지 않거나 변경된 사항이 있다면 대화를 나누자. 어쩌면 서로가 수용할 수 있고 달성 가능한 합의에 도달할 수 있을 것이다. 하지만 나는 상대방이 여러 가지 이유로 약속을 지키지 않을 수 있다는 것도 인정한다.

나는 내가 쓰는 책마다 약속을 어기는 상황에 직면한다. 나는 항상 나의 글쓰기를 개선하는 도움을 받기 위해 몇몇 자원봉사 원고 검토자들을 섭외한다. 그리고 특정 날짜까지 특정 챕터에 대한 검토자의 의견이 필요하다. 어떤 검토자도 내가 제시한 날짜가 비현실적이라고 항의한 적이 없다. 그런데도 그동안 내가 저술했던 모든 책을 보면 어떤 사람들은 피드백을 주지 않는다. 최근 책에서는 26명의 검토자 중 9명(스스로 하겠다고 했음)이 아무런 의견이나 해명도 제공하지 않았다. 마치 시작하자마자 침묵의 서약을 한 것 같았다.

내가 무언가를 하겠다고 말할 때 나는 내가 하거나, 아니면 사과와 함께 결국 내가 할 수 없다고 해명한다. 우리 모두는 상황과 우선순위가 바뀔 수 있다는 것을 알고 있다. 원고 검토자가 결국 프로젝트에 기여할 수 없다면, 내가 조정할 수 있도록 가능한 한 빨리 알려주면 좋겠다. 이것은 간단한 예의다.

또한 나의 소프트웨어 책 중 한 권의 추천사를 기고하겠다고 자원한 다른 저자로부터 추천 글을 받지 못했다. 그 책이 25년 전에 출판되었기 때문에 내가 그 추천 글을 볼 수 있을지 꽤 의심스러워 보인다. 그러나 그는 자신이 약속한 후에 그것을 하지 않겠다고 나에게 말한 적이 없다. 그게 내가 바라는 전부였는데도 말이다.

레슨 37 교육과 더 나은 실무 사례가 없다면 생산성 향상은 꿈도 꾸지 말자

나의 컨설팅 고객 중 몇몇은 경영진이 더 적은 것(팀의 규모 등)으로 더 많은 일을 하고, 보다 소수의 인원으로 더 생산성을 높이라고 했다면서 불평했다. "더 적은 것으로 더 많은 작업을 수행할 수 있도록 어떤 노력을 기울이고 있나요?"라고 내가 물었을 때 나는 항상 같은 대답을 들었다. "아무것도 안 해요."

그런 요구는 내가 보기엔 타당치 않아 보인다. 고위 관리자들은 소프트웨어 사람들software people이 한가한 시간을 보내고 있다고 생각하는 것처럼 보였다. 소프트웨어 사람들은 압박을 받을 때만 이용하기 위한 예비 역량을 갖고 최대 속도 미만으로 일을 하고 있었을까? 나는 그것이 사실인지 의심스럽다. 말이 이미 최대한 빨리 달리고 있는데 채찍을 휘두르며 더 빨리 달리라고 요구하는 것은 효과가 없다. 따라서 말이 왜 우리가 원하는 만큼 빨리 달리지 않는지 이해하고 가속 기회를 찾아야 한다.

팀은 단기적인 목표를 위해 특별히 열심히 일하도록 동기를 부여하거나 압력을 가할 수는 있지만 무한정은 아니다. 지친 사람들은 더 많은 실수를 저지르고, 이것은 시간을 낭비하는 재작업을 초래하며, 결국 지치게 된다. 만일 압박이 너무 오래 지속되면 경영진의 아우성에도 불구하고 사람들은 떠나거나 통상적인 속도로 돌아갈 것이다. 영웅적인 노력은 지속 가능한 생산성 전략이 아니다.

'더 적은 것으로 더 많은 일을 한다'는 것은 더 작은 팀으로 더 많은 기능을 더 빨리 제공한다는 것을 의미한다. 압축된 일정을 달성하기 위해 필요하다고 생각하는 만큼의 많은 인원을 확보할 수 없다면 어떤 변수를 고려할 수 있을까? 이 옵션에는 더 바람직한 프로세스, 더 나은 실무 사례, 더 좋은 도구, 그리고 더 우수한 인력이 포함된다. 최고 성과를 내는 몇 명의 직원을 고용하는 것이 평균 성과를 내는 직원으로 대규모 팀을 구성하는 것보다 낫다(Davis 1995). 그러나 팀을 더 유능한 사람들로만 교체할 수는 없다. 현재 있는 사람들의 생산성을 높여야 한다.

무엇이 문제인가?

생산성 향상이 필요한 경우 첫 번째 질문은 "왜 생산성이 원하는 만큼 높지 않을까?"이다. 이 질문에 답하려면 심사숙고와 분석이 필요하다. 문제의 원인을 파악하여 해결책 찾기를 시작하자. (근본 원인 분석에 관한 논의는 레슨 51을 참고하자.) 그리고 이전 프로젝트를 검토하여 보다 효율적이고 효과적으로 작업할 수 있는 기회가 어디에 있었는지 알아내자. 생산성 저하의 근본 원인을 알아내면 해결책을 찾을 수 있다. 이때 고려할 질문은 다음과 같다.

- 팀에서 굳이 하지 않아도 되는 일을 하고 있는가?
- 현재 사람들이 가치를 더하고 더 활용할 수 있는 일은 무엇일까?
- 팀에서 하고 있다면 업무 속도를 높일 수 있었음에도 현재 하고 있지 않은 것은 무엇인가?
- 그 밖에 또 무엇이 우리를 더디게 하는가?

몇 가지 가능한 해결책

생산성을 향상시키는 한 가지 방법은, 프로젝트, 제품, 또는 고객에게 비례적인 가치를 부가하지 않는 작업을 중단하는 것이다. 불필요한 프로세스 오버헤드가 있는가? 그러나 주의할 점은, 즉각적인 가치를 제공하지 않는 프로세스 단계는 나중에 성과를 거두는 경우가 많으므로 어떤 활동을 중단하기 전에 그 결과를 고려해야 한다는 것이다. 회의가 무의미하거나, 지나치게 길거나, 또는 혼잡해서 시간을 낭비하는가? 회의에 열광하는 기술 회사에서 일했던 나의 여자 친구가 있다. 어떤 회의에서는 단지 한 시간 후에 개최될 다음 회의(다른 그룹의 사람들과 함께 하는)에 제출하기 위한 보고서를 준비했다. 어떤 일을 끝내든 그녀는 그 환경에서 힘든 시간을 보냈다.

두 번째 생산성 향상 전략은 팀의 제품 품질을 향상시키는 것이다. 계획되지 않은 과도한 재작업은 생산성을 떨어뜨린다. 이때 팀 멤버들은 다음 컴포넌트를 구축하는 대신, 완료된 작업을 다시 수행하여 결함을 바로잡아야 한다. (레슨 44, "고품질은 자연스럽게 생산성 향상으로 이어진다"를 참고하자.) 결함을 줄이는 데는 품질 관련 실무 사례를 추가로 도입해야 할 수 있다. 이때 정적 코드 분석 및 동료 검토와 같은 검증된 실무 사례를 추가하는 것은 시간을 소모하지만, 다운스트림 재작업을 줄임으로써 비용을 들인 만큼 돈이 절약된다. 그리고 코드 리팩토링보다 설계에 주안점을 두면, 나중에 팀이 갚아야 할 기술 부채를 줄일 수 있다. 빨리 가기 위해서는 천천히 가야 하며 going slow to go fast, 이는 모든 기술자들이 금방 깨닫게 되는 교훈이다. 많은 분야에 적용되는 관련 속담으로 "느린 것이 부드러운 것이고, 부드러운 것이 빠른 것이다"라는 말이 있다.

세 번째, 생산성을 가로막는 장애물을 제거한다는 것은 어디서 시간이 낭비되는지 이해하는 것을 의미한다. 사람들이 다음 단계를 진행하기 전에 종종 다른 사람들을 기다려야만 할까? 작업의 완료에 따른 임계 경로 critical path에 있는 활동들을 가속화하면 처리량을 개선할 수 있다. 과도한 다중 작업으로 생산성이 저하되는 팀 멤버들이 있는가? 레슨 23의 "작업 계획은 마찰을 고려해야 한다"를 다시 읽어보고 거기에 설명된 프로젝트 마찰의 원인이 진행을 방해하는지 알아보자.

생산성 향상의 네 번째 방법은, 팀 멤버 개개인의 능력을 향상시키는 것이다. 나는 항상 사람들이 당시의 지식과 작업 환경을 고려할 때 자신이 할 수 있는 최선의 일을 한다고 생각한다. 물리적 작업 환경과 문화적 작업 환경 모두 소프트웨어 개발자의 생산성과 품질 성과에 영향을 준다(Glass 2003, DeMarco and Lister 2013). 보다 적절한 프로세스와 기술적 실무 사례를 선택하면, 품질이 크게 향상되고 생산성이 더욱 높아질 수 있다. 바람직한 행동에 동기를 부여하고 보상하는 건강한 소프트웨어 공학 문화의 성장은 행복한 팀의 효율적인 작업에 기여한다.

더 높은 생산성을 원하는 관리자는 팀 멤버들에게 충분한 넓이의 공간, 시설, 사생활, 그리고 방해 요소로부터 자유롭고 최고의 업무 성과를 낼 수 있는 사무실 공간을 제공할 것이다. 언젠가 내가 컨설팅 고객의 현장에 있었을 때, 칸막이 지옥 cubical hell에 있는 나의 주요 담당자 사무실을 보고

질겁했다. 그의 책상은 옆 사람의 책상에서 불과 몇 인치 떨어져 있었고, 그의 책상 주위에는 나에게 의자를 가져다줄 수 있는 공간이 거의 없었다. 그는 내가 그의 책상 한 귀퉁이에서 볼 수 있도록 서류 몇 장을 늘어놓으려고 어색하게 몸을 뒤틀어야 했다. 아무도 그 비좁고 사생활이 전혀 보장되지 않는 환경에서 효율적으로 일할 수 없었다. 유감스럽게도 그곳의 한 소프트웨어 관리자는 나에게 이처럼 알려주었다. "요즘에는 관리자가 사무실 공간에 영향력을 행사할 수 없고, 조악한 수준의 칸막이 사무실들이 정말 많습니다." 이것은 사기를 떨어뜨리는 얘기다.

> 교육을 통해 사람들이 배운 것을 업무에 다시 적용한다면 강력한 성과 향상을 이끌어낼 수 있다.

도구 및 교육

적절한 도구는 생산성을 향상시킬 수 있다. 소프트웨어 도구 산업은 오래전부터 최신 버전만 구입하면 생산성이 놀라울 정도로 크게 향상되었다고 선전해 왔다. 실제로는 새로운 도구 하나로 인한 생산성 향상률이 35%를 초과하는 경우는 거의 없다(Glass 2003). 소프트웨어 개발자 생산성은 여러 도구의 누적된 이점, 새로운 언어와 개발 실무 사례, 오픈소스 소프트웨어와 공통 라이브러리의 재사용, 그리고 다른 요인들을 통해 수년간 인상적으로 증가하였다. 그러나 단 하나의 획기적인 도구나 방법은 없다(Brooks 1995). 사람들이 새로운 도구를 효과적으로 사용할 수 있는 방법을 알아가는 과정에서 학습 곡선을 고려해야 한다는 것을 기억하자. 그리고 테스트와 같은 반복 작업을 자동화하고 문서화할 수 있는 도구를 찾자.

교육을 받은 사람들이 배운 것을 업무에 다시 적용한다면, 교육은 강력한 성과 향상 수단이다. 적은 비용으로 더 많은 일을 해야 하는 과중한 관리자들은 교육을 위해 팀 멤버들을 교육에 참여시키기를 주저할 수 있고, 교육 과정의 비용도 만만치 않다. 내가 소규모 소프트웨어 그룹을 관리했을 때는 탄탄한 고위 관리층의 지원을 받아 교육 예산을 초과하는 경우가 많았다. 다른 부서의 친구들은 책에 대한 예산이 전혀 없었다. 정말 어처구니가 없었다. 기술 서적 한 권에 40달러를 지출하고 대부분 개인 시간에 읽었다고 가정해보자. 책에서 배운 내용을 통해 업무 시간을 단 한 시간이라도 절약할 수 있다면 투자한 것 이상의 효과를 거둔 것이다. 학습에 대한 투자는 더 빠르고 더 나은 결과를 가져다주는 새로운 실무 사례를 적용할 때마다 그만한 가치가 있다.

개별 개발자의 성과 차이

모든 사람들은 그들의 팀이 최고의 재능을 갖고 있다고 생각하기를 좋아하며, 최고의 개발자만 고용하기를 원한다. 그러나 사실은 모든 소프트웨어 개발자의 절반이 성과 분포의 중앙값에 미치지 못한다. 그 사람들은 모두 어딘가에서 일하고 있으며, 모든 사람들이 인력 풀의 최상위 계층에서 고용될 수 있는 것은 아니다. 소프트웨어 개발자의 성과를 계량화하는 것은 쉽지 않다. 그러나 누가 어떤 일을 하느냐에 따라 팀의 생산성과 품질에 큰 영향을 미친다.

수많은 소프트웨어 문헌 보고서에 따르면 소프트웨어 개발자 중 최고 성과자와 최하위 성과자 간에는 10배 이상의 차이가 있는 것으로 나타났다(Construx 2010, McConnell 2010). 그리고 이것은 단지 개발자만이 아니다. 비즈니스 분석가, 테스터, 제품 소유자 등 다른 프로젝트 역할을 하는 사람들도 성과에서 크게 다를 수 있다. 그러나 Software Engineering Institute(2020)의 Bill Nichols의 최근 보고서에서는 프로그래머 성과의 10배 비율이 근거 없는 것이라고 주장한다. Nichols의 데이터에 따르면 특정 활동에서 개발자 간에 관찰되는 성과 차이의 약 절반은 개인의 일상적인 변화가 차지한다고 한다.

내 개인적인 경험에 비추어 볼 때 10배 비율이 믿기 어려운 것은 아니다. 나는 고품질의 창의적인 작업을 하는 개발자와 함께 일했었다. 그러나 그는 내가 같은 일을 하는 데 비해 절반도 안 되는 빠른 속도로 그 일을 해냈다. 나는 또한 나보다 생산성이 3배 이상 높은 선임 개발자와 함께 일한 적이 있다. 그는 컴퓨터 과학과 컴퓨터 공학 석사 학위를 동시에 취득하여 내가 단순히 처리할 수 없는 복잡한 문제들을 효율적으로 해결할 수 있는 기량을 갖추고 있었다. 또한 그는 경력을 쌓으면서 재사용 가능한 컴포넌트의 광범위한 라이브러리를 축적하여 많은 시간을 절약했다. 내 생각에 우리 셋은 적어도 6배 이상의 성과 차이를 보였다.

숙련되고 재능 있는 개인과 팀이 다른 사람들보다 생산성이 높다는 것은 의심의 여지가 없다. 놀랄 것도 없이, Standish Group(2015)은 '재능 있는' 애자일 프로젝트 팀으로 구성된 프로젝트가 미숙련 팀으로 구성된 프로젝트보다 훨씬 더 성공적이었다고 발표했다. 흥미로운 사실은 소규모 프로젝트가 대규모 프로젝트보다 성공률이 더 높았다는 것인데, 이는 소규모 팀에 유능한 인재를 선별적으로 배치하기가 더 쉽기 때문일 수 있다. 모든 사람이 최고의 기술 직원이 되거나, 함께 일하거나, 고용될 수 있는 것은 아니다. Bill Nichols(2020)는 이렇게 언급한다. "지속적으로 우수한 프로그래머를 찾는 것은 어렵지만, 유능한 프로그래머를 찾는 것은 그렇지 않다."

올스타 팀을 구성할 수 없다면(그 과정에서 오만한 프리마 돈나는 피함), 현재 있는 사람들로부터 최상의 결과를 얻어내기 위해 생산적인 환경을 조성하는 데 집중하자. 현장의 모범 실무 사례를 공유하여 모든 사람의 재능을 향상시키자. 모두가 알고 있는 가장 뛰어난 성과를 내는 사람들의 비결을 관찰하고, 모두가 그들에게서 배우도록 격려하자(Bakker 2020). 기술력도 중요하지만, 의사소통, 협업, 멘토링, 텃세 부리지 않기, 그리고 제품 소유권을 공유하는 태도도 중요하다. 내가 아는 최고의 개발자들은 품질에 중점을 두었다. 그리고 그들은 독단적이지 않고 지적 호기심이 많았으며, 폭넓은 경험을 바탕으로 지속적인 학습에 집중하고 기꺼이 공유하고자 했다.

더 적은 것으로 더 많은 일을 해야 한다면, 그것을 명령하거나, 팀에 더 많은 부담을 주거나, 또는 90번째 백분위수 인재만 채용해서는 성공할 수 없다. 생산성 향상으로 가는 길에는 필연적으로 교육과 더 나은 실무 사례 및 개선된 프로세스가 포함된다.

레슨 38 사람들은 그들의 권리에 관해 많이 얘기하지만, 모든 권리의 이면에는 책임이 따른다

삶은 우리에게 많은 자유와 그에 상응하는 의무를 가져다준다. 우리는 자동차를 소유할 권리가 있지만, 또한 등록하고 보험에도 가입해야 한다. 부동산을 살 권리와 함께 재산세를 납부할 의무도 있다. 시민은 투표할 권리가 있지만, 또한 투표소에서 자신의 목소리를 낼 책임이 있다.

권리와 책임의 조합은 사람들이 사회에 어떻게 적응하는지를 정의한다. 미국에는 미국 헌법의 첫 번째 10개 수정안인 권리 장전이 있다. 그러나 그에 상응하는 책임 장전은 없다. 시민들의 책임은 수많은 관할 구역에서 수천 개의 법령과 규정으로 구체화되어 있다. 우리 모두는 지구에 함께 살고 있기 때문에 지구의 동료 주민들에 대한 사회적 책임도 있다.

소프트웨어 프로젝트에 참여하는 사람들도 권리와 책임이 있다. 우리가 상호 작용하는 사람들, 그들에게 기대하는 권리, 그리고 그들에 대한 우리의 책임을 고려함으로써 동전의 양면을 구성할 수 있다. 개인은 동료 팀 멤버, 고객, 관리자, 공급업체, 그리고 일반 대중과 이러한 권리-책임 관계를 맺고 있다. 협업자와 함께 일할 때는 다음과 같은 맥락에서 대화를 진행해야 한다. "이 프로젝트에서 공동으로 성공하기 위해 여러분에게서 내가 필요한 것은 다음과 같습니다. 여러분이 나한테서 필요한 것은 무엇인가요?"

우리가 다른 사람들에게 하는 개별적인 약속의 구체적인 책임을 넘어, 모든 소프트웨어 실무자들은 직업 윤리를 준수할 책임이 있다. 컴퓨터와 관련된 두 개의 주요 단체인 ACM(Association for Computing Machinery) 학회와 IEEE 컴퓨터 협회는 공동으로 소프트웨어 공학 윤리 강령 및 직업 윤리 강령(ACM 1999)을 확립했다. 이 강령은 공익에 부합하고, 기밀을 유지하며, 지적 재산 소유권을 존중하고, 고품질을 추구하는 등의 방식으로 행동하는 실무자의 책임을 다룬다. 모든 소프트웨어 전문가는 본 지침을 숙지하고 책임감 있는 소프트웨어 개발을 위한 개인 윤리 강령을 채택해야 한다(Lowe 2015).

소프트웨어 전문가의 권리와 책임 간에는 대칭성이 있다. 그룹 A의 사람들이 그룹 B의 사람들로부터 어떤 서비스나 행동을 받을 권리가 있다고 가정해보자. 차례로, A그룹의 구성원들은 B그룹의 구성원들에게 어떤 책임을 진다고 가정해보겠다. 이 경우 우리는 이런 쌍별 관계에 대한 각 권리 증서를 동반하는 책임 증서를 만드는 것을 생각할 수 있다. 또는 해당 상호 책임을 암시하는 관계에 관련된 양 당사자에 대한 보완적 권리 증서를 고안할 수 있다.

다음은 소프트웨어 개발과 관련된 일부 그룹에 대한 권리와 책임의 몇 가지 예이며, 여러 출처에서 도출한 것이다. 이런 주제에 관해 많은 다른 제안이 있다(Atwood 2006, StackExchange n.d.). 우리의 상황에 맞는 직업적 권리와 책임에 관한 더 많은 아이디어를 얻기 위해 각 예시의 전체 출처를 읽는 것을 고려하자. 프로젝트 이해 당사자가 보다 원활하게 협업하는 데 도움이 되도록 권리 및 책임에 대한 현장의 견해를 항목별로 정리해 두면 유용할 수 있다. 권리와 책임을 적는 형식주의가 불편하다면, 이런 생각들을 다음과 같은 형태로 표현하는 것을 고려해보자. "내가 당신에게서 X를 기대하는 것이 합리적이고, 당신이 나에게서 Y를 기대하는 것은 합리적이다."

고객 권리 및 책임 예

고객으로서, 귀하는 비즈니스 분석가(BA)가 귀사의 비즈니스와 목표에 관해 학습하기를 기대할 **권리**가 있습니다. 귀하는 BA들과 개발자들에게 귀하의 비즈니스에 관해 교육할 **책임**이 있습니다(Wiegers and Beatty 2013).

> 고객으로서, 귀하는 기능적 요구와 품질 기대치를 충족하는 시스템을 받을 **권리**가 있습니다. 귀하는 요구사항을 제공하고 명확히 하는 데 소요되는 시간을 할애할 **책임**이 있습니다.
>
> 고객으로서, 귀하는 요구사항을 변경할 **권리**가 있습니다. 귀하는 요구사항 변경사항을 개발팀에 신속하게 전달할 **책임**이 있습니다.

개발자 권리 및 책임 예

개발자로서, 귀하는 당신의 지적 재산을 다른 사람들에게 인정받고 존중받을 **권리**가 있습니다. 귀하는 타인의 저작물을 허가받을 때만 재사용함으로써 타인의 지적 재산권을 존중할 **책임**이 있습니다(St. Augustine's College, n.d.).

개발자로서, 귀하는 모든 요구사항의 우선순위를 알 **권리**가 있습니다. 귀하는 신규 및 우선순위가 재지정된 요구사항이 일정에 미치는 영향을 고객에게 알려야 할 **책임**이 있습니다.

개발자로서, 귀하는 작업에 대한 견적을 작성하고 갱신할 **권리**가 있습니다. 귀하는 가능한 한 정확한 견적을 내고 가능한 한 빨리 현실을 반영하도록 일정을 조정해야 할 **책임**이 있습니다 (Wikic2 2006, Wikic2 2008).

프로젝트 관리자 또는 스폰서 권리 및 책임 예

프로젝트 관리자 또는 후원자로서, 귀하는 개발자가 고품질 소프트웨어를 생산할 것을 기대할 **권리**가 있습니다. 귀하는 개발자가 고품질 소프트웨어를 생산할 수 있도록 환경, 자원, 그리고 시간을 제공할 **책임**이 있습니다.

프로젝트 관리자 또는 후원자로서, 귀하는 프로젝트 목표를 설정하고 일정을 수립할 **권리**가 있습니다. 귀하는 개발자의 추정치를 존중하고 개발자가 비현실적인 시간 범위 내에 작업을 수행하도록 압력을 가하는 것을 피해야 할 **책임**이 있습니다.

자율 팀 권리 및 책임 예

자체 관리하는 자율 스크럼 팀의 일원으로서, 귀하는 용량을 관리하고, 스프린트를 실행하는 방법을 제어하며, 작업이 완료되는 시기를 설정할 **권리**가 있습니다. 귀하는 스프린트 목표를 결정하고, 스프린트 백로그를 생성하고, 스프린트 목표를 향한 일일 진행 상황을 평가하고, 스프린트가 어떻게 진행되었는지 평가하고 개선 계획을 수립하는 회고에 참여할 **책임**이 있습니다(Ageling 2020).

[우리의 가장 큰 책임은 모든 전문가를 공정하고 존중하는 태도로 대하는 것이다.]

위기 전의 우려

다른 커뮤니티에서 특정 권리를 누릴 자격이 있다고 생각하는 경우에도, 그 커뮤니티가 우리의 기대에 부응할 능력이 없거나 기꺼이 응하지 않을 수 있다. 이러한 불일치를 접할 때마다 당사자들은 반목하지 않고 건설적으로 협력하는 방법을 배워야 한다. 협력자들이 서로의 권리와 책임에 대해 논의하고 오해를 피하기 위해 이를 기록하는 시간을 갖는 것이 좋다. 이런 대화는 4장 개요에서 설명했던 기대 관리의 한 형태이다.

나는 오랫동안 가까운 개인적인 관계에서 철학을 갖고 있었는데, 그것은 우려, 즉 근심이나 걱정은 위기가 되기 전에 해결해야 한다는 것이다. 이것은 업무적인 상호 작용에서도 좋은 실무 사례다. 언뜻 보기에 분명하지 않을 때도 있지만, 대부분의 사람들은 좋은 의도를 가지고 있다. 권리와 책임에 대한 공유된 이해에 도달하는 것은 불쾌한 대인관계에 관련된 위기를 피하는 데 도움이 된다.

우리의 가장 큰 책임은 모든 전문가를 공정하고 존중하는 태도로 대하는 것이다. 우리 모두는 그렇게 할 수 있어야 한다.

레슨 39 물리적 분리로 인해 의사소통과 협업이 저해되지는 않는다

"요구사항 도출은 고객의 음성이 개발자의 귀에 잘 들릴 정도로 가까운 거리에서 해야 한다"는 레슨 12에서는 나와 가까이 앉아 일했던 손이라는 과학자를 위해 내가 소프트웨어를 만든 경험을 설명했던 내용을 다루었다. 그 당시 나는 필요할 때 그에게서 신속한 피드백을 받을 수 있었기 때문에 매우 생산적으로 일할 수 있었다. 그런데 프로젝트 도중에 손은 건물 반대편에 있는 사무실로 이사했고 나의 생산성은 곧 타격을 받았다. 그때부터 나는 '질문에 대답하거나, 사용자 인터페이스 옵션을 결정하거나, 기억을 되살리기 위해 곧바로 손의 주의를 끌 수 없었다. 손과 분리되어 거리가 멀어지면서 간단한 문제를 해결하는 데 걸리는 시간조차도 증가했다. 별로 중요하지 않게 여겼던 사람 간의 거리가 나의 개발 생산성을 저해할 수 있다는 것을 알게 되어 크게 도움이 되었다.

공간과 시간의 장벽

눈으로 볼 수 없게 공간적으로 분리되면, 사람들이 비공식적으로 상호 작용하기 어렵게 된다. 그림 5.2에서 보듯이, 내가 손의 프로젝트에서 일하고 있을 때 나는 내 책상 위를 올려다보고 그가 사무실에 있는지 볼 수 있었다. 그리고 손이 사무실에 없을 때는 그의 도움이 필요 없는 일을 하였다. 이런 가시성 덕분에 손의 답변을 기다릴 필요없이 생산적인 시간을 최적화할 수 있었다.

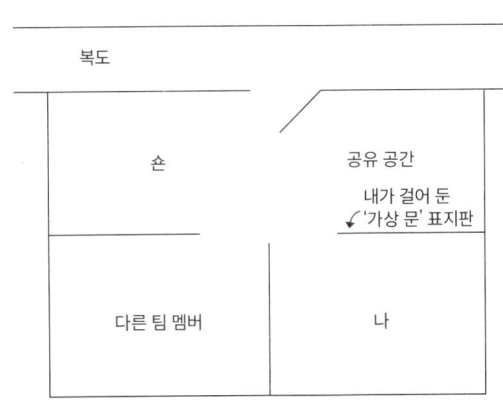

그림 5.2 이런 사무실 배치 덕분에 나의 고객인 손이 사무실에 있는지 쉽게 확인할 수 있었다.

손이 이사를 간 후, 나는 그에게 전화로 연락하거나, 이메일을 보내거나, 정기적으로 예정된 회의를 기다리거나, 그의 새 사무실로 걸어가서 그가 있는지 확인해야 했다. 함께 일하는 작업자가 여러 시간대에 분산되어 있을 때 분리 문제는 훨씬 더 심각해진다. 이것은 일상생활에도 영향을 끼친다. 나에게는 저녁을 먹고 전화를 자주 하는 친구가 있다. 그러나 그 친구는 나보다 한 시간의 시차를 가진 동쪽에 살고 있어서 항상 그 시간이면 나는 이제 막 식사를 하려는 참이다. 그 친구에게는 편리한 시간대에 전화가 오지만 나에게는 불편한 시간대이다. 비동기 통신은 시공간을 넘나들며 작동하지만 실시간으로 누군가와 대화하는 것보다는 속도가 느리다.

관련된 시간대가 많을수록 사람들 간의 연결 문제는 더 커지며 정규 근무 시간은 서로 다르게 된다. 세계의 절반에 해당되는 12개의 시간대에 걸친 여러 나라 사람들이 참가한 프로젝트가 있었는데, 화상 회의 시간을 선택할 때마다 몇몇 팀 멤버들은 불편해했다. 그래서 모든 사람에게 공평하게 하기 위해 회의 시간을 번갈아 변경하였다. 이렇게 해서 모든 사람들의 시간을 존중하고 있음을 보여주고, 모든 지역의 사람들이 프로젝트에 똑같이 중요하다라고 하는 의미 있는 문화적 신호를 전달했다. 어떤 위치도 다른 위치에 종속되면 안 된다.

일에 집중하도록 프라이버시를 보장하는 동시에 협업을 촉진하는 사무실 공간을 설계하려면 여러 관점의 균형을 맞출 필요가 있다. 이상적으로는 관리자가 각 팀 멤버의 선호도를 수용하면서도 좋은 상호 작용 기회를 제공할 수 있어야 한다. "작업 계획은 마찰을 고려해야 한다"는 레슨 23에서 보았듯이, 지식 근로자들은 어떤 일에 깊이 몰두하는 몰입 상태 state of flow로 들어갈 때 가장 생산성이 높다. 몰입 상태에서는 산만함과 방해가 없어야 한다. 따라서 사람들은 쉽게 상호 작용할 수 있을 만큼 충분히 가까이 있어야 하지만, 집중할 수 있는 사적인 공간도 필요하다.

> 가까운 거리도 중요하지만 방해받지 않고 업무를 완수하고자 하는 모든 사람의 욕구에도 세심한 배려를 해야 한다.

고객이 근처에 있으면 질문에 대한 고객의 답변을 빠르게 얻을 수 있기 때문에 개발팀에게는 매우 유용하다. 그러나 고객의 입장도 생각하자. 손은 나의 다음 질문을 참을성 있게 기다리는 챗봇이 아니었다. 그는 자신의 일을 끝내려고 노력하는 연구 과학자였다. 내가 제기한 모든 질문, 그리고 디스플레이 화면이나 보고서를 검토해 달라는 나의 모든 요청은 손의 몰입 상태를 방해하였다. 가까운 거리도 중요하지만 방해받지 않고 업무를 완수하고자 하는 모든 사람의 욕구에도 세심한 배려를 해야 한다.

가상 팀: 궁극의 분리 방식

자의든 타의든 코로나19 팬데믹으로 인해 점점 더 많은 소프트웨어 전문가들이 원격으로 근무하고 있으며, 이에 따라 공유 오피스 공간을 가장 잘 설계하는 방법에 대한 논쟁이 무의미해질 수 있다. 그러나 가상 공간에서 작업하는 가상 팀은 그 자체로 엄청난 문화적, 협업적 과제를 안고 있다. 가치와 실무 사례를 공유하는 문화를 구축하거나 통합하는 것은 말할 것도 없고, 직접 만나본 적이 없는 동료들을 알고 이해하는 것은 쉽지 않다. BA인 내 동료 홀리는 그녀의 최근 경험을 다음과 같이 설명하였다.

> 막상 내가 직접 해야 할 때까지는 강력한 가상 팀을 만드는 것과 관련된 과제를 완전히 이해하지 못했다. 나는 최근 100% 원격으로 근무하는 새로운 직책을 맡았다. 내가 하고 있는 활동들이 새로운 것은 아니지만 지금은 다르다. 새로운 팀 멤버들을 만나고, 새로운 조직의 언어와 의사소통 스타일을 배우고, 관련 문서를 찾고, 내 역할을 지원하는 데 중요한 기술을 파악하는 이런 것들은 일을 착수할 때 예상되는 것이다. 하지만 모두 익숙하면서도 아직은 매우 새롭다. 특히 회의 문화는 이 새로운 원격 세계에서도 새로운 차원의 고민을 초래했다. 사람들은 더 이상 회의에 걸어서 참석하지 않고 마우스 클릭 한 번으로 한 회의에서 다음 회의로 이동한다. 회의 도중에 잠시 휴식하는 즐거움은 어디로 갔을까?

'가상 소프트웨어 팀의 과제'에 관해 웹을 검색하면 이와 관련된 많은 문제를 언급하는 수많은 기사를 볼 수 있다. 이처럼 원격 근무 환경에서 일한다면 주요 과제를 이해하고 가상 팀워크의 세계에서 성공할 수 있는 최선의 방법을 생각해 볼 가치가 있다.

문, 문, 문을 위한 나의 왕국!

닫힌 문은 의사소통의 장애물이다. 문은 어느 쪽에 있느냐에 따라 이점이 될 수도 있고 골칫거리가 될 수도 있다. 나는 문이 있거나 또는 없는 개인 사무실, 공유하는 사무실, 그리고 칸막이가 광활하게 펼쳐진, 조경이 있는 공간에서 일한 적이 있다. 그림 5.2의 밀집된 사무실에는 복도로 통하는 문이 있었지만 우리의 개인 사무실 3개에는 문이 없었다. 따라서 우리 중 누구라도 만나러 온 방문객은 다른 사람들의 주의를 분산시켰다.

컴퓨터 관련 질문을 하려고 동료 직원들이 내 사무실에 자주 들렸다. 그래서 나는 한쪽에 '가상 문 열림' 그리고 다른 쪽에 '가상 문 닫힘'이라고 쓴 표지판을 칸막이에 걸어 두었다. 그리고 내가 방해받고 싶지 않을 때 사람들이 알아주기를 바랬다. 정말이지 나는 순진했다. 대부분의 방문객은 그 표지판을 읽고 "'가상 문 닫힘'이라고? 웃기네. 어이, 질문 있어."라고 말했을 것 같았다. 이 방법은 실패하였다. 자신이 열심히 일하고 있고 방해받지 않기를 원한다는 신호로 영화관에서나 볼 수 있는 것과 같은 주황색 교통 안전 콘이나 벨벳 로프를 사용했던 사람들의 얘기를 들어본 적이 있는데 말이다.

나는 마침내 실제 문이 있는 사무실을 얻었고 그 덕분에 더 많은 업무를 처리할 수 있었다. 일부 기업에서 자주 컨설팅하는 전문가들은 근무 시간을 정해 놓고 그 시간에 동료들을 초대하여 토의를 진행하기도 한다(Winters et al. 2020). 질문을 하는 사람 입장에서는 시기적으로 적절하지 않을 수도 있지만, 전문가의 상담 중단 빈도를 줄일 수 있다.

몇 년 후, 나는 완전히 문화와 환경이 다른 건물로 이사했다. 나는 칸막이가 된 공간에 있었다. 개인 사무실이 있는 관리자들을 제외하고 우리는 모두 책상 주위에 1.5m 길이의 칸막이를 갖고 있었다. 나의 칸막이는 400m 길이의 이 건물 전체에서 가장 시끄러운 공간 중 하나였다. 나는 건물의 길이를 따라 뻗어 있는 중앙 복도에 인접해 있었고, 에스컬레이터의 위쪽 근처에 있었으며, 화장실과 회의실 및 교육장이 가까이 있었다. 그리고 내 책상에서 1.2m 떨어진 곳에 커피 머신이 있었는데, 학생들이 교육 수업 중 쉬는 시간에 모여 수다를 떨곤 했다. 내가 있는 곳에서 한 가지 좋았던 점은, 축하 행사에서 먹고 남은 케이크가 커피 머신의 테이블에 놓여 있었다는 것이다(나는 커피는 마시지 않지만 케이크는 즐겨 먹는다).

나는 다른 많은 사람들이 의식조차 못하는 시끄러운 소음에 쉽게 주의가 산만해진다. 그래서 칸막이 된 개방 공간에서 산만한 것들에 신경 쓰지 않고 내 일에 집중하는 데 최소 두 달이 걸렸다. 개방된 공간이 주변 사람들과 교류를 용이하게 해주었지만, 나는 시끄러운 환경에 적응할 때까지 스트레스를 많이 받았다.

프라이버시 보장, 방해받지 않는 자유, 빠른 상호 작용을 위한 동료와의 근접성, 프로젝트 회의를 위한 공유 공간 등의 여러 가지 상충되는 요구를 충족시키기 위한 작업 공간의 설계에 완벽한 해결책은 없다. 특히 지리적으로 떨어져 있는 것만으로도 충분히 문제가 되는데, 여기에 문화적 차이까지 겹치면 효과적인 협업을 하는 데 어려움이 커진다. 협업 도구는 지리적으로 떨어져 있는 사람들이 함께 작업할 수 있게 도와준다. 그러나 실시간으로 얼굴을 맞대고 하는 상호 작용을 완전히 대체하지는 못한다. 관리자는 가능한 한 팀원들이 서로 상충되는 요구의 균형을 가장 잘 맞출 수 있도록 업무 공간을 설계하도록 해야 한다(DeMarco and Lister 2013). 그래도 문제가 해결되지 않는다면 헤드폰이나 귀마개를 착용하는 것이 좋다.

레슨 40 소규모 공동 작업 팀에 적합한 비공식적인 접근 방식은 잘 확장되지 않는다

빌 게이츠와 폴 앨런, 스티브 잡스와 스티브 워즈니악, 빌 휴렛과 데이비드 패커드, 내 생각에는 이들 중 누구도 초기 프로젝트에 대한 사양서나 절차서를 작성하지 않았을 것이다. 나란히 일하는 한 쌍의 정말 재능 있는 귀재들 간에는 감정이입mind meld으로 인해 대부분 문서화의 필요성이 없어진다. 그러나 시간, 공간, 그리고 다른 언어로 생각하고 다른 문화에 젖은 수백 명의 뇌를 통해 감정이입을 확장하는 것은 어렵다.

그림 5.3은 프로젝트 복잡도의 질적 규모를 보여준다.

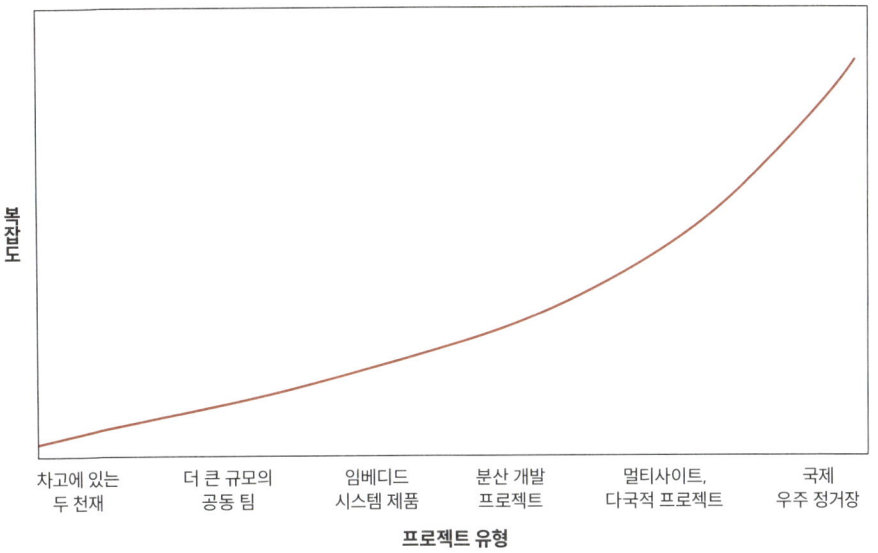

그림 5.3 더 크고 복잡한 프로젝트를 수행함에 따라 조직에서는 그에 맞춰 처리 절차와 방법을 확장해야 한다.

모든 프로젝트는 차고에서 일하는 두 명의 천재부터 수천 명의 인력이 국제 우주 정거장(내가 생각할 수 있는 가장 큰 프로젝트)을 건설하는 것까지 극과 극에 걸쳐 있다. 조직이 성장함에 따라 더 크고 복잡한 프로젝트를 수행한다. 두 천재는 차고에서 나와 다른 사람들을 고용하고 한 장소에서 십여 명의 기술자들과 함께 프로젝트를 진행한다. 만일 하나의 하드웨어 장치에 소프트웨어가 내장된 제품을 만든다면, 팀에서 기계 및 전자 엔지니어를 포함하게 될 것이다. 어느 시점에서는 다른 도시에 있는 다른 회사를 인수하거나, 또는 분산 개발 프로젝트에서 해외의 사람들과 협력할 수도 있다. 비행기처럼 거대하고 복잡한 제품을 만드는 회사는 소프트웨어 엔지니어, 하드웨어 엔지니어 및 여러 국가의 수십 개 하위 프로젝트에서 일하는 많은 다른 전문가들을 보유할 수 있다.

규모가 큰 과제는 적절한 접근 방식을 필요로 한다.

처리 체계와 도구

팀, 프로젝트 및 조직이 성장함에 따라 처리 절차를 강화해야 할 필요성이 생긴다. 대체로 이런 필요성은 문제에 직면한 후 인식할 수 있다. 어쩌면 두 팀이 서로의 작업을 덮어쓰거나, 또는 다른 누군가가 할 것이라고 생각했기 때문에 작업이 간과되었을 수도 있다. 이런 문제는 팀 멤버들과 그룹 간의 더 나은 계획, 조정, 그리고 의사소통을 필요로 한다. 특히 서로 다른 장소에 있는 사람들이 더 많이 관여할수록 마찰과 지연의 원인은 더욱 커진다.

[팀 멤버들이 멀리 떨어져 있을수록 더 많은 처리 체계가 필요하다.]

대규모 프로젝트일수록 더 많은 정보를 기록하여 다른 사람들이 현재 진행 상황과 앞으로의 계획을 알 수 있도록 해야 한다. 특히 요구사항, 의사 결정, 비즈니스 규칙, 추정치, 그리고 소프트웨어 메트릭과 같이 변동이 심한 정보의 지속적인 기록이 유용하다. 그리고 팀 멤버들이 멀리 떨어져 있을수록 더 많은 처리 체계가 필요하며, 원격 협업 도구에 더 많이 의존해야 한다.

다양한 위치에 있는 팀은 호환성과 원활한 정보 교환을 위해, 작업 관리 및 추적, 모델링, 테스트, 지속적인 통합, 특히 코드 관리를 위한 공통 도구가 필요하다(Senycia 2020). 오픈소스 소프트웨어는 분산 소프트웨어 개발의 극단적인 예이다. 오픈소스 프로젝트의 기여자들은 세계 어디에서나 살 수 있다. 그리고 끊임없이 진화하는 프로젝트에 참가하는 많은 사람들은 모든 부분들이 서로 잘 맞도록 하기 위해 몇 가지 일관된 절차를 따라야 한다. Andrew Leonard(2020)는 이렇게 언급하였다. "성공적인 원격 협업 소프트웨어 개발을 촉진하는 데 있어, 버전관리보다 더 중요한 혁신은 없었다."

전문화의 필요성

나는 대학 수업, 개인적인 용도, 그리고 오락을 위한 프로그램 작성으로 소프트웨어 개발을 시작했다. 그런 다음에 다른 사람들이 사용할 수 있는 프로그램과 몇몇 작은 상업용 앱들을 작성하기 시작했다. 나중에는 다른 소프트웨어 개발자들과 힘을 합쳐 더 큰 프로젝트를 맡게 되었다. 내가 혼자 프로젝트를 하는 동안 나는 모든 프로젝트 역할 모자를 차례로 착용했다. 그리고 내가 어떤 특정한 순간에 무엇을 하고 있었는지에 따라, BA, 설계자, 프로그래머, 테스터, 문서 작성자, 프로젝트 관리자 또는 유지 관리자의 역할을 수행하기도 했다.

모든 팀 멤버가 이런 모든 기술 영역에 완전히 숙달되기를 기대하는 것은 현실적으로 불가능하다. 프로젝트와 팀의 규모가 커짐에 따라 일부 기술의 전문화는 자연스럽고 유익하다. 빌 게이츠와 폴 앨런조차 어느 순간 회사를 계속 성장시키기 위해 코딩 외의 기술력이 있는 사람들을 고용해야 한다고 결정했다(Weinberger 2019). 예를 들어, 기술 작가, 수학자, 프로젝트 관리자 등이다. 이런 결정의 결과가 성공적이었다고 들었다.

의사소통 충돌

레슨 14에서 보았듯이, 의사소통 연결의 수는 그룹의 크기에 따라 기하급수적으로 증가한다. 프로젝트 참가자들은 정보를 빠르고 정확하게 교환할 수 있는 메커니즘이 필요하다. 선호하는 의사소통 방식도 또한 다양하다. 사람들은 본능적으로 자신에게 가장 편한 방식으로 다른 사람들과 소통하지만, 그것이 항상 다른 사람들이 선호하는 방식은 아니다.

나는 웹 개발 팀과 인간 공학 팀이 참가하는 프로젝트의 회고retrospective를 진행한 적이 있다. 회고에서 인간 공학 팀의 한 구성원은 자신이 프로젝트 의사소통에 포함되지 않아서 무슨 일이 일어나고 있는지 항상 알지 못했다고 말했다. 이에 놀란 소프트웨어 팀의 한 직원은 "내가 모든 이메일에 당신을 참조로 넣었는데요?"라고 항의했다. 우리는 두 그룹이 선호하는 의사소통 방식이 매우 다르며 중요한 의사소통을 서로 다르게 받기 원한다는 것을 알게 되었다.

이 경우 그 팀들은 멀리 떨어져 있지 않았지만, 확실히 스타일 면에서 분리되어 있었다. 여러 그룹의 사람들이 참가하는 프로젝트의 경우는 모든 사람들에게 적합한 방식으로 의사소통할 수 있는 기반을 일찍 마련하는 것이 중요하다. 마찬가지로 각 그룹은 서로 다른 결정을 내릴 수도 있다. 언짢은 생각을 피하고 의사 결정 속도를 높이려면, 처음으로 큰 의사 결정에 직면하기 전에 팀들이 공동으로 의사 결정하는 방법을 논의해야 한다.

성공적인 조직은 성장하면서 갈수록 더 큰 도전에 직면한다. 차고에서 소수의 사람들에게 효과가 있었던 기법을 확장하여 먼 거리까지 적용할 수 있을 것이라고 기대해서는 안 된다. 다양한 팀 노력을 통합하는 데 필요한 절차와 도구를 예상함으로써 성장통을 피할 수 있다. 프로젝트 참가자들에게 급하게 인프라를 도입하는 것보다 미리 최대한 많은 인프라를 구축하는 것이 혼란을 덜 준다. 프로젝트 초기에 참가자들이 그들의 원격 상대를 알고 이해하도록 하면 문화 충돌을 피하는 데 도움이 될 수 있다. 이러한 토대를 마련하는 데 시간을 투자하면 나중에 겪게 될 많은 어려움을 예방할 수 있다.

> **레슨 41** 새로운 업무 방식으로 전환할 때 조직의 문화를 바꾸는 어려움을 과소평가 하지 말자

레슨 36의 "다른 사람들이 아무리 많은 압력을 가하더라도, 이행할 수 없는 약속은 절대 하지 말자"에서 내가 대기업 부서에서 프로세스 개선 프로그램을 주도한 적이 있다고 언급하였다. 조직도에서 나보다 세 단계 위인 그 부서의 선임 관리자는 그런 노력을 열렬히 지지했다. 그러나 부서장인 마틴은 수백 명의 소프트웨어 및 시스템 엔지니어를 새로운 패러다임으로 전환하는 데 수반되는 모든 것을 충분히 이해하지는 못했다.

마틴은 우리가 새로운 소프트웨어 개발 프로세스를 만들기만 하면 모두가 동참할 것이라고 생각한 것 같았다. 그는 우리가 따르고 있던 변경 프레임워크의 일부로 작성한 관리 정책에 고무 도장을 찍어 주었지만 그것이 전부였다. 그는 정책을 발표하거나 설명하지 않았고, 정책이 어떻게 적용되어야 하는지에 대한 기대치를 설정하지도 않았다. 또한 새로운 작업 방식으로의 이행 경로를 정의하지 않았고, 그 정책을 준수할 책임을 누구에게도 묻지 않았다. 따라서 그 정책은 광범위하게 무시되었고, 새로운 프로세스는 초기에만 제한적으로 영향을 끼쳤다.

이 경험은 새로운 프로세스를 도입하는 것이 새로운 문화를 주입하는 것보다 쉽다는 것을 보여주었다. 성공적인 변화 계획에는 이 두 가지가 모두 필요하다. 그러나 모든 사람들을 한꺼번에 교육하면서 새로운 절차가 담긴 매우 큰 바인더(또는 여러분이 가는 방향을 나타내는 얇은 지침서)를 주고 그들이 즉시 새로운 방식으로 효과적으로 일을 시작하기를 기대할 수만은 없다. 이런 접근법은 단지 사람들을 당혹스럽게 하고 스트레스를 줄 뿐이다. 이는 좋은 문화를 가진 회사라 하더라도 경영진의 신뢰도를 떨어뜨린다.

가치, 행동, 그리고 실무 사례

앞서 설명했듯이, 건강한 소프트웨어 공학 문화는 공유된 가치, 행동, 그리고 기술적 실무 사례를 포함한다. 변화 과정에 팀 멤버들을 참여시키면 변화에 대한 수긍도가 높아진다. 이에 따라 유능한 리더는 사람들이 자신의 아이디어라고 믿게 만들 수 있다. 변화 계획을 진행 중인 조직의 구성원들은 그들이 따라야 할 새로운 실무 사례보다 훨씬 더 많은 것을 알아야 한다. 이때 변화의 리더는 다음을 설명해야 한다.

- 변화가 필요한 이유
- 어떤 문제를 해결할 것인가?

- 그 결과로서 조직이 이루고자 하는 성과
- 조직도에 미치는 영향
- 새로운 역할, 직책, 또는 책임
- 팀 멤버 개인에 대한 기대치
- 실행 일정
- 변화 계획에 건설적으로 기여한 것에 대한 책임감

성공적인 문화 변화를 위해, 변화의 리더는 영향을 받는 모든 사람들이 목표와 접근 방식의 장점을 모두 수용하도록 설득해야 한다. 모든 사람들이 문제점을 잘 알고 있을 때 설득이 더 쉽다. 한 동료가 나에게 성공적인 소프트웨어 프로젝트를 해본 적이 없다고 말한 적이 있다. 이러한 좌절감은 그녀가 프로젝트 결과와 회사의 비즈니스 성공을 향상시키기 위해 프로세스 개선 활동을 주도하도록 강력한 동기를 부여했다.

변화는 어렵다. 모든 사람들이 참여를 원하는 것은 아니다. 그러나 사람들이 적당히 일하던 관행의 포기를 꺼리면서 저항한다면 문화를 발전시킬 수 없다. 또한 변화에 관해 가장 불안해하는 사람들이 전체 변화 계획의 추진을 방해하도록 방치해서는 안 된다. 한쪽 극단에서 새로운 삶의 방식을 강요하는 것과 다른 극단에서 모두를 행복하게 하려는 노력 사이에 현명한 균형점을 찾기 위해 노력하자.

마틴은 자신의 부서에서 변화 계획을 지지한다고 말했지만 나는 그가 진정으로 그것에 대해 전념하고 있는지는 확신할 수 없다. 나에게 지지는 모호하고 애매한 단어다. 누군가가 "나는 그것을 지지한다"고 말할 때, 그들이 의미하는 것은 종종 "그렇게 해도 괜찮다" 또는 "좋은 생각인 것 같다"는 경우가 많다. 지지를 관용 또는 승인으로 생각하는 것은 헌신과 매우 다르다. 헌신적인 리더는 행동을 취하고 모범을 보인다. 그들은 구체적인 목표를 설정하고, 자원을 제공하며, 의도한 결과에 부합하는 행동을 보여준다. 그들은 자신의 모든 것을 걸고 조직의 결과에 책임을 진다. 지속적인 변화에 전념하는 관리자들은 감정을 자극하고 행동을 유도하는 방식으로 변화를 만들어 내는 것을 알고 있다(Walker and Soule 2017). 미사여구, 명령, 지시로는 충분하지 않다.

팀 멤버들을 새로운 가치와 행동으로 이끌기 위해서는 설득과 시간이 필요다는 것을 효과적인 변화 리더는 알고 있다. 조직의 사람들은 세 가지 옵션을 갖고 있다. 즉, 그들은 변화 계획을 주도하는 것을 도울 수 있거나, 또는 변화 프로그램을 따라서 그들의 역할을 수행할 수 있거나 또는 동참하지 않을 수 있다. 만일 변화의 규모나 성격이 일부 사람들을 너무 불편하게 만든다면 아마도 그들은 떠날 것이며, 그렇게 한다면 관련되는 모든 사람들에게 더 좋을 것이다. 나는 조직의 새로운 방향에 불만을 품은 사람들이 소극적이면서 공격적인 접근을 하는 경우를 너무 많이 보았다. 그들은 변화에 대해 말로만 지지할 뿐이고 할 수 있을 때마다 그것을 무시하거나 약화시켰다.

애자일과 문화의 변화

애자일Agile로 전환하면 소프트웨어 조직의 운영 방식에 큰 변화를 가져온다. 나는 새로운 도구나 기술 실무 사례처럼 문화를 포장 구입해서 설치할 수 없다고 말하곤 했다. 그러나 애자일에서는 그렇지 않다. 예를 들어, 스크럼Scrum으로 이행할 때는 일련의 가치, 행동 및 기술적 실무 사례와 함께 미리 포장된 문화를 흡수해야 한다. 애자일로 전환할 때는 다음을 포함하여 문화의 많은 측면이 바뀌어야 한다(Hatch 2019).

- 조직 구조와 팀 구성
- 용어
- 가치와 원칙
- 스크럼 마스터 및 제품 소유자와 같은 새로운 프로젝트 역할
- 일정과 계획 실무 사례
- 협업과 의사소통의 본질
- 진행 상태의 측정 방법
- 결과에 대한 책임

한 번에 모두 흡수하려면 많은 혼란이 생긴다. 기존의 소프트웨어 프로세스 개선 전략은 점진적이므로, 새로운 프로세스와 실무 사례를 프로젝트 활동에 소화 가능한 수준으로 조금씩 통합한다. 이와는 달리, 애자일로의 전환은 보다 갑작스러운 사고와 실무 사례의 변화를 수반한다. 새로운 가치에 대한 확약을 얻고, 개인의 행동을 바꾸고, 새로운 실무 사례를 채택하기 위해 단순히 모든 사람을 교육하는 것으로는 충분치 않다. 실무자들이 이전에 했던 일을 잊고 새로운 작업 방식에 익숙해지고 능숙해지려면 시간이 걸린다.

나는 수백 명의 소프트웨어 개발자를 대상으로 대규모 애자일 교육을 수행한 두 회사를 알고 있다. 한 회사는 신속하게 대규모 전략 프로젝트에 뛰어들었다. 이 프로젝트는 여러 장소에 근무하는 150명 이상의 직원을 포함하며, 고위 경영진이 애자일 방식으로 수행하도록 지시하였다. 수년간의 투자

와 막대한 자금이 투입된 후, 그 프로젝트는 어떤 유용한 결과물도 제공하지 못한 채 중단되었다.

두 번째 회사는 기업 수준의 애자일 프레임워크를 채택하고, 프로젝트 상황에 얼마나 적합한지에 관계없이 모든 프로젝트에 적용하기로 결정했다. 그 회사의 한 친구는 다음과 같이 설명했다.

> 이것은 엄청난 변화였다. 적극적인 전환 일정은 우리의 개발 실무 사례, 절차, 그리고 감사 요구사항에 모두 영향을 끼쳤으므로, 이로 인해 원활한 전환을 위한 충분한 시간이나 교육이 제공되지 않는 영역에서 문제가 발생했다. 애자일로의 전환은 최종 결정으로 제시되었다. 고위 경영진은 회사 내의 특정 문제를 해결한다는 관점에서 애자일 전환을 추진하지 않았고, 우리에게 애자일 전환을 원한다고 설득하지도 않았다. 조직 전체에서 다양한 수준의 반발이 있었다. 그리고 많은 개발자가 애자일 개발자가 아닌 폭포수waterfall 개발자로 채용된 것에 대해 매우 불만이 많았다.
>
> 이상적인 세계에서는 모든 사람이 엄청난 변화에 대해 '우리에게 어떤 이득이 있을까?'라고 생각하면서 반응하지만, 실제로는 '왜 나에게 이런 일을 시키지?'라고 생각하는 사람이 대부분이다. 우리 회사에서는 이러한 반응을 극복한 사람도 있었지만 그렇지 못한 사람도 있었다.

경영진이 이러한 급진적이고 일괄적인 변화가 문화에 미치는 실질적인 영향에 더 많은 관심을 기울였다면, 변화를 더 쉽게 받아들이고 더 만족스러운 결과를 얻을 수 있었을 것이다. 이러한 대규모 혁신 시도가 얼마나 성공할지는 시간이 지나면 알 수 있을 것이다.

내면화

원하는 비즈니스 결과를 달성하기 위한 프로세스 중심의 문화적 변화 계획에는 두 가지 목표가 있다. 하나는 **제도화**institutionalization이다. 제도화는 조직 전반에 걸쳐 새로운 실무 사례, 행동, 그리고 가치가 확립되어, 이제는 프로젝트가 일상적으로 운영되는 방식의 일부가 되었다는 것을 의미한다. 두 번째 목표는 **내면화**internalization이다. 내면화는 새로운 작업 방식이 팀 멤버 개개인의 사고와 행동 방식에 뿌리내리게 되었다는 것을 의미한다.

팀 멤버들이 새로운 방법과 행동으로 내면화되면, 그들은 관리자, 절차서, 또는 애자일 코치의 지시로 일을 수행하지 않는다. 대신에 내면화된 방식이 일을 해 내는데 가장 좋은 방법임을 알고 있기 때문에 그 방식으로 일을 한다. 내면화는 제도화보다 더 어렵고 시간이 오래 걸리지만, 성공적인 문화 변화를 보여주는 강력한 지표이기도 하다. 일단 더 나은 작업 방법을 내면화하면, 그 방식은 영원히 유지된다.

기존의 작업 방식에서 완전히 다른 방식으로 근본적인 전환을 이루기 위해서는 조직, 관리, 프로젝트 리더십, 보상, 기술적 실무 사례, 개인 습관 및 팀 행동과 같은 다양한 측면의 변화가 필요하다. 이러한 변화는 돈으로 사거나 강요할 수 있는 것이 아니다. 고위 경영진은 변화에 전념하고 영향을 받는 모든 사람들과 함께 변화에 대한 설득력 있는 사례를 만들어야 한다(Agile Alliance et al. 2021). 문화적 전환은 일련의 새로운 실무 사례와 방법을 도입하는 것보다 더 큰 도전을 제기하지만, 이러한 전환 없이는 실패할 가능성이 높다.

> 팀 멤버들이 새로운 방법과 행동으로 내면화되면, 내면화된 방식이 일을 해내는 데 가장 좋은 방법임을 알고 있기 때문에 그 방식으로 일을 한다.

레슨 42 비합리적인 사람들을 대할 때는 어떤 공학이나 관리 기법도 소용이 없다

때때로, 우리는 직장에서 불합리하다고 생각되는 누군가를 마주칠 수 있다. 동료 팀 멤버, 관리자, 고객, 또는 다른 협력자일 수도 있다. 우리는 이전 레슨에서 다음과 같은 사람들을 몇 명 만났다.

- 한 명의 팀 멤버가 서로 다른 프로젝트에서 일주일에 8시간씩 5개의 활동을 처리할 것을 기대한 팀장(레슨 23)
- 자신이 속해 있지 않은 사용자 부류를 대신하여 요구사항을 제공할 수 있다고 주장했던 고객(레슨 33)
- 동료들과 지식을 공유하지 않고 축적만 했던 사람(레슨 35)
- 새로운 프로세스를 선포하여 대규모 조직의 문화를 변화시키고자 했던 고위 관리자(레슨 41)

비이성적으로 보이는 누군가를 만날 때 그 상황은 기술적인 문제가 아닌 사람의 문제가 된다. 이때 응답할 수 있는 방법은 여러 가지가 있다. 하나는 토론의 형태로 자신의 입장을 옹호하는 것이다. 또 다른 하나는 불합리한 사람의 압력에 굴복하여 그들이 말하는 대로 하는 것이다. 비록 그것이 올바른 접근법이라고 생각하지 않더라도 말이다. 세 번째 옵션은 순응하는 척하면서 다른 것을 하거나 또는 아예 아무것도 하지 않는 것이다.

더 나은 전략은, 그러한 사람이 비합리적으로 보이는 이유를 파악한 다음에 대응 방법을 고려하는 것이다. 그들은 자신들의 정당한 이익을 보호하기보다는 확고한 입장을 옹호하고 있을지도 모른다. 비합리적으로 보이는 사람들은 단순히 정보가 부족한 경우가 많다. 익숙하지 않은 실무 사례, 전문 용어, 그리고 거만한 소프트웨어 개발자는 소프트웨어 팀과 함께 일한 경험이 거의 없고 기술 지식이 부족한 고객을 겁먹게 할 수 있다. 이전 프로젝트 경험에 실망했던 사람들은 다시 프로젝트에 참여하는 것을 꺼릴 수 있다.

내가 한 프로젝트에서 BA로 일할 때, 나는 실패한 이전 프로젝트에서 두 번이나 데었던 고객과 함께 일한 적이 있다. 그는 또 다른 소프트웨어 팀과 함께 일하는 것을 경계했다. 그의 이력을 알았을 때, 그가 처음부터 나를 믿지 않았던 이유를 알 수 있었다. 하지만 우리는 약간의 인내심과 해명으로 문제를 해결해 나갔고 프로젝트는 성공적으로 마무리되었다.

약간의 가르침을 시도해보자

만일 불합리한 반응이 지식 부족 때문이라면, 그 사람을 교육해보자. 상대방은 우리가 사용하는 용어, 작업 실무 사례, 이런 작업 실무 사례가 프로젝트 성공에 기여하는 이유, 그리고 작업 실무 사례를 수행하지 않을 경우 무슨 일이 생기는지 알아야 한다. 함께 일하는 사람들은 우리가 그들로부터 어떤 의견과 행동을 필요로 하는지, 그리고 그들이 우리에게 무엇을 기대할 수 있는지를 알아야 한다. 만일 BA가 신규 고객과 "당신의 사용자 스토리에 관해 얘기하죠."라고 대화를 시작한다면, 이것은 고객에게 겁을 주게 되고 부정적인 반응을 불러일으킬 수 있다. 고객은 사용자 스토리가 무엇인지, 또는 프로세스에서 그들의 역할이 무엇인지 전혀 모르기 때문이다. 때로는 약간의 정보만 전달해도 불합리한 반응을 해소할 수 있는 경우가 있다.

나는 대기업의 연구소를 지원하는 소프트웨어 그룹의 관리자가 된 지 얼마 지나지 않아 그런 지식 부족 시나리오를 접하게 되었다. 나는 선임 연구 관리 및 기술 담당자 연례 회의에서 내 그룹의 업무를 설명하였다. 나는 이제부터 우리 그룹은 서면 명세서 없이 소프트웨어를 작성하지 않을 것이라고 말했다. 스콧이라는 이름의 선임 관리자는 이렇게 이의를 말했다. "잠깐만요, 명세서에 대한 당신의 정의가 내 것과 같은지 잘 모르겠습니다." 나의 첫 번째 응답은 이랬다. "그럼 내 것을 사용하죠." 너무 경솔해 보이지 않도록(물론 그랬지만), 나는 명세서가 의미하는 바를 설명했다. 내가 터무니없는 요구를 하는 것이 아니라는 것을 이해하자, 스콧은 이것이 정당한 기대라는 것에 동의했다.

누가 선을 넘었나요?

스콧과의 대화를 통해 중요한 점을 깨달았다. 바로 **자신**이 불합리한 사람이 아닌지 확인해야 한다는 점이다. 비즈니스 분석가, 프로젝트 관리자 또는 개발자는 누군가가 요구하는 모든 것을 다 해주지 않으면 곤란해 하는 것으로 보일 수 있다. 또한 사용자나 관리자에게 소프트웨어 팀과 함께 작업하는 데 시간을 할애해 달라고 요청하는 비즈니스 분석가는 프로젝트에 많은 노력이 들어간다고 생각하지 않던 사람에게는 비합리적으로 보일 수 있다.

때때로 사람들은 그들이 실제보다 더 많은 지식을 갖고 있다고 생각하여 부적절한 접근 방식을 취하도록 압력을 가하기도 한다. 경험이 풍부한 개발자이자 데이터베이스 설계자인 내 친구 안드레아는 이전에 그녀가 여러 개의 성공적인 시스템을 구축했던 회사와 새로 계약했다. 그 고객사의 한 수석 개발자는 새 시스템의 데이터베이스에 그가 개발한 데이터 모델을 사용해야 한다고 주장했다. 안드레아는 해당 데이터 모델의 심각한 결함을 지적했다. 그러나 그 개발자는 "내 데이터 모델을 사용하지 않으면 프로젝트를 취소할 겁니다."라고 위협했다. 안드레아는 마지못해 동의했다. 아니나 다를까, 그 제품은 많은 문제를 겪었고, 이를 해결하기 위해 많은 노력이 들었다. 결함이 있는 데이터 모델에서 그런 문제가 비롯되었다고 안드레아가 정확하게 지적하자, 그 개발자는 안드레아가 자신의 훌륭한 데이터 모델 구현을 망쳤다고 비난했다. 그 고객의 행동은 아무리 생각해보아도 불합리한 것이었고, 그 결과 모두가 피해를 입었다.

> 아무도 불합리하다고 생각하지 않도록, 서로의 목표, 우선순위, 압박감, 추진 요인, 두려움, 그리고 제약을 이해하려고 노력하자.

유연성을 위하여

독단적인 태도는 불합리하게 보일 수 있는 또 다른 방법이다. CMM_{Capability Maturity Model}(소프트웨어 능력 성숙도 모델)을 기반으로 하는 소프트웨어 프로세스 개선 프로그램을 이끄는 그룹에서 일했을 때 나는 경험이 적은 동료인 실비아와 논쟁에 휘말린 적이 있다. 실비아는 이렇게 주장했다. "CMM은 하나의 **모델**일 뿐입니다. 우리는 모델에 나와 있는 대로 해야 합니다!" 나는 그것이 지나치게 제한된 해석이라고 생각했다. 내 대답은 이랬다. "CMM은 **모델**입니다. 우리 상황에 맞게 조정하면 되는 거죠!" 나는 실비아가 독단적이고 유연성이 없다고 생각했다. 그러나 그녀는 내가 CMM을 규정대로 적용하지 않음으로써 그 의도를 위반하고 있다고 생각했다. 이어진 토의를 통해 우리 그룹은 우리 환경에서 CMM을 사용하는 방법에 관해 공통된 이해에 도달했다. 그럼에도 불구하고 나는 실비아와 내가 '모델'의 의미를 해석하는 방식에 큰 차이가 있다는 사실에 충격을 받았다.

아무도 불합리하다고 생각하지 않도록, 서로의 목표, 우선순위, 압박감, 추진 요인, 두려움, 그리고 제약을 이해하려고 노력하자. 양쪽 모두에서 어떤 행동과 결과가 보상을 만들고, 어떤 것이 보복을 초래하는지 알아보자. 다른 사람들이 우리에게 무엇을 기대하고, 우리가 그들에게 무엇을 기대할 수 있는지 모두가 알 수 있도록 합의를 만들어 보자. 서로의 관점을 인정하고 존중한다면, 우리 모두 더 잘 지낼 수 있을 것이다.

다음 단계: 문화와 팀워크

1. 이번 장에 나온 레슨 중 어느 것이 각자의 조직 문화 및 팀워크 경험과 관련되는지 찾아보자.
2. 각자 경험에 비추어 여러분의 동료들과 공유할 만한 가치가 있는 문화와 팀워크 관련 레슨들을 기억할 수 있는가?
3. 이번 장에 나타난 실무 사례들을 파악하자. 이것들은 이번 장 초반의 첫 단계에서 파악했던 문화 및 팀워크 관련 문제에 대한 해결책이 될 수 있다. 여러분의 프로젝트 팀 멤버들이 함께 일하는 방법을 각 실무 사례가 어떻게 향상시킬 수 있을까? 문화를 죽이는 행동을 어떻게 바로잡을 수 있을까? 또한 문화를 조성하는 행동을 어떻게 강화할 수 있을까?
4. 앞의 3번 단계에서 각 실무 사례가 원하는 결과를 산출하고 있는지 여부를 어떻게 알 수 있을까? 그리고 그 결과가 여러분에게 무슨 가치가 있는가?
5. 3번 단계의 실무 사례들을 적용하기 어렵게 만들 수 있는 장애를 찾자. 그런 장애를 어떻게 극복하여 효과적으로 실무 사례를 구현하는 데 도움을 줄 수 있을까?
6. 여러분의 팀이 다른 프로젝트 팀과 협력하고 지식을 전파하는 가장 좋은 방법을 생각해보자. 시간이 흘러도 지속될 문화적 실무 사례와 태도를 향후 다른 팀들의 성공에 도움이 되도록 어떻게 심어줄 수 있을까?

CHAPTER 6
품질에 관한 레슨

품질 개요

어셈블리 언어로 완벽한 소프트웨어 애플리케이션을 만든 적이 있다. 교육용 화학 게임처럼 크지는 않았지만 결함이 전혀 없었고 원래 해야 할 일을 올바르게 수행하였다. 또한 최선을 다했음에도 나중에 수정해야 할 오류가 포함된 코드를 훨씬 더 많이 작성하기도 했다. 소프트웨어 시스템을 만들거나 사용하는 모든 사람에게 중요하듯이, 고품질 소프트웨어는 나에게도 중요하다. 우리 모두는 우리가 하는 일의 품질을 위해 노력해야 한다. 그런데 **품질**quality은 무엇을 의미할까?

품질의 정의

사람들은 오랫동안 **품질**을 정의하려고 노력했지만 그 정의를 딱 잘라 규정하기는 어렵다. 나는 그것에 대한 많은 시도를 보았다. 그러나 소프트웨어에 적용되는 포괄적이면서도 간단 명료한 정의는 아직까지 없는 것으로 알고 있다. 미국 품질 협회American Society for Quality(2021a)는 품질에 대한 정의의 첫 번째 부분에서 '사람이나 분야마다 고유한 정의가 있는 주관적 용어'로 이런 현실을 인정한다. 크게 도움이 되지는 않더라도 이것은 사실이다. 주어진 제품이나 서비스에서 무엇이 품질을 구성하는지, 또는 품질의 부족이 무엇인지에 대한 개념이 관찰자마다 다를 수 있다. **품질**의 몇 가지 다른 정의는 다음과 같으며, 모두 장점이 있지만 완전한 정의는 없다.

- 미국 품질 협회(2021a)의 '1) 명시적 또는 묵시적 요구를 충족하는 능력에 영향을 미치는 제품 또는 서비스의 특성; 2) 결함이 없는 제품 또는 서비스'
- 국제 표준화 기구와 국제 전기 기술 위원회(ISO/IEC 2011)의 '소프트웨어 제품이 지정된 조건에서 사용될 때 명시적 및 묵시적 요구를 충족하는 정도'
- 품질 선구자인 Joseph M. Juran(미국 품질 협회 2021b)의 '제품이 고객의 실제 요구를 충족하고 고객 만족으로 이어져야 한다는 것을 의미하는 사용 적합성'
- Philip B. Crosby(1979)의 '요구사항에 대한 적합성'
- 역시 Philip B. Crosby(1979)의 '무결점'
- Gerald Weinberg(2012)의 '어떤 사람에 대한 가치'

이런 다양한 정의로부터 두 가지 결론을 도출할 수 있다. 품질에는 여러 측면이 있으며 품질은 상황에 따라 달라진다는 것이다. 납품된 소프트웨어의 맥락에서 제품이 해야 할 모든 것을 얼마나 잘 수행하는지를 품질이 설명한다는 것에 우리 모두는 동의할 수 있다. 그러나 더 엄격한 정의는 여전히 규정하기 어렵다. 그렇더라도 각 프로젝트 팀은 품질이 고객에게 어떤 의미를 갖는지, 그것을 어떻게 평가하는지, 그리고 그것을 어떻게 성취하는지를 탐구해야 하며, 그런 다음에 그 지식을 모든 프로젝트 참가자에게 명확하게 전달해야 한다(Davis 1995).

이상적인 세계에서 각 프로젝트는 언제든 모든 사용자가 필요로 하는 모든 기능을 포함하는 제품을 제공할 것이다. 그리고 이 제품은 최소한의 비용으로 기록적인 시간 내에 생산되며, 결함이 없고 완벽한 사용성을 갖는다. 그러나 이것은 환상에 불과하며, 품질에 대한 기대치는 현실적이어야 한다. 각 프로젝트의 의사 결정자는 프로젝트 성공의 어떤 측면이 가장 중요하고, 비즈니스 목표를 달성하기 위해 적절히 타협할 수 있는 부분을 결정해야 한다.

품질 계획

소프트웨어 품질 결함이 한 조직, 국가 또는 지구 전체에 미치는 영향은 엄청나다. 상세 분석에 따르면 2018년 미국의 소프트웨어 품질 저하로 인한 총 비용은 기술 부채를 포함하지 않을 경우 2조 2,600억 달러, 기술 부채를 포함할 경우 약 2조 8,400억 달러로 추정된다(Krasner 2018). 고품질 소프트웨어는 이런 비용이 들지 않는다. 모든 수준에서 고품질 소프트웨어가 산출할 수 있는 경제적 이득을 상상해보자.

그림 6.1에서 알 수 있듯이, 전통적인 프로젝트 관리에서 철의 삼각형iron triangle 또는 삼중 제약

triple constraint은 일반적으로 범위와 비용 및 시간 간의 관계를 다루며, 삼각형의 꼭짓점이나 모서리에 조정 가능한 매개변수를 갖는다. 그리고 이를 통해 품질을 나타내며 명시적으로 보여주지는 않는다. 이것은 다음을 의미한다고 해석할 수 있다. 높은 품질은 타협이 불가능한 기대치라는 것이며, 또는 팀이 성취할 수 있는 품질 수준을 다른 매개변수가 부과하는 제약 내에서 얻을 수 있다는 것이다. 즉, 품질은 독립 변수가 아니라 종속 변수이다(Nagappan 2020b).

그림 6.1 전통적인 프로젝트 관리에서 철의 삼각형은 품질을 명시적으로 보여주지 않는다.

그러나 개발 팀과 관리자들은 때때로 납품 일자를 맞추기 위해 품질을 절충하거나, 또는 불완전하더라도 고객에게 제품을 더 매력적으로 만드는 풍부한(완벽하지는 않지만) 기능들을 포함하기로 결정할 때가 있다. 그렇기 때문에 4장의 레슨 31에 있는 나의 향상된 5차원 모델에서는 범위, 일정, 인원 및 예산과 함께 명시적인 프로젝트 매개 변수로 품질을 포함한다. 제품에 일부 알려진 결함이 있더라도, 제품 출시 결정을 내리는 사람들은 고객이나 사업에 거의 영향을 주지 않을 것이라는 결정하에 결함의 존재를 용인할 수 있다. 그러나 영향을 받는 사용자들은 개발팀이 합리적인 절충 결정을 내린 것에 동의하지 않을 수 있다(Weinberg 2012). 그리고 사용자가 가장 좋아하는 기능에 결함이 있는 경우, 사용자는 제품 전체에 결함이 있는 것으로 보고 자신이 알고 있는 모든 사람에게 이 사실을 알려줄 가능성이 높다.

소프트웨어 시스템은 품질이 낮다는 인상을 주는 문제가 많지 않아야 한다. 나는 그냥 재미로 작곡하고 녹음하는 것을 좋아해서 악보 작성에 사용할 수 있는 애플리케이션을 구입했다. 악보 작성은 복잡한 문제다. 그래서 내가 사용하는 앱은 그에 걸맞게, 그리고 어쩔 수 없이 복잡하다. 이 앱은 사용성에 몇 가지 결함이 있어서 음표 입력이 지루하기 짝이 없다. 더 큰 문제는 악보를 만들거나 수정하는 과정에서 소프트웨어 오류가 수없이 발생했다는 점이다. 평범한 음악 데이터를 입력하려고 하는데, 프로그램이 완전히 엉뚱한 것을 표시하는 오류가 발생하면 매우 실망스럽다. 이 애플리케이션에는 지나치게 많은 기능이 포함되어 있는데, 그중 상당수는 절대 사용하지 않을 기능이고 일부는 전혀 작동하지 않는다. 차라리 모든 기능이 제대로 작동하고 대부분의 사용자의 요구를 충족하는 기능이 더 적으면 좋겠다.

프로젝트를 시작할 때 품질 관리 계획을 작성하면 소프트웨어 팀에 도움이 된다. 이 계획에는 결함 심각도 분류(심각, 보통, 경미, 외견상)의 정의를 포함하여 제품에 대한 현실적인 품질 기대치를 설정해야 한다. 이것은 모든 프로젝트 참가자가 품질 문제를 일관된 방식으로 생각하는 데 도움이 된다. 또한 필요한 다양한 유형의 소프트웨어 테스트에 관한 공통 용어와 기대치를 설정하면, 고품질의 해결책을 구축하는 공동의 목표에 맞게 이해 당사자를 조율하는 데 도움이 된다.

품질의 다양한 관점

소프트웨어 품질은 많은 관점을 포함한다. 이는 단순히 지정된 요구사항을 충족하는 것 이상이며 (해당 요구사항이 정확하다는 가정 하에) 결함이 없는 것 이상이다. 특정 제품과 사용자에게 품질이 의미하는 바를 완전히 이해하려면 기능, 미학, 성능, 신뢰성, 가용성, 비용, 납품의 적시성 등 다양한 특성을 고려해야 한다(Juran 2019).

레슨 20의 "모든 바람직한 품질 속성을 최적화할 수는 없다"에서 살펴본 바와 같이, 소프트웨어 프로젝트 팀은 광범위한 품질 속성 요구사항을 살펴봐야 한다. 그러나 모든 속성에 대해 이상적인 품질을 보여주는 제품을 만들 수 없기 때문에 종종 품질 타협이 필요하다. 설계자는 특정 속성을 다른 속성보다 우선시하는 결정을 내려야 한다. 의사 결정자가 적절한 절충안을 선택할 수 있도록 다양한 품질 속성을 정확하게 지정하고 우선순위를 정해야 한다.

또한, 이해 당사자 그룹 중 하나에서 품질을 인식하는 방식이 다른 그룹의 기대치와 상충될 수 있다. 개발자는 고품질 코드를 제대로 작성되고, 효율적이고 정확하게 실행되는 것으로 생각할 수 있다. 그러나 유지관리자는 이해와 수정이 쉬운 코드를 더 높게 평가할 수 있다. 사용자는 그들이 제품을 쉽게 그리고 오류 없이 사용하는 데 필요한 모든 것을 가진 것이 고품질 코드라고 간주할 수 있다. 개발자와 유지관리자는 제품의 내부 품질에 초점을 두는 반면, 사용자는 제품의 외부 품질에 관심을 갖는다.

품질을 내재하기

외적이고 미적인 개선과 달리, 품질은 단순히 시스템에 추가할 수 있는 것이 아니다. 하나의 사용자 스토리에만 몇 가지 가용성 목표를 작성하고 향후의 일부 개발 반복을 위해 제품 백로그에 해당 스토리를 추가하는 것만으로는 충분하지 않다. 우리가 따르는 프로세스, 설정한 목표, 팀 멤버들의 태도를 통해 처음부터 의도적으로 품질을 내재해야 한다. 일부 품질 속성은 특정 기능뿐만 아니라 전체 개발 프로세스의 관점에 영향을 주는 제약들도 부과한다(Scaled Agile 2021c). 또한 특정 품질 속성은 팀이 프로젝트 시작 단계부터 해결해야 하는 아키텍처 관련 사항과 연관된다.

[**품질은 단순히 시스템에 추가할 수 있는 것이 아니다.**]

불안정한 기반 위에 구축된 제품에 품질을 개선하기는 어렵다. 개발자들이 서둘러 기능을 구현하는 지름길을 택한다면, 기술 부채technical debt가 쌓여 코드베이스codebase를 수정하고 확장하기가 점점 더 어려워진다. 기술 부채는 구현된 소프트웨어에서 누적된 품질 결함을 나타낸다. 이것은 많은 원인을 갖고 있으며, 프로젝트 마감일을 놓치게 하는 주요 원인이다(Pearls of Wisdom 2014a). 이 부채는 언젠가는 갚아야 한다. (레슨 50, "오늘의 '당장 출시해야 하는' 개발 프로젝트는 내일의 유지보수 악몽이다"를 참고하자.)

제품 품질 문제로 어려움을 겪는 고객들은 그것에 대해 달가워하지 않는다. 나는 거의 매일 생각 없이 설계되었거나, 이해하기 어렵거나, 시간을 낭비하도록 하거나, 제대로 작동하지도 않는 웹사이트나 다른 제품을 접한다(Wiegers 2021). 이 경우 더 좋은 제품을 만드는 것이 그리 어렵지 않다는 것을 알기 때문에 짜증이 난다. 나에게 주기적으로 낮은 품질의 경험에 대해 얘기해주는 한 소프트웨어 동료는 그의 보고서를 '아무것도 작동하지 않고 아무도 개의치 않음nothing works and nobody cares'의 줄임말인 'NWNC'로 마무리한다. 슬프게도, 이 말이 맞을 때가 많다.

총 품질 비용은 제품 결함을 방지, 탐지 및 수정하기 위해 수행하는 모든 작업을 포함한다. (품질 비용에 대한 더 자세한 내용은 레슨 44, "고품질은 자연스럽게 생산성 향상으로 이어진다"를 참고하자.) 비즈니스 분석가BA, 개발자, 그리고 기타 프로젝트 기여자는 누구나 실수를 저지를 수 있다. 따라서 발생하는 결함의 수를 최소화하는 기술적 실무 사례를 수립해야 한다. 또한 결함 예방과 조기 발견을 중시하는 개인 윤리와 조직 문화도 키워야 한다. 너무 많은 손상을 결함이 입히기 전에, 즉 너무 많은 재작업을 발생시키기 전에 결함을 조기에 발견하도록 노력하자.

모든 제품이 완벽해야 하는 것은 아니다. 그러나 모든 제품은 사용자 및 다른 이해 당사자들이 판단할 때 **만족스러운 품질**을 보여주어야 한다. 매우 혁신적인 제품의 얼리 어댑터들은 제품이 몇 가지 멋진 새로운 것을 할 수 있게 해주는 한 결함에 대한 관용도가 높다. 의료기기, 항공기 시스템, 그리고 재사용 가능한 소프트웨어 컴포넌트와 같은 다른 영역은 훨씬 더 엄격한 품질 표준을 요구한다. 이번 장의 첫 단계에서는 각 프로젝트 팀이 다양한 형태의 품질이 제품에 어떤 의미를 갖는지 결정하는 것이다. 그런 다음 이번 장에서 소개하는 소프트웨어 품질에 관한 8가지 레슨이 도움이 될 수 있다.

첫 단계: 품질

잠시 시간을 내서 다음의 활동 사항(여러분이 할 일)을 파악하고 이번 장의 품질 관련 레슨을 읽기 바란다. 그리고 이후에 나오는 레슨을 읽는 동안 여러분의 조직이나 프로젝트 팀에 어느 정도까지 각 레슨을 적용할 수 있을지 생각해보자.

1. 개발자와 유지보수자의 내부적인 품질 관점과 최종 사용자의 외부적인 품질 관점 모두에서 여러분의 조직은 제품의 품질을 어떻게 정의하는가?
2. 여러분의 프로젝트 팀들은 각 프로젝트에 대해 특별한 의미가 있는 품질이 무엇인지 문서화하고 있는가? 그들은 측정 가능한 품질 목표를 설정하고 있는가?
3. 각 제품이 팀과 고객의 품질 기대치에 부합되는지를 여러분의 조직은 어떻게 판단하는가?
4. 여러분의 조직이 특히 잘하는 품질 관련 실무 사례를 리스트로 작성해보자. 이런 실무 사례에 관한 정보가 문서화되어 팀 멤버들을 상기시키고 쉽게 적용되는가?
5. 프로젝트 팀의 소프트웨어 품질 접근 방법에서 결점이 될 수 있다고 생각하는 문제(고통의 지점)들을 찾아보자.
6. 각 문제가 프로젝트를 성공적으로 완료하는 능력에 미치는 영향을 설명하자. 해당 문제들이 개발 조직과 고객 모두의 비즈니스 성공 달성을 어떻게 방해할까? 계획에 없는 재작업, 일정 연기, 지원과 유지보수 비용, 고객 불만족, 그리고 무례한 제품 검토 등의 유형 및 무형 비용 모두를 품질 문제가 초래할 수 있다.
7. 5번의 각 문제에 대해 해당 문제를 유발하거나 악화시키는 근본 원인을 찾아보자. 문제와 영향 및 근본 원인은 뭉쳐져서 모호하게 될 수 있으므로 따로 떼어내어 연관성을 찾자. 동일한 문제에 기여하는 여러 가지 근본 원인을 찾을 수도 있고, 또는 하나의 근본 원인에서 비롯된 다수의 문제를 찾을 수도 있다.
8. 이번 장을 읽는 동안 각자 팀에 유용할 거라고 생각되는 실무 사례를 리스트로 작성해보자.

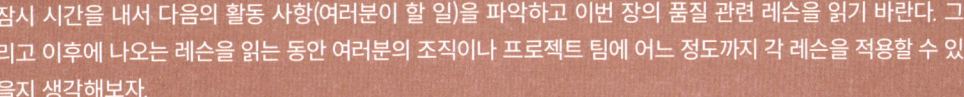

레슨 43 소프트웨어 품질에 대해서라면 지금 지불하거나 또는 나중에 더 지불할 수 있다

내가 BA면서 몇 가지 요구사항의 세부 내역을 구체화하기 위해 고객과 대화를 나눈다고 가정해보자. 나는 사무실로 돌아간다. 그리고 나의 프로젝트에서 사용하는 어떤 요구사항 서식이든 거기에 내가 알게 된 것을 기록한다. 고객이 다음날 나에게 이메일을 보내어 이렇게 말한다. "방금 내 동료 중 한 명과 이야기를 나눴는데 어제 우리가 얘기했던 요구사항에 잘못된 게 있다는 것을 알게 되었습니다." 이 오류를 수정하기 위해 내가 얼마나 많은 작업을 해야 할까? 거의 없다. 고객의 현재 요청에 맞게 해당 요구사항을 업데이트만 하면 된다. 이 경우 수정 작업에 10달러 상당의 회사 시간이 소요된다고 가정해보자.

또는 동일한 문제를 지적하기 위해 대화를 나눈 지 대여섯 달 후에 고객이 나에게 연락한다고 가정해보자. 이제 해당 오류를 수정하는 데 비용이 얼마나 들까? 그것은 팀이 원래의 부정확한 요구사항을 바탕으로 얼마나 많은 일을 했는지에 달려 있다. 회사에서 요구사항을 수정하기 위해 여전히 10달러를 지불해야 할 뿐만 아니라, 개발자가 설계의 일부를 다시 해야 할 수도 있다. 그러면 아마 30달러나 40달러는 더 들 것이다. 그런데 만일 개발자가 이미 원래 요구사항을 구현까지 했다면, 코드를 수정하거나 다시 작성해야 한다. 또한 기존 테스트를 업데이트하고, 새로 구현된 요구사항을 확인하고, 회귀 테스트를 실행하여 변경한 코드가 다른 것에 문제를 일으키지 않는지 살펴봐야 한다. 이 모든 것은 아마도 수백 달러의 비용이 더 들 수 있을 것이다. 또한 누군가는 웹 페이지나 도움말 화면도 수정해야 할 것이다. 비용은 계속 늘어난다.

소프트웨어의 유연성 덕분에 필요할 때마다 변경하고 수정할 수 있다. 그러나 모든 변경에는 대가가 따른다. 일부 기능을 추가하거나 결함을 수정할 가능성을 논의한 다음에 그것을 하지 않기로 결정하는 데에도 시간이 걸린다. 요구사항 결함이 발견되지 않은 상태로 오래 남아 있고 이를 수정하기 위해 더 많은 재작업을 해야 할수록 더 많은 비용이 발생한다.

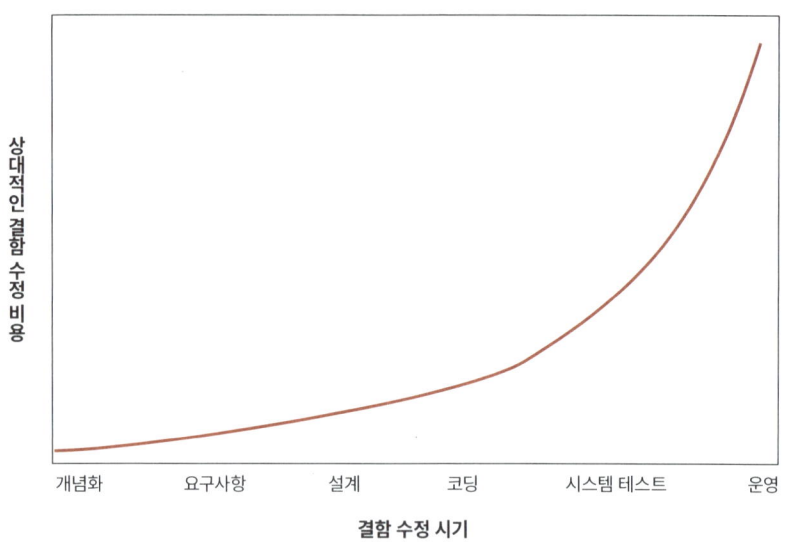

그림 6.2 결함을 수정하는 데 따르는 비용은 시간이 지남에 따라 급격히 증가한다.

수리 비용 증가 곡선

결함을 수정하는 데 드는 비용은 언제 제품에 결함이 생겼는지, 그리고 언제 결함을 해결했는지에 따라 달라진다. 그림 6.2의 곡선은 뒤늦게 발견된 요구사항 오류의 경우 비용이 크게 증가하는 것을 보여준다. 다양한 출처에서 서로 다른 데이터를 인용하고, 소프트웨어 전문가들 사이에서 정확한 수치에 대한 논쟁이 있기 때문에 여기서는 y축의 수치 눈금을 생략했다. 곡선의 비용 비율과 기울기는 제품 유형, 따르는 개발 생명 주기 및 기타 요인에 따라 달라진다.

예를 들어, 휴렛-패커드의 데이터는 고객이 운영 단계에서 요구사항 결함을 발견한 경우와 요구사항 개발 중에 누군가가 발견한 경우에 수정 비용 비율이 110:1에 달할 수 있음을 나타냈다(Grady 1999). 또 다른 분석에서는 제품 출시 후에 발견된 오류와 요구사항 개발이나 아키텍처 설계 중에 발생한 오류를 수정하는 데 따르는 상대적 비용의 비율을 30:1로 나타냈다(NIST 2002). 매우 복잡한 하드웨어/소프트웨어 시스템의 경우, 요구사항 단계와 운영 단계의 오류 발견으로 인한 비용 증폭 계수amplification factor는 29배에서 1,500배 이상까지 될 수 있다(Haskins et al. 2004).

> 결함을 수정하는 비용은 언제 제품에 결함이 생겼는지, 그리고 언제 결함을 해결했는지에 따라 달라진다.

정확한 수치와 상관없이, 출시 후 결함을 수정하는 것보다 조기 결함 수정이 훨씬 저렴하다는 데에는 폭넓게 합의된 바 있다(Sanket 2019, Winters et al. 2020). 이것은 신용카드 대금을 결제하는 것과 약간 비슷하다. 기한 내 잔액을 제때 지불하거나, 지금 적은 금액을 지불하고 남은 잔액과 함께 향후 상당한 이자 및 연체료를 지불할 수 있다. Johanna Rothman(2000)은 세 개의 가상 기업이 결함을 처리하기 위해 서로 다른 전략을 사용하고, 그 결과 상대적인 결함 수리 비용이 어떻게 달라지는지 비교했다. 그러나 세 가지 시나리오 모두에서, 프로젝트 후반부에 결함을 수정할수록 더 많은 비용이 발생했다.

어떤 사람들은 애자일agile 개발이 변경 비용 곡선을 매우 평탄하게 만든다고 주장한다(Beck and Andres 2005). 나는 아직 이 주장을 뒷받침할 실제 프로젝트 데이터를 찾지 못했다. 그러나 이 교훈은 새로운 기능을 추가하는 것과 같은 변경 비용에 관한 것이 아니라, 결함을 수정하기 위해 지불하는 비용에 관한 것이다. 사용자 스토리가 코드화되기 전에 발견된 요구사항 결함은 여전히 인수 테스트 중에 식별된 동일한 결함보다 수리 비용이 덜 든다. Scott Ambler(2006)는 애자일 프로젝트의 상대적인 결함 수정 비용이 더 낮다고 주장한다. 그 이유는 애자일의 빠른 피드백 주기로 인해 일부 작업이 완료된 시점과 품질을 평가하는 시점 사이의 시간이 단축되기 때문이라고 한다. 이것은 그럴듯하게 들리지만, 결함 수리 비용과 관련된 근본적인 문제를 부분적으로만 해결한다.

수리 비용의 쟁점은 제품에 결함이 주입된 시점부터 누군가가 발견한 시점까지 며칠, 몇 주 또는 몇 달이 걸리느냐가 아니다. 이것의 증폭 계수는 현재 다시 수행해야 하는 결함 있는 부분을 기반으로 얼마나 많은 작업이 수행되었는지에 따라 크게 달라진다. 예를 들어, 페어 프로그래밍 파트너가 우리가 잘못된 것을 입력한 직후에 그것을 발견한다면, 결함 있는 작업에 대한 지식이 머릿속에 생생하게 남아 있으므로 코딩 오류를 바로잡는 데 비용이 거의 들지 않는다. 그러나 운영하고 있는 소프트웨어에 관해 고객이 전화를 걸어 동일한 유형의 오류를 알려줄 경우, 수정하기가 훨씬 더 어려울 것이 뻔하다. 또 다른 예로, 나의 개발자 친구는 최근에 겪은 경험에 대해 다음과 같이 말했다.

> 이번 주에 나는 고객을 위한 커스텀 웹사이트의 콜드퓨전ColdFusion 스크립트에서 쉼표 한 개를 빠뜨렸다. 이로 인해 충돌이 발생하여 작업 지연과 번거로움을 초래했다. 이에 따라 이메일을 주고받고, 모든 도구와 소스 코드를 열어 결함을 찾고, 쉼표를 추가하고, 다시 테스트하는 등의 작업이 있었다. 빌어먹을 쉼표 하나 때문에!

수리 비용 문제 외에도 내 친구는 우리가 명심해야 할 늦은 결함 발견의 또 다른 중요한 측면, 즉 사용자에게 미치는 부정적인 영향을 언급했다.

발견이 더 어렵다

근본적인 결함이 오래전에 생긴 경우 시스템 오류를 진단하는 데 시간이 더 오래 걸린다. 일부 요구사항을 검토하고 오류를 발견한다면 문제가 어디에 있는지 정확히 알게 된다. 누군가가 요구사항을 작성한 지 한 달 후든 5년 후든, 고객이 오작동을 보고하는 경우 이를 찾아내는 일은 더 어렵다. 잘못된 요구사항, 설계 문제, 코딩 결함, 또는 서드파티 컴포넌트의 어떤 오류로 인해 결함이 생긴 것일까? 이런 이유로 애자일 프로젝트의 상대적인 결함 수정 비용이 더 낮아진다고 Ambler가 주장한다. 즉, 결함이 생긴 직후에 바로 드러나면, 장애를 유발한 결함을 찾는 것이 더 쉽기 때문이다.

고객이 보고한 시스템 장애의 근본 원인(결함)을 파악한 후에는 영향을 받은 모든 작업 결과물을 파악하고, 수리하고, 시스템을 다시 테스트하고, 릴리스 노트를 작성하고, 수정된 제품을 다시 배포하여 문제가 해결되었음을 고객에게 알려 안심시켜야 한다. 이것은 많은 비용이 드는 재작업이다. 게다가 그 시점에서는 누군가가 문제를 훨씬 더 일찍 발견했을 때보다 훨씬 더 많은 이해 당사자들에게 영향을 끼친다.

초기 품질 조치

시스템 테스트 중 심각한 결함이 발견되면 많은 수리 작업을 초래할 수 있다. 출시 후에 발견되는 결함은 사용자 작업에 지장을 초래하고 팀 멤버가 새로운 개발 작업에 집중하지 못하게 하는 긴급 수정 작업을 유발할 수 있다. 이런 현실로 인해서, 적은 비용으로 고품질 소프트웨어를 만들 수 있는 방법을 생각하게 된다.

결함을 수정하는 대신 예방하자

테스트, 코드 정적 분석, 그리고 코드 검토와 같은 품질 **관리** 활동에서는 결함을 찾는다. 반면에 품질 **보증** 활동은 애초에 결함을 예방하기 위한 것이다. 개선된 프로세스, 더 나은 기술 실무 사례, 더 능숙한 실무자, 그리고 조금 더 시간을 들여 신중하게 작업하는 것이 모두 오류를 예방하고 관련 수정 비용을 피할 수 있는 방법이다.

품질 실무 사례를 이른 시점에 적용하자

프로젝트의 개발 생명 주기와 관계없이, 결함을 조기에 발견할수록 해결 비용은 저렴해진다. 각 소프트웨어 작업은 요구사항, 설계 및 코딩의 소규모 시퀀스를 포함하는데, 이것은 시간 축의 왼쪽에서 오른쪽으로 진행된다. 요구사항 오류를 근절하는 것이 향후 시간 절약에 가장 큰 영향을 준다는 것을 우리는 알고 있다. 따라서 그런 오류가 잘못된 코드로 바뀌기 전에 우리가 원하는 대로 모든 도구를 사용하여 요구사항과 설계의 오류를 찾아야 한다.

참고로, 품질 실무 사례quality practices는 테스트, 동료 검토, 코드 정적 분석 및 코드 검토와 같은 품질 관리 활동을 프로젝트에 맞게 수행하는 것을 말하며, 이른 시점에 적용하는 것이 바람직하다. 동료 검토와 프로토타이핑은 요구사항 오류를 탐지하는 효과적인 방법이다. 테스트는 개발 시퀀스에서 전통적으로 늦은 위치(일정에서 오른쪽 편)에 있는데, 이것을 왼쪽으로 밀어붙이는 것(즉, 테스트를 일찍 수행)이 특히 효과적이다. 테스트의 전략 옵션에는 테스트 중심 개발 프로세스 추구(Beck 2003), 요구사항의 세부 사항을 구체화하기 위한 인수 테스트 작성(Agile Alliance 2021b), 그리고 기능적 요구사항과 이것의 테스트를 동시 작성하는 것(Wiegers and Beatty 2013)이 포함된다.

내가 요구사항을 작성한 직후에 테스트를 작성할 때는 매번 요구사항과 테스트 모두에서 오류를 발견한다. 요구사항과 테스트의 작성에 관련되는 사고 과정은 상호 보완적이며, 그렇기 때문에 두 가지를 모두 수행하는 것이 최고 품질의 결과를 얻을 수 있다는 것을 나는 알고 있다. BA와 테스터 간의 협업을 통해 테스트를 작성하면, 프로세스 초기에 테스트를 수행하는 것과 여러 관점에서 같은 것을 바라보는 다양한 시각을 확보할 수 있다는 이점을 모두 활용할 수 있다. 개발 주기의 초기에 테스트를 작성하는 것은 프로젝트에 시간을 부가하는 것이 아니라, 품질을 더 잘 활용할 수 있는 지점에 시간을 재할당하는 것이다. 이러한 개념적인 테스트는 개발이 진행됨에 따라 상세한 테스트 시나리오와 절차로 정교화될 수 있다.

개발자는 구현 과정에서 정적 및 동적 코드 분석 도구를 사용하여 인간이 수동으로 코드를 검토하는 것보다 훨씬 빠르게 많은 문제를 드러낼 수 있다. 이런 도구는 메모리 손상 결함과 메모리 누수와 같이 코드 검토자가 발견하기 어려운 런타임 오류를 찾을 수 있다(Briski et al. 2008). 반면에 인간 검토자는 자동화된 도구가 감지하지 못하는 코드 논리 오류와 누락을 발견할 수 있다.

 품질관리 활동은 시기 선택이 중요하다. 나는 어떤 개발자와 함께 일한 적이 있는데, 그녀는 자신의 코드가 완전히 구현, 테스트, 형식화 및 문서화될 때까지 아무도 그 코드를 검토하지 못하게 했다. 그 당시 그녀는 코드가 완성되지 않았다는 말을 듣는 것에 대해 심리적으로 저항감을 느꼈다. 따라서 코드 검토에서 누군가가 문제를 제기할 때마다 이대로도 괜찮다는 방어적인 반응과 합리화가 일어났던 것이다. 이보다는 요구사항, 설계, 코드, 테스트 등 작업 항목의 일부에 대한 예비 검토부터 시작하여 나머지 항목을 더 잘 만드는 방법에 대한 다른 사람의 의견을 듣는 것이 훨씬 더 낫다. 초기에 자주 검토하여 품질을 우선시하자.

결함을 추적하여 알아내자

결함을 관리하는 가장 효율적인 방법은 결함이 발생했던 생명주기 활동(요구사항, 설계, 코딩)에 그것을 포함시키는 것이다. 단순히 결함을 잡아내고 그냥 진행하는 대신 그것에 관한 정보를 기록하자. 어떤 유형의 오류가 가장 흔한 것인지 알 수 있도록 우리 자신에게 자문하여 각 결함의 근원을 찾자. 예를 들면 다음과 같다. 고객이 원하는 것을 이해하지 못해서 이런 문제가 생긴 걸까? 요구를 정확하게 이해했지만 다른 시스템 구성 요소나 인터페이스에 관해 잘못된 추정을 했을까? 단순히 코딩하는 동안 실수를 했을까? 고객의 변경 요청에 관해 알았어야 할 모든 사람에게 그 요청이 전달되지 않았나?

각 결함이 발생한 생명주기 활동(반드시 개별 프로젝트 단계일 필요는 없음)과 어떻게 발견되었는지를 기록하자. 이 데이터에서 결함 억제율을 계산하여 얼마나 많은 결함들이 생성 단계에서 이후 개발 활동으로 유출되고 있는지, 그리고 이로 인해 해당 결함들의 수리 비용 증가 요인을 얼마나 증폭시키는지 알 수 있다. 이 정보는 어떤 실무 사례가 가장 좋은 품질 필터이고, 어디에 개선 기회가 있는지를 보여줄 것이다.

결함 발생을 최소화하고 조기에 발견하면 전체 개발 비용이 절감된다. 초기 프로젝트 단계부터 고품질의 무기를 모두 갖추도록 노력하자.

레슨 44 고품질은 자연스럽게 생산성 향상으로 이어진다

소프트웨어를 개발하는 조직과 개인은 누구나 생산성을 높이고 싶어 한다. 품질 문제는 높은 생산성을 가로막는 가장 큰 장애물 중 하나다. 팀은 정해진 시간 내에 일정량의 작업을 완료할 계획을 세운다. 그러나 완료된 작업에서 발견된 문제를 해결해야 하거나, 운영 중인 시스템을 수리하기 위해 노력을 다시 들여야 한다. 재작업은 시간을 낭비하고 사기를 떨어뜨린다. 생산성을 높이는 한 가지 방법은 처음부터 고품질 소프트웨어를 만들어 팀이 개발 도중과 제품 배포 이후 모두에서 재작업에 소요되는 시간을 줄이는 것이다(Wiegers 1996).

나는 이미 완성한 작업을 다시 하는 것을 싫어한다. 나는 9학년(한국의 중학교 3학년에 해당) 기술 수업에서 이 점을 배웠다. 첫 번째 프로젝트는 2×4 목재의 짧은 조각을 가져와서 특정 치수로 모양을 만들고 그 위에 다양한 도구를 사용하는 실습을 하는 것이었다. 잘못된 곳에 구멍을 뚫거나 나무를 지정된 치수 이하로 평평하게 깎으면 처음부터 다시 시작해야 했다. 나는 그것을 맞추는 데 아홉 번의 시도를 하였다.

같은 반 친구가 나보다 더 느리게 일한다고 알고 있었지만, 그는 두 번의 시도 만에 프로젝트를 끝냈다. 그는 실수가 적어서 재작업을 훨씬 덜 했고, 9개의 2×4 목재를 살 필요도 없었다. 그의 작업 품질과 생산성은 모두 나를 능가했다. 나는 이런 중요한 교훈을 배웠다. "빨리 가려면 천천히 가라." 그 이후로 나는 한 가지 일을 두 번 이상 하지 않으려고 노력했다. 처음부터 품질을 높이면 새롭고 부가가치가 높은 작업에 투자할 수 있는 시간을 확보할 수 있다. 기술 수업에서도 그랬지만 소프트웨어 개발에서는 더욱 그렇다.

두 프로젝트 이야기

품질 저하가 생산성을 얼마나 떨어뜨리는지 설명하기 위해 같은 회사의 실제 프로젝트 두 가지를 비교해보겠다. B팀에서 일했던 컨설턴트 Meilir Page-Jones의 이야기를 들어보자. 이 회사의 IT 부서는 20년 된 레거시 시스템을 대체할 두 개의 새로운 핵심적인 고가용성 애플리케이션을 동시에 개발했다. 우리는 두 개의 프로젝트, 두 개의 팀, 두 개의 접근 방식, 그리고 두 개의 매우 다른 결과가 나왔다. (이 사례에 관한 추가 내용은 5장 개요를 참고하자.)

접근 방식

A팀과 B팀의 관리자는 시간과 예산 추정치를 작성했지만 모두 고위 경영진에 의해 삭감되었다. A팀은 상당히 길고 지루한 텍스트 요구사항 명세를 만들고 승인을 받은 후 곧 코딩을 시작했다.

그들의 태도는 "지금 코딩을 시작하지 않으면 절대 기한을 맞출 수 없다."였다. A팀은 데이터베이스 설계를 완료했다.

B팀의 프로젝트 관리자는 소프트웨어 공학에 대한 확고한 믿음이 있었다. B팀은 주로 시각적 모델의 형태로 요구사항을 만들었고, 유스케이스, 데이터와 그들 간의 관계, 페이지 레이아웃 등에 대한 텍스트 설명으로 보완했다. 이들은 클래스 연관 다이어그램에서 데이터베이스 설계를 개발했고, 소프트웨어 모델에서 개발 초기에 테스트 케이스를 작성했다.

결과

A팀은 큰 규모로 시작하여 더 큰 규모로 성장했다. 그들은 몇 명의 개발자와 테스터를 추가하고 많은 초과 근무를 함으로써 기한을 맞출 수 있었다. 그리고 예산의 50%를 초과 집행했으며, 이 중 대부분은 출시 몇 달 전에 디버깅에 소비했다. 출시 후 A팀은 사용자로부터 시스템이 다운되었거나 '이상한 일이 일어났다'는 메시지를 매일 한 건 이상 받았다. 이들은 끊임없이 불거지는 문제에 대응하기 위해 '특공대'를 구성했다.

B팀은 비록 A팀만큼은 아니지만 아주 작은 규모로 시작해서 성장했으며, 목표 완료일에는 작동하지만 불완전한 시스템을 갖추게 되었다. 이들은 완성된 시스템을 납품하는 데 두 달이 더 필요했는데, 이로 인해 예정보다 일정은 20%, 예산은 10%가 초과되었다. 시스템은 잘 작동했고 그리 인상적이지 않은 몇 가지 개선 제안만 만들었다.

몇 달 후, 감사 결과 A시스템의 이해하기 힘든 문제는 수개월 동안 잘못된 정보를 축적해 온 데이터베이스가 대규모로 손상되었기 때문이라는 사실이 밝혀졌다. 수동 정리 작업은 소용이 없었다. 해당 데이터베이스는 곧 다시 손상되었으며 아무도 그 이유를 알지 못했다. A팀은 새로운 시스템을 전면 개편하는 동안 교체하려던 레거시 시스템을 다시 복구하는 어처구니없는 일을 벌였다. 그러나 몇 달이 지나도 그들의 시스템은 전혀 다시 시작되지 않았으며, 결국 복구가 불가능하다고 판단하여 시스템을 폐기했다. 그리고 B팀의 관리자를 필두로 A시스템을 재구축하기 위한 새로운 프로젝트를 시작했다!

분석

A팀은 견고한 소프트웨어 공학적 실무 사례를 따르지 않고, 제대로 설계되지 않고 성급하게 구축된 시스템을 예정대로 서둘러 운영에 투입했다. 이 팀은 납품 전과 후의 재작업에 수개월을 소비하였고, 마침내 회사는 해당 시스템에 대한 투자를 포기했다. 경영진은 A팀 사람들이 납품 후 다음

프로젝트에 일할 수 있을 것으로 기대했지만, A팀의 특공대는 문제를 찾고 수정 패치를 적용하느라 바빴다. 시스템이 폐기되었기 때문에, A팀의 궁극적인 생산성은 제로였다. 프로젝트 전반에 걸친 품질 저하로 인해 회사는 막대한 시간과 비용을 낭비했다.

한편, B팀은 재작업 노력이 거의 필요 없는 고품질 시스템을 구축하는 데 조금 더 많은 시간을 할애하여 팀 인원 대부분이 다음 프로젝트로 넘어갈 수 있는 여유가 생겼다. 나는 가능하면 언제든지 A팀보다 B팀을 택할 것이다.

재작업의 재앙

소프트웨어 재작업에는 결함 수정과 기술 부채 청산이라는 두 가지 주요 유형이 있다. 이전 레슨에서는 결함 수정 비용이 시간이 지남에 따라 어떻게 증가하는지 설명하였다. 마찬가지로, 결함이 코드에 오래 남을수록 기술 부채가 더 많이 누적되고 설계를 개선하는 데 더 많은 작업이 필요하다. (레슨 50, "오늘의 '당장 출시해야 하는' 개발 프로젝트는 내일의 유지보수 악몽이다"를 참고하자.) 리팩토링refactoring은 코드를 유지 관리하고 확장하는 것을 더 쉽게 한다. 그러나 때로는 코드가 결코 이상적이지 않은 설계에서 급하게 생성되었기 때문에 리팩토링해야 하는 경우도 있다. 예상치 못한 과도한 재작업은 낭비이며, 개발자가 더 많은 고객 가치를 제공하는 데 방해가 된다.

많은 조직에서 재작업을 소프트웨어 개발의 정상적인 부분으로 묵시적으로 인정하고 크게 생각하지 않는다. 어느 정도의 소프트웨어 재작업은 불가피하다. 그것은 지식 작업의 본질이고, 불완전한 인간의 의사소통이며, 미래를 명확하게 알 수 없는 우리의 무능력 때문이다. 예상치 못한 새로운 기능을 수용하기 위해 설계를 재작업하는 것은 실현하지도 않을 것을 미리 반영하는 과도한 설계보다 낫다. 그러나 각 팀은 초기 작업 품질을 개선하여 막을 수 있는 재작업을 최소화하도록 노력해야 한다.

[재작업을 결함 탐지 작업에 넣지 말고 개별 프로젝트 작업으로 수행하자.]

프로젝트 팀이 항상 재작업의 가능성을 계획에 고려하지는 않는다. 팀의 추정치들이 개발 작업에 대해 정확하다고 하더라도, 일단 재작업이 그것의 추악한 고개를 들면 그런 추정치들은 낮아질 수밖에 없다. 테스트나 동료 검토와 같은 품질 관리 활동 중에 발견된 오류를 수정하기 위한 시간을 할당하지 않은 프로젝트 계획에서 이 문제가 나타나는 것을 보았다. 재작업을 결함 탐지 작업에 넣지 않고 명시적으로 개별 프로젝트 작업으로 수행할 것을 권한다. 재작업 노력을 가시화하는 것이 그것을 줄이기 위한 첫 번째 단계이다. (노력effort은 각 결과물 작성이나 각 작업의 완료에 필요한 작업 시간이다. 더 자세한 내용은 4장을 참고하자.)

조직에서 어느 정도의 소프트웨어 노력이 재작업에 들어가는지 추적하면 몇 가지 놀라운 수치를 얻을 수 있다. 한 은행은 자동화된 재검사에 매달 100만 달러에서 150만 달러 사이의 금액을 지출하는 것으로 파악했다(McAllister 2017). 여러 연구에 따르면 소프트웨어 팀은 피할 수 있는 재작업에 그들 시간의 40%에서 50%까지를 소비하는 것으로 나타났다(Charette 2005). 우리 팀에서 새로운 개발 작업에 3분의 1 이상의 시간을 할애했다면 팀의 생산성이 얼마나 향상되었을지 생각해보자.

만일 소프트웨어 작업 노력 메트릭을 기록하고 있다면, 결함 찾기 노력과 결함 수정 노력을 구분해보자. 그리고 재작업에 소요되는 시간, 시기 및 이유를 알아보자. 이 데이터는 생산성 향상을 위한 높은 활용 기회를 보여준다. 여기에 힌트가 있는데, 재작업 비용의 85%까지가 요구사항의 결함 때문이라는 것이다(Marasco 2007). 재작업 부담과 관련된 일부 기본 데이터를 확보하면, 개선 목표를 설정하고 더 나은 소프트웨어 프로세스와 실무 사례가 재작업 수준을 낮추는지 알 수 있다(Hossain 2018, Nussbaum 2020). 나의 소프트웨어 팀이 이렇게 했을 때, 전체 노력의 13.5%였던 결함 수정 유지보수 작업을 약 2%의 지속적인 수준으로 줄였다(Wiegers 1996).

품질 비용

품질은 공짜라는 말을 들어보았을 것이다. 이 말은 Philip B. Crosby의 1979년 고전 책의 제목이기도 하다. '품질은 공짜다Quality is free'라는 말은 처음에 일을 제대로 하기 위해서는 추가적이면서도 점진적인 노력이 필요한데, 따라서 미리 투자하는 것이 현명하다는 뜻이다. 문제를 예방하는 것보다 해결하는 데 시간과 돈이 더 많이 든다. 부실하게 완료된 작업은 작업 흐름의 아래 단계에 있는 모든 사람에게 번거로움을 주며, 다음과 같은 불쾌한 부작용을 초래한다.

- 제품 개선을 점점 더 어렵게 만드는 기술 부채 누적
- 재작업으로 인해 개발 인력이 다른 프로젝트에 투입되어 기회 손실 및 지연 발생
- 고객 서비스 중단 및 그에 따른 문제 보고, 신뢰 상실, 그리고 소송 가능성 증가
- 보증 클레임, 환불, 그리고 불만 고객 발생

품질 비용cost of quality이란, 허용할 수 있는 품질의 제품과 서비스를 제공하기 위해 기업이 지불하는 총 가격을 말한다. 품질 비용은 4가지 요소로 구성된다(Crosby 1979, American Society for Quality 2021c).

- 결함 방지: 품질 계획, 교육, 프로세스 개선 활동, 근본 원인 분석
- 품질 평가: 품질 문제에 대한 작업 제품 및 프로세스 평가

- 내부 장애: 제품 출시 전 문제 해결을 위한 장애 분석 및 재작업
- 외부 장애: 납품 후 문제 해결을 위한 장애 분석 및 재작업, 고객 불만 처리, 제품 수리 및 교체

결함 방지와 품질 평가를 생략하면 장애 비용이 급증한다. 시간과 비용 면에서 재작업 비용 외에도, 외부 장애는 비즈니스 효율성 저하(이전 A팀과 마찬가지로) 및 고객 감소와 같은 비즈니스 손실을 야기할 수 있다. 세간의 이목을 끄는 소프트웨어 장애로 인해 막대한 금전적 손실과 대중의 신뢰 상실을 겪은 기업에 관한 끔찍한 이야기는 많이 있다(McPeak 2017, Krasner 2018).

소프트웨어 조직은 그들의 총 품질 비용과 그런 비용(장애 비용이나 재작업 비용 등)들이 다양한 품질 활동에 어떻게 분배되는지 이해하는 것이 통찰력이 있는 것임을 알게 될 것이다. 이런 평가를 하려면 데이터 수집과 분석이 필요하지만, 이것으로 조직이 어디에서 품질에 비용을 지출하고 있는지 정확히 알 수 있다. 그리고 해당 데이터를 통해 조직은 그들이 돈을 쓰기를 **원하는** 곳인지 결정할 수 있다.

나는 컨설팅 고객 중 한 명을 위해 품질 비용 스프레드시트 모델을 만들었다. 이 모델을 통해 고객은 요구사항이나 설계 오류로 인해 평균적으로 얼마나 많은 비용이 드는지 계산할 수 있었다. 결함 방지, 품질 평가, 그리고 내부 및 외부 장애에 대비해서 새로운 소프트웨어 개발에 예산의 몇 퍼센트가 사용되었는지 알게 되었으므로, 품질 활동에 노력을 재분배하여 최대의 이익을 얻을 수 있었다. 이런 종류의 분석은 결함 방지와 조기 결함 발견으로부터 조직이 얻는 투자 수익을 보여준다.

일반적인 인적 오류와 일부 재작업은 피할 수 없다. 재작업이 제품의 성능, 효율성, 신뢰성 또는 사용성을 향상시키면 이를 통해 가치를 더할 수 있다. 회사의 관리자는 신속한 개발과 초기 비용 지출 사이의 적절한 절충안으로 일부 재작업을 용인할 수 있다. 이런 비즈니스 결정은 회계 장부상으로는 좋아 보일 수 있지만, 향후 더 많은 비용이 드는 문제를 야기할 수 있다. 레슨 43의 마지막에 설명한 방법도 과도한 재작업을 줄임으로써 조직의 전반적인 품질 비용을 절감하고 생산성을 높일 수 있다.

| 레슨 45 | 조직은 소프트웨어를 제대로 구축할 시간이 없지만 나중에 그것을 해결할 수 있는 자원을 찾는다 |

앞의 레슨에서는 한 회사가 동시에 수행한 두 개의 레거시 시스템 교체 프로젝트에 대해 설명하였다. 한 프로젝트는 일정과 예산을 약간 초과했지만 성공적이었다. 다른 프로젝트는 예산을 상당히

초과했으며, 심각한 결함이 있는 시스템을 제때 전달했지만 결국 폐기되었다. 이 회사는 실패한 시스템을 포기할 때 "잘 안 됐네요. 다음 프로젝트로 넘어갑시다."라고 말하지 않았다. 그들은 비즈니스 목적을 위해 여전히 레거시 시스템을 교체해야 했으며, 이번에는 건전한 소프트웨어 공학 접근법을 사용하여 다시 시도해야 했다.

나는 오랫동안 소프트웨어 비즈니스의 이 위대한 신비에 경탄했다. 많은 프로젝트 팀이 비현실적인 일정과 예산 압박으로 인해 품질 저하를 감수하며 작업한다. 그 결과, 많은 비용을 들여 광범위하게 수리하거나 심지어 폐기해야 하는 제품이 탄생하는 경우가 많다. 그럼에도 조직은 수리 또는 교체 작업을 수행할 시간, 비용 및 인력을 찾는다.

> 나의 고등학교 화학 수업에 이렇게 묻는 문구가 벽에 적혀 있었다. "제대로 할 시간이 없다면, 언제 다시 할 시간이 있을까?"

왜 처음에 하지 않을까?

시스템이 너무 중요하고 시급해서 경영진이 IT 직원에게 서둘러 구축하라고 큰 압력을 가할 정도라면 제대로 구축할 가치가 있다고 생각할 수 있다. 나의 고등학교 화학 수업에 이렇게 묻는 문구가 벽에 적혀 있었다. "제대로 할 시간이 없다면 언제 다시 할 시간이 있을까?" 나는 그 메시지를 내면화했고 그 후로 그 메시지를 늘 가슴에 새기고 있다. 소프트웨어 팀이 작업을 제대로 수행할 수 있는 시간, 숙련된 직원, 프로세스 또는 도구가 제공되지 않으면 필연적으로 작업의 일부라도 다시 해야 한다. 이전 레슨에서 살펴본 것처럼 이런 재작업은 생산성을 떨어뜨리는 원인이 된다.

안타깝게도 너무 많은 사람들이 나중에 소프트웨어를 수정하는 대신에 소프트웨어를 올바르게 만들기 위해 시간을 더 들이는 것의 가치를 인정하지 않는다. 기술적 동료 검토와 같은 효과적인 품질 실무 사례를 위한 시간이 일정에 포함되지 않는 경우가 많다. 그 결과, 사람들은 개인적으로 그 가치를 내면화한 경우에만 검토를 진행한다. 개발 프로세스의 일부로 검토가 계획되어 있더라도 일정이 지나치게 빡빡한 프로젝트에서는 아무도 참여할 시간이 없어 검토를 생략할 수 있다. 리뷰 및 기타 품질 실무 사례를 생략한다고 해서 결함이 없는 것은 아니며, 나중에 더 큰 결과를 초래할 때 누군가가 결함을 발견할 수 있다는 의미일 뿐이다.

대규모 장애는 종종 기술적 문제보다는 관리상의 문제로 인해 발생하는 경우가 많다. 개발자들이 과거보다 더 빠르게 작업할 수 있다는 비현실적인 희망과 함께 과소평가된 범위는 일정 지연과 품질 부족으로 이어진다. 각 실무자와 경영진 모두에서, 잠재적으로 막대한 시간과 비용을 낭비하지 않으려면 성공에 필요한 조치와 시간을 취해야 한다.

1억 달러 신드롬

재앙적인 프로젝트들이 완전히 포기되는 유일한 경우는 실패한 정부 시스템으로 인해 1억 달러 이상의 비용이 발생할 때인 것 같다. 기업은 비즈니스를 수행하기 위해 새로운 시스템이 필요하기 때문에 다시 도전하지만, 정부는 때때로 포기하거나 플랜 B로 전환한다. 많은 사례 중 하나로 1982년에 미국 연방 항공국의 첨단 자동화 프로그램이 항공 교통 관제air traffic control, ATC 시스템을 현대화하기 위한 대대적인 프로그램으로 시작되었다. 이 프로젝트의 핵심은 첨단 자동화 시스템으로, 1996년 완공까지 25억 달러가 소요될 것으로 예상되었다.

이 프로젝트는 많은 지연과 비용 초과로 어려움을 겪었는데, 이는 부분적으로 요구사항이 변경되면서 광범위한 재작업이 필요했기 때문이다. 이 프로젝트는 1994년 최종 예상 비용이 약 70억 달러로 상승한 후 극적으로 구조 조정되었다. 일부 주요 컴포넌트들은 예정보다 8년이나 늦어진 것으로 추정되었다(Barlas 1996). 프로젝트 작업의 일부는 나중에 ATC 현대화 노력을 위해 회수되었지만, 연방 정부는 약 15억 달러의 순손실을 경험했다(DOT 1998).

최근의 대규모 프로젝트 실패는 남 일 같지 않은 느낌을 준다. 2010년 미국 의회가 오바마케어Obamacare로도 알려진 건강보험 개혁법Affordable Care Act을 제정한 후, 각 주에서는 주민들이 건강 보험을 조달할 수 있는 시장으로 의료 서비스 거래소를 설립했다. 일부 주들은 자체 거래소를 만들었고, 다른 주들은 주-연방 동업 관계를 수립했으며, 또 다른 주들은 여전히 연방 거래소인 HealthCare.gov에 의존했다. 내가 사는 오리건주에서는 커버 오리건Cover Oregon이라고 불리는 자체적인, 그리고 지나치게 복잡한 건강 보험 거래소를 만들려고 했다. 오리건주는 이를 구현하기 위해 대규모 소프트웨어 계약 업체를 고용했다. 약 3년간 투자하고 대략 3억 5백만 달러의 세금을 지출한 후, 주 정부는 이 프로젝트를 포기하고 HealthCare.gov로 전환했다(Wright 2016). 커버 오리건은 거대한 소송을 야기한 엄청난 실패작이었다.

균형 잡기

거의 모든 기술 인력은 좋은 성과를 내고 고품질의 제품과 서비스를 제공하기를 원한다. 때때로 이런 욕구는 경영진이 지시하는 터무니없이 짧은 마감일이나 정부 기관의 규제와 같은 외부 요인과 충돌한다. 기술 실무자는 그런 압박의 배후에 있는 비즈니스 동기나 근거에 관해 항상 알지는 못한다. 마감일을 준수하고, 비즈니스 목표를 달성하며, 올바른 기능을 포함하고, 지속 가능한 방식으로 구축된 제품을 제공할 수 있는 방법을 팀이 고민할 때 품질과 무결성이 논의의 일부가 되어야 한다.

많은 사람들처럼 나도 '완벽을 위해 노력하되, 탁월함에 안주하지 않는다'는 개인적이고 직업적인 철학을 갖고 있다. 모든 것이 완벽할 수는 없겠지만, 다시 해야 하는 비용, 시간, 당혹감, 잠재적인 법적 결과를 피하기 위해 처음에 할 수 있는 한 최선을 다해 작업을 수행한다. 처음부터 제대로 하려면 시간이 더 걸리더라도 그렇게 한다. 장기적인 보상은 미리 투자할 만한 가치가 있다.

레슨 46 크랩 갭을 조심하자

좋은 품질과 크랩crap이라고도 하는 열등 품질의 차이는 의외로 작다. 엄지와 검지를 2.5cm 정도 벌리고 손을 들어보자. 나는 이 작은 간격을 크랩 갭이라고 부른다(Wiegers 2019e). 많은 경우에 분석, 질문, 확인 또는 테스트를 약간만 추가로 수행해도 우수 품질 제품과 열등 품질 제품(고객이 크랩[쓰레기]으로 여기는) 간에 차이를 만든다. 내가 크랩 갭에 관해 말할 때는 모든 사람이 가끔 저지르는 평범한 실수들을 언급하는 것이 아니라, 서두르거나, 일을 대충하거나, 또는 세부적인 것에 부주의해서 생기는 문제들을 나타낸다.

크랩 갭 예

여기 우리 모두가 일상에서 마주치는 크랩 갭 시나리오의 예가 있다(Wiegers 2021). 작년에 나는 주요 가전제품을 샀다. 궁금한 게 있어서 제조사 웹사이트의 제품 문의 페이지에 접속했다. 그 페이지에서는 내가 주제를 선택하고 그 다음에 하위 주제를 고르도록 요구했다. 그러나 아무 하위 항목도 나타나지 않았다. 내가 어떤 주요 주제를 선택하든, 하위 주제 목록에서 사용할 수 있는 유일한 옵션은 '주제를 선택하세요'라는 기본 프롬프트였다. 어쨌든 해당 페이지의 폼을 제출하려고 했을 때, 하위 주제가 필요하다는 오류 메시지가 나타났다. 따라서 그 폼을 제출할 수 없었다. 나는 그 제조업체에 전화를 해야 했고, 도움을 줄 수 있는 지원 담당자에게 연결해야 하는 번거로움을 감수해야 했다.

과연 해당 웹사이트를 테스트하면서 아무도 이 문제를 발견하지 못했을까? 아마도 해당 기능은 개발 시에 잘 작동했지만, 운영 버전에서는 적합한 옵션들이 채워지지 않았을 것이다. 아니면, 테스트에서 문제가 드러났지만 누군가가 수정하지 않았을 수도 있다. 내가 문제를 보고한 지 여러 달이 지난 지금, 해당 웹 페이지는 마침내 각 주요 주제에 맞는 하위 주제 목록을 제공한다. 이 경우는 초기 구현 시에 수정했어야 할 코드를 나중에 수정하는 데 더 많은 비용이 들지 않았을 수도 있다. 그러나 해당 결함을 바로잡기까지 얼마나 많은 고객의 시간이 낭비되었을까? 기업은 고객의 시간을 공짜로 생각해서는 안 된다.

> 경영진은 팀 멤버들이 처음부터 업무를 잘 수행할 수 있도록 기대와 권한을 부여하고 지원하는 문화를 형성해야 한다.

앞에서 언급했듯이, 나는 이미 끝났다고 생각했던 일을 어떤 문제가 발생했다고 해서 다시 하는 재작업을 싫어한다. 조직의 리더들은 자신의 일에서 크랩 갭을 방지하고, 다른 사람들의 일에서 엉터리로 처리하는 크랩 갭을 용납하지 않음으로써 표준을 정립한다. 경영진은 팀 멤버들이 처음부터 업무를 잘 수행할 수 있도록 기대와 권한을 부여하고 지원하는 문화를 형성해야 한다.

소프트웨어의 크랩 갭 시나리오

크랩 갭의 방지는 진행에 앞서 조금 더 생각하기만 하면 된다. 테스트 중에 발견했어야 할 오류가 있거나, 사용자 경험에 제대로 초점을 맞추지 않은 설계를 한 소프트웨어 제품이 너무 많다. 예를 들어, 인기 있는 금융 서비스 웹 사이트에 로그인하면 알림이 하나 나타난다. 그러나 알림 아이콘을 클릭하면 "알림 메시지가 없습니다."라는 메시지가 나타난다. 또 다른 예로, 나는 최근에 마지막 페이지에 '5/4 페이지'라고 인쇄된 보고서를 보았다. 이런 종류의 결함들은 나를 어리둥절하게 만들어 종종 내 시간을 낭비한다.

다음은 소프트웨어 팀이 직면할 수 있는 문제들의 몇 가지 유형이며, 이 문제들은 피할 수 있는 품질 부족으로 이어질 수 있다.

- **추정**. 비즈니스 분석가는 부정확한 추정을 하거나 또는 고객이 하고 있는 가정을 기록할 수 있지만, 해당 추정이 타당한지 검증하는 것을 소홀히 할 수 있다.
- **해결책 아이디어**. 고객은 종종 요구사항이 아닌 해결책 아이디어의 형태로 BA에 의견이나 정보를 제공한다. 이렇게 제안된 해결책을 BA가 잘 살펴보지 않으면, 잘못된 문제를 해결하거나 또는 부적절한 해결책을 구체화하기 쉽다. 이것들은 나중에 바로잡아야 한다.
- **회귀 테스트**. 개발자가 빠르게 코드를 변경한 후 회귀 테스트를 실행하지 않으면, 수정된 코드의 오류(잘못된 수정)를 놓칠 수 있다. 이 경우 작은 변경이라도 예기치 못하게 다른 부분에 문제를 유발할 수 있다.

- **예외 처리.** 구현 코드에서는 예상되는 시스템 동작이 정상적으로 수행되는 경우에만 너무 집중하여 일반적인 오류 상황을 처리하지 못할 수 있다. 이 경우 데이터 입력이 누락되거나, 잘못되었거나, 또는 형식이 잘못되면, 예기치 않은 결과를 초래하거나 심지어 시스템 장애까지도 일으킬 수 있다.
- **변경 영향.** 사람들은 때때로 변경사항이 다른 것(시스템의 눈에 띄지 않는 부분이나 관련 제품)에 영향을 끼칠지 고려하지 않고 그것을 구현한다. 시스템 동작의 한 측면을 변경할 때, 만일 다른 곳에 나타나는 유사한 기능이 그에 상응하여 수정되지 않으면 일관성 없는 사용자 경험을 발생시킨다.

레슨 44의 "고품질은 자연스럽게 생산성 향상으로 이어진다"에서는 품질 비용 및 품질이 공짜라는 개념에 대해 설명하였다. 비용이 들지 않아서 그런 것이지 품질은 진정으로 공짜가 아니다. 결함 예방, 탐지 및 수정은 모두 자원을 소모한다. 그렇더라도 크랩 갭을 줄이는 것은 막을 수 있는 품질 문제와 그에 따른 비용을 피할 수 있으므로 보상을 받을 수 있다.

레슨 47 상사나 고객이 나쁜 일을 하도록 부추기지 말자

치즈코라는 이름의 소프트웨어 개발자는 그녀의 프로젝트 관리자가 "시간을 절약하기 위해 단위 테스트unit test는 하지 않았으면 좋겠다."라고 말했다고 한다. 그녀는 이 지시에 충격을 받았다. 숙련된 개발자로서, 치즈코는 프로그램이 올바르게 구현되었는지 확인하기 위해 단위 테스트가 중요하다는 것을 알고 있었다. 그녀는 관리자가 어떻게든 업무 진행 속도를 높일 수 있을 거라는 막연한 희망으로 품질이 떨어지더라도 지름길을 택할 것을 요구하고 있다고 느꼈다. 아마도 그것은 치즈코에게 약간의 시간을 절약해 줄 것이지만, 단위 테스트를 생략하는 것은 의심할 여지없이 결함이 원래보다 늦게 발견되는 결과를 초래할 것이다. 그래도 그녀는 단위 테스트를 진행하기로 결정했다.

[우리는 각자 우리가 알고 있는 최고의 전문적인 실무 사례를 따르고, 각 상황에 맞게 적용해야 한다.]

나는 오랫동안 관리자, 고객, 또는 동료가 나쁜 일을 하도록 부추겨서는 안 된다고 믿어 왔다(Wiegers 1996). 원칙을 고수하는 것은 개인적이고 직업적인 도덕성의 문제다. 우리는 각자 알고 있는 최고의 전문적인 실무 사례를 따르고, 각 상황에 맞게 적용해야 한다. 직업적으로 불편한 상황에 처한 경우, 나쁜 일을 하는 것으로 간주되지 않도록 필요한 사항을 설명하여 전달할 수 있도록 노력하자. 많은 것들이 그렇듯이, 이런 철학을 더 이상 유용하지 않은 극단적인 상황까지 가져갈 수도 있다. 지나치게 독단적이거나 융통성이 없는 태도를 취하지 않으면서도 전문가로서의 탁월함을 발휘할 수 있는 적절한 균형점을 찾아보자.

권력 행사

권력을 가진 사람들은 다양한 방법으로 우리에게 영향을 미쳐 우리가 나쁜 일을 하도록 만들려고 시도할 수 있다. 예정된 작업에 대한 견적을 제시하는 사람이 우리의 수치를 마음에 들어하지 않는다고 가정해보자. 그들은 자신이나 고위 관리자 또는 고객이 예산이나 납기 목표를 달성할 수 있도록 견적을 낮추라고 압력을 가할 수 있다. 그것은 이해할 수 있는 동기 부여이기는 하지만 견적을 변경할 만한 좋은 사유는 아니다.

견적에 대해 반발하는 사람은 우리가 알지 못하는 압박감을 느낄 수 있다. 상대방은 우리가 어떻게 견적을 도출했는지 설명하고 견적을 조정할 수 있는지에 대해 논의할 권리가 있다. (레슨 28의 "받는 사람이 듣고 싶어 하는 말을 근거로 견적을 변경하지 말자"를 참고하자.) 그러나 단순히 누군가가 마음에 들지 않는다고 해서 견적을 변경하는 것은 현실에 대한 해석을 부정하는 것이다. 예상되는 프로젝트 결과는 변하지 않는다.

조급한 코드 작성

기업 내부의 IT 부서에서 근무하고 있으며, 새로운 프로젝트가 시작된다고 가정해보자. 확실한 비즈니스 실무 사례와 명확한 요구사항이 없더라도 이해 당사자들은 소프트웨어 팀이 즉시 코드 작성을 시작하도록 압력을 가할 수 있다. 아마도 그들은 당장 쓰고 싶은 프로젝트 자금을 갖고 있을 것이다. 그리고 요구사항을 논의하는 데 시간을 들이고 싶지 않을 수도 있다. 어차피 요구사항은 변경될 수 있기 때문이다. IT 직원 역시 프로젝트를 빨리 시작하고 싶어 할 수 있다.

그 결과, 모호한 결과를 향해 목적 없는 코딩이 많이 수행된다. 어차피 목표가 명확하게 정의되지 않았기 때문에 실패한 목표에 대해 아무도 책임을 지지 않는 경우가 너무 많다. IT 부서는 어떤 목적지가 정해질 때까지 여정을 시작하라는 비즈니스의 압박에 저항하는 것이 더 낫지 않을까?

지식 부족

우리가 부적절하다고 생각하는 일을 하기 위해 우리에게 기대는 사람들은 우리가 옹호하는 소프트웨어 개발 실무 사례를 이해하지 못할 수 있다. 예를 들어, 어떤 사람은 작업 결과에 대한 기술적 동료 검토를 불필요하다고 여기는 사람이 있을 수 있다. 또한 요구사항 도출 논의나 요구사항 작성에 시간을 할애할 가치가 없다고 생각할 수도 있다. 관리자나 고객은 제품이 모든 출시 기준을 충족하지 못했음에도 불구하고 출시를 밀어붙일 수 있다. 그러나 품질을 소홀히 하여 제품을 출시하면 더 빨리 제공할 수 있지만 결함이 많을 수 있으므로, 이것을 사용할 수 있게 하려면 광범위한 패치가 필요할 수 있다. 그러나 고객은 이것을 항상 고맙게 생각하지는 않는다.

한 동료가 프로젝트 관리자에게 특정 프로그램에 대한 기술적 접근법을 제안한 적이 있다. 그 관리자는 경험이 많은 소프트웨어 개발자였지만, 해당 접근법의 장점을 알아보지 못하고 그 제안을 거부했다. 내 동료는 다음 세 가지를 선택할 수 있었다.

1. 접근 방식과 그 이점을 명확히 이해할 수 있도록 설명한다.
2. 관리자가 거부했더라도 자신이 제안한 전략을 사용한다.
3. 정보가 부족한 관리자의 지시에 따라 차선의 접근법을 사용한다.

여러분은 어떤 것이 가장 좋은 선택이라고 생각하는가? 나는 1번(교육)을 먼저 시도해보는 것이 좋다고 생각한다. 그래도 성공하지 못한다면, 2번을 선택하여 옳은 일을 하자. 관리자의 소심함에 따라 이러한 접근법의 사용에는 약간의 위험이 따를 수 있지만, 나는 그것이 프로젝트를 위한 더 나은 결정이라고 생각한다.

소프트웨어 개발을 끝내기에 앞서, 새로 개발된 애플리케이션에 대한 사용자 설명서를 작성하는 방법을 모르는 관리자와 일한 적이 있다. 그는 프로그래밍을 조금 했던 과학자였기 때문에 자신이 소프트웨어 개발에 관해 알고 있다고 생각했다. 나는 요구사항과 설계 작업을 한 것이 있어서 시스템이 어떤 기능을 할 수 있는지 알고 있다고 그에게 설명했다. 이에 따라 최종 코드를 구현하기 전에 도움말 화면과 사용자 설명서를 작성하는 데 시간을 낭비하지 않았다.

어째서 당신의 팀이 예상한 것보다 프로젝트가 오래 걸리는지 이해할 수 없다고 한 고객이 나에게 말했다. 그는 컴퓨터에 대한 자신의 제한된 경험을 근거로 이 작업이 SMOP_{simple matter of programming}(프로그래밍 중에 생기는 사소한 문제)라고 분명히 말했다. 나는 그런 표현을 전에 들어본 적이 없지만, 내가 그에게 설명하려고 시도했을 때 그 프로젝트에는 확실히 적용되지 않는 표현이었다. 소프트웨어 개발을 직업으로 삼지 않는 사람들은 질 낮은 코드를 빨리 만드는 것과 소프트웨어 공학을 기반으로 제대로 된 코드를 만드는 것 사이에 큰 차이가 있음을 알지 못한다.

그늘진 윤리

독립적인 컨설턴트와 계약자들은 다양한 종류의 부당한 업무 압박을 받을 수 있다. 한 잠재적 컨설팅 고객이 나에게 거짓으로 그의 회사에 들어오라고 부탁한 적이 있다. 그는 내가 실제로는 다른 일을 하고 있지만 특정 업무를 수행한다고 계약서에 명시하기를 원했다. 그는 자신이 염두에 두고 있던 활동에 대한 자금은 확보하지 못했지만 다른 서비스에 쓸 수 있는 돈이 있었다. 나는 그의 요청이 비윤리적이라고 생각했기 때문에 고용 계약과 그의 요청 모두를 거절했다. 그런 조건을 수락했다면 내 입장에서는 업무상 배임이 되었을 것이고, 만일 그 고객의 관리자가 무슨 일이 벌어지고 있는지 알게 되면 법적 문제에 노출될 수도 있었기 때문이다.

절차 회피

합리적인 절차를 마련한 데는 그럴 만한 이유가 있다. 내가 코닥(Kodak)에서 일할 때 사용자들이 일부 애플리케이션을 변경하고 싶다고 요청하면 나는 그들에게 매우 간단한 변경 요청 도구에 대해 알려주었다. 이것을 통해 사용자가 제출한 변경 요청 정보는 적절한 담당자가 올바른 비즈니스 결정을 내릴 수 있게 해주었다. 어떤 사용자는 변경 요청을 제출하는 것을 귀찮아했는데, 그냥 변경 사항을 적용할 수 없는지 묻는다. 하지만 편의성 때문에 합리적이고 실용적인 절차를 생략하는 것은 나쁜 일이라고 나는 생각한다.

우리가 옹호하는 접근법이 왜 필요한지 설명해야 할 수도 있다. 이때는 프로젝트에 품질과 가치를 추가하는 방법을 언급하자. 이런 정보는 상대방이 우리의 요청을 거부하는 이유를 이해하는 데 도움이 될 것이다. 그러나 어떤 사람들은 단순히 비합리적이다. 그들을 다른 방법으로 설득하기 위해 최선의 노력을 하더라도, 그들은 우리가 절차를 무시하거나 바람직하지 않은 접근법을 따르도록 압력을 가할 수 있다.

우리가 비전문적이거나 비윤리적이라고 여기는 방식으로 행동하기를 거부한다고 가정해보자. 상대방은 우리가 불필요한 활동에 시간을 낭비하고 있거나 또는 비협조적이라고 우리의 관리자에게 불평할 수 있다. 이때 관리자는 우리의 편을 들어주거나 아니면 우리가 따르도록 추가적인 압력을 가할 수 있다. 두 번째 경우에는 우리의 선택에 달려 있다. 프로젝트와 우리의 정신에 잠재적으로 부정적인 영향을 주는 압력에 굴복할 것인가? 아니면, 자신이 알고 있는 최고의 전문적인 방법으로 계속 일할 것인가? 위험 부담이 있긴 하지만 나는 후자에 한 표 던진다.

레슨 48 고객이 아닌 동료가 결함을 찾도록 노력하자

나는 최근에 쓴 책의 원고에서 심각한 오류를 범했다. 다행하게도 예리한 눈을 가진 동료 검토자 중 한 명이 오류를 발견했다. 정말 감사했다. 그런 오류를 그대로 둔 채로 책이 출판되었다면 정말 곤란했을 것이다.

아무리 숙련된 작가, 비즈니스 분석가, 프로그래머 및 기타 전문가라도 실수를 할 수 있다. 우리의 작업 결과물이 아무리 훌륭해도 다른 사람의 검토를 받으면 더 나은 결과물을 만들 수 있다. 수년 전에 나는 소프트웨어 프로젝트를 위해 작성한 코드와 기타 결과물을 동료들에게 검토를 요청하는 일상적인 관행을 도입했다.

> 검토자가 내가 저지른 실수를 발견하면 항상 바보 같은 기분이 들지만, '족집게'라는 말이 즉시 떠오른다.

자신이 만든 결과물을 다른 사람들에게 보여주고 무엇이 문제인지 말해달라고 부탁하는 것은 본능적인 행동이 아니라 학습된 행동이다. 사람들이 우리가 한 일에서 문제를 발견했을 때 당황하거나 심지어 분개하는 것은 인간의 본능이다. 검토자가 내가 저지른 실수를 발견하면 항상 바보 같은 기분이 들지만, '족집게'라는 말이 즉시 떠오른다. 내가 검토자에게 "고마워요, 족집게군요."라고 말하면, 상처받거나 방어적으로 행동하는 대신 발견한 것에 대해 감사를 표하는 것이기 때문에 대화의 분위기가 더 즐거워진다. 고객이 나중에 오류를 발견하는 것보다 친구나 동료가 제품 출시 전에 나의 오류 중 하나를 발견하는 것을 나는 훨씬 선호한다.

어떤 사람들은 그들의 작업 결과물을 검토할 필요가 없다고 생각한다. 그러나 내가 아는 최고의 소프트웨어 개발자는 다른 사람이 그의 코드를 검토하지 않으면 거북함을 느꼈다. 그는 다른 똑똑한 개발자들의 의견이 얼마나 가치 있는지 알고 있었다. 검토자마다 다른 종류의 문제를 제기하고 표면적으로 명백한 것부터 깊이 통찰력 있는 것까지 다양한 수준의 피드백을 제공한다. 이는 텍스트 원고, 요구사항 명세, 또는 코드를 검토하는 경우에도 해당되며 모든 관점이 도움이 된다.

동료 검토는 진정한 소프트웨어 공학 모범 실무 사례다. 수십 년 동안 동료 검토의 이점을 경험한 후로 나는 각종 검토가 문화로 정착되지 않은 조직에서 일하고 싶지 않다.

동료 검토의 이점

기술적 동료 검토는 품질과 생산성을 모두 향상시키기 위한 검증된 기법이다. 이것은 다른 방법으로 발견할 수 없는 결함을 조기에 발견하여 품질을 향상시킨다. 앞서 살펴본 바와 같이, 이러한 조기 발견은 생산성을 향상시킨다. 왜냐하면 팀 멤버들이 개발 후반이나 납품 후에 결함을 수정할 일이 줄어서 소요 시간을 줄여주기 때문이다.

사람들은 종종 어떤 제품을 완성할 때까지 기다렸다가 끝나면 다른 사람들에게 그것을 살펴보라고 요청한다. 그러나 작업한 제품을 완성하기 **전에** 검토하면, 소비자가 해당 제품이 자신의 요구를 얼마나 잘 충족시킬지 평가할 수 있다. 요구사항 문서와 같은 결과물에서 다음과 같은 것을 발견하면 실망스러울 것이다. 즉, 우리가 필요한 모든 정보를 포함하지 않고 누락된 것, 또는 유용하지 않은 자료를 포함하고 있는 것, 또는 목적에 맞게 효과적으로 구성되지 않은 것이다. 결과물이 완성되기 전에 피드백을 제공하면, 해당 결과물에 관심있는 사람들에게 더 유용하도록 작성자가 그것을 조정할 수 있다.

페어 프로그래밍pair programming을 할 때를 제외하고는, 결함의 수정이나 향상된 기능의 추가를 하지 않는 한 다른 사람의 작업 결과물 내부를 볼 일이 거의 없다. 코드의 경우는 원래 작성했던 프로그래머가 아닌 다른 사람들이 앞으로 코드를 수정해야 하는 경우가 많기 때문에, 그들이 검토를 통해 해당 코드를 어느 정도 접해본 경험이 있으면 도움이 된다. 만일 프로젝트 팀 외부에서 검토자를 데려오면, 그들이 제품의 일부 측면에 관해 배울 수 있고 다른 팀이 어떻게 운영하는지도 알 수 있다. 이런 교차 수정은 조직 전체에 효과적인 실무 사례를 전파하는 데 도움이 된다.

나는 요즘 소프트웨어 문헌에서 코드 검토에 관한 논의를 많이 본다. 나는 사람들이 검토를 진지하게 받아들이는 것을 보면 항상 기쁘고, 코드 검토는 확실히 중요하다. 그러나 소프트웨어 팀은 검토 대상이 되는 다른 많은 결과물도 생성한다. 그래서 나는 **동료 검토**peer review라는 보다 일반적인 용어를 선호한다. 이 용어는 우리가 동료들을 검토한다는 뜻이 아니라, 전문성을 갖춘 동료를 초대하여 작업의 일부를 검토한다는 의미이다. 코드 외에도 프로젝트 팀은 계획서, 다양한 형태의 요구사항, 여러 유형의 설계 결과물, 테스트 계획 및 스크립트, 도움말 화면, 문서 등을 만들 수 있다. 한 사람이 만든 모든 문서에는 오류가 있을 수 있으므로 다른 사람이 검토하는 것이 도움이 될 수 있다.

다양한 소프트웨어 검토

검토는 다양한 방법으로 수행할 수 있다. 회의를 통해서 아니면 회의 없이, 온라인으로 또는 오프라인으로, 그리고 다양한 수준의 엄격함 등이다. 모든 접근 방식에는 장점과 제약이 있다. 검토 회의를 통해 한 사람의 의견이 다른 사람의 의견을 이끌어내어 혼자서는 발견하지 못했던 문제를 발견하는 시너지 효과를 얻을 수 있다. 그러나 회의를 통한 검토는 회의가 없는 검토보다 비용이 더 많이 들고 일정을 잡기가 어렵다. 사람들이 동료의 작업 결과물이나 제품을 검토할 수 있는 몇 가지 방법은 다음과 같다(Wiegers 2002a).

- **동료 데스크체크**Peer deskcheck. 한 동료에게 우리가 만든 것을 살펴보고 개선이나 수정을 위한 제안을 해달라고 요청한다. 여기서 핵심은 날카로운 안목을 갖고 도움을 줄 수 있는 시간이 있는 사람과 짝을 이루는 것이다. 호의에 보답하는 것은 공평한 일이다.
- **검토 돌리기**Passaround. 여러 동료에게 해당 사항을 배포하고 개별적으로 피드백을 주도록 요청한다. 검토자들은 서로의 의견을 보고 논의할 수 있는 검토 도구를 사용할 수 있다. 이 방법은 참가자들이 만나기 불편하거나 또는 불필요할 때, 비동기식 또는 분산 형태로 검토를 수행하는 데 좋은 방법이다.
- **상세 검토**Walkthrough. 저자가 논의를 주도하며, 이때 한 번에 한 부분씩 작업 제품을 설명하고 피드백을 요청한다. 이 방법은 동료들과 브레인스토밍 하는 것이 가치가 있을 때 설계 검토에 종종 사용된다.
- **팀 검토**Team review. 작성자는 작업 결과물(제품)과 모든 지원 자료를 사전에 소수의 검토자들에게 배포하여 검토자가 독립적으로 검토하고 문제를 파악할 수 있는 시간을 갖게 한다. 회의 중에 검토자들은 관찰한 내용을 발표한다. 진행자는 논의가 순조롭게 진행되도록 하고 그룹이 합리적인 속도로 작업물을 검토할 수 있게 한다. 너무 빨리 진행하면 결함을 놓칠 수 있고, 너무 느리게 진행하면 시간이 오래 걸리고 사람들이 지루해한다. 기록 담당자는 제기된 문제를 표준 양식에 모을 수 있다.
- **검사**Inspection. 가장 공식적인 유형의 검토이며, 구조화된 회의 동안 참가자들이 수행하는 몇 가지 역할을 포함한다. 역할에는 작성자, 사회자, 기록자, 검사자, 그리고 때로는 독자가 있다(Gilb and Graham 1993, Radice 2002). 검사는 비용이 가장 많이 드는 검토 방법이지만, 상당한 연구 결과에 의하면 결함을 밝히는 데 가장 효과적인 것으로 나타났다. 검사는 위험성이 높은 작업 제품에 가장 적합하다.

지금까지 알아본 이런 구조화된 방법으로 동료 검토를 수행하지 않더라도, 단순히 동료를 초대하여 여러분의 어깨 너머를 살펴보고 코드 오류를 찾거나 설계를 약간 개선하는 데 도움을 주는 것도 좋은 생각이 될 수 있다. 아무튼 어떤 검토도 없는 것보다는 낫다. 구글의 소프트웨어 엔지니어들은 몇 가지 코드 검토에서 모범 실무 사례를 제안했는데 이는 다음 사항을 포함한다. 검토자들은 예의 바르고 전문적이어야 하며, 작은 변경사항들도 기록하고, 양질의 변경 사항 설명을 작성한다. 그리고 검토자들을 최소한으로 유지한다는 것이다(Winters et al. 2020).

검토의 문화적 영향

동료 검토는 기술적인 활동인 동시에 대인 관계의 상호 작용이다. 조직이 검토를 실시하는(또는 하지 않는) 방법은 품질과 팀워크에 대한 조직의 태도를 보여준다. 만일 팀 멤버들이 비난을 받을까 봐 검토를 통한 그들 작업의 공유를 망설인다면, 이는 위험 신호다. 또한 검토자들이 작성자가 실수했다고 비판하거나, 또는 단지 그들이 생각했던 방식과 다르게 일을 했다고 작성자를 비판한다면, 이는 또 다른 위험 신호다. 좋지 못하게 수행된 검토는 소프트웨어 팀의 문화에 손상을 줄 수 있다(Wiegers 2002b).

건전한 소프트웨어 공학 문화에서 팀 멤버들은 건설적인 비판을 제시하고 받아들인다. 그들은 자신의 작업을 남의 눈에 띄지 않도록 보호하는 텃세를 부리지 않는다. 그들은 그렇게 하는 것이 유익하다는 것을 알기 때문에 기꺼이 다른 사람의 작업을 살피는 데 시간의 일부를 할애한다. 그것은 서로 이익을 도모하는 사고방식이다. 즉, 당신이 나를 도와주고 내가 당신을 도와주면 모두가 승리한다는 것이다.

나의 컨설팅 고객 중 한 곳이 검토 프로그램을 시행하고 있었다. 참가자들은 검토하는 것을 '상어 수조에 들어가는 것'이라고 표현했다. 이것은 긍정적인 이미지가 아니다. 누가 손에 미끼를 들고 무방비 상태로 상어 수조에 들어가고 싶어하겠는가? 모욕감이나 공격받는 것을 느끼면서 검토 회의를 나가버리는 작성자는 자신의 작업 결과물 검토를 위해 다시는 자발적으로 다른 사람들을 초대하지 않을 것이다. 그리고 이런 마음의 상처는 몇 년 동안 지속될 수 있다.

검토는 적절한 사람들에 의해 적절한 시기에 적절하게 수행될 때 협력적인 팀워크를 향상시킬 수 있다. 그러나 참가자들이 피드백을 제공하는 방법에 관해 사려 깊게 고려하지 않는다면 검토에 해가 될 수 있다. 다음 지침은 사람들이 가치 있다고 인식하는 건설적 활동에 검토자가 기여하는 데 도움이 될 수 있다.

- 논평은 작성자가 아닌 작업 결과물에 집중하자. 검토자는 자신이 얼마나 똑똑한지 보여주기 위해 있는 것이 아니라 팀의 공동적인 노력을 개선하기 위해 존재하는 것이다.
- 논평을 비난이 아닌 의견으로 표현하자. '당신'보다 '나'를 더 많이 말하자. '당신은 이 변수를 초기화하지 않았다'보다는 '나는 이 변수가 어디에서 초기화되는지 찾지 못했다'는 표현이 듣기에 더 편하다.

- 스타일보다 본질에 초점을 두자. 작성자는 검토 전에 오타와 같은 찾기 쉬운 문제를 제거함으로써 도움을 받을 수 있다. 표준 문서 템플릿과 코드 서식 규칙(예를 들어, pretty-print를 사용)을 준수하여 스타일 문제가 토의 주제에 방해되지 않게 하자.
- 작성자로서, 개선 제안을 수용할 수 있을 정도로 자존심을 제쳐두자. 작업의 품질에 대한 최종적인 책임은 본인에게 있지만, 동료들이 제공하는 의견도 고려하자.

조직에서 검토 프로그램이나 검토 문화를 정착할 때까지 기다릴 필요 없이 친구들에게 도움을 요청하자. 검토의 기본적인 성공 요인은 자신의 작업에 오류가 없다고 생각하기보다 동료들이 결함을 발견해 주기를 바라는 마음가짐이다. 만일 이런 철학을 공유하지 않으면, 다음 개발 단계나 사용자에게 작업 결과물을 넘기고 전화가 울릴 때까지 기다려야 할 것이다.

레슨 49 소프트웨어 사람들은 도구를 좋아하지만, 도구를 가진 바보가 더 큰 바보다

내 친구 놈Norm은 목공 전문가다. 그는 건물 자체를 포함하여 자신의 목공소를 설계하고 지었다. 그의 작업장에는 수많은 수공구와 전동공구들이 있고, 그는 그것들 각각을 적절하고 안전하게 사용하는 방법과 시기를 알고 있다. 전문 소프트웨어 엔지니어 또한 사용할 수 있는 올바른 도구와 이것을 효과적으로 적용하는 방법을 알고 있다.

아마도 여러분은 '도구를 가져도, 바보는 여전히 바보A fool with a tool is still a fool'라는 말을 들어본 적이 있을 것이다. 이 말은 소프트웨어 엔지니어인 Grady Booch가 가끔 했는데, 너무 관대한 표현이다. 도구는 자신이 무엇을 하고 있는지 잘 모르는 사람에게 그것을 더 빨리, 어쩌면 더 위험하게 사용하는 방법을 제공한다. 하지만 그 도구는 비효율성을 증폭시킬 뿐이다. 모든 도구에는 장점과 한계가 있다. 장점을 충분히 살리기 위해, 전문가들은 도구의 개념과 방법을 이해하여 그것을 적절한 문제에 올바르게 적용할 수 있어야 한다. 여기서 내가 '도구'라고 말하는 것은, 일부 프로젝트 작업(추정, 모델링, 테스트, 협업)을 용이하게 하거나 자동화하는 소프트웨어 패키지 및 유스케이스와 같은 전문화된 소프트웨어 개발 기술을 모두 의미한다.

> 사람들이 기술을 이해하지 못하고 언제 사용하고 언제 사용하지 않는지를 알지 못한다면, 그 기술을 더 빠르고 더 잘 사용할 수 있게 해주는 도구는 도움이 되지 않을 않는다.

도구는 숙련된 팀 멤버들의 생산성을 높일 수는 있지만, 숙련되지 않은 사람을 더 잘 만들지는 못한다. 능력이 부족한 개발자에게 도구를 제공하더라도 현명하게 사용하지 않으면 오히려 생산성을 저해할 수 있다. 사람들이 기술을 이해하지 못하고 언제 사용하고 언제 사용하지 않는지를 알지 못한다면, 그 기술을 더 빠르고 더 잘 사용할 수 있게 해주는 도구는 도움이 되지 않는다.

도구는 가치를 추가해야 한다

소프트웨어 팀의 도구는 시간을 절약하거나 품질을 향상시킴으로써 올바른 제품을 만드는 데 도움이 될 수 있지만, 나는 비효율적인 도구 이용 사례도 많이 보았다. 나의 소프트웨어 그룹은 프로젝트 계획을 위해 마이크로소프트 프로젝트를 채택한 적이 있다. 우리 대부분은 이것이 작업 기록 및 순서 지정, 기간 추정, 그리고 진행률 추적에 도움이 된다는 것을 알게 되었다. 그런데 팀 멤버 한 명이 지나치게 몰입했다. 그녀는 3주마다 개발 반복이 있는 프로젝트의 유일한 개발자였다. 그녀는 각 반복이 시작될 때마다 해당 반복에 대한 상세한 마이크로소프트 프로젝트 계획을 한 시간 단위까지 작성하는 데 며칠을 보냈다. 계획을 세우는 건 찬성하지만 그녀가 이 도구를 사용하는 것은 시간 낭비라고 생각했다.

요구사항 관리requirements management, RM 도구를 구입했지만 혜택을 거의 받지 못한 정부 기관을 나는 알고 있다. 이 기관은 기존 요구사항 명세 문서에 수백 개의 프로젝트 요구사항을 기록했다. 그런 다음 이 요구사항들을 RM 도구로 가져왔지만 해당 문서는 기존의 최종 저장소에 남아 있었다. 따라서 요구사항이 변경될 때마다 BA는 RM 도구의 데이터베이스에 저장된 문서와 내용을 모두 갱신해야 했다. 이 도구에서 팀이 사용한 유일한 주요 기능은 요구사항 간에 추적 가능한 링크의 복잡한 관계를 정의하는 것이었다. 이 기능은 유용했지만, 나중에 그들은 자신들이 생성한 광범위한 추적성 보고서를 사용하는 사람이 아무도 없다는 사실을 알게 되었다! 이 기관의 비효율적인 도구 사용으로 인해 상당한 시간과 비용이 소모되었지만 별다른 가치를 얻지 못했.

모델링 도구는 쉽게 오용된다. 분석가들과 디자이너들은 때때로 모델을 완성하는 데 과도한 노력을 들인다. 나는 반복적인 사고를 촉진하고 오류를 드러내기 위해 시각적 모델링을 매우 좋아한다. 그러나 사람들은 선별적으로 모델을 만들어야 한다. 이미 잘 이해하고 있는 시스템의 일부를 모델링하여 세부적인 부분까지 자세히 살펴보는 것은 프로젝트에 비례하는 가치를 부여하지 못하기 때문이다.

자동화된 도구 외에도 전문화된 소프트웨어 실무 사례도 부적절하게 적용될 수 있다. 예를 들어, 유스케이스는 사용자가 시스템으로 무엇을 해야 하는지 이해하는 데 도움을 주므로 그 다음에 나는 구현에 필요한 기능을 추론할 수 있다. 그러나 단지 유스케이스가 프로젝트에서 사용하는 요구사항 기법이라는 이유만으로 알려진 모든 기능을 유스케이스에 억지로 끼워 맞추려고 노력하는 사람들을 본 적이 있다. 우리가 일부 필요한 기능에 대해 이미 알고 있다면, 시스템의 전체 유스케이스가 있다고 해서 해당 기능을 거기에 맞추어 넣으려고 하는 것은 별로 가치가 없다고 생각한다.

도구는 현명하게 사용해야 한다

나는 같은 날 컨설팅 고객의 현장에 있었는데, 팀 멤버 중 한 명이 방금 구입한 변경 요청 도구를 구성하고 있었다. 나는 도구를 사용하여 변경 요청을 수집하고 시간 경과에 따른 상태를 추적하는 등 현명한 변경 제어 메커니즘을 지지한다. 그러나 그 팀 멤버는 20개 이상의 가능한 변경 요청 상태(제출됨, 평가됨, 승인됨, 지연됨 등)로 해당 도구를 구성했다. 그것들이 논리적으로는 합리적이라고 해도, 20개의 상태를 사용할 사람은 아무도 없을 것이며, 7개 정도면 충분할 것이다. 이렇게 복잡하게 만들면 도구 사용자에게 과도하고 비현실적인 부담을 준다. 심지어는 도구가 가치보다 번거롭다고 생각하여 아예 사용하지 않을 수도 있다.

한번은 소프트웨어 공학의 모범 실무 사례에 대한 수업을 진행하면서 학생들에게 린트Lint와 같은 정적 코드 분석 도구를 사용했는지 물어본 적이 있다. 학생 중에 프로젝트 관리자는 "네, 제 책상에 PC-lint 복사본이 10개 있습니다."라고 말했다. 내가 처음 생각한 것은 '그것들이 책상에서는 아무 쓸모가 없으니 개발자들에게 나눠주는 게 좋겠다.'였다. 소프트웨어 도구는 사람들이 가지고 있지만 어떤 이유에서인지 사용하지 않는 제품인 셸프웨어shelfware[1]가 된다. 만일 사람들이 도구를 효과적으로 적용하는 방법을 알지 못한다면, 그 도구는 쓸모가 없다.

다른 회사에서 정적 코드 분석에 관해 같은 질문을 했다. 한 학생은 그의 팀이 그들 시스템의 코드베이스에 린트를 실행했을 때, 약 10,000개의 오류와 경고가 보고되었기 때문에 다시는 사용하지 않았다고 말했다. 만일 상당한 크기의 프로그램이 자동 검사기를 한 번도 통과하지 않았다면 아마도 많은 경고를 유발할 것이다. 대부분의 보고 내용은 거짓-양성false positives(오류가 아닌데 오류라고 진단), 중요하지 않은 경고, 또는 팀이 무시하기로 결정한 문제들이었다. 그러나 그 안에는 소음에 가려진 진짜 문제가 있을 가능성이 높다. 린트의 옵션을 사용해서 실제 문제가 있는 항목에 집중하고, 사소한 문제들로 산만해지지 않도록 도구를 구성하자.

나는 최근에 내가 글을 쓸 때 사용하기 시작한 상용 문법 검사기에서 거짓-양성 문제를 접했다. 나는 그것이 보고하는 문제의 절반 이상을 무시했다. 왜냐하면 그 문제들은 내가 작성하고 있는

---

1 [옮긴이] 출시된 이후 전혀 사용되지 않고 진열 선반(shelf)에만 올려져 있는 제품

글에 부적절하거나, 나의 글쓰기 스타일과 맞지 않거나, 단순히 틀린 것이기 때문이다. 보고된 모든 문제 중에서 꼭 필요한 오류를 찾기 위해 나는 많은 시간을 소비해야 한다. 안타깝게도 이 도구에는 신호 대 잡음비를 개선할 수 있는 유용한 구성 옵션이 없다.

도구는 프로세스가 아니다

사람들은 때때로 좋은 도구를 사용하면 문제가 해결된다고 생각한다. 그러나 도구는 프로세스를 대체하는 것이 아니고 프로세스를 지원하는 것이다. 나의 고객 중 한 명이 문제 추적 도구를 사용한다고 말했을 때, 나는 그 도구가 지원하는 프로세스에 관해 몇 가지 질문을 했다. 그 고객사에는 문제 보고를 접수하고 처리하는 정의된 프로세스가 없고 도구만 있다는 사실을 알게 되었다. 실질적인 프로세스가 수반되지 않는 도구는, 사람들이 적절하게 사용하지 않을 경우 혼란을 가중시킬 수 있다.

도구는 사람들이 현재 하고 있는 작업을 실제보다 더 잘하고 있다고 생각하게 할 수 있다. 자동화된 테스트 도구는 그 안에 저장된 테스트보다 더 나은 것이 아니다. 자동 회귀 테스트를 빠르게 실행할 수 있다고 해서 도구가 실행하는 테스트에서 효과적으로 오류를 찾는 것은 아니다. 코드 적용 범위 도구는 높은 비율의 명령문 적용 범위를 보고할 수는 있지만, 그렇다고 해서 모든 중요한 코드가 실행되었다는 것을 보장하지는 않는다. 심지어 명령문 적용 범위 비율이 높아도 다음 사항을 알려주지는 않는다. 즉, 테스트되지 않은 코드가 실행될 때 어떤 일이 일어날지, 모든 논리 분기가 양방향으로 테스트되었는지, 다른 입력 데이터 값으로 어떤 일이 생길지, 또는 구현된 코드에서 어떤 필요한 경로들이 누락되었는지 등이다. 또한 도구가 사람을 대체할 수는 없다. 소프트웨어를 테스트하는 사람들은 테스트 도구에 프로그래밍된 것 이상의 문제를 발견할 수 있다.

어떤 사람들은 그들이 요구사항 관리_{RM} 도구에 요구사항을 저장했기 때문에, 그들의 프로젝트에서 요구사항에 대한 일을 잘 처리하고 있다고 주장한다. RM 도구는 많은 유용한 기능을 제공한다. 그러나 RM 도구가 좋은 보고서를 생성할 수 있다고 해서 그것의 데이터베이스에 저장된 요구사항이 훌륭하다는 것을 의미하지는 않는다. RM 도구는 오래된 컴퓨팅 표현인 GIGO_{garbage in, garbage out}(쓰레기가 입력되면 쓰레기가 나온다)의 생생한 예이다. 이 도구는 요구사항이 정확한지, 명확하게 작성되었는지, 또는 완전한지를 알 수 없다. 또한 누락된 요구사항도 알아내지 못한다.

우리는 각 도구의 기능과 한계를 모두 알아야 한다. 일부 RM 도구에서는 요구사항 집합에서 충돌, 중복 및 모호한 단어가 있는지 살펴볼 수 있다. 그러나 요구사항들이 논리적으로 올바른지 또는 필요한지 여부는 알려주지 않는다. RM 도구를 사용하는 팀은 먼저 요구사항을 도출하고, 분석하고, 구체화하는 방법을 알아야 한다. RM 도구를 산다고 해서 숙련된 BA가 되는 것은 아니다. RM 도구를 사용해서 자동화하기 전에 요구사항 관련 기술을 수동으로 사용하는 방법을 먼저 배우고 그 기술이 자신에게 적합한지 스스로 증명해야 한다(Davis 1995).

적절하게 적용된 도구와 실무 사례는 프로젝트에 큰 가치를 더해 품질과 생산성을 높이고, 계획과 협업을 개선하며, 혼돈에서 질서를 이끌어낼 수 있다. 그러나 아무리 좋은 도구라도 취약한 프로세스, 훈련되지 않은 팀 멤버, 어려운 변경 계획, 또는 조직의 문화적 문제를 극복할 수는 없다(Costello 2019). 그리고 항상 위거스의 컴퓨팅 법칙 중 하나를 기억하자. "인공 지능은 실물을 대체할 수 없다."(Wiegers 1989).

레슨 50 오늘의 '당장 출시해야 하는' 개발 프로젝트는 내일의 유지보수 악몽이다

시스템이 출시되어 실무에서 운영되면 유지보수 상태로 진입한다. 소프트웨어 유지보수에는 크게 4가지 범주가 있다(Merrill 2019).

- **적응**adaptive   변경된 운영 환경에서 작동하도록 시스템을 수정함
- **수정**corrective   결함을 진단하고 수리함
- **완전**perfective   고객 가치를 높이기 위해 변경함. 예를 들어, 새로운 기능 추가, 성능 향상, 사용 편의성 향상 등
- **예방**preventive   코드를 보다 효율적이고, 이해하기 쉽고, 계속 유지보수 가능하며, 더 신뢰할 수 있도록 최적화하고 재구성함

점진적으로 개발되는 시스템의 경우, 계획된 새로운 기능을 추가하고 기존 기능을 확장하는 것은 완전한 유지보수로 간주되지 않는다. 이는 개발 주기의 일부일 뿐이다. 그러나 개발이 완료되어 제공된 부분은 여전히 결함을 바로잡기 위해 수정 유지보수가 필요할 수 있다.

이번 장의 이전 레슨(43과 44)에서는 시간이 지남에 따라 수정 유지보수 비용이 증가하는 이유와 품질 문제가 어떻게 팀의 생산성을 약화시키는지를 보여주었다. 요구사항 결함과 코드 결함을 넘어서 설계 문제가 있는 소프트웨어는 개발자와 유지보수자가 예방적 유지보수를 통해 오랜 시간에 걸쳐 코드베이스를 개선해야 하므로 자원을 계속 소모하게 된다.

기술 부채와 예방 유지보수

개발 속도를 빠르게 하기위해 개발 팀은 때때로 기술 부채를 발생시키는 품질 단축quality shortcuts (빠른 개발을 위해 품질 관련 활동을 소홀히 또는 생략하여 품질을 저하시킴)을 선택한다. 또한 입력 데이터 유효성 검사 및 예외 처리와 같은 방어 프로그래밍을 제대로 수행하지 않을 수도 있다. 신속하게 작성된 코드는 당장은 작동하지만, 장기적으로 볼 때 구조화되지 않은 주먹구구식 설계가 되었을 수 있다. 이런 코드는 효율적으로 실행되지 않거나 나중에 이 코드로 작업해야 하는 사람이 쉽게 이해하지 못할 것이다. 또한 개발자가 향후 확장을 쉽게 수용할 수 있도록 소프트웨어나 데이터베이스를 설계하지 않았을 수도 있다.

빠른 코드 패치는 예상치 못한 부작용을 일으킬 수 있다. 취약한 코드는 누군가 이것을 변경할 때 훼손되며, 작동을 계속하는 데 필요한 수정 작업을 연속적으로 하게 만든다. 이 경우 향후의 개발자는 새로운 기능을 포함하거나 또는 변화된 환경에서 작동하게 만들기 위해 노력하기보다는 골치 아픈 모듈을 완전히 다시 만드는 것을 선택할 수도 있다.

다른 부채와 마찬가지로, 기술 부채도 결국 이자를 붙여 갚아야 한다. 시스템에서 부채가 해결되지 않은 채 오래 남을수록 더 많은 이자가 붙는다. 소프트웨어 기술 부채를 갚으려면 리팩터링, 구조 조정, 또는 코드 재작성이 필요하다. Ward Cunningham(1992)은 다음과 같이 설명한다.

> 약간의 부채는 재작성으로 즉시 상환하는 한, 개발을 가속화한다. 위험은 부채를 갚지 않을 때 발생한다. 제대로 작성되지 않은 코드에 소비되는 매 순간이 해당 부채에 대한 이자로 간주된다. 강화되지 않은 구현으로 인한 부채 부담으로 엔지니어링 조직 전체가 멈춰 설 수 있다.

많은 예방적 유지보수 노력이 기술 부채를 없애는 데 들어간다. 현재 프로젝트의 이전 반복 작업 코드를 리팩터링하든 또는 취약한 레거시 시스템에서 작업하든, 우리의 목표는 코드를 처음 발견했을 때보다 더 나은 형태로 유지하는 것이다. 이것은 현재 직면한 문제를 만든 이전 개발자들을 저주하는 것보다 더 건설적인 방법이다.

> 이런 결정은 나중에 예방 유지보수에 더 많은 시간을 할애해야 할 것을 충분히 예상하면서 일부 기술 부채를 의식적으로 받아들이는 것으로 귀결된다.

의식적인 기술 부채

부족한 설계를 향후에 재작업하는 데 더 많은 비용이 들 것이라는 것을 팀이 충분히 알고 있다면,

기술 부채를 어느 정도 감수하는 것이 합리적일 때가 있다. 일례로, 코드의 수명이 짧을 것으로 예상하는 경우는 신중한 설계에 시간을 할애할 가치가 없다고 결정할 수 있다. 그러나 이 예상은 '너무 자신만만하다famous-last-words'고 할 수 있다. 그리고 프로토타입에 넣을 수 있는 것과 같은, 그런 임시 코드는 향후 유지보수 담당자를 괴롭히는 운영 소프트웨어에 너무 자주 사용된다.

결함을 해결하기 위해 이후의 반복에서 임시 방편의 설계와 계획을 할 것이라는 것을 알고 있다면(단순히 문제를 초래하지 않기를 바라는 것이 아니라), 철저하게 설계를 한다는 생각을 미루는 것이 합리적일 수 있다. 아니면 새롭거나, 불확실하거나, 탐구적인 작업을 하고 있을 수도 있다. 아무튼 어느 정도 효과가 있는 설계 방안을 찾았다면 지금은 그것으로 충분하다. 그러나 결국에는 설계를 개선해야 한다.

이런 결정은 나중에 예방 유지보수에 더 많은 시간을 할애해야 할 것을 충분히 예상하면서 일부 기술 부채를 의식적으로 받아들이는 것으로 귀결된다. 즉, 기술 부채에는 의식적인 기술 부채와 우발적인 기술 부채가 있다(Soni 2020). 설계와 코드의 결함을 수정하는 데 실패하면, 다음의 개발 반복 또는 운영 시스템에서 작업하는 것이 점점 더 어려워진다. 이런 누적된 문제들은 현재의 지속적인 개발을 지연시키고, 나중에 과도한 유지보수 노력을 소모한다.

기술 부채를 없애는 것은 프로젝트에 자체적인 위험을 더한다. 이것은 이미 작동하는 것을 유지보수만 하는 것처럼 느껴질 수 있다. 그러나 이런 개선 작업에는 다른 프로젝트 코드와 동일한 수준의 검증과 승인이 필요하다. 잘못된 수정 사항을 파악하기 위한 회귀 테스트 및 기타 품질 실무 사례는 코드 수정 자체보다 더 많은 시간이 소요된다. 코드 및 설계 재작업의 규모가 커질수록 부주의로 다른 것을 손상시킬 위험도 커진다.

현재 또는 미래의 품질을 위한 설계

기존 코드를 수정하는 것보다 더 시급한 작업은 항상 있다. 관리자는 고객이 지금 더 많은 소프트웨어를 요구할 때 기술 부채를 갚는 데 리소스를 투입하기 어려울 수 있다. 관리자는 과감한 결단을 내려야 한다. 많은 소프트웨어 애플리케이션이 수십 년 동안 계속 성장하는 코드베이스를 유지하면서 점점 더 무너져 내리고 있다. David Rice(2016)는 이렇게 지적한다.

> 레거시 코드로 작업하는 데 어려운 점은 변경하는 데 걸리는 시간이다. 따라서 코드의 수명을 늘리려면 미래의 개발자가 코드를 변경하는 데 전적으로 즐겁게 할 수 있도록 해야 한다.

'전적으로 즐겁게"는 지나친 기대일 수도 있다. 그래도 향후의 개발자들이 고통 없이 작업할 수 있는 소프트웨어를 만들기 위해 노력하자.

예방적 유지보수를 일상적인 개발 작업의 일부로 삼아 디자인과 코드를 손댈 때마다 개선하자. 우리가 맞닥뜨리는 품질상의 결함을 피하며 일하지 말고 최소화하자. 점진적인 예방적 유지보수는 우리가 매일 양치질을 하는 것과 같다. 그리고 누적된 기술 부채를 줄이기 위해 재작업을 하는 것은 주기적으로 치과에 가서 스케일링을 하는 것과 같다. 나는 치과 위생사가 할 일을 최대한 줄여주기 위해 매일 몇 분간 양치질을 하고 치실도 사용한다. 치과 치료와 소프트웨어 개발 모두, 문제를 축적하는 대신 그때그때 해결하면 고통이 덜하다.

다음 단계: 품질

1. 이번 장 초반의 첫 단계에서 얘기했던 각자의 품질 정의를 다시 보자. 여러분의 품질 정의를 변경하겠는가? 만일 그렇다면 제품 품질에 대한 여러분의 생각도 변경할 것인가?
2. 이번 장에 있는 레슨 중 어느 것이 각자의 소프트웨어 품질에 대한 경험과 관련되는지 찾아보자.
3. 각자 경험에 비추어 여러분의 동료들과 공유할 만한 가치가 있는 품질 관련 레슨들을 기억할 수 있는가?
4. 이번 장에 나타난 실무 사례들을 파악하자. 이것들은 이번 장 초반의 첫 단계에서 파악했던 품질 관련 문제에 대한 해결책이 될 수 있다. 여러분의 제품 품질을 각 실무 사례가 어떻게 향상시킬 수 있을까?
5. 앞의 4번 단계에서 각 실무 사례가 원하는 결과를 산출하고 있는지 여부를 어떻게 알 수 있을까? 그리고 그런 결과들이 여러분에게 무슨 가치가 있는가?
6. 4번 단계의 실무 사례들을 적용하기 어렵게 만들 수 있는 장애를 찾자. 그런 장애를 어떻게 극복하여 실무 사례를 구현하는 데 도움을 줄 수 있을까?
7. 향후 프로젝트 팀들이 우리의 품질 모범 실무 사례를 효과적으로 적용하는 데 도움이 되도록 프로세스 설명, 템플릿, 지침 문서 등을 만들어두자.

CHAPTER 7
프로세스 개선에 관한 레슨

프로세스 개선 개요

이 책의 첫 문장이 "'나는 늘 해 왔던 방식으로 현재도 소프트웨어를 만들고 있다'라고 진정으로 말할 수 있는 사람을 나는 본 적이 없다"라는 것을 기억할 수 있을 것이다. 이런 주장을 정당하게 할 수 있는 사람이 아니라면 항상 소프트웨어 프로젝트를 수행하는 더 나은 방법을 찾아야 한다. 이것이 바로 소프트웨어 프로세스 개선software process improvement, SPI의 전부다.

소프트웨어 프로세스 개선이란?

SPI의 목적은 소프트웨어를 개발하고 유지보수하는 비용을 줄이는 것이다. SPI는 프로세스와 절차로 가득 찬 선반을 만들기 위한 것이 아니다. 또한 SPI는 현재 가장 유행하는 프로세스 개선 모델이나 프로젝트 관리 프레임워크의 지시를 따르는 것도 아니다. 프로세스 개선은 목적을 위한 수단이며, 그 목적은 어떻게 정의하든 우수한 비즈니스 성과이다. 우리의 목표는 제품을 보다 신속하게 제공하고, 재작업 발생을 줄이고, 고객 요구를 더 잘 충족시키고, 지원 비용을 줄이거나, 또는 앞의 모든 것이 될 수 있다. 그러나 목표를 달성할 수 있으려면 팀이 일하는 방식에 무언가 변화가 있어야 한다. 그 변화가 바로 소프트웨어 프로세스 개선이다. 팀이 다음 번에 더 나은 작업을 수행하기 위한 아이디어를 얻기 위해 회고retrospective를 수행하여 프로세스 개선의 토대를 마련하고 있는 것이다(회고의 자세한 내용은 레슨 58을 참고하자). 또한 프로젝트를 더 효율적이고 효과적으로 진행하기 위해 새로운 기술을 적용할 때마다 프로세스 개선을 실천하는 것이다.

[**프로세스 개선은 목적을 위한 수단이며, 그 목적은 어떻게 정의하든 우수한 비즈니스 성과이다.**]

1980년대 후반부터 많은 조직들이 부서와 프로젝트 팀에 걸쳐 체계적인 개선 노력을 기울였으며, 성공의 정도는 다양했다. 이런 접근방식은 종종 소프트웨어 능력 성숙도 모델CMM, Capability Maturity Model for Software(Paulk et al. 1995) 또는 그 후속의 능력 성숙도 통합 모델CMMI, Capability Maturity Model Integration(Chrissis et al. 2003)과 같은 확립된 SPI 모델을 따르는 경우가 많았다. 전 세계 수천 개의 조직, 특히 미국의 정부 공급업체는 여전히 공식적인 CMMI 프로세스 능력 평가를 매년 실시하고 있다(CMMI Institute 2017). 체계적인 SPI 접근법이 우수한 결과를 성취하는 데 도움이 되었다는 사실을 많은 기업들이 알게 되었다.

부분적으로, 애자일Agile 개발로의 이동은 성숙도 모델 중심의 SPI 노력에서 구현된 포괄적인 프로세스에 대한 반응이었다. 사실 일부 초기 애자일 접근법은 경량 방법론이라고 불렀다. 애자일 소프트웨어 개발 선언문의 뒤쪽에 있는 12번째 원칙에는 이렇게 명시되어 있다. "팀에서는 정기적으로 어떻게 하면 더 효과적이 되는지 되돌아본 다음에 그에 따라 행동을 맞추고 적응한다"(Agile Alliance 2021c). 이것이 바로 프로세스 개선의 본질이다.

프로세스를 두려워하지 말자

프로세스process라는 단어는 환경에 따라서 부정적인 의미를 갖는다. 때때로 사람들은 소프트웨어 개발 프로세스가 잘못 정의되거나 문서화되지 않았더라도 그것을 이미 갖고 있다는 것을 인식하지 못한다. 일부 개발자들은 정해진 절차를 따라야 하는 것이 그들의 스타일을 방해하거나 또는 창의성을 억압할까 봐 두려워한다. 관리자들은 특정 프로세스의 준수로 프로젝트의 속도가 저하되는 것을 우려할 수 있다. 물론 가치를 추가하지 않거나 또는 프로젝트와 인력의 변화를 허용하지 않는 독단적인 방식으로 부적절한 프로세스를 적용할 수도 있다. 그러나 이것이 필수 요건은 아니다! 프로세스가 제대로 작동하면 조직은 프로세스에도 불구하고 성공하는 것이 아니라 프로세스 때문에 성공한다.

합리적이고 적절한 프로세스는 소프트웨어 조직이 지속적으로 성공하는 데 도움이 되며, 이는 적절한 사람들이 힘을 합쳐 어려운 프로젝트를 영웅적인 노력으로 완수할 때뿐만 아니라 지속적으로 성공하는 데에도 도움이 된다. 프로세스와 창의성이 양립할 수 없는 것은 아니다. 나는 책을 쓸 때 프로세스를 따르지만, 그 프로세스는 내가 페이지에 넣는 단어들을 조금도 제한하지 않는다.

나의 프로세스는 시간을 절약하고, 작업을 체계적으로 관리하며, 좋은 책을 예정대로 완성하려는 나의 목표를 향해 지속적으로 진행 상황을 추적할 수 있게 해주는 체계다. 기존 프로세스에 의존할 수 있으면 노력을 관리하는 대신 당면한 문제에 정신적 자원을 집중할 수 있다.

개념적으로 단순하지만 SPI는 어려운 과제이다. 사람들이 현재 일하는 방식의 단점을 인정하도록 하는 것은 쉽지 않다. 프로젝트 작업이 항상 시급한 상황에서 팀이 개선 영역을 파악하고 해결하는 데 필요한 시간을 할애하도록 어떻게 설득할 수 있을까? 마감일이 다가오는 상황에서 관리자가 미래의 전략적 이점을 위해 투자하도록 설득하는 것은 쉽지 않은 일이다. 또한 조직의 문화를 바꾸는 것도 어려운 일이지만, SPI는 기술 및 관리 실무 사례의 변경과 함께 문화의 변화를 수반한다.

SPI를 정착시키기

많은 SPI 프로그램들이 효과적이고 지속적인 성과를 거두지 못한다. 크고 빛나는 새로운 변화 계획들이 화려하게 소개되지만 발표나 회고도 없이 조용히 사라져 버린다. 조직에서는 그간의 노력을 포기하고 나중에 다른 것을 시도한다. 사람들은 조직이 변화에 관해 진지하지 않다고 결론을 내리기 전에, 전략적 개선을 위한 시도가 두 번만 실패하면 된다고 생각한다. 그러나 두 번의 실패 후에는 다음 변화 계획을 진지하게 받아들이는 팀 멤버가 거의 없게 된다.

성공적인 프로세스 개선에는 시간이 걸린다. 조직은 그 혜택을 누리기 위해 충분히 오랫동안 버텨야 한다. 거의 모든 체계적인 개선 접근법은 더 나은 결과를 산출할 수 있다. 그러나 평가와 학습에 투자한 후 변화가 성과를 거두기 전에, 즉 프로세스 도중에 포기하면 투자한 비용을 잃게 된다. 대규모 프로세스 변화는 빠르게 이루어지지 않으므로 작은 승리에서 만족감을 얻는 방법을 배워야 한다. 알려진 문제를 해결할 수 있는 개선 사항과 장기적이고 시스템적인 변화를 신속하게 실행할 수 있는 개선 사항을 찾아내도록 노력하자.

경영진의 일관성 있는 리더십 또한 필수적이다. 나의 컨설팅 고객 중 한 명이 좌절감을 느꼈다. 그의 조직은 한동안 CMM 기반의 개선 전략에서 뛰어난 진전을 이루고 있었다. 그런데 새로 부임한 고위 관리자가 다른 방향으로 가기로 결정했다. 그는 CMM 노력을 포기하고 ISO 9001 기반의 품질 관리 시스템 접근법으로 전환했다. CMM 전략을 위해 열심히 노력했던 직원들은 그간의 노력의 결실이 물거품이 되자 낙담했다. SPI 활동의 허술함은 진정으로 더 나은 성과를 내고자 하는 실무자들의 사기를 떨어뜨릴 수 있다. 인증 목적과 같이 조직이 특정 표준을 준수해야 하는 절실한 이유가 없다면 고품질 프로세스를 개발하기 위한 모든 프레임워크가 수용 가능해야 한다.

대기업의 한 부서에서 SPI 프로그램을 이끄는 새로운 일을 시작했을 때, 회사 내 비슷한 부서에서 1년 동안 나와 같은 직책을 맡았던 여성을 만났다. 나는 그녀 부서의 소프트웨어 개발자들이 SPI 프로그램에 대해 어떤 태도를 취하고 있는지 물었다. 그녀는 잠시 생각하더니 "그냥 사라지기를 기다리는 중"이라고 대답했다. 만일 SPI를 단순히 최신 경영 유행으로 여긴다면, 대부분의 실무자는 방해가 되더라도 본연의 업무에 집중하면서 그냥 지나가려고 할 것이다. 하지만 이것은 성공적인 변화를 위한 공식이 아니다.

이번 장에서는 나와 내 컨설팅 고객의 조직에서 다년간 소프트웨어 프로세스 개선 작업을 수행하면서 얻은 9가지 레슨을 소개한다. 이 레슨들은 여러분의 SPI 계획을 성공시키는 데 도움이 될 것이다.

> **첫 단계: 소프트웨어 프로세스 개선**
>
> 잠시 시간을 내서 다음의 활동 사항(우리가 할 일)을 파악하고 이번 장의 프로세스 개선 관련 레슨을 읽기 바란다. 그리고 이후에 나오는 레슨을 읽는 동안 여러분의 조직이나 프로젝트 팀에 어느 정도까지 각 레슨을 적용할 수 있을지 생각해보자.
>
> 1. 일부 개선된 소프트웨어 개발 프로세스나 관리 프로세스의 필요성을 시사할 수 있는 비즈니스 성과 중 아직 달성하지 못한 것이 무엇인가?
> 2. 여러분의 조직은 과거에 SPI 계획을 통해 얼마나 성공적이었는가? 만일 어느 정도 성공을 했다면, 어떤 행동과 태도가 그 노력의 결실을 맺게 했을까? 기존의 개선 모델을 적용하여 더 나은 결과를 얻은 것인가, 아니면 자체 개발 방식을 통해 얻은 것인가?
> 3. 소프트웨어 개발 프로세스와 관리 프로세스를 개선하기 위해 여러분의 조직이 일하는 방식에서 단점이나 문제점을 찾아보자.
> 4. 더 좋은 프로세스와 실무 사례를 찾고, 설계하며, 구현하고, 출시하기 위한 여러분의 능력에 대해 각 문제가 갖는 영향을 서술하자. 소프트웨어를 구축하는 방식을 지속적으로 개선하는 여러분의 능력이나 제품 납품의 성공을 이런 문제가 어떻게 방해하는가?
> 5. 3번의 각 문제에 대해 해당 문제를 유발하거나 악화시키는 근본 원인을 찾아보자. 문제와 영향 및 근본 원인은 뭉쳐져서 모호하게 될 수 있으므로 따로 떼어내어 연관성을 찾자. 동일한 문제에 기여하는 여러 가지 근본 원인을 찾을 수도 있고, 또는 하나의 근본 원인에서 비롯된 다수의 문제를 찾을 수도 있다.
> 6. 이번 장을 읽는 동안 각자 팀에 유용할 거라고 생각되는 실무 사례를 리스트로 작성해보자.

레슨 51 '비즈니스위크를 추종하는 경영'을 주의하자

실망스러운 결과에 따른 좌절감은 다른 접근법을 시도하는 데 강력한 동기가 된다. 하지만 새로운 전략을 채택할 때는 그 전략이 문제를 해결할 가능성이 높다는 확신이 있어야 한다. 조직은 때때로 소프트웨어 문제를 해결하기 위한 묘약으로 소프트웨어 개발 분야에서 가장 핫한 최신 유행어의 해결책에 의지하기도 한다.

관리자는 유망하지만 과장되었을 수 있는 방법론에 대해 읽고, 자신의 조직이 가진 문제점을 해결하기 위해 즉시 채택할 것을 주장할 수 있다. 나는 이런 현상을 '《비즈니스위크》의 경영'이라고 들었다. 한 개발자가 새로운 작업 방식에 관한 컨퍼런스 프레젠테이션을 듣고 열광하여 팀 멤버들에게 이를 시도해보라고 할 수도 있다. 그의 팀이 그것을 시도하기를 원할 것이다. 그런 개선에 대한 열망은 칭찬할 만하다. 그러나 그 에너지를 올바른 문제로 이끌어야 하며, 잠재적인 해결책을 채택하기 전에 조직의 문화에 얼마나 적합한지 평가해야 한다.

수년간 사람들은 수많은 새로운 소프트웨어 공학과 관리의 패러다임, 방법론 및 프레임워크의 시류로 뛰어들었다. 그중에서도 다음과 같은 것들을 거쳤다.

- 구조화된 시스템 분석 및 설계
- 객체 지향 프로그래밍
- 정보 공학
- 신속한 애플리케이션 개발
- 나선형 모델
- 테스트 중심 개발
- 래셔널 통합 프로세스
- 데브옵스

더 최근에는 다양한 변형을 갖는 애자일Agile 소프트웨어 개발이 이상적인 해결책의 추구를 보여주고 있다. 예를 들어, 익스트림 프로그래밍, 적응형 소프트웨어 개발, 기능 중심 개발, 스크럼, 린, 칸반, 확장형 애자일 프레임워크 등이다.

하지만 안타깝게도 Frederick P. Brooks(1995)가 다음과 같이 알려주듯이, 유일한 해결책은 없다. "기술이나 관리 기법 중 그 자체로 10년 내에 생산성, 신뢰성, 단순성 면에서 한 단계라도 개선할 수 있는 단일 개발은 없다." 앞에서 언급한 모든 접근법은 장점과 한계가 있으므로, 적절하게 준비된 팀과 관리자가 적절한 문제에 적용해야 한다. 나는 이 논의에서 메소드-9라는 가상의 새로운 소프트웨어 개발 접근법을 예로 들어 보겠다.

새로운 개발 접근법을 결정하기 전에 '무엇이 오늘날 더 나은 결과를 얻지 못하게 하는가?'라고 자문해보자.

먼저 문제, 그 다음에 해결책

메소드-9의 창안자들과 얼리 어댑터들이 그것에 관해 쓴 기사와 책들은 메소드-9의 장점을 극찬하고 있다. 일부 회사들은 그들의 제품이 고객의 요구를 더 잘 만족시키기를 원하기 때문에 메소드-9에 마음이 끌린다. 그들은 고객에게 유용한 소프트웨어를 더 빨리 제공하고 싶을 것이다(그렇지 않은 기업이 어디 있을까?). 메소드-9가 해줄 수 있다. 또한 고객을 짜증나게 하고 재작업으로 팀의 시간을 낭비하는 결함을 줄이고 싶을 수도 있다(다시 말하지만, 그렇지 않은 기업이 어디 있을까?). 메소드-9가 해결해 준다! 이것이 바로 프로세스 개선의 핵심이다. 즉, 목표를 설정하고, 장애물을 식별하고, 이를 해결할 수 있는 기술을 선택하는 것이다.

그러나 새로운 개발 접근법을 결정하기 전에 **'무엇이 오늘날 더 나은 결과를 얻지 못하게 하는가?'**라고 자문해보자(Wiegers 2019f). 이어서 계속 자문해보자. 유용한 제품을 더 빨리 제공하고 싶다면, '무엇이 우리를 지연시키고 있을까?' 결함과 재작업을 줄이는 것이 목표라면, '현재 제품에 결함이 너무 많은 이유는 무엇일까?' 변화하는 요구사항에 더 빨리 대응하려는 야심이 있다면, '우리의 앞길을 막는 것이 무엇일까?'

다시 말해, 메소드-9가 답이라면(적어도 우리가 읽은 기사에 따라서), 무엇이 질문이었을까?

유망한 해결책처럼 들리는 것에 관심을 갖고 혹하기 전에, 모든 조직이 세심한 근본 원인 분석을 수행하지는 않을 것이라고 나는 생각한다. 개선 목표를 설정하는 것은 좋은 출발점이지만, 그런 목표를 달성하는 데 있어 현재의 장애물이 무엇인지도 파악해야 한다. 우리는 증상이 아닌 실제 원인을 다루어야 한다. 이런 문제들을 이해하지 못한다면, 새로운 접근법을 선택하는 것은 단지 희망적인 추측일 뿐이다.

근본 원인 분석 예

과거보다 고객의 요구를 더 잘 충족하는 소프트웨어 제품을 제공하고자 한다고 가정하자. 메소드-9 팀에는 제품이 원하는 결과를 달성할 수 있도록 책임지는 Vision Guru(비전 구루)라는 역할이 포함되어 있다. '완벽해!' 여러분은 이렇게 생각할 것이다. '비전 구루는 반드시 우리가 올바른 것을 만들도록 할 것이다. 고객 만족은 보장된다.' 문제가 해결됐죠? 그럴 수도 있겠지만, 나는 이렇게 생각한다. 프로세스를 대대적으로 변경하기 전에 제품이 고객을 만족시키지 못하는 이유를 팀이 먼저 이해해야 한다는 것이다.

근본 원인 분석root cause analysis, RCA은 과거를 되돌아보면서 생각하는 논리 과정이며, 이때 신중하게 선택한 개선 조치로 겨냥할 수 있는 문제에 도달할 때까지 '왜'를 여러 번 질문한다. 여기에서 제시된 첫 번째 기여 원인은 바로 조치를 취할 수 없는 것일 수 있고, 궁극적인 근본 원인이 아닐 수도 있다. 따라서 그런 초기 원인을 해결한다고 해서 문제가 해결되지는 않는다. 그러므로 한두 번 더 '왜'라고 질문하여 분석 트리의 끝 부분에 도달할 수 있도록 해야 한다.

그림 7.1은 이시카와 다이어그램Ishikawa diagram 또는 특성요인도cause-and-effect diagram라고도 불리는 피시본 다이어그램fishbone diagram의 일부를 보여준다. 이것은 근본 원인 분석을 진행하는 데 편리한 방법이다. 이때 필요한 것은 소수의 관심 있는 이해 당사자, 화이트보드, 그리고 매직펜 몇 개이다. 도표를 자세히 살펴보자.

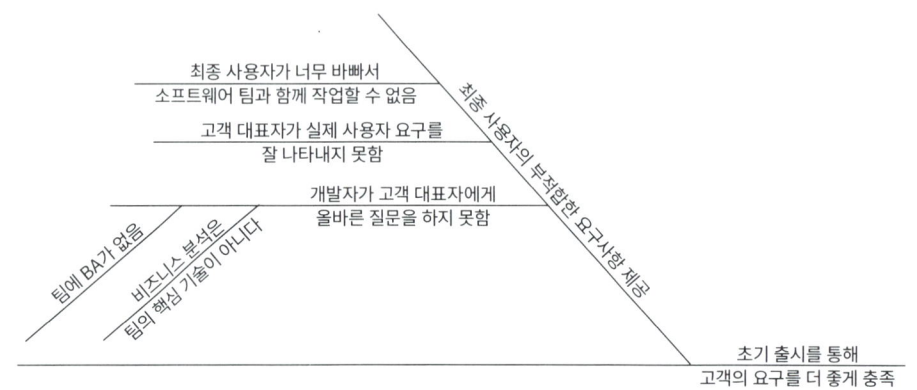

그림 7.1 근본 원인 분석은 흔히 피시본 다이어그램으로 나타낸다.

우리의 목표는 소프트웨어 제품의 초기 출시를 통해 고객의 요구를 더 좋게 충족하는 것이다. 그 목표를 긴 가로줄에 쓰자. 또는 "초기 제품 출시는 고객의 요구를 충족하지 못한다."라는 문제 설명문으로 표현할 수도 있다. 두 경우 모두 피시본 다이어그램의 근간(물고기의 등뼈에 해당됨)인 길게 수평으로 그은 선이 대상 문제를 나타낸다.

다음으로, 우리 그룹에게 이렇게 질문한다. "왜 지금까지 고객의 요구를 충족시키지 못하고 있을까?" 이제 분석이 시작된다. 한 가지 가능한 대답은, 흔한 경우이지만 팀이 최종 사용자로부터 요구사항에 대한 적절한 입력(의견이나 정보)을 받지 못한다는 것이다. 이 원인을 목표 설명문 줄에서 삐져나오는 대각선에 기록하자. 시작이 좋다. 그러나 문제를 해결하는 방법을 알기 위해서는 보다 깊은 이해가 필요하다. 이때 우리는 "왜 안 될까요Why not?"라고 묻는다.

그룹의 한 멤버가 이렇게 말한다. "우리는 실제 사용자들과 대화하려고 노력했지만, 너무 바빠서 소프트웨어 팀과 함께 일할 수 없다고 그들의 관리자가 말한다." 다른 멤버는 팀과 함께 일하는 고객 대표자가 최종 사용자의 실제 요구사항을 제대로 제시하지 못한다고 불평한다. 이런 두 번째 수준의 원인들을 이것들의 부모가 되는 문제의 대각선에서 삐져나온 수평선에 기록하자.

세 번째 참가자는 요구사항을 도출하려는 개발자가 고객 대표자에게 올바른 질문을 하는 데 능숙하지 않다고 지적한다. 그런 다음에 흔히 하는 이런 후속 질문이 나온다. "왜 안 되나요Why not?" 여기에는 여러 가지 이유가 있을 수 있는데, 개발자의 교육 부족이나 요구사항에 대한 관심이 포함된다. 비즈니스 분석은 팀의 핵심 기술도 아니고 전담 팀 역할도 아닐 수 있다. 피시본 다이어그램에서 각 원인은 이것의 부모에 연결된 새로운 대각선에 표시된다.

이제 우리는 팀의 현재 성과와 모두가 원하는 목표 사이에 놓인 실행 가능한 장벽에 대해 알아보았다. 참가자들이 원하는 결과를 지금까지 성취하지 못한 이유를 그들이 이해한다는 데 동의할 때까지 이런 계층적 분석을 계속하자. 나는 이 기법이 참가자들의 생각을 집중시키고 상황을 명확하게 이해하는 데 매우 효과적이라는 것을 알게 되었다. 잘못하면 피시본 다이어그램이 지저분해질 수 있다. 그러므로 원인을 스티커 메모에 적어서 탐색을 계속하면서 뒤섞어 볼 수 있도록 하자.

진단이 치료로 이어진다

이후 브레인스토밍 세션에서 팀 멤버들은 그런 근본 원인을 해결하기 위한 실질적인 해결책을 모색할 수 있다. 그러면 우리는 우수한 성과를 달성하기 위한 첫걸음을 내딛은 것이다. 그리고 숙련된 비즈니스 분석가를 팀에 합류시키는 것이 비전 구루와 함께 메소드-9를 채택하는 것보다 더 가치 있다고 결론을 내릴 수도 있다. 아니면 이 둘의 조합이 비법이 될 수도 있다. 이것은 우리가 곰곰이 생각해보기 전까지는 알 수 없다.

새로운 개발 방법이 우리에게 효과가 있을지 생각할 때는 과대 광고와 유행에 현혹되지 말자. 새로운 접근법과 관련된 전제 조건과 위험을 이해한 다음, 잠재적 보상에 대한 현실적인 평가와 균형을 맞춰보자. 다음과 같은 질문이 도움이 될 수 있다.

- 팀이 일을 시작하고 지속적으로 진행하기 위해 교육, 도구 또는 컨설팅 지원이 필요한가?
- 해결책의 비용 대비 투자 수익률이 높은가?
- 팀, 고객, 그리고 각자의 조직과 비즈니스에 어떤 문화적 영향을 끼칠 수 있는가?
- 학습 곡선이 얼마나 나쁠 수 있는가? (달리 말해, 얼마나 배우기 어려울까?)

근본 원인 분석으로 얻은 통찰로 우리가 발견한 각 문제를 해결하기 위한 더 나은 실무 사례를 제시할 수 있다. 현재 위치와 목표 사이의 장벽을 탐색하지 않는다면, 다른 개발 전략으로 전환한 후에 문제가 여전히 존재하더라도 놀라지 말자. 누군가가 주요 뉴스에서 읽은 가장 인기있는 새로운 기능을 쫓아가는 대신 근본 원인 분석을 시도해보자.

근본 원인 분석은 생각보다 시간이 많이 걸리지 않는다. 이것은 개선 노력을 효과적으로 집중하기 위한 건전한 투자다. 모든 의사는 치료제를 처방하기 전에 질환을 이해하는 것이 좋다고 말할 것이다.

레슨 52 "내게 무슨 득이 되지?"라고 묻지 말고, "우리에게 어떤 이득이 있지?"라고 묻자

새로운 개발 접근법을 사용하거나, 다른 절차를 따르거나, 또는 예상치 못한 일을 맡으라고 할 때, 사람들은 본능적으로 "나에게 무슨 득이 되지?"라고 궁금해한다. 이것은 인간의 자연스러운 반응이지만, 적절한 질문은 아니다. 올바른 질문은 "우리에게 어떤 이득이 있지?"이다. 이 질문에서 '**우리**'는 팀의 나머지 구성원, IT 조직, 회사, 심지어 인간 전체(개인을 초월한 모든 사람)를 의미할 수 있다. 효과적인 변화 계획은 각 개인의 생산성, 유효성, 또는 편안함 수준에 미치는 영향뿐만 아니라 팀의 총체적인 결과를 고려해야 한다. 개선 노력을 주도하는 사람들은 "우리에게 어떤 이득이 있지?"라는 질문에 설득력 있게 대답할 수 있어야 한다. **우리**에게 중요한 가치가 있다면, 나도 **우리**의 일부라는 것을 고려할 때, 나에게도 중요한 가치가 있다.

바쁜 프로젝트 팀 멤버에게 동료의 작업을 검토하는 것과 같은 추가 작업을 요청하는 것은 그 개인에게 어떤 즉각적인 이득이 되지 않는 것처럼 보일 수 있다. 그러나 이런 노력은 개인이 투자한 시간보다 팀이 더 많은 시간을 절약할 수 있으므로 프로젝트에 긍정적인 기여를 할 수 있다. 동료에게 요구사항이나 코드 오류를 검토하도록 요청하는 것은 그들의 시간을 소모한다. 코드 검토에는 참가자 한 명당 2-3시간의 작업이 필요할 수 있다. 이 시간은 검토자가 자신의 업무에 할애하지 않는 시간이다. 그러나 효과적인 검토를 통해 결함을 발견할 수 있으며, 결함을 나중에 수정하는 것보다 조기에 수정하는 것이 항상 더 저렴하다는 것을 우리는 이미 알고 있다.

> 개선 노력을 주도하는 사람들은 "우리에게 어떤 이득이 있지?"라는 질문에 설득력 있게 대답할 수 있어야 한다.

팀 이득

팀 대 개별 이득의 개념을 설명하기 위해, 어떻게 동료 검토가 실질적인 집단적 이익을 산출할 수 있는지를 알아보는 가상의 예를 살펴보자. 우리 팀의 BA인 아리Ari가 몇몇 시각적 분석 모델 및 상태 표를 첨부한 몇 페이지 분량의 요구사항을 작성했다고 가정해보자. 아리는 나와 두 명의 다른 동료들에게 그녀의 요구사항을 검토해 달라고 요청한다. 우리 네 명은 팀 검토 회의 전에 각각 한 시간씩 자료를 검토한다. 팀 검토 회의도 한 시간 동안 진행된다.

> 준비 노력 = 검토자당 1시간 × 4명의 검토자 = 4시간
>
> 검토 회의 노력 = 검토자당 1시간 × 4명의 검토자 = 4시간
>
> 총 검토 노력 = 4시간 + 4시간 = 8시간

검토 결과, 다양한 심각성을 갖는 24개의 결함이 발견되었고, 아리가 각 결함을 수정하는 데 평균 5분이 걸린다고 가정하자.

> 실제 재작업 노력 = 24개 결함 × 결함당 0.0833시간 = 2시간

이제, 아리가 이 검토를 요청하지 않았다고 생각해보자. 그러면 이런 결함들은 요구사항들 속에 남아있다가 개발 주기 후반에 발견될 것이다. 아리는 여전히 요구사항을 수정해야 하며, 다른 팀 멤버들은 잘못된 요구사항을 기반으로 설계 결과물, 코드, 테스트, 그리고 문서를 다시 작성해야 한다. 이 작업은 잘못된 요구사항을 신속하게 수정하는 것보다 10배나 더 오래 걸릴 수 있다. 이런 결함들이 최종 제품에 반영되어 고객이 발견할 경우 재작업 비용은 훨씬 더 커질 수 있다. 이 10배의 노력 증식 계수를 통해 아리와 회사가 검토를 진행하지 않아서 생겼을 잠재적인 재작업 비용을 추정할 수 있다.

> 잠재적인 재작업 노력 = 24개의 결함 × 결함당 0.833시간 = 20시간

따라서 이 가상 요구사항 검토는 아래와 같이 18시간의 재작업을 방지할 수 있었다.

> 재작업 방지 노력 = 20시간의 잠재적 재작업 − 2시간의 실제 재작업 = 18시간

이 간단한 분석에 따르면 검토를 통한 최소 투자 수익률return on investment, ROI은 225%이다.

> 동료 검토의 ROI = 18시간의 재작업 방지 ÷ 8시간의 검토 노력 = 2.25 = 225%

이것은 프로젝트 팀 전체에 실질적인 이득이 되는 수치이다. 비록 각 참가자에게는 별다른 이득이 없더라도 우리에게는 무언가 이득이 있다.

검사inspection라고 불리는 엄격한 유형의 동료 검토를 수행하여 얻을 수 있는 이익을 측정한 많은 회사들이 이 예보다 더 극적인 결과를 보고했다. 예를 들어, 휴렛 패커드는 자체 검사 프로그램을

통해 10:1의 투자 수익률을 측정했다(Grady and Van Slack 1994). IBM은 한 시간의 검사로 평균 82시간의 재작업 시간을 절약할 수 있었으며, 이는 출시 제품의 결함을 발견할 때와 비교했을 때 훨씬 더 많은 시간을 절약할 수 있었다고 한다(Holland 1999). 모든 기술 실무 사례가 그러하듯이 각자의 생각이 다를 수 있지만, 개별 소프트웨어 공학의 실무 사례에서 10배의 투자 수익을 낼 수 있는 사례는 거의 없다.

개인적 이득

귀중한 시간을 들여 작업을 검토하는 것이 자신에게 어떤 이득이 있는지 알지 못하는 팀 멤버에게 이 분석 결과를 설명한다고 가정해보자. 그는 우리의 설명을 믿고 2시간의 검토 시간이 팀에 상당한 이득을 가져다줄 수 있다는 것을 인정할 수도 있다. 그러나 그는 여전히 그 시간으로 얻을 수 있는 것이 아무것도 없다고 생각한다. 어떻게 달리 그를 납득시킬 수 있을까? 나 역시 자주 검토자로 참여하지만, 다른 사람의 작업을 검토하는 데 보냈던 시간에서 다음과 같은 많은 이점을 발견했다.

- 나는 동료의 어깨 너머로 볼 때마다 무언가를 배운다. 그들은 내가 잘 모르는 코딩 기법을 사용하고 있을 수도 있고, 또는 내 방법보다 더 나은 요구사항 전달 방법을 발견했을 수도 있다.
- 나는 프로젝트의 특정 측면을 더 잘 이해하게 되어 내 업무를 더 잘 수행할 수 있다. 또한 특정 개발자가 조직을 떠날 때 중요한 지식이 손실되는 것을 방지하는 데도 도움이 된다.
- 검토는 프로젝트 팀 전체에 지식을 전파하여 팀 전체의 능력을 향상시킨다. 모든 팀 멤버가 자신의 지식을 동료와 공유하는 것은 당연한 일이며, 검토는 이를 위한 한 가지 방법이다.

이런 이득이 다른 사람의 작업을 검토하는 데 투자한 시간만큼의 가치가 있을까? 아닐 수도 있다. 그러나 또 다른 이득이 있다. 언젠가는 동료들에게 나의 작업을 검토해 달라고 요청할 것이다. 소프트웨어 개발자로서, 그리고 작성자로서, 나는 다양한 그룹의 동료들이 나의 작업을 검토하는 것이 큰 가치가 있음을 알게 되었다. 그들이 발견한 오류와 개선 제안은 언제나 내가 우수한 제품을 만드는 데 도움이 된다.

다른 사람의 검토 입력(의견이나 정보)을 통해 내가 어떤 종류의 오류를 범하는지 알 수 있다. 이런 지식은 향후 모든 결과물을 처음부터 더 잘 만드는 데 도움이 된다. 결론은, 공동의 품질 개선 활동에 참여하면 동료와 나 모두에게 항상 좋은 결과를 가져다준다는 것이다.

팀을 위한 희생

다음에 동료나 관리자가 프로젝트에서 개인적으로 이익이 되지 않을 것 같은 일을 요청할 때는 사심을 버리고 생각하자. 직원은 팀과 회사의 확립된 개발 실무 사례를 따를 책임이 있다. "내가 이렇게 하면 우리에게 무슨 이득이 있을까?"라고 묻는 것은 당연한 일이다. 요청자는 우리의 기여가 팀 전체에 어떻게 이득이 되는지 설명해야 할 책임이 있다. 그런 다음 팀의 상호 성공에 기여하는 것은 우리에게 달려 있다.

레슨 53 사람들이 일하는 방식을 바꾸는 데 가장 좋은 동기가 되는 것은 고통이다

2000년 12월에 컨설팅 업무로 출장을 갔을 때, 얼음으로 덮인 계단에서 미끄러져 넘어지면서 오른쪽 어깨를 심하게 다쳤다. 이것은 내가 경험한 것 중 가장 심한 고통이었다. 3일 후, 나는 마침내 집에 돌아와 의사를 만났고, 그는 회전근개 파열이라는 진단을 내렸다. 이후에 물리 치료사가 집에서 할 수 있는 운동을 알려주었다. 나는 오른손잡이기 때문에 운동을 하고 빨리 회복해야겠다는 강력한 동기를 통증이 부여했다.

개인과 마찬가지로, 고통은 팀과 조직에도 강력한 변화 동기가 된다. 여기서 말하는 고통이란 불가능한 것을 요구하는 관리자나 고객과 같이 외부에서 유발된 인위적인 고통을 말하는 것이 아니라 팀이 현재의 일하는 방식에서 경험하는 실제적인 고통을 말하는 것이다. 사람들이 변화하도록 독려하는 한 가지 방법은, 그들이 CMMI 레벨5에 도달하거나 또는 스크럼Scrum, 린Lean, 칸반Kanban과 같은 애자일 방법론에 완전히 적응했을 때 얼마나 놀랍도록 푸른 잔디밭이 펼쳐질지(프로젝트의 상황이 얼마나 좋아지는지)를 설명하는 것이다. 사람들을 움직이게 하는 더 강력한 동기는 그들 뒤에 있는 잔디가 불타고 있다는 것을 지적하는 것이다. 프로세스 개선은 먼저 화재를 진압한 다음 예방함으로써 프로젝트의 고통을 줄이는 데 중점을 두어야 한다.

> 사람들이 변화 계획에 참여하도록 동기를 부여하기 위해서는 고통 감소에 대한 약속이 노력 자체의 불편함을 능가해야 한다.

프로세스 개선 활동은 그다지 재미있지 않다. 팀 멤버들이 가장 관심을 갖고 있고 비즈니스 가치를 창출하는 프로젝트 업무에 방해가 되기 때문이다. 조직을 지속적으로 변화시키는 데 반대하는 요인이 너무 많기 때문에 변화 노력은 바위를 영원히 밀어 올리는 것처럼 느껴질 수 있다. 사람들이 변화 계획에 참여하도록 동기를 부여하기 위해서는 고통 감소에 대한 약속이 노력 자체의 불편함을 능가해야 한다. 그리고 어느 시점에서, 변화 계획에 관련된 사람들은 고통의 경감을 느껴야 한다. 그렇지 않으면 그들은 다음 번에 참여하지 않을 것이다. 조직 내에서 영향력을 행사하는 사람들과 그들의 불만사항을 찾아내고 이를 변화 목표와 연결하면 변화 노력을 구축할 수 있는 강력한 토대를 마련할 수 있다.

고통은 아프다!

나는 한 대기업의 웹사이트를 구축하는 빠르게 변화하는 그룹에서 SPI 활동을 이끈 적이 있다. 그들은 새로운 프로젝트와 기존 사이트의 개선에 대한 요청이 너무 많아 감당하기 힘들어 했다. 또한 콘텐츠가 대부분 중복되었지만 정확히 동일하지는 않은 두 대의 웹 서버를 사용하는 구성 관리 문제도 있었다. 이 그룹의 모든 구성원은 실질적인 변경 요청 시스템과 보다 체계적인 구성 관리 실무 사례를 도입하라는 나의 권고를 받아들였다. 그들은 현재 관행이 얼마나 많은 혼란을 야기하고 노력을 낭비하는지 알게 되었다. 우리가 마련한 프로세스는 구성 관리의 어려움을 줄이는 데 상당한 도움이 되었다.

조직에서 우리는 어떻게 '고통'을 정의할까? 프로젝트에서 경험하는 반복되는 문제는 무엇일까? 이런 문제를 식별할 수 있다면, 우리는 개선 노력에 집중할 수 있고 이에 따라 큰 보상을 얻을 수 있다. 프로젝트 고통의 대표적인 예는 다음과 같다.

- 계획된 납품 일정을 맞추지 못함
- 과도한 결함이 있거나 또는 기능이 부족한 제품 출시
- 변경 요청을 따라잡을 수 없음
- 상당한 재작업 없이는 쉽게 확장할 수 없는 시스템 구축
- 고객의 요구를 적절하게 충족하지 못하는 제품 제공
- 긴급 대기 중인 지원 담당자가 한밤중에 작업해야 하는 시스템 장애 처리
- 현재 기술 문제와 소프트웨어 개발 접근법에 대한 충분한 이해가 부족한 관리자를 상대해야 함
- 식별되지 않았거나 또는 완화되지 않았던 위험으로 인한 고통

팀 토론, 프로젝트 회고, 또는 외부 컨설턴트의 평가와 같은 프로세스 평가 활동의 목적은 이런 문제 영역을 식별하는 것이다. 그런 다음 문제의 근본 원인을 알아내고 이를 해결하기 위한 조치를 선택할 수 있다. 컨설턴트로서, 나는 고객에게 놀라운 관찰 결과를 제공하는 경우는 거의 없지만,

고객은 아직 그로 인한 고통을 직시하고 해결하는 데 시간을 할애하지 않았다. 외부 관찰자들은 우리가 문제를 더 명확하게 알고 조치하는 데 동기를 부여하도록 도움을 줄 수 있다.

보이지 않는 고통

오래전에 나는 개발자인 진Jean과 함께 일하는 고객이었으며, 우리는 데이터베이스와 간단한 쿼리 인터페이스를 만들고 있었다. 당시에는 요구사항을 문서화하지 않고 시스템 기능에 대해 자주 논의만 했다. 어느 날 진의 관리자가 조금 화가 나서 나에게 전화를 했다. 그는 "요구사항을 너무 많이 변경하지 말아야 합니다."라고 요구하면서 이렇게 말했다. "당신이 너무 많은 변경을 요구하기 때문에 진이 진도를 나갈 수 없습니다."

이 문제는 내가 처음 알게 된 것이었다. 진은 요구사항에 관한 불확실성이 문제라고 지적한 적이 없었기 때문이다. 나의 접근 방식이 진에게 얼마나 큰 어려움을 주었는지는 내 눈에 보이지 않았다. 만일 그녀나 그녀의 관리자가 처음부터 선호하는 프로세스를 설명했더라면 나는 기꺼이 그것을 따랐을 것이다. 진과 나는 그때부터 내 요구사항을 구체화하기 위한 좀 더 체계적인 접근 방식에 동의했고, 우리는 더 나은 진전을 이룰 수 있었다.

이 경험을 통해 특정 프로젝트 참가자에게 영향을 미치는 문제가 다른 참가자에게는 분명하지 않을 수 있다는 사실을 깨달았다. 이것은 모든 이해 당사자들 사이에서 기대치와 문제에 대한 명확한 의사소통이 필요하다는 것을 부각시킨다. 또한 이번 레슨에 대한 중요한 필연적 결과를 보여주었다. 즉, 쥐가 있다는 것을 모르는 사람들에게 더 나은 쥐덫을 판매하는 것은 어렵다는 것이다.

현재 관행의 부정적인 영향을 모른다면, 아마도 변화를 위한 제안을 받아들이지 않을 것이다. 제안된 모든 변화는 문제를 해결하기 위한 해결책으로 보일 것이다. 따라서 SPI의 중요한 측면은 프로세스 관련 문제들의 원인과 비용을 파악한 다음, 영향을 받는 사람들에게 그것들을 전달하는 것이다. 이런 지식은 관련된 모든 사람들이 뭔가 다른 일을 하도록 용기를 북돋워 줄 수 있다.

때로는 작은 방법으로도 이러한 인식을 자극할 수 있다. 나는 교육 수업에서 학생들을 소그룹으로 나누어 각 프로젝트 팀이 현재 겪고 있는 문제들을 논의하게 한다. 이런 논의는 그룹 구성원들이 BA, 프로젝트 관리자, 개발자, 고객, 테스터, 마케팅 담당자 등 다양한 프로젝트 관점을 대표할 때 가장 효과적이다. 한 번의 토론 후에 고객 대표자가 괄목할 만한 통찰력을 공유했다. "나는 이제 개발자들에게 더 많은 공감을 갖게 되었다."라고 그녀가 말했다. 이런 공감은 모든 사람들에게 이익이 되는 더 나은 일하는 방식을 위한 좋은 출발점이다.

| 레슨 54 | 조직을 새로운 작업 방식으로 이끌 때는 부드럽게 압박하되 끊임없이 가하자 |

내가 몇 년 전 SPI 사업을 하고 있을 때, 커뮤니티에 다음과 같은 농담이 돌았다.

Q: 전구 하나를 바꾸려면 몇 명의 프로세스 개선 리더가 필요할까?

A: 단 한 명이지만 전구를 바꾸려는 의지가 있어야 하지.

나는 치료사들도 이와 비슷한 농담을 한다고 들었다.

이 유머에는 진실이 담겨 있다. 다른 사람이 생각하고, 행동하고, 또는 일하는 방식을 진정으로 바꿀 수 있는 사람은 아무도 없다. 다만 다른 방식으로 행동하도록 동기를 부여하는 메커니즘을 사용할 수 있을 뿐이다. 어떤 변화를 만드는 것이 왜 자신과 다른 사람들에게 이익이 되는지 설명하고, 그 이유를 받아들이기를 바라며, 변화를 만든 사람들에게 보상을 줄 수 있다. 사람들이 변화에 동참하지 않을 경우 협박이나 처벌을 가할 수도 있지만, 이는 권장되는 SPI 동기 부여 기법은 아니다. 하지만 궁극적으로 앞으로 다른 방식으로 운영할지 여부는 각 개인이 결정해야 한다.

변화로 이끌기

소규모 그룹이든 전체 기업이든 새로운 작업 방식으로 소프트웨어 조직을 효과적으로 이끌기 위해서는 변화의 리더가 원하는 방향으로 지속적이고 부드러운 압박을 가해야 한다(The Mann Group 2019). 바람직한 방향을 설정하기 위해서는 변화 계획의 목표가 잘 정의되고, 명확하게 전달되며, 조직의 비즈니스 성공에 확실히 도움이 되어야 한다. 어떤 조직이나 개인도 신속하고 급진적인 변화를 일으키기는 어렵다. 점진적인 변화는 혼란이 적고 모든 사람의 일상에 쉽게 녹아들 수 있다. 개인이 새로운 실무 사례와 새로운 사고방식을 모두 흡수하는 데는 시간이 걸린다.

리더는 정서적인 측면에서도 동의를 얻으려고 노력해야 한다. 관련된 모든 사람들은 그들이 어떻게 변화 노력의 성공에 기여할 수 있는지 알아야 한다. 변화를 수용하고 동료와 함께 변화를 옹호하는 챔피언 역할을 할 수 있는 얼리 어댑터를 찾자. 변화를 실행하고 변화의 영향을 받는 사람들은 자신의 목소리가 들리고 변화가 그들에게 강요되지 않은 것처럼 느껴야 한다.

변화의 리더라면, 조직이 목표를 향해 계속 나아갈 수 있도록 부드럽게, 그러나 끊임없이 압력을 가하는 다음의 몇 가지 방법을 참고하자.

- 변화 계획의 목표, 동기 부여, 그리고 추구하는 주요 결과를 정의하자. '세계 최고' 또는 '성과 리

더'가 되겠다는 식의 모호한 목표는 도움이 되지 않는다.
- 목표에 대한 진행 상황과 이러한 변화가 프로젝트 성과에 미치는 영향을 보여줄 수 있는 지표, 즉 핵심 성과 소프트웨어 메트릭을 선택하자. 후자는 후행 지표이다. 변화 활동을 시작하는 것은 새로운 실무 사례(방식)가 더 나은 결과를 가져올 것이라고 확신하기 때문이다. 그러나 그런 새로운 실무 사례가 프로젝트에 영향을 끼치는 데는 시간이 걸린다. 긍정적인 소프트웨어 메트릭의 동향을 전달하는 것은 참가자들의 헌신을 유지하는 데 도움이 될 수 있다.
- 현실적이고 의미 있는 목표와 기대를 설정하자. 팀 멤버들은 작업 방식을 극적으로 그리고 즉각적으로 바꾸라는 요구에 저항할 것이다. 하지만 그렇다고 해서 그들이 변화 계획을 진심으로 따르거나 그 가치를 인정한다는 의미는 아니다.

[**변화 계획의 목표는 잘 정의되고, 명확하게 전달되어야 하며, 비즈니스 성공에 확실히 도움이 되는 것이어야 한다.**]

- 변화 계획을 활동, 결과물, 이정표 및 책임이 있는 프로젝트로 간주하자. 아, 그리고 자원도 잊지 말자. 사람들이 그들의 프로젝트 약속과 병행하여 개선 활동을 수행할 수 있도록 필요한 시간을 제공하자.
- 변화 계획을 가시화하자. 변화 계획을 상태 회의 및 보고서의 정기적인 부분으로 만들자. 정기적인 프로젝트 추적 활동과 함께 변화 계획의 목표를 향한 SPI 노력의 진행 상황을 추적하자.
- 특정 SPI 활동을 수행하기로 한 약속에 대해 사람들에게 책임을 묻자. 만일 프로젝트 작업이 항상 독점적인 우선순위를 갖는다면 개선 활동은 소홀히 취급될 것이다.
- 변화 계획이 이미 성과를 내기 시작했다는 것을 보여주기 위해 조기에 작은 성과를 거두는 것을 목표로 하자. 이러한 성과가 조직에 어떤 이점을 제공하는지 명확히 하자. 새로운 실무 사례를 성공적으로 시범 적용하는 팀은 다른 팀을 위해 새로운 길을 열어준다.
- 공적으로 작은 성공이라도 새로운 작업 실무 사례들이 성과를 내고 있다는 증거라고 홍보하자. 그리고 이런 실무 사례들이 팀 멤버들의 개별 작업 스타일과 조직 운영에 뿌리내릴 때까지 조용하고 긍정적인 압력을 가하여 새로운 작업 실무 사례를 계속 공개하자.
- 새로운 작업 방식에 필요한 교육을 제공하자. 팀 멤버들이 교육받은 것을 적용하고 있는지 관찰하되, 학습 곡선의 현실을 받아들여야 한다. 사람들이 배운 것을 효과적으로 실천하는 데는 시간이 걸린다.

교육은 미래의 성과를 위한 투자다. 2,000여 명이 참석한 연례 검토 회의에서 한 기업 연구소 소장은 다수의 과학자들이 실험-설계 교육을 받은 것을 성과로 보고했다. 이것은 성과가 아니라 투자다.

나는 경영진이 몇 달 후 과학자들이 그 교육 덕분에 어떤 점이 개선되었는지 후속 조치를 취했으면 좋았을 것이라고 생각한다. 그러나 경영진은 그들이 교육 투자로부터 어떤 성과를 얻었는지 확인하지 않았다.

상향 관리

프로세스 변경은 기술 팀 멤버뿐만 아니라 관리자에게도 영향을 준다. 상향 관리는 모든 변화의 리더에게 중요한 기술이다. 변화의 리더라면, 공개적으로 할 말, 기대하는 행동과 결과, 보상하거나 수정해야 할 결과에 관해 관리자들을 지도하자.

한번은 상향 관리에 능한 린다Linda라는 이름의 컨설팅 고객이 있었다. 린다는 각 관리자에게 공감을 불러일으키고 지지를 받을 수 있도록 변화 프로젝트의 가치를 보여주는 방법을 알고 있었다. 또한 그녀는 자신이 주도한 변화 계획의 중요성을 공적으로 강화하도록 관리자들을 이끄는 방법을 알았다. 린다는 조직 정치에 얽매이지 않으면서도 변화 프로젝트의 핵심 리더들이 동참할 수 있도록 조직 정치를 다루는 데 능숙했다. 그녀는 대인관계에 능수능란했다.

SPI 프로그램을 성공시킨 어떤 조직에서 관리자들이 앞으로 보여주기를 기대했던 태도와 행동을 문서화했다. 그림 7.2는 그들의 기대 중 일부만을 보여준다.

- 나는 요구사항이 근본적인 작업 결과물이라는 것에 동의한다.
- 나는 프로젝트 팀으로부터 확약을 받기 전까지는 고객의 비용과 일정 요청을 약속하지 않는다.
- 나는 프로젝트 계획 프로세스가 고객의 요구 및 압박과 상충하더라도 이를 준수할 것을 약속한다.
- 나는 프로젝트 관리자 및 고객과 상충되는 프로젝트 우선순위를 해결하는 것을 돕는다.
- 나는 팀 멤버들이 프로젝트 계획 중에 프로젝트 전반에 걸쳐 이루어진 약속을 고려하고 무리한 약속을 하지 않도록 권장한다.
- 나는 프로젝트 상황 추적 데이터를 요청한다.
- 나는 소프트웨어 프로세스의 장애물을 제거하여 팀 멤버들을 지원한다.
- 나는 관련 수단을 사용하여 비즈니스를 관리하는 데이터 중심의 환경을 조성한다.
- 나는 예산 수립 시 프로세스 개선 필요성을 고려한다.
- 나는 고객에게 소프트웨어 프로세스를 지원하고 옹호한다.

그림7.2 개선된 소프트웨어 프로세스와 관련된 관리 행동에 대한 일부 기대를 정의한 내용.

CMMI와 같은 프로세스 프레임워크에서 더 높은 성숙도 수준을 목표로 하든, 조직 전체에서 애자일 개발을 구현하든, 관리자는 자신의 행동과 기대치가 어떻게 바뀌어야 하는지 알아야 한다. 관리자가 솔선수범하여 새로운 업무 방식을 직접 실천하고 이를 공개적으로 강화하는 것은 다른 모든 사람에게 지속적이고 긍정적인 신호를 보내 문화 변화를 강화하는 것이다

나의 아버지가 언젠가 내게 이렇게 말씀하셨다. "모두 같은 문을 통과하려고 하는 사람들의 큰 무

리 속에 내가 있다면, 계속 발만 움직이면 통과할 수 있다." 내가 이 말씀대로 해보니 효과가 있었다. 소프트웨어 프로세스 개선도 마찬가지다. 원하는 방향으로 발을 계속 움직이자. 그러면 더 나은 작업 방식과 우수한 결과를 향해 꾸준히 나아갈 수 있다.

레슨 55 이전의 모든 전문가가 이미 저지른 실수를 일일이 되풀이할 시간은 없다

1장에서 언급했듯이, 나는 소프트웨어 개발에 관한 정규 교육을 거의 받지 않았으며, 오래전에 대학에서 세 개의 프로그래밍 과목만 수강했을 뿐이다. 그러나 그 이후로 나는 책과 기사를 읽고, 교육 과정을 수강하고, 컨퍼런스와 전문가 단체 회의에 참석하면서 훨씬 더 많은 것을 배웠다. 나는 업무에 복귀했을 때 시도해보고 싶은 아이디어를 얼마나 많이 적어두었는지에 따라 배움의 가치를 판단한다. (여러분도 이 책을 읽으면서 그렇게 하고 있기를 바란다.) 최고의 학습 경험은 동료들과 공유할 수 있는 기술에 관해 알려주어 우리 모두의 역량을 강화할 수 있게 해준다.

다른 사람들로부터 지식을 습득하는 것이 모든 학습 곡선을 직접 오르는 것보다 훨씬 더 효율적이다. 이것이 바로 이 책의 요점이다. 즉, 내 경력을 통해 얻은 통찰을 공유함으로써 여러분이 동일한 실무 사례를 배우고 적용하는 데 드는 시간을 절약할 수 있도록 하자는 것이다. 모든 전문가들은 끊임없이 성장하는 이 분야에서 지식을 습득하고 기술을 넓히는 데 시간의 일부를 투자해야 한다.

내가 참여했던 소프트웨어 그룹에서는 매주 학습 세션을 열었다. 여기서 각 팀 구성원은 돌아가면서 잡지 기사나 책의 챕터를 선택하고 다른 사람들을 위해 그 내용을 요약한다. 그리고 해당 주제를 우리 일에 적용할 수 있는 방법을 논의했으며, 회의에 참석한 모든 사람들이 주요 내용을 공유했다. 이런 학습 세션을 통해 팀 전체에 많은 관련 정보가 전파되었다. 내가 코닥의 새로운 그룹에 가입했을 때는 나의 첫 번째 책인 《Creating a Software Engineering Culture(소프트웨어 공학 문화 만들기)》를 통해 그런 식으로 한 챕터씩 진행했는데 조금 어색한 느낌이 들기도 했다. 그러나 우리는 몇 차례 흥미로운 논의를 했다. 그리고 개발 프로세스를 개선하기 위해 함께 일하는 동안 그들은 나의 관점을 이해할 수 있었다.

[아이디어를 일상적인 실무 사례로 전환하는 과정에는 항상 학습 곡선이 수반된다.]

내가 컨퍼런스에서 집으로 가져간 모든 방법이 기대한 대로 효과가 있었던 것은 아니다. 어떤 열성적인 연사는 요구사항 도출 워크숍에서 아이디어를 자극하는 자신의 기법을 홍보했다. 직장에 돌아온 후에 나는 그의 제안을 시도해보았지만 별 효과가 없었다. 나는 컨퍼런스 연사들이 유스케이스use case의 잠재력을 칭찬하는 것을 들었을 때 이것에 관해 흥미를 갖게 되었다. 처음 유스케이스를 적용하려고 했을 때는 사용자 대표에게 설명하고 구현하느라 무척 힘들었다. 그러나 초기의 어려움을 극복하고 그 후에는 성공적으로 유스케이스를 적용할 수 있었다. 새로운 기술을 배우는 불편함을 감수하고 인내해야만 보상을 얻을 수 있었다. 아이디어를 일상적인 관행으로 전환하는 과정에는 항상 학습 곡선이 수반된다.

학습 곡선

학습 곡선learning curve은 어떤 사람이 새로운 일이나 기술을 수행하는 데 얼마나 능숙해지는지를 해당 일이나 기술에 대한 경험의 함수로 묘사한다. 우리 모두는 인생에서 무수한 학습 곡선에 직면한다. 우리가 어떤 새로운 것을 하려고 할 때마다 또 다른 학습 곡선이 존재한다. 어떤 방법이 처음부터 모든 잠재력을 발휘할 것이라고 기대해서는 안 된다. 프로젝트 팀이 익숙하지 않은 기술을 시도할 때는 그 기술을 익히는 데 걸리는 시간을 고려해서 계획을 세워야 한다. 새로운 기술을 익히는 데 성공하지 못한다면, 투자한 시간을 영원히 잃어버리게 된다.

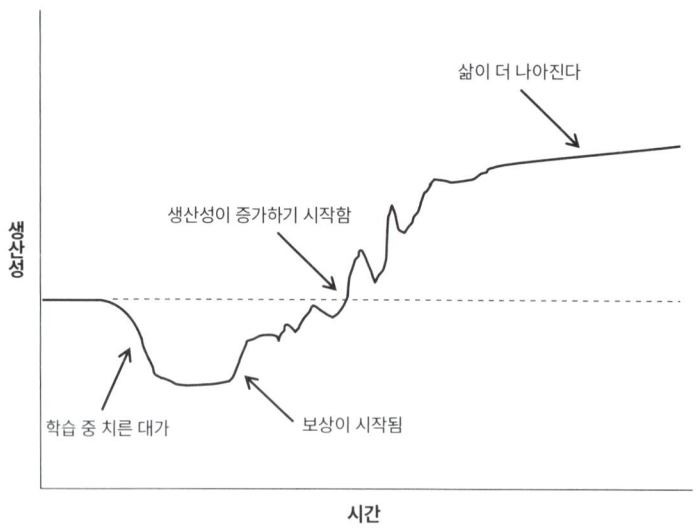

그림 7.3 학습 곡선은 생산성을 감소시켰다가 다시 증가시킨다.

우리는 의심할 여지없이 자신의 모든 기술로 성취할 수 있는 전반적인 작업 성과(생산성)에 관심이 있다. 그림 7.3은 개선된 프로세스, 실무 사례, 방법, 또는 도구를 통해 향상시키고자 하는 초기 생산성 수준에서 시작한다는 것을 보여준다. 첫 번째 단계는 학습 경험을 쌓는 것이다. 이때 학습에 투자하는 기간 동안은 아무런 작업도 수행하지 않기 때문에 생산성은 즉시 타격을 받는다(Glass 2003).

새로운 프로세스를 만드는 데 시간을 사용하고, 새로운 기술을 활용하는 방법을 찾기 위해 씨름하고, 새로운 도구를 습득하여 사용법을 익히는 데 시간이 걸리면서 생산성은 더욱 감소한다. 그러나 새로운 작업 방식에 숙달하기 시작하면 생산성이 향상되기도 하지만, 그림 7.3의 생산성 증가 곡선의 들쭉날쭉한 부분처럼 약간의 좌절도 경험할 수 있다. 모든 것이 잘 진행되면 결국 투자한 만큼의 효과를 거두게 되고 유효성, 효율성, 품질이 향상된다. 개인 활동, 팀, 그리고 조직에 새로운 실무 사례를 도입할 때 학습 곡선의 현실을 염두에 두자. 그리고 학습에 대한 투자가 성과를 거두기 전에 조기에 포기하고 싶은 유혹을 뿌리치자.

모범 실무 사례

나는 누군가가 다른 사람에 대해 "그는 항상 자기 방식이 최고라고 생각한다."고 불평할 때 웃긴다고 생각한다. 물론 그럴 수 있겠지만, 최선의 선택이 아니라는 것을 알면서도 일부러 그렇게 하려는 사람이 있을까? 그건 어리석은 일이다.

문제는 자신의 방식이 최선이라고 생각하는 데서 오는 것이 아니다. 다른 사람에게도 더 나은 방법이 있을 수 있다는 것을 고려하지 않고 그들로부터 배우려고 하지 않을 때 문제가 발생한다. 나는 내가 접하는 어떤 출처에서 든 좋은 생각과 유용한 기술을 모은다. 자존심 때문에 예전 방식보다 훨씬 나은 것을 거부하는 것은 어리석은 일이 될 것이다.

동료 검토는 다른 작업 방식을 관찰할 수 있는 좋은 기회를 제공한다. 익숙하지 않은 언어 특성, 기발한 코딩 기법, 또는 우리 뇌 속에 전구 불을 켜는 다른 무언가를 사용하는 사람을 볼 수도 있다. 코드 검토를 하는 동안, 나는 다른 프로그래머의 주석 달기 스타일이 분명히 나보다 우수하다는 것을 알았다. 나는 즉시 그의 스타일을 채택하여 그때부터 사용했다. 이렇게 하면 쉽게 배우고 개선할 수 있다.

사람들은 종종 업계의 모범 실무 사례에 관해 이야기한다. 이것은 어떤 실무 사례가 최선이며, 어떤 목적으로, 어떤 맥락에서, 그리고 누가 그것을 결정했는지에 대한 논쟁을 불러 일으킨다. 인터넷을 검색하면 소프트웨어 모범 실무 사례에 관한 방대한 기사와 책의 목록이 나올 것이다(일례로 [포드 2017]을 참고하자). 모두 좋은 내용이지만, **모범 실무 사례**는 강력한 용어이다.

나의 조언은 **모범 실무 사례**를 모아서 도구 상자를 채우는 것이다. 지금 하는 것보다 더 나은 다른 기법이 있으면 도구 상자에 넣으면 된다. 예를 들어, 공동 저자인 Joy Beatty(2013)와 함께 저술한 내 책《소프트웨어 요구사항 Software Requirements》은 요구사항 개발 및 관리와 관련된 50개 이상의 모범 사례(실무 사례)를 설명한다. 나는 그것들 중 일부가 정말로 모범 실무 사례에 적합하다고 믿지만, 다른 사람들은 동의하지 않을 수도 있다. 자신에게 유용한 것이 다른 사람에게는 유용하지 않을 수도 있다는 점은 논쟁의 여지가 없다.

도구와 기법을 축적해 나가면서 과거에 성공적으로 사용했던 도구와 기법의 대부분을 최대한 활용하자. 모든 경우에서 새로운 기법이 우수한 결과를 낼 때만 현재 기법을 새로운 것으로 대체하자. 종종 그 둘은 공존할 수 있고, 우리는 상황에 따라 둘 중에서 선택할 수 있다. 예를 들어, UML 활동 다이어그램activity diagram은 객체의 상태가 아닌 처리 로직이나 조건에 따른 처리 흐름을 순서에 따라 정의한 다이어그램이다. 그러나 때로는 고전적인 기본 흐름도flowchart가 우리가 알아야 할 모든 것을 보여줄 수 있다. 따라서 두 가지 도구를 모두 사용할 수 있게 하되, 일하는 데 적합한 가장 간단한 것을 사용하자.

앞서 언급했듯이, 나는 요구사항 도출 기법으로 유스케이스를 지지한다. 유스케이스에 관한 매우 좋은 책에서 저자들은 다음과 같이 해결책 목록에서 특정 요구사항 도구를 뺄 것을 권장한다. "요구사항 목록과 마찬가지로, DFDdata flow diagrams(데이터 흐름도)를 요구사항 분석가의 도구 상자에서 삭제할 것을 권장한다"(Kulak and Guiney 2004). 그러나 나는 데이터 흐름도가 요구사항 분석에 유용한 상황을 많이 접했기 때문에 잘못된 조언이라고 생각한다. 프로젝트 작업 중에 다양한 종류의 못을 접할 경우를 대비하여 도구 상자에 다양한 망치를 보관해 두는 것은 어떨까?

레슨 56 올바른 판단과 경험은 때때로 정해진 프로세스보다 우선한다

나는 그들의 조직이 구현한 튼튼한 프로세스 프레임워크를 준수하기 위해 부지런히 노력했던 프로젝트 팀을 알고 있었다. 그들은 그 프로세스가 필요하다고 생각했기 때문에 그들의 6개월 프로젝트에 대한 상세한 프로젝트 계획을 작성하는 데 한 사람의 전담자를 두었다. 그는 해당 프로젝트가 끝나기 직전에 계획을 완성했다.

이것은 SPI의 평판을 나쁘게 만드는 사례이다. 이 팀은 프로세스를 갖는 것에 관한 요점을 완전히 간과했다. 즉, 프로세스를 준수하는 것이 아니라, 프로세스를 적용함으로써 다른 방법보다 더 나은 비즈니스 결과를 얻는 것이 요점이었다. 프로세스는 우리에게 효과가 있어야 하는 것이지 그 반대가 아니다. 경험을 기반으로 상황에 따라 조정된 합리적인 프로세스는 팀을 반복적인 성공으로 인도한다. 사람들은 각 상황에 맞게 최대한의 이점을 얻을 수 있도록 프로세스를 선택, 확장 및 조정해야 한다. 프로세스는 구조화하는 것이지, 구속하는 것이 아니다.

정의된 프로세스를 사용할 수 있다고 해서 그 프로세스가 합리적이고, 효과적이며, 적절하거나, 가치를 창출한다는 보장은 없다. 그러나 프로세스가 존재하는 데는 그럴 만한 이유가 있는 경우가 많다. 프로세스에 의문을 갖는 것은 항상 괜찮지만, 그것을 파괴하는 것이 항상 좋은 것은 아니다. 그리고 프로세스를 우회하기 전에, 의문을 제기하는 단계의 근거와 의도를 이해해야 한다. 규제를 받는 산업에서는 품질 관리 시스템을 의무적으로 준수하기 위해 몇 가지 프로세스 단계가 포함되어 있다. 그런 필수 단계를 건너뛰면, 제품 인증을 받으려고 할 때 문제가 생길 수 있다. 그러나 일반적으로 대부분의 프로세스 단계들은 단순히 일부 사람들이 팀의 작업과 고객의 제품에 이로울 것이라는 데 동의했기 때문에 존재한다.

프로세스와 리듬

조직은 더 효과적으로 일하기 위해 프로세스와 방법론을 도입한다. 종종 프로세스는 성공에 크게 기여하지만 그렇지 않은 경우도 있다. 프로세스가 만들어질 당시에는 의미가 있었을 수 있지만 현재 상황에는 적합하지 않은 경우도 있다. 좋은 의도를 가지고도 사람들은 때때로 너무 정교하고 규범적인 프로세스를 만든다. 이런 프로세스는 좋은 생각처럼 보이지만, 만일 실용적이지 않다면 사람들이 무시할 것이다. 정의된 프로세스는 올바른 판단 버전 1.0에 해당하지만, 프로세스가 사람들의 생각을 대체할 수는 없다. 현명한 실무자는 경험에서 우러나오는 올바른 판단력을 통해 언제 프로세스를 따르는 것이 현명한지, 언제 프로세스를 약간 변형한 다음에 배운 것을 바탕으로 개선하는 것이 더 현명한지 알 수 있다.

사람들이 사용 중이거나 사용해야 한다고 주장하는 프로세스를 따르지 않을 때마다, 나는 세 가지의 가능한 행동 방침을 참조한다.

1. 프로세스를 따르기 시작하자. 왜냐하면 그것이 우리가 알고 있는 특정 활동을 수행하는 가장 좋은 방법이기 때문이다.
2. 프로세스가 우리의 요구사항을 충족하지 못한다면, 보다 효과적이고 실용적이 되도록 수정한 다음 그것을 따르자.
3. 프로세스를 버리고 그것을 따르는 척하지 말자.

어떤 사람들에게는 **프로세스**라는 용어가 나쁜 인상을 남기지만 꼭 그렇게 생각할 필요는 없다. 프로세스는 단순히 개인과 팀이 작업을 수행하는 방법을 설명한다. 프로세스는 무작위적이고 혼란스러울 수도 있고, 고도로 구조화되고 체계적일 수도 있으며, 그 중간일 수도 있다. 프로세스가 얼마나 엄격해야 하는지는 프로젝트 상황에 따라 결정되어야 한다. 고객에게 적합하다면, 나는 소규모의 웹사이트나 앱을 어떻게 만들든 상관하지 않는다. 그러나 대규모의 의료기기나 교통 시스템을 구축하는 방식에는 많은 신경을 쓴다.

나의 컨설팅 고객 중 한 명이 이렇게 말했다. "우리에게 프로세스는 없었지만 리듬은 있었습니다." 이것은 비공식적인 프로세스를 설명하는 좋은 표현이다(리듬은 규칙적으로 변화한다). 그가 의미한 것은 이랬다. 즉, 그들의 팀이 문서화된 절차를 갖고 있지는 않았지만, 팀 멤버 모두가 어떤 활동을 해야 하는지, 어떻게 서로 맞물려야 하는지 알고 있었기 때문에 원활하게 협업할 수 있었다는 것이다.

문서화된 프로세스가 전혀 없는 것과 다른 극단적인 상황은 CMMI 레벨5와 같은 체계적인 프로세스 개선 프레임워크를 적용하는 것이다(Chrissis et al. 2003). 성숙도 레벨1에서 사람들은 그 순간에 해야 한다고 생각하는 어떤 방식으로 일을 수행한다. 성숙도 레벨(수준)이 높을수록 지속적인 개선의 정신으로 보다 체계적인 프로세스와 측정이 점진적으로 도입된다. 레벨5 조직은 팀이 지속적으로 수행하고 개선할 수 있는 포괄적인 프로세스를 갖추고 있다.

조직이 높은 성숙도 레벨로 올라갈 때 때때로 흥미로운 일이 발생한다. 레벨5 조직에서 근무했던 한 친구는 이렇게 말했다. "우리는 실제로 프로세스를 따르고 있지 않다. 이것이 바로 우리가 일하는 방식이다." 그들은 확실히 잘 정의된 프로세스들을 갖고 있었지만, 내 친구와 동료들은 프로세스 요소들을 내면화internalization했다. 그들은 의식적으로 각 단계적 절차를 따르지 않았다. 대신 수년간 수집, 기록 및 공유된 경험을 바탕으로 프로세스를 자동적이고 효과적으로 적용했다. 바로 이것이 이상적인 목표다.

독단주의에 빠지지 않기

나는 합리적인 프로세스를 믿지만 지나치게 규범적인 프로세스나 방법론을 고집하지 않는 것이 중요하다. 앞의 레슨에서 언급했듯이, 나는 대본을 따르는 것보다 다양한 문제에 관련된 기술들을 도구 상자에 풍부하게 모아 놓는 것을 좋아한다. 나는 내가 가치 있다고 생각하는 선별된 모범 실무 사례로 채워진 일반적인 프로세스 프레임워크 내에서 작업한다. 수년간 소프트웨어 업계는 모든 문제를 해결할 수 있다고 주장하는 많은 개발 방법론과 관리 방법론을 만들어 왔다. 나는 그것들 중 어떤 것을 절대적으로 따르기보다는, 여러 가지 중에서 가장 좋은 것을 골라 상황에 맞게 적용하는 것을 좋아한다.

애자일 소프트웨어 개발 방법론은 1990년대 후반부터 폭발적으로 증가했다. Wikipedia(2021b)는 14개의 중요한 애자일 소프트웨어 개발 프레임워크와 21개의 일반적으로 사용되는 애자일 실무 사례를 식별한다. 이러한 프레임워크의 개발자들은 특정 기술과 활동을 그룹화하는 것이 최상의 결과를 산출할 것으로 기대하면서 다양한 실무 사례를 함께 제시했다.

나는 스크럼Scrum을 따르는 것에 관해 매우 우려하는 것처럼 보이는 순수주의자들과 마주친다. 스크럼의 특정 실무 사례를 버리거나 교체하는 것은 스크럼 팀이 더 이상 스크럼을 수행하지 않는다는 것을 의미한다고 우려한다. '스크럼 가이드'(Schwaber and Sutherland 2020)에 따르면 그것은 사실이다.

> 여기에 요약된 스크럼 프레임워크는 불변이다. 스크럼의 일부만 구현할 수는 있지만 그 결과는 스크럼이 아니다. 스크럼은 전체적으로만 존재하며, 다른 기술, 방법론 및 실무 사례를 담기 위한 컨테이너로도 잘 기능한다.

> **어떤 소프트웨어 개발 방식도 완벽하지 않기 때문에 팀에서 가치를 더할 수 있는 방식으로 커스터마이징하는 것은 더욱 잘못될 수 있고 어렵다.**

방법론을 창안한 사람들은 그 방법론을 구성하는 것을 정의할 수 있다. 그렇다면 스크럼(또는 무엇이든)을 준수하는 것이 목표일까, 아니면 프로젝트를 신속하게 잘 수행하여 완료하는 것이 목표일까? 특정 실무 사례가 '애자일 방식으로 일을 하는 것에 맞지 않는다'거나 '애자일 기본 원칙에 어긋난다'고 불평하는 사람들을 보았다. 그러면 나는 다시 묻는다. "그래서요? 그런 특정 실무 사례가 프로젝트와 조직이 비즈니스 성공을 성취하는 데 도움이 되나요, 아니면 그렇지 않나요?" 바로 이것이 사용 여부의 결정 요인이 되어야 한다. 어떤 소프트웨어 개발 방식도 완벽하지 않기 때문에 팀에서 가치를 더할 수 있는 방식으로 커스터마이징 하는 것은 더욱 잘못될 수 있고 어렵다. 나는 실용주의자이지 순수주의자가 아니다.

애자일은 모든 프로세스 및 방법론과 마찬가지로 그 자체가 목적이 아니다. 그것은 비즈니스 성공을 달성하기 위한 수단일 뿐이다. 모든 팀 멤버들이 자신의 일을 수행하고, 공동의 목표를 향해 다른 팀 멤버들과 잘 협력할 수 있는 도구와 실무 사례를 쌓을 것을 제안한다. 특정 실무 사례가 특정 개발 또는 관리 철학에 부합하는지는 나에게 중요하지 않다. 그러나 모든 의미를 고려할 때 그 실무 사례가 특정 상황에서 작업을 수행하는 데 가장 좋은 방법이어야 한다. 그렇지 않다면 다른 방법을 찾아보자.

레슨 57 | 문서 템플릿에 줄여-맞추기 철학을 쓰자

서면 요구사항을 작성하는 것의 가치를 알게 된 후, 나는 고객이 요청했던 기능의 간단한 목록을 작성했다. 좋은 시작이었지만, 나는 항상 기능 외에도 다른 중요한 요구사항 관련 지식을 갖고 있었으며, 그것들을 어디에 넣어야 할지 명확하지 않았다. 그러던 중 지금은 구식인 IEEE 표준 830, '소프트웨어 요구사항 명세에 대한 IEEE 권장 사례'에 서술된 소프트웨어 요구사항 명세software requirements specification, SRS 템플릿을 발견했다. 이 템플릿에는 다양한 요구사항 정보를 구성하는 데 도움이 되는 많은 섹션이 포함되어 있었기 때문에 나는 이 템플릿을 채택했다. 그리고 경험을 바탕으로 나의 팀에서 개발한 시스템에 더 적합하도록 템플릿을 수정했다. 그림 7.4는 내가 동료인 Joy Beatty와 함께 최종적으로 작성한 SRS 템플릿을 보여준다(Wiegers and Beatty 2013).

문서 템플릿은 여러 가지 이점을 제공한다. 이것은 한 프로젝트에서 다음 프로젝트로, 그리고 개인에서 개인으로 정보 집합을 구성하는 일관된 방법을 정의한다. 이런 일관성으로 인해, 그런 정보를 갖는 결과물로 작업하는 사람들이 필요한 정보를 더 쉽게 찾을 수 있다. 템플릿은 또한 문서 작성자의 프로젝트 지식에 따른 잠재적인 격차를 드러낼 수 있으며, 이를 통해 문서 작성자가 포함해야 할 정보를 상기시켜준다. 나는 다음을 포함한 다양한 유형의 프로젝트 문서에 대한 템플릿을 사용하거나 개발했다.

- 제안 요청서
- 비전 및 범위 문서
- 유스케이스
- 소프트웨어 요구사항 명세
- 프로젝트 헌장
- 프로젝트 관리 계획
- 위험 관리 계획과 위험 목록
- 구성 관리 계획
- 테스트 계획
- 배운 교훈
- 프로세스 개선 실행 계획

그림 7.4의 템플릿을 사용하여 새로운 시스템에 관한 요구사항 정보를 구성한다고 가정해보자. 나는 처음부터 끝까지 템플릿을 완성하지 않고 관련 정보를 축적하면서 특정 섹션을 채운다. 잠시 후 섹션 2.5 '추정 및 의존성'이 비어 있는 것을 발견했다. 이 빈 영역에서는 추정 및 의존성과 관련하여 내가 추적해야 할 누락된 정보가 있는지 궁금하다는 프롬프트를 나에게 보여준다. 어쩌면 아직 특정 이해 당사자들과 나누지 못한 대화들이 있을 수도 있다. 아직 아무도 추정이나 의존성을 지적하지 않았을 수도 있지만, 내가 찾아야 할 추정이나 종속성이 있을 수 있다. 또한 일부 추

정이나 의존성은 다른 곳에 기록되었을 수도 있다. 이 경우 그것들을 현재 섹션으로 이동해야 할까, 아니면 기록된 섹션을 참조하는 포인터를 넣어야 할까? 아니면 어떤 알려진 추정이나 의존성도 없을 수 있다. 이때는 내가 찾아봐야 한다. 빈 섹션은 아직 해야 할 일이 남아있다는 것을 나에게 상기시켜준다.

```
1. 개요
    1.1 목적
    1.2 문서 규약
    1.3 프로젝트 범위
    1.4 참고 자료
2. 전반적인 설명
    2.1 제품 관점
    2.2 사용자 클래스와 특성
    2.3 운영 환경
    2.4 설계 및 구현 제약 조건
    2.5 추정 및 의존성
3. 시스템 기능
    3.x 시스템 기능 X
        3.x.1 설명
        3.x.2 기능적 요구사항
4. 데이터 요구사항
    4.1 논리 데이터 모델
    4.2 데이터 사전
    4.3 보고서
    4.4 데이터 무결성, 보존, 폐기
5. 외부 인터페이스 요구사항
    5.1 사용자 인터페이스
    5.2 소프트웨어 인터페이스
    5.3 하드웨어 인터페이스
    5.4 통신 인터페이스
6. 품질 속성
    6.1 가용성
    6.2 성과
    6.3 보안
    6.4 안전
    6.x [기타]
7. 국제화 및 현지화 요구사항
8. 기타 요구사항
부록 A: 용어집
부록 B: 분석 모델
```

그림 7.4 풍부한 소프트웨어 요구사항 명세 템플릿에는 많은 유형의 정보에 대한 섹션들이 포함되어 있다.

특정 템플릿 섹션이 프로젝트와 관련이 없는 경우 어떻게 해야 할지도 고려해야 한다. 이때 한 가지 방법은, 내가 관련 작업을 완료할 때 요구사항 문서에서 해당 섹션을 삭제하는 것이다. 그러나 해당 섹션이 없어지면 템플릿을 보는 독자가 이런 의문을 가질 수 있다. "나는 여기서 추정과 의존성에 관해 아무것도 보지 못했는데 그런 게 있나요? 누군가에게 물어보는 게 좋겠군요." 또는 제목은 그대로 두고 섹션을 비워 둘 수도 있다. 이것은 독자들로 하여금 해당 문서가 아직 완성되지 않았는지 궁금하게 만들 수 있다. 이때 나는 제목은 그대로 두고 이렇게 해당 섹션에 설명을 넣는 것을 선호한다. "이 프로젝트에 대해 어떤 추정이나 의존성도 확인되지 않았다." 이와 같은 명시적 의사소통은 암묵적 의사소통보다 혼란을 덜 일으킨다.

백지 상태에서 적절한 템플릿을 개발하는 것은 느리고 무계획적이다. 나는 풍부한 템플릿으로 시작하여 각 프로젝트의 크기, 특성, 그리고 요구사항에 맞게 변형하는 것을 좋아한다. 이것이 바로 내가 말하는 줄여-맞추기shrink-to-fit이다. 이미 확립된 많은 기술 표준이 문서 템플릿을 알려준다. 소프트웨어 개발과 관련된 기술 표준을 공표하는 조직에는 다음이 포함된다.

- 미국 전기 전자 기술자 협회Institute of Electrical and Electronics Engineers, IEEE
- 국제 표준화 기구International Organization for Standardization, ISO
- 국제 전기 표준 위원회International Electrotechnical Commission, IEC

예를 들어, 국제 표준 ISO/IEC/IEEE 29148에는 소프트웨어, 이해 당사자 및 시스템 요구사항 명세에 대해 제안된 개요가 기술 지침 정보와 함께 포함되어 있다(ISO/IEC/IEEE 2018). 온라인 검색을 통해 다양한 소프트웨어 프로젝트 결과물에 대한 다운로드 가능한 템플릿을 찾을 수 있으며, 이는 시작에 도움이 된다.

이런 일반 템플릿은 광범위한 프로젝트에 적용하기 위한 것이므로 여러분에게 적합하지 않을 수도 있다. 그러나 포함해야 하는 정보의 유형과 그 정보를 구성하는 합리적인 방법에 관한 많은 아이디어를 제공해 줄 것이다. 줄여-맞추기 개념은 다음과 같은 방법으로 그런 템플릿을 우리의 상황에 맞게 조정할 수 있음을 의미한다.

- 프로젝트에 필요하지 않은 섹션을 삭제한다.
- 템플릿에 포함되어 있지 않지만 프로젝트에 도움이 될 만한 섹션을 추가한다.
- 혼란을 초래하지 않는 경우 템플릿 섹션을 단순화하거나 통합한다.
- 프로젝트 또는 문화에 맞게 용어를 변경한다.
- 대상 고객의 요구에 더 잘 맞도록 템플릿의 내용을 재구성한다.
- 지나치게 방대한 문서, 문서 확산 및 중복을 피하기 위해 적절한 경우, 관련 결과물에 대한 템플릿을 분할하거나 병합한다.

조직에서 여러 유형이나 크기의 프로젝트에 대해 작업한다면, 각 유형에 적합한 템플릿 세트를 만들자. 이것이 모든 프로젝트가 작업에 적합하지 않은 표준 템플릿으로 시작하는 것보다 낫다. 한 컨설팅 고객이 복잡한 시스템 공학 프로젝트에 필요한 템플릿들을 만들어 달라고 나에게 요청했다. 이 템플릿들은 많은 프로세스 및 이것에 수반되는 결과물에 대한 것이었으며, 해당 프로젝트는 성공적으로 진행되었다. 이 고객은 나중에 더 새롭고 더 작은 애자일 프로젝트에 적합한 프로세스와 템플릿 세트를 요청했다. 애자일 프로젝트는 여전히 문서화 노력을 최소화하면서 필수적인 프로젝트 정보를 기록해야 하므로, 나는 원래의 프로세스와 템플릿을 간소화했다.

> 다른 합리적인 프로세스 구성 요소와 마찬가지로, 좋은 템플릿은 작업을 방해하지 않고 지원해준다.

훌륭한 사양서나 계획서를 작성해서 성공하는 것이 아니다. 고품질의 정보 시스템이나 상용 애플리케이션을 구축하기 때문에 성공하는 것이다. 잘 만들어진 주요 문서는 이런 성공에 기여할 수 있다. 어떤 사람들은 템플릿이 프로젝트에 지나치게 제한적인 구조를 강요할까 봐 두려워서 템플릿을 꺼리기도 한다. 팀이 제품을 만드는 대신 템플릿을 완성하는 데 집중할 것을 우려할 수도 있다. 계약상 요구사항이 없는 한 템플릿의 모든 섹션을 채워야 할 의무는 없다. 또한 개발 작업을 진행하기 전에 반드시 템플릿을 완성해야 할 의무도 없다. 다른 합리적인 프로세스 구성 요소와 마찬가지로, 좋은 템플릿은 작업을 방해하지 않고 지원해 준다.

조직에서 정보를 저장하기 위해 문서를 사용하지 않더라도 프로젝트에서는 여전히 특정 지식을 영구적인 형태로 기록해야 한다. 일부 중요한 범주의 정보를 간과하지 않도록 템플릿 대신 체크리스트를 사용하는 것이 좋다. 템플릿과 마찬가지로 체크리스트는 정보 집합이 얼마나 완전한지 평가하는 데 도움이 된다. 그러나 정보를 일관된 방식으로 구성하는 데는 도움이 되지 않는다.

많은 조직에서 요구사항과 기타 프로젝트 정보를 도구에 저장한다. 이 도구를 사용하면 기존 문서의 섹션과 유사하게 저장된 데이터 개체에 대한 템플릿을 정의할 수 있다.

따라서 사용자는 해당 도구의 데이터베이스 데이터에서 생성된 보고서로 문서를 생성할 수 있다. 해당도구를 사용하는 모든 사용자는 최신 정보의 궁극적인 저장소가 그 도구임을 알아야 한다. 생성된 문서는 데이터베이스 데이터의 스냅숏을 나타내므로, 스냅숏 시점이 지난 내일은 더 이상 쓸모없는 것이 될 수 있다.

나는 템플릿, 체크리스트 및 양식과 같은 간단한 도구를 중요하게 생각한다. 이런 도구를 사용하면 프로젝트마다 작업 방법을 다시 고안하지 않아도 되기 때문이다. 또한 나는 도구 자체를 사용하는 데 필요한 문서를 만들거나, 작업에 비례하는 가치를 주지 않는 처리를 하기 위해 시간을 소비하고 싶지 않다. 신중하게 설계된 템플릿은 동료와 나에게 프로젝트에 가장 효과적으로 기여할 수 있는 방법을 상기시켜 준다. 나에게는 그런 템플릿이 합리적인 수준의 구조화된 프로세스로 보인다.

> **레슨 58** 시간을 들여 배우고 개선하지 않는 한, 다음 프로젝트가 지난 프로젝트보다 더 잘 될 것이라고 기대하지 말자

내가 사는 도시는 최근에 심한 북풍한설을 겪었다. 벽난로도 발전기도 없고 난방과 조명 등을 모두 전력에만 의존하는 내 집은 전기가 끊기는 동안 꽤 추워졌다. 아내와 나는 대비가 잘 되어 있었기 때문에 잘 견뎌냈다. 그러나 전기가 다시 들어오고 나서 다음번 비상사태에 어떻게 하면 더 잘 대비할 수 있을지 고민했다. 정전이 장기화되는 동안 더 안전하고 편안하게 지낼 수 있는 몇 가지 품목을 구입했고, 식품 보관 및 준비 계획을 업데이트했으며, 비상 계획 체크리스트를 수정했다.

이 사례의 경우, 말 그대로 다음 비상사태를 더 잘 극복할 수 있는 방법을 배우기 위해 지난 사건을 되돌아보는 과정을 **회고**retrospective라고 한다. 모든 소프트웨어 프로젝트 팀은 개발 주기(출시 또는 반복)가 끝날 때, 프로젝트가 완료될 때, 그리고 프로젝트에 지장을 주는 예상치 못한 돌발 상황이 발생했을 때 회고를 수행해야 한다.

되돌아보기

회고는 학습과 개선의 기회이다. 즉, 팀에서 무슨 일이 일어났는지 지난 일을 되돌아보고, 무엇이 잘 되었는지, 무엇이 잘못되었는지를 파악하고, 그 결과로 얻은 지혜를 향후 작업에 반영할 수 있는 기회가 된다. 이런 성찰을 위해 시간을 투자하지 않는 조직은 향후 더 나은 성과에 대한 열망을 경험에 기반한 개선이 아닌 희망에 근거하는 것이다.

프로젝트 후 검토, 사후 조치 검토, 그리고 사후 검사로도 불리는 **회고**라는 용어는 소프트웨어 업계에서 잘 알려진 용어이다. 이 분야의 중요한 자료는 Norman L. Kerth(2001)의 **프로젝트 회고**이다. 회고는 다음 네 가지 질문에 대한 답을 찾는다.

1. 우리가 반복하고 싶은 좋은 점은 무엇인가?

2. 다음번에는 다르게 진행했으면 하는 아쉬운 점은 무엇인가?
3. 우리를 놀라게 했고 앞으로 고려해야 할 위험이 될 수 있는 일은 무엇인가?
4. 아직 이해하지 못했거나 추가 조사가 필요한 사항은 무엇인가?

이 논의를 구성하는 또 다른 방법은 회고 참가자들에게 이렇게 묻는 것이다. "내가 방금 완료한 프로젝트와 유사한 새 프로젝트를 시작한다면 어떤 조언을 해줄 수 있을까요?" 이전에 경험이 있는 사람들에게서 받는 현명한 조언은 앞의 네 가지 질문에 답하는 데 도움이 될 것이다.

[회고는 모든 참가자를 배려하고 존중하는 마음으로 진행되어야 한다.]

회고는 기술적인 활동보다는 오히려 대인 관계에 가깝다. 따라서 모든 참가자를 배려하고 존중하는 마음으로 진행되어야 한다. 회고는 책임을 묻기 위한 기회가 아니라 다음번에는 더 잘할 수 있는 방법을 배우기 위한 메커니즘이다(Winters et al. 2020). 회고는 영향을 받지 않고 객관적으로 무슨 일이 있었는지 살펴보는 것이 중요하다. 회고에 참여하는 모든 사람은 아래에 있는 Kerth의 주요 지침을 기억해야 한다.

> 우리가 무엇을 발견하든, 당시 알려진 사실, 각자의 기술과 능력, 이용 가능한 자원, 당면한 상황을 고려할 때, 우리는 모든 사람이 할 수 있는 최선의 일을 했다는 것을 이해하고 진정으로 믿어야 한다.

애자일 개발 커뮤니티는 각 반복에 회고를 포함시켜 지속적인 학습, 성장 및 적응이라는 개념을 수용했다(Scaled Agile 2021d). 애자일 소프트웨어 개발 선언문의 원칙 중 하나에서는 이렇게 명시하고 있다. "팀에서는 정기적으로 어떻게 하면 더 효과적이 될 수 있는지 되돌아본 다음에 그에 따라 행동을 맞추고 적응한다"(Agile Alliance 2021c). 애자일의 짧은 반복 주기는 다가오는 반복에서 성과를 향상시킬 수 있는 기회를 자주 제공한다. 애자일에 대해 비교적 생소하거나 다른 애자일 프레임워크로 전환하는 팀은 초기 반복을 통해 많은 것을 배울 수 있다. Esther Derby와 Diana Larsen(2006)이 쓴 《애자일 회고 Agile Retrospectives》라는 책은 팀에 적합한 회고 경험을 만들기 위해 선택할 수 있는 30가지 활동을 설명한다.

프로젝트 작업의 규모, 작업이 얼마나 잘 진행되었는지, 그리고 배울 것이 얼마나 많은지에 따라 회고에 투자하는 시간을 조정하자. 애자일 팀은 2주간의 스프린트가 끝날 때 회고하는 데 30~60분 정도 시간을 할애할 수 있다. Kerth(2001)는 이전에 회고를 한 번도 해본 적이 없고 탐색이 필요한 중요한 문제에 직면한 대규모 프로젝트 팀에게 최대 3일 동안 회고를 할 것을 제안한다. 나는 반나절이 걸렸던 회고를 여러 번 했던 적이 있다. 미래의 성과 개선을 위한 잠재적 영향력이 클수록 되돌아보는 데 시간을 할애하는 것이 더 가치가 있다.

회고 구조

회고는 자유로운 형식의 회의를 통해 수행되며, 시한에 맞춰 할당된 다음의 활동을 포함한다. 계획 수립, 이벤트 시작, 정보 수집, 문제의 우선순위 지정, 문제 분석, 그리고 해당 정보로 무엇을 할지 결정하는 활동들이다(Wiegers 2007, Wiegers 2019g). 그림 7.5는 회고의 주요 입력과 출력을 보여준다.

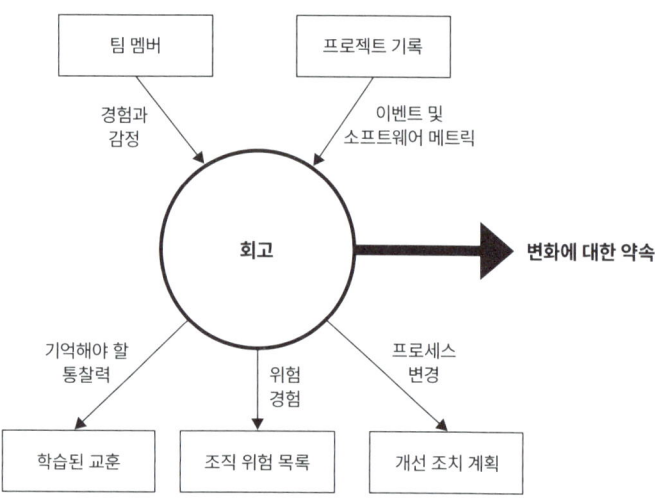

그림 7.5 회고에서는 프로젝트 경험과 소프트웨어 메트릭을 수집하여 학습된 교훈, 새로운 위험, 개선 조치, 그리고 가치 있는 변화를 이루기 위한 팀의 약속을 이끌어 낸다.

팀 멤버들은 자신의 프로젝트 경험에 대한 기억을 공유한다. 즉, 어떤 일이 생겨서 언제 어떻게 진행되었는지에 관한 것이다. 각 참가자의 관점이 다르기 때문에 프로젝트와 관련된 모든 사람에게서 입력(의견이나 정보)을 받는 것이 좋다. 나는 긍정적인 것부터 시작하는 것을 좋아한다. 우리가 효과적으로 한 일과 서로가 어떻게 성공하도록 도왔는지 자부심을 가지고 기억해보자.

안전하고 개인적 판단을 피하는 환경에서, 회고 회의 참가자들은 감정적인 기복을 공유할 수 있다. 누군가는 프로젝트의 일부가 지연되어 약속을 제대로 이행하지 못해 좌절했을 수도 있다. 그런가 하면 다른 팀 멤버는 동료가 제공한 추가 지원에 대해 고마움을 느꼈을 수도 있다. 그렇지 않아도 낙관적이었던 일정이 더욱 비현실적인 수준으로 축소되고 제시간에 납품을 완료하기 위해 지칠 때까지 일해야 했기 때문에 극심한 스트레스를 받았을 수도 있다. 팀의 평안은 프로젝트 성공에 지

대한 기여를 한다. 회고 회의를 하는 동안 정서적 요소를 해결하면 모두의 행복과 업무 만족도를 높일 수 있는 아이디어를 얻을 수 있다.

회고 회의 참가자는 팀이 통상적인 소프트웨어 메트릭 관점에서 수집한 모든 데이터를 가져올 수 있다.

- 크기: 요구사항과 사용자 스토리 및 기타 항목의 개수와 크기
- 노력: 작업을 위해 계획된 노동 시간과 실제 노동 시간
- 시간: 작업에 대해 계획된 일정 기간과 실제 일정 기간
- 품질: 결점 수와 유형, 시스템 성능, 그리고 기타 품질 속성 측정치

이 모든 입력 정보는 팀의 작업이 어떻게 진행되었고, 참가자들이 프로젝트에 관해 어떻게 느꼈는지에 대한 깊은 통찰력을 얻을 수 있는 소재를 제공한다.

그림 7.5에서 보여준 회고 출력은 몇 가지 범주로 분류할 수 있다. 첫 번째는 다음 개발 주기를 위해 기억하고 싶은 학습된 교훈이다. 다시 해야 할 일, 팀이 다시 하지 말아야 할 일, 그리고 다음번에 다르게 해야 할 일들을 확실하게 하기 위해 이것들의 목록을 만들 수 있다. 만일 조직에서 학습된 교훈의 리포지토리를 유지 관리한다면, 향후 프로젝트에 도움이 되도록 회고 회의에서 선택한 항목을 해당 컬렉션에 추가하자.

불쾌한 돌발 상황은 모든 프로젝트가 검토해야 하는 조직의 위험 후보 목록에 추가될 수 있다. (레슨 32, "프로젝트의 위험을 통제하지 못하면, 위험이 우리를 통제할 것이다"를 참고하자.) 적절히 완화되지 못한 프로젝트 위험과 의도 대로 진행되지 않은 기타 사항은 프로세스 개선 조치를 위한 좋은 출발점이 된다. 회고에서 얻을 수 있는 가장 중요한 결과물은 업무 환경을 개선하기 위해 변화를 시도하려는 팀의 의지(약속)이다(Pearls of Wisdom 2014b).

회고 이후

회고만으로는 다음번의 업무 방식이 바뀌지 않으며, 지속적인 SPI 활동으로 이어져야 한다. 더 나은 미래에 도달하려면 팀이 다음 개발 주기 이전 또는 개발 주기 동안 탐구해야 하는 프로세스 변화를 항목별로 정리한 실행 계획이 필요하다. 회고의 실행 항목에 직접 연관되는 사람들은 해당 항목과 관련된 과거의 문제를 해결할 방법을 모색하는 데 시간을 할애해야 한다. 그 시간은 프로젝트 작업에 사용할 수 있는 시간이 아니므로 개선 노력은 프로젝트 일정에 추가되어야 한다. 그렇지 않으면 작업이 완료되지 않는다. 프로젝트 팀이 회고 회의를 열었지만 경영진이 확인된 문제

를 해결할 수 있는 자원을 제공하지 않는다면 회고 회의는 무용지물이 된다.

개발 주기 사이에 업무 외 시간이 부족한 팀은 반성하고, 배우고, 역량을 재정비할 기회를 갖지 못한다(DeMarco 2001). 따라서 사람들이 새로운 실무 사례, 도구 및 방법을 효과적으로 적용하는 데 필요한 교육과 실험을 위한 시간을 프로젝트 일정에 포함시켜야 한다. 이런 시간을 투자하지 않으면, 다음 프로젝트가 더 순조롭게 진행될 것이라고 기대해서는 안 된다. 아무런 변화도 만들지 않고 회고를 실시하는 것은 시간을 낭비하고 참여자들의 사기를 떨어뜨린다.

회고는 공짜가 아니며 시간과 노력, 그리고 비용이 필요할 수도 있다. 그러나 이런 투자는 팀이 미래의 모든 업무에서 달성할 수 있는 향상된 성과로 보답할 수 있다. 회고는 알려진 문제의 원인을 겨냥한 변화를 촉발함으로써 지속적인 개선에 도움이 된다. 경영진이 지속적인 역량 개선에 전념한다면, 회고를 그 목적 달성을 위한 강력한 도구로 받아들일 것이다.

회고는 문화가 솔직한 피드백을 초대하고, 경청하고, 그에 따라 행동할 때 가치가 있다. 회고 의식을 통해 여러 사람이 함께 모여 한 명의 참가자가 제공할 수 있는 것보다 더 넓은 관점에서 공유된 경험을 바라볼 수 있다. 그룹은 방금 마무리한 작업을 되돌아보면서 앞으로의 새로운 방식을 설계할 수 있으며, 이를 통해 더 높은 수준의 전문적 업무로 이어질 것으로 기대한다. 성공적인 회고의 궁극적인 신호는 지속적인 변화로 이어진다는 것이다. 이는 팀이 지난 일을 되돌아보는 데 투자한 시간에서 지속적인 투자 수익을 얻는 것이다.

레슨 59 소프트웨어 업계에서 가장 눈에 띄는 반복성은 비효율적인 일을 반복해서 하는 것이다

내가 코닥에서 일할 때, 회사는 매년 내부 소프트웨어 품질 회의를 열었다. 어느 해, 나는 그 회의의 기획 위원회에 초대받았다. 나는 회의를 어떻게 계획하고 진행할 것인지에 대한 절차서를 보여 달라고 요청했다. 돌아오는 대답은 "없습니다."였다.

나는 정말 깜짝 놀랐다. 절차, 체크리스트, 그리고 이전 경험에서 배운 교훈을 축적하는 것을 알 거라고 생각한 모든 그룹 중 품질과 프로세스 개선 전문가로 구성된 리더십 팀이 우수 품질 리스트의 1순위로 꼽혔다. 그런데 매년 기획팀은 컨퍼런스를 계획하고 운영하는 방법을 재구성하여 부족한 부분을 처음부터 다시 채워야 했다. 이 얼마나 비효율적인 일인가! (레슨 7, "지식을 기록하는 데 따르는 비용은 지식을 습득하는 비용에 비해 적다"를 참고하자.) 내가 위원으로 활동하던 해에 우리는 절차서를 만들기 시작했다. 이후 회의에 참가한 사람들이 그 자료를 참고하여 최신 상태로 유지하기를 바랄 뿐이다.

이 경험에서는 소프트웨어 업계에서 너무 흔한 현상인 프로젝트마다 과거의 실수를 반복하는 것을 부각시켰다(Brossler 2000, Glass 2003). (일부 저자들은 이 부분에서 철학자인 George Santayana의 "과거를 기억하지 못하는 사람은 과거를 반복할 수밖에 없다 Those who cannot remember the past are condemned to repeat it"는 유명한 말을 인용하기도 하지만, 나는 여기서 그렇게 하지 않겠다.) 우리는 이 책을 포함하여 다양한 주제에 대한 수많은 소프트웨어 업계 모범 사례 모음집과 교훈을 담은 책을 보유하고 있다. 소프트웨어 공학과 프로젝트 관리의 모든 측면에 관한 문헌은 굉장히 많다. 그럼에도 불구하고, 많은 프로젝트들은 우리가 프로젝트 성공에 기여하는 것으로 알고 있는 활동 중 일부를 수행하지 않기 때문에 계속해서 문제를 일으킨다.

학습의 장점

Standish Group은 1994년부터 몇 년에 한 번씩 카오스(CHAOS) 보고서를 발표하고 있다. (카오스는 Comprehensive Human Appraisal for Originating Software의 두문자어이다.) 수천 개의 프로젝트에서 수집한 데이터를 기반으로 한 카오스 보고서는 최근 프로젝트 중 완전히 성공했거나, 어떤 식으로든 어려움을 겪었거나, 실패한 프로젝트의 비율을 나타낸다. 성공은 대략 정해진 시간과 예산에 맞춰 완료되고, 고객과 사용자가 만족하는 것으로 정의된다(Standish Group 2015). 카오스 보고서의 결과는 수년에 걸쳐 변화해 왔지만, 완전히 성공한 프로젝트의 비율은 여전히 40%를 넘지 못하고 있다. 더욱 실망스러운 것은 해마다 동일한 요인으로 인해 프로젝트가 도전과 실패를 반복한다는 점이다.

결과의 패턴을 관찰하는 것은 업무 수행의 새로운 패러다임으로 이어지는 한 가지 경로이다. 예를 들어, 장기 프로젝트에서 분석 마비와 쓸모없게 된 요구사항은 점진적인 개발을 추진하는 동기를 부여하는 데 도움이 되었다. 일부 카오스 보고서 데이터에 따르면, 애자일 Agile 개발 방법론을 사용한 프로젝트가 폭포수 waterfall 개발 방법론을 사용한 프로젝트보다 평균 성공률이 더 높은 것으로 나타났다(Standish Group 2015).

[소규모 프로그래머가 되는 것과 숙련된 소프트웨어 엔지니어가 되는 것 간에는 큰 격차가 있다.]

소프트웨어 개발은 다른 기술 분야와 달리 최소한의 정규 교육과 배경 지식만 있어도 어느 정도까지는 유용한 작업을 수행할 수 있다는 점에서 다르다. 아마추어 의사에게 맹장을 제거해 달라고 부탁하는 사람은 없겠지만, 많은 아마추어 프로그래머가 작은 앱을 작성할 수 있을 정도의 지식은 갖추고 있다. 하지만 소규모 프로그래머가 되는 것과 다른 사람들과 협업하여 크고 복잡한 프로젝트를 수행할 수 있는 숙련된 소프트웨어 엔지니어가 되는 것 간에는 큰 격차가 있다.

오늘날 많은 젊은 전문가들이 컴퓨터 과학, 소프트웨어 공학, 정보 기술, 또는 관련 분야의 학술 프로그램을 통해 업계에 진출한다. 공식적으로 교육을 받았든 또는 독학을 했든, 모든 소프트웨어 전문가들은 끊임없이 증가하는 지식을 흡수하고 그것을 효과적으로 적용하는 방법을 계속해서 배워야 한다. 소프트웨어 분야의 많은 측면은 빠르게 변화한다. 최신 기술을 따라잡는다는 것은 러닝머신 위에서 뛰는 것처럼 느껴질 수 있다. 다행하게도 내가 여기에 모아 놓은 것과 같은 통찰은 시간이 지나도 변하지 않는다.

모든 소프트웨어 조직은 현장의 경험에 기반한 비공식적인 지식 모음을 축적하고 있다. 나는 조직이 모닥불 주변에서 구전으로 전해 내려오는 민속 지식을 전달하기보다는 힘들게 얻은 지식을 교훈 모음집에 기록할 것을 제안한다(Wiegers 2007). 신중한 프로젝트 관리자와 소프트웨어 개발자는 새로운 시도를 시작할 때 이런 수집된 지혜를 참고할 것이다.

사고의 장점

내가 경력 초기에 연구 과학자였을 때, 나는 아만다라는 동료 과학자를 알고 있었다. 아만다가 새로운 연구 프로젝트를 시작할 때면 사무실 의자에 등을 기대고 천장을 바라보는 모습을 종종 볼 수 있었다. 그녀는 생각하고 있었다. 아만다는 유사한 프로젝트에 관한 회사의 내부 기술 문헌을 열심히 연구했다. 그녀는 실험을 시작하기 전에 문제 영역과 과거에 효과가 있었던 접근법과 효과가 없었던 접근법에 관해 할 수 있는 모든 것을 배웠다. 아만다의 실험은 시간이 많이 걸리고 비용이 많이 들었다. 그래서 그녀는 잘못된 방향으로 나아가고 싶지 않았다. 그녀는 이전 연구에 대한 연구를 통해 매우 효율적인 과학자가 되었다. 아만다를 관찰하면서 새로운 프로젝트에 뛰어들기 전에 업계 전반의 역사와 현장 경험을 통해 배우는 것이 중요하다는 것을 다시 한번 깨달았다.

이번 장에서는 소프트웨어 프로세스 개선에 관해 설명하였다. 개인, 프로젝트 팀, 그리고 조직은 모두 소프트웨어 공학과 관리 기술을 지속적으로 향상시켜야 한다. 프로세스 성숙도 모델 레벨5의 초기 목표는 프로젝트에서 프로젝트로, 그리고 한 팀에서 다른 팀으로 반복해서 성공으로 이어질 수 있는 프로세스를 확립하는 것이었다. 조직이 개선 노력을 구조화하기 위해 선택하는 특정 방법론이나 프레임워크에 관계없이, 모든 소프트웨어 개발 조직은 반복해서 성공하기를 원한다고 나는 확신한다.

다음 단계: 소프트웨어 프로세스 개선

1. 이번 장에 나온 레슨 중 어느 것이 각자의 소프트웨어 프로세스 개선 경험과 관련되는지 찾아보자.
2. 각자 경험에 비추어 여러분의 동료들과 공유할 만한 가치가 있는 소프트웨어 프로세스 개선 관련 레슨들을 기억할 수 있는가?
3. 여러분의 가장 힘들었던 점 세 가지를 파악하고 근본 원인 분석을 수행하여 초기 개선 활동의 방향을 잡을 수 있는 요인을 밝혀내자.
4. 이번 장에 나타난 실무 사례들을 파악하자. 이것들은 이번 장 초반의 첫 단계에서 파악했던 소프트웨어 프로세스 개선 관련 문제에 대한 해결책이 될 수 있다. 여러분의 프로젝트 팀 효율성을 각 실무 사례가 어떻게 향상시킬 수 있을까?
5. 앞의 4번 단계에서 각 실무 사례가 원하는 결과를 산출하고 있는지 여부를 어떻게 알 수 있을까? 그리고 그런 결과들이 여러분에게 무슨 가치가 있는가?
6. 4번 단계의 실무 사례들을 적용하기 어렵게 만들 수 있는 장애를 찾자. 그런 장애를 어떻게 극복하여 효과적으로 실무 사례를 구현하는 데 도움을 줄 수 있을까?
7. 어떤 교육, 자료, 지침 또는 기타 자원이 여러분의 조직이 프로세스 개선 활동을 보다 성공적으로 추진하는 데 도움이 되는가?

CHAPTER 8
다음에 할 일

지금까지 많은 내용을 다루었다. 50년 전에 프로그래밍을 시작한 이래로 내가 쌓아온 소프트웨어 공학과 프로젝트 관리에 관한 59가지 레슨을 여러분과 공유하였다. 이 레슨들은 요구사항, 설계, 프로젝트 관리, 문화와 팀워크, 품질, 그리고 프로세스 개선의 6개 영역으로 나뉜다. 코딩, 테스트, 그리고 구성 관리를 비롯하여 여기서 다루지 않은 소프트웨어 개발의 다른 중요한 측면도 분명히 있다. 이제 여러분에게 한 가지 질문이 있다.

> 이 책을 읽고 나서 무엇을 다르게 하려고 하는가?

각 장의 '첫 번째 단계'와 '다음 단계'를 수행한 경우, 조금 전에 얘기한 6개 영역에서 여러분의 프로젝트 팀 또는 조직의 문제 목록이 있을 것이다. 그리고 각 문제를 분석하여 그것의 근본적인 원인과 영향을 파악했을 수도 있다. 또한 이런 문제들을 해결함으로써 얻을 수 있는 이점도 파악했을 수 있다. 이러한 문제들을 해결할 수 있고, 프로젝트 및 제품의 고객에게 가치를 더할 수 있는 실무 사례practice에 대한 많은 아이디어를 기록했기 바란다.

🗝 학습 경험을 했음에도 작업 방식이 바뀌지 않는다면, 학습에 투자한 것에서 아무런 가치도 얻지 못하는 것이다. 나는 여러분이 이 책을 읽는 데 투자한 시간만큼 높은 수익을 얻기 바란다. 그러기 위해서는 다음 행동을 선택해야 한다. 그 방법에 대해 몇 가지 생각을 해보면서 마지막 한 가지 레슨을 명심하자.

레슨 60   모든 것을 한 번에 바꿀 수는 없다

많은 문제점, 개선 아이디어, 또는 바람직한 방향을 파악하더라도 사람과 조직은 제한된 속도로만 변화를 받아들일 수 있다. 나는 7개의 주요 개선 활동을 동시에 수행했던 매우 의욕적인 20명의 프로젝트 팀을 알고 있었다. 그들의 활동은 우선순위가 명확하지 않았고 자원이 분산되어 있었다. 그들의 열정에도 불구하고, 이 팀은 변화의 여정에서 거의 성과를 거두지 못했다. 또한 동시에 너무 많은 것을 변경함으로 인해 어떤 변화가 관찰된 결과를 낳았는지 알기 어려웠다.

모든 개인은 자신의 속도에 맞추어 결과를 개선할 수 있는 힘이 있다. 그러나 경영진이 부과하는 대규모 변화 계획은 영향을 받는 사람들을 압도할 수 있다. 한꺼번에 너무 많은 것을 변경하려는 시도는 사람들이 새로운 방향을 이해하고 따르기 위해 노력하느라 프로젝트 수행을 어렵게 만들 수 있다. 이때는 상향식 개선 계획을 통해 변화의 속도를 관리하는 게 더 쉽다. 비록 구성원들의 노력이 팀 차원에서는 효과가 좋을 수 있지만, 경영진의 도움 없이는 관련 그룹에 영향을 끼치기 어려운 한계에 부딪힌다. Mary Lynn Manns와 Linda Rising(2005)은 그들의 책 《Fearless Change(두려움 없는 변화)》에서 다음과 같이 설명한다.

> 상향식 변화는 참여에 중점을 두고 사람들에게 진행 상황에 대한 정보를 제공함으로써 불확실성과 저항을 최소화하는 데 중점을 둔다. 지금까지의 경험에 비추어 볼 때, 변화는 현장 및 상위 수준의 경영진으로부터 적절한 지원을 받아 상향식으로 도입하는 것이 가장 효과적이라고 생각한다.

개인의 성장과 마찬가지로, 소프트웨어 프로세스 개선은 목적지가 아닌 여정이다. 그것은 일직선이 아니라 순환이다. 변화 사이클cycle(주기라고도 함)을 설명하는 방법에는 여러 가지가 있다. 아마도 가장 잘 알려진 것은 품질 개선의 선구자인 W. Edwards Deming 박사의 PDCAPlan-Do-Check-Act(계획-실행-평가-개선), 일명 슈하트 사이클Shewhart Cycle일 것이다(Praxis 2019, American Society for Quality 2021d). 그림 8.1은 Deming의 PDCA와 유사하지만 내가 더 선호하는 프로세스 개선 사이클을 보여준다.

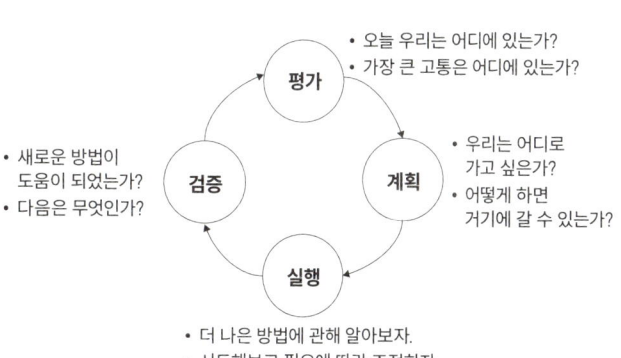

그림 8.1 일반적인 프로세스 개선 사이클은 평가, 계획, 실행 및 검증의 4단계로 구성된다.

1단계: 평가. 현재 우리가 어디에 있는지, 즉 현재 프로젝트들이 달성한 결과와 얼마나 잘 진행되고 있는지를 살펴보자. 가장 큰 문제 영역과 가장 좋은 개선 기회를 파악하자. 앞의 6개 장에서 '첫 번째 단계'를 완료하는 것은 비공식적인 평가 활동이 된다.

2단계: 계획. 미래에 어디에 있고 싶은지, 즉 비즈니스와 기술 개선 모두에 대한 우리의 목표를 결정하자. 여기서 거기까지 도달하기 위한 계획을 세우자. 이 책의 '다음 단계'에서는 보다 바람직한 미래로 나아가기 위한 몇 가지 출발점을 제시한다.

3단계: 실행. 이제 어려운 부분이 나온다. 뭔가 다른 것을 실행하는 단계이다. 더 나은 결과를 얻을 수 있는 실무 사례와 방법에 관해 배우고, 수용적인 팀과 함께 시험 활동에서 그것들을 적용해보고, 우리 환경에서 운용되도록 조정해야 한다. 효과가 있는 것은 유지하고, 그렇지 않은 것은 수정, 교체 또는 폐기한다.

4단계: 검증. 새로운 기법이 자리를 잡을 때까지 기다린 다음, 원하는 결과를 얻을 수 있는지 확인하자. 방향을 바꾸는 데는 시간이 걸리므로 인내심을 갖자. 학습 곡선은 피할 수 없다. 더 나은 비즈니스 성과는 프로젝트 접근 방식이 얼마나 잘 되는지를 보여주는 장기적이지만 느린(어느 정도 시간이 지난 후에만 알 수 있는) 지표이다. 지금 시도하고 있는 것이 성과를 거두고 있는지 여부를 나타낼 수 있는 몇 가지 중간 소프트웨어 메트릭을 정의해보자.

변화는 사이클라는 사실을 기억하자. 항상 노력해야 할 다른 일이 있을 것이다. 각 사이클이 끝날 때마다 평가 단계로 돌아가서 새로운 상황을 검토한 후 다음 단계의 변화 활동을 선택하자.

[소프트웨어 프로세스 개선은 목적지가 아닌 여정이다. 그것은 일직선이 아니라 순환이다.]

변화 우선순위 지정

집중focus은 모든 변화 계획의 핵심어이다. 변화할 시간보다 하고 싶은 변화가 더 많다고 생각할 수 있다. 최대한의 효과를 얻기 위해 에너지를 집중하려면 우선순위를 정해야 한다. 그런 다음 각 변화를 실제로 구현하기 위한 시간을 확보해야 한다.

[개선 가능한 영역 목록에서 가장 시급한 문제들을 선택하고 내일부터 작업을 시작하자.]

프로세스나 품질 개선 활동을 하는 데는 결코 편리한 시간이 없다. 우리가 의도적으로 시간을 따로 할애하지 않는 한, 다른 어떤 일도 일어나지 않는 유휴 시간은 결코 없을 것이다. 그러나 개인과 조직 모두 변화를 위한 첫걸음을 내딛지 않으면 진전을 이룰 수 없다. 모든 사람은 업무 시간의 일부를 자신의 성과를 높이는 방법을 배우는 데 투자해야 한다. 개선 가능한 영역 목록에서 가장 시급한 문제들을 선택하고 내일부터 작업을 시작하자.

정말이다. 바로 내일 시작!

이 책의 각 장에 있는 '첫 번째 단계'와 '다음 단계'의 메모를 다시 살펴보자. 어떤 부분이 개선되어 불쾌한 결과를 줄이면 가장 보람을 느낄 수 있을까? 조직에 가장 큰 비즈니스 가치를 제공할 수 있는 변화는 무엇일까? 합리적인 에너지와 비용을 투자하면 어떤 변화를 가장 쉽게 달성할 수 있을 것 같은가?

가장 중요한 문제 영역을 파악한 후에는 성과를 낼 가능성이 높은 해결책을 선택해야 할 것이다. 이 책에서 설명하는 수십 가지의 실무 사례가 그것에 관한 몇 가지 아이디어를 제공한다. 이 책에서는 또한 유망해 보이는 그런 실무 사례들에 관해 더 자세히 알아볼 수 있는 다른 출처들의 참조도 제공하고 있다. 중요성, 긴급성, 그리고 비용을 기준으로 개선 조치의 우선순위를 정할 때는, 신속하게 적용할 수 있는 변화 또는 머지않아 가장 큰 영향을 미칠 변화를 해결하는 것부터 시작하자. 또한 가장 쉽게 달성할 수 있는 목표 및 빠른 성공을 찾아서 축하하자. 팀이 진전을 이루고 이익을 얻기 시작했다는 것을 알게 되면 동기 부여가 된다. 그것은 그들의 세계에서 변화가 가능하다는 것을 증명한다.

현실 점검

더 나은 결과를 가져올 것이라고 생각하는 조치를 고려할 때, 내가 컨설턴트로서 채택한 철학을 기억하자. 고객에게 조언을 하기 전에, 나는 내가 제안하는 조치가 다음 두 가지 기준을 충족하는지 확인하기 위해 간단한 정신적 점검을 한다.

1. 그것은 고객의 문제를 해결할 확률이 높아야 한다.
2. 그것은 고객의 환경에서 실용적이고 달성 가능해야 한다.

이러한 현실 점검을 통해 고객의 프로젝트나 문화에 부적합한 제안을 하지 않고 합리적인 조언을 할 수 있다. 여러분 자신이나 조직에 권장하는 모든 변화에도 이것과 동일한 필터를 적용할 것을 제안한다.

조직이 어떤 변화를 수용할 준비가 될 수 있는지, 그리고 어떤 변화가 일부 문화적이나 기술적인 발전을 기다려야 하는지를 생각해보고 적용해야 한다. 5장에서는 소프트웨어 공학 문화가 건강한 것과 그렇지 않은 것 모두의 몇 가지 특징을 지적했다. 문화적 변화는 새로운 기술적 실무 사례를 시행하는 것보다 더 오래 걸리기 때문에, 변화의 리더는 일찍부터 문화를 선호하는 방향으로 이끌기 시작해야 한다. 그래야 나중에 팀이 더 큰 변화를 흡수할 수 있는 토대를 마련할 수 있다.

나는 여러분이 개인적인 차원에서도 체계적인 접근 방식을 취할 것을 제안한다. 내가 새로운 개발 프로젝트를 시작할 때는 항상 개선하기 원했던 소프트웨어 공학이나 프로젝트 관리의 두 가지 영역에 관련된 것들을 파악하려고 했다. 그것은 단위 테스트, 추정, 알고리즘 설계, 동료 검토, 빌드 관리, 또는 기타 모든 것이 될 수 있었다. 각 프로젝트를 진행하면서 내가 선택한 주제에 관한 책이나 자료를 읽는 데 시간의 일부를 할애했다. 그리고 교육 과정을 수강하거나 컨퍼런스에 참석하기도 했다. 또한 배운 내용을 효과적으로 적용하기 위해서는 약간의 노력이 필요하다는 것을 인식하고 배운 내용을 적용할 기회를 찾았다. 지금은 취미로 노래를 녹음할 때도 마찬가지다. 곡을 만들 때마다 기타 연주, 녹음 및 프로덕션 기술, 녹음 소프트웨어의 방대한 기능 사용에 대해 더 많이 배우려고 노력한다. 그렇게 해서 내가 만드는 곡마다 이전 곡보다 조금 더 나은 곡을 만들 수 있다.

레슨 55("이전의 모든 전문가가 이미 저지른 실수를 일일이 되풀이할 시간은 없다")에서 얘기했듯이, 학습 곡선이 매끄럽게 연속적으로 이어지지 않는다는 것을 상기하자. 우리는 관련 주제와 씨름하면서 기복을 경험하게 될 것이다. 하지만 언젠가는 도달하게 될 것이다.

실행 계획

변화는 저절로 일어나는 것이 아니다. 문제의 우선순위를 정하고 개선 조치를 선택하는 것만으로는 충분하지 않다. 변화에 관해 진지하게 생각한다면, 목표, 계획, 자원, 상태 추적, 그리고 책임이 있는 프로젝트로 취급해야 한다. 탐색 중인 변화의 범위에 따라 우리 자신, 프로젝트 팀, 또는 조직 전체를 위한 실행 계획을 만들 수 있다. 조직 전체의 개선 계획을 이끄는 책임이 있는 사람이라면 누구나 《Making Process Improvement Work》라는 책이 도움이 될 것이다(Potter and Sakry 2002). 더 간단하면서도 구조적인 접근 방식은 아직도 개인과 팀 차원에서 잘 운용된다.

그림 8.2는 간단한 실행 계획 템플릿을 보여준다.

	다음 주	다음 달	6개월 내에
시도할 새로운 실무 사례			
새로운 실무 사례를 적용할 수 있는 상황			
얻고자 하는 이점			
필요한 도움이나 추가 정보			
협조가 필요할 수 있는 사람			
성공을 방해할 수 있는 장애물			
그런 장애물을 허물 수 있는 사람			

그림 8.2 단기, 중기 및 장기 기간에 대한 개선 조치를 계획하는 데 도움이 되는 간단한 실행 계획 템플릿.

일주일, 한 달, 그리고 대략 6개월의 미래를 내다보자. 각 기간에 시도하기 원하는 새로운 기술이나 관리 실무 사례들을 나열한다. 이를 적용할 수 있다고 생각하는 상황과 기대하는 이점을 서술하자. 교육, 도구, 서적, 컨설팅 지원 등 이러한 새로운 실무 사례를 적용하는 방법을 배우는 데 도움이 되는 자원이 더 필요할 수도 있다. 일부 실무 사례는 개인적인 작업에만 적용되지만 다른 것들은 여러 커뮤니티에 영향을 주므로, 각 변화에 대해 누구의 협력이 필요할지 고려하자. 새로운 것을 성공적으로 구현하는 데 방해가 될 수 있는 장애물을 고려하는 것도 도움이 된다. 그런 다음 그런 장애물을 허무는 데 도움이 될 수 있는 협력자를 찾기 위해 노력하자.

계획을 수립하면 변화를 성공적으로 구현할 수 있는 가능성이 크게 높아진다. 그러나 조심해야 할 함정이 있다. 그림 8.1의 프로세스 개선 사이클(평가, 계획, 실행, 검증)을 다시 살펴보자. 나는 너무 많은 조직들이 현재의 실상을 평가하고, 개선된 미래 상태를 목표로 하고, 거기에 도달하는 방법을 계획하는 일을 철저하게 하는 것을 보아왔지만, 대부분 실행 단계에서 주춤하는 것을 보았다. 실행 계획의 항목을 실행하고 완료할 때까지 프로젝트 업무에서 벗어나지 못하는 것이 가장 어려운 부분이다. 좋은 의도와 상관없이, 실행으로 이어지지 않는 개선 실행 계획은 아무 소용이 없다. 그러므로 여러분과 팀원들이 항상 해왔던 방식으로 일을 계속하는 쉬운 경로를 택하려는 유혹을 조심하자. 그것은 더 나은 비즈니스 성과를 위한 길이 아니다.

나만의 레슨

모든 경험 많은 소프트웨어 전문가들은 경험을 통해 얻은 교훈을 축적해 왔다. 이 책에는 내가 수집한 많은 교훈이 담겨 있지만, 여러분도 이 외에 자신만의 교훈이 있을 것이다. 팀 멤버들이 함께 머리를 맞대고 이 책의 레슨을 따라 핵심적인 통찰을 모아보자. 그런 교훈들을 조직 전체에 걸쳐 공유하여 모든 사람의 학습 과정을 가속할 수 있는 방법에 관해 생각해보자. 다음 단계는 이렇게 수집한 교훈을 바탕으로 팀에 더 나은 결과를 가져올 수 있는 실무 사례를 선택하는 것이다.

학습하고 개선하는 조직을 구축하는 것은 자신의 경험에서 지혜의 진주를 모아서 다른 사람들과 공유하는 가치를 내면화한 개인에게서 시작된다. 이번 기회에 이 책에서 읽은 내용 중 일부라도 실천에 옮기기 바란다. 팀 멤버들을 그 실천에 초대해보자. 즐거운 여정이 될 것이다.

부록

레슨 요약

요구사항

레슨 1. 요구사항을 정확하게 알아내지 못하면 프로젝트의 나머지 부분을 잘해도 소용없다.

레슨 2. 요구사항 개발에 따른 핵심 결과물은 공유된 비전과 이해다.

레슨 3. 요구사항에는 모든 프로젝트 이해 당사자의 관심사가 있다.

레슨 4. 요구사항 관련해서는 용도 중심의 접근법이 기능 중심의 접근법보다 더 좋게 고객의 요구를 충족한다.

레슨 5. 요구사항 개발은 반복을 필요로 한다.

레슨 6. 애자일 요구사항은 그 밖의 요구사항과 다르지 않다.

레슨 7. 지식을 기록하는 데 따르는 비용은 지식을 습득하는 비용에 비해 적다.

레슨 8. 요구사항 개발의 가장 중요한 목적은 명확하고 효율적인 의사소통이다.

레슨 9. 요구사항 품질은 보는 사람의 관점에 따라 다르다.

레슨 10. 요구사항은 허용 가능한 위험 수준 범위에서 구축이 진행되는 데 충분한 것이어야 한다.

레슨 11. 요구사항은 단순히 수집하는 것이 아니다.

레슨 12. 요구사항 도출은 고객의 음성이 개발자의 귀에 잘 들릴 정도로 가까운 거리에서 해야 한다.

레슨 13. 흔히 사용되는 두 가지 요구사항 도출 관례가 텔레파시와 투시력이다. 이 방법들은 효과가 없다.

레슨 14. 많은 사람들이 모이면 요구사항을 정확히 어떻게 표현할지 합의하기는커녕 방에 불이 나서 탈출하는 데도 동의할 수 없다.

레슨 15. 포함될 기능을 결정할 때 데시벨 우선순위를 정하지 말자.

레슨 16. 문서화되고 합의된 프로젝트 범위 없이 어떻게 범위 증가를 알 수 있을까?

설계

레슨 17. 설계에는 반복이 필요하다.

레슨 18. 더 높은 추상화 수준에서 반복하는 것이 더 저렴하다.

레슨 19. 올바르게 사용하기는 쉽지만 잘못 사용하기는 어렵게 제품을 만들자.

레슨 20. 모든 바람직한 품질 속성을 최적화할 수는 없다.

레슨 21. 힘들게 재코딩하는 것보다 조금이라도 설계하는 것이 가치가 있다.

레슨 22. 대부분의 시스템 문제는 인터페이스에서 생긴다.

프로젝트 관리

레슨 23. 작업 계획은 마찰을 고려해야 한다.

레슨 24. 다른 사람에게 섣불리 추정치를 제시하지 말자.

레슨 25. 빙산은 항상 처음 보이는 것보다 더 크다.

레슨 26. 자신의 주장을 뒷받침할 데이터가 있으면 협상에서 유리한 위치에 설 수 있다.

레슨 27. 추정치를 기록하고 실제와 비교하지 않으면 추정이 아닌 추측에 그칠 수밖에 없다.

레슨 28. 받는 사람이 듣고 싶어 하는 말을 근거로 견적을 변경하지 말자.

레슨 29. 임계 경로를 피하자.

레슨 30. 작업은 전체적으로 완료 또는 완료되지 않음 중 하나다. 부분적인 완료는 없다.

레슨 31. 프로젝트 팀은 범위, 일정, 예산, 인원, 그리고 품질의 다섯 가지 관점 중 하나 이상에 대해 유연성이 필요하다.

레슨 32. 프로젝트의 위험을 통제하지 못하면, 위험이 우리를 통제할 것이다.

레슨 33. 고객이 항상 옳은 것은 아니다.

레슨 34. 우리는 소프트웨어에서 너무 많은 가식 행위를 한다.

문화와 팀워크

레슨 35. 지식은 제로섬이 아니다.

레슨 36. 다른 사람들이 아무리 많은 압력을 가하더라도, 이행할 수 없는 약속은 절대 하지 말자.

레슨 37. 교육과 더 나은 실무 사례가 없다면 생산성 향상은 꿈도 꾸지 말자.

레슨 38. 사람들은 그들의 권리에 관해 많이 얘기하지만, 모든 권리의 이면에는 책임이 따른다.

레슨 39. 물리적 분리로 인해 의사소통과 협업이 저해되지는 않는다.

레슨 40. 소규모 공동 작업 팀에 적합한 비공식적인 접근 방식은 잘 확장되지 않는다.

레슨 41. 새로운 업무 방식으로 전환할 때 조직의 문화를 바꾸는 어려움을 과소평가하지 말자.

레슨 42. 비합리적인 사람들을 대할 때는 어떤 공학이나 관리 기법도 소용이 없다.

품질

레슨 43. 소프트웨어 품질에 대해서라면 지금 지불하거나 또는 나중에 더 지불할 수 있다.

레슨 44. 고품질은 자연스럽게 생산성 향상으로 이어진다.

레슨 45. 조직은 소프트웨어를 제대로 구축할 시간이 없지만 나중에 그것을 해결할 수 있는 자원을 찾는다.

레슨 46. 크랩 갭을 조심하자.

레슨 47. 상사나 고객이 나쁜 일을 하도록 부추기지 말자.

레슨 48. 고객이 아닌 동료가 결함을 찾도록 노력하자.

레슨 49. 소프트웨어 사람들은 도구를 좋아하지만, 도구를 가진 바보가 더 큰 바보다.

레슨 50. 오늘의 '당장 출시해야 하는' 개발 프로젝트는 내일의 유지보수 악몽이다.

프로세스 개선

레슨 51. '비즈니스위크를 추종하는 경영'을 주의하자.

레슨 52. "내게 무슨 득이 되지?"라고 묻지 말고 "우리에게 어떤 이득이 있지?"라고 묻자.

레슨 53. 사람들이 일하는 방식을 바꾸는 데 가장 좋은 동기가 되는 것은 고통이다.

레슨 54. 조직을 새로운 작업 방식으로 이끌 때는 부드럽게 압박하되 끊임없이 가하자.

레슨 55. 이전의 모든 전문가가 이미 저지른 실수를 일일이 되풀이할 시간은 없다.

레슨 56. 올바른 판단과 경험은 때때로 정해진 프로세스보다 우선한다.

레슨 57. 문서 템플릿에 줄여-맞추기 철학을 쓰자.

레슨 58. 시간을 들여 배우고 개선하지 않는 한, 다음 프로젝트가 지난 프로젝트보다 더 잘 될 것이라고 기대하지 말자.

레슨 59. 소프트웨어 업계에서 가장 눈에 띄는 반복성은 비효율적인 일을 반복해서 하는 것이다.

다음에 할 일

레슨 60. 모든 것을 한 번에 바꿀 수는 없다.

> **진솔한 서평을 올려주세요!**
>
> 이 책 또는 이미 읽은 제이펍의 책이 있다면, 장단점을 잘 보여 주는 솔직한 서평을 올려주세요.
> 매월 최대 5건의 우수 서평을 선별하여 원하는 제이펍 도서를 1권씩 드립니다!
>
> - **서평 이벤트 참여 방법**
>   - ❶ 제이펍 책을 읽고 자신의 블로그나 SNS, 각 인터넷 서점 리뷰란에 서평을 올린다.
>   - ❷ 서평이 작성된 URL과 함께 review@jpub.kr로 메일을 보내 응모한다.
>
> - **서평 당선자 발표**
>   - 매월 첫째 주 제이펍 홈페이지(www.jpub.kr)에 공지하고, 해당 당선자에게는 메일로 연락을 드립니다.
>   - 단, 서평단에 선정되어 작성한 서평은 응모 대상에서 제외합니다.

독자 여러분의 응원과 채찍질을 받아 더 나은 책을 만들 수 있도록 도와주시기 바랍니다.

찾아보기

숫자

1억 달러 신드롬   199

A ~ E

ACA(Affordable Care Act)   199
ACM(Association for Computing Machinery)   165
BA(business analyst)   '비즈니스 분석가(BA)' 참조
CHAOS 보고서   251
CMM(Capability Maturity Model for Software)   156, 180-181, 219
CMMI(Capability Maturity Model Integration)   219, 240
Cover Oregon 프로젝트   199
CRUD   71
DAR(display-action-response) 모델   79
DFD(data flow diagram)   238
DfX   85
epic   '에픽' 참조

H ~ I

HCI(human-computer interaction)   71-72
IDEF0   40
IEC(International Electrotechnical Commission)   244
IEEE(Institute of Electrical and Electronics Engineers)   165, 242, 244
IIBA(International Institute of Business Analysis)   10, 45
iron triangle   130, 131, 183, 184
ISO(International Organization for Standardization)   244

M, O, P, R

Mythical Man-Month   74
Obamacare   199
partial credit   128, 129
PDCA 사이클   255-256
PERT 차트   124-125
Planguage   87
PMI(Project Management Institute)
RML(Requirements Modeling Language)   41
ROI(return on investment)
    교육   234
    동료 검토 시   227-228

S, T, U

SMOP(simple matter of programming)   204
Software Engineering Institute   163
SPI(software process improvement), 소프트웨어 프로세스 개선   218-221
SRS(software requirements specification), 소프트웨어 요구사항 명세서   10, 14, 30, 39, 242-244
structured analysis and design   40
triple constraint   130, 183
UML(Unified Modeling Language)   40, 81
use case   '유스케이스' 참조

user story	'사용자 스토리' 참조	결함	
		0개	183
ㄱ		발견이 어려움	190
		방지	161, 191
가상 팀	169	생산성에 끼치는 영향	193-195
가시적 모델	40-41, 79-81	수리 비용	188-192
가식 행위(pretending)	143-145	찾기 대 수정	196
가용성	86, 88	추적하기	192
간접 사용자	18	결함 처리	86
간트(Gantt) 차트	112, 129	결합도	72
개념-증명 프로토타입	75	경로, 임계	124-125
개발 생명 주기, 결함 포함 시	191-192	정의	124-125
개발, 요구사항		경영진	177
기능 부풀림	21	계약 관리	101
목적	37-41	계획 작업 진행표(worksheet)	120
문서화	33-37	공급자 관리	102
비전과 이해	14-17	공유 비전	14-17
비즈니스 분석가 역할	13-14	과거 데이터	114
새로 부각된 기능적 및 비기능적 요구사항	27-28	추정에 사용	118-120
시기	13-14	교육	4, 154
애자일 프로젝트에서	28-32	과정 개발	119, 127
용도 중심 전략	22-23	능력 향상	169
의사소통	41	투자수익률(ROI)	234
하위 도메인	9-10	품질 비용	196
개발자	42	프레젠테이션	154
권한 및 책임	166	프로세스 개선	234
성과 차이	163-164	한계	174-176
개발자의 귀	50-54	권한 및 책임	
건강보험 개혁법(ACA)	199	개발자	166
건강한 소프트웨어 공학 문화	146-151	고객	165
검사	42, 208, 227	자율 팀	166
검증		프로젝트 관리자	166
새 프로세스	256	규제 준수	63
요구사항	43, 129	규칙, 비즈니스	19, 32, 35-36, 38, 45, 49, 172
검증 가능성	86	그룹 워크숍	49, 57-61
검토 돌리기	208	근본 원인 분석	221
검토자, 원고	125, 159	예	223-225
견고성	86, 89	장점	221
결과물 템플릿	155	특성요인도	224-225
결과물의 형태	31		

찾아보기 267

기능
- 기능 대 용도   22-23
- 부풀림   21
- 우선순위 지정   61-63

기능 중심 요구사항 접근법   21-25
기능 로드맵   65
기능적 요구사항   27-28, 31
기능 트리   65
기대 관리   15, 99, 166
기본 기능   63
기술 강좌   154
기술적 몸값   153
기술 부채(technical debt)   90-91, 215-217
- 리팩터링   90-91, 215
- 소프트웨어 유지보수   215
- 의식적   215-216

ㄴ

내구성   86
내면화   177-178
- 프로세스   240

능력 성숙도 통합 모델(CMMI)   219, 240

ㄷ

다섯 가지 프로젝트 관점 분석   130-134
다음 단계: 요구사항   68
다이어그램(차트도 참조)
- UML   81
- 다이얼로그 맵   79-80
- 데이터 흐름도   238
- 상태-전이   79
- 상태 차트   79
- 생태계   65
- 요구사항   40-41
- 유스케이스   65
- 유연성   133-134
- 컨텍스트   65
- 키비아(Kiviat)   133-134
- 특성요인도   224-225
- 활동 네트워크   124-125

다이얼로그 맵(dialog map)   79-80
다중 인증(multifactor authentication)   88
대표자   140-141
데이터
- 과거 데이터   114, 119-120
- 소프트웨어 메트릭   120-121
- 인터페이스 검증   95-96
- 추정   109-110
- 협상 지원   116-118

도구   210-214, 245
- 모델링   81, 211
- 보안을 위한   95
- 요구사항 관리   211, 213-214
- 품질   210-214
- 프로세스   172

도출, 요구사항   46-50
- 고객 요구   139-142
- 관찰   49
- 그룹 워크숍   49, 57-61
- 도출 컨텍스트   48
- 문서 분석   49
- 방법   48-50
- 상반되는 요청   140
- 설문 조사   49
- 수집 대 도출   46-47
- 위키   50
- 의사소통 경로   50-54
- 인터뷰   49
- 정의   46
- 텔레파시   55-57
- 투시력   55-57
- 프로토타입   50
- 해결책 대 요구   140

동료 검토   191, 206-210, 227-229, 237
- 개인적 이득   228
- 검사   42, 208, 228
- 문화 관점   209-210
- 수행 방법   208
- 요구사항   42
- 장점   155, 208, 229, 237

지식 교환	155, 229
투자 수익률 예	227-228
동료 데스크체크	208

ㄹ

리듬	239-240
리팩토링(refactoring)	90
린트(lint)	212

ㅁ

마이크로소프트 파워포인트	80
마이크로소프트 프로젝트	211
마찰, 프로젝트	103-108
다른 요인	107
암시적 영향을 예상하기	107-108
예	103
유효 시간	106
작업 전환과 몰입	104-105
프로젝트 관리	104-108
멀티태스킹	104-105
메트릭(지표)	120-122, 233, 249, 256
소프트웨어	120-121, 233
프로세스 개선	233
멘토링	153, 154
명세, 요구사항	
목표	44
템플릿	242-246
모델링	
가시화	39-41, 81
다이얼로그 맵	79-80
도구	80-81, 211
반복	77-81
설계	78
요구사항	81
추상화	77-81
표기법	39-41, 79
모범 실무 사례	237-238
목표 대 추정치	122
몰입(flow)	105, 168

무결성	86, 88
문서	
프로젝트 헌장	20
문서 분석	49
문서 템플릿, 줄여-맞추기	242-246
문서화	154-155
기록 비용	33
비전과 범위	20, 64-67
장점	29-30, 34-36
문제(problem)	
문화와 팀워크	151
설계 시 장점	73
요구사항에서	11
품질	187
프로세스 개선	221
프로젝트 관리	103
문제의 근본 원인(root causes of the problems)	
문화와 팀워크	152
설계에서	73
요구사항에서	11
품질	187
프로세스 개선	221
프로젝트 관리에서	103
문화	146-151
가치, 행동 그리고 실무 사례	174-176
건강한 소프트웨어 공학	146-151
관리자	147
구체화	149-150
다음 단계	181
동료 검토의 문화적 영향	209-210
문화적 일치	148
변화	174-178, 256-258
애자일 개발에서의 변화	176-177
정의	146-147
지식과 문화	152-156
첫 단계	151-152
취약성	147
문화적 일치	148
미국 품질 협회	182

ㅂ

반복 백로그 65
반복(iteration)
    더 높은 추상화 수준에서 77-81
    빠른 시각적 반복 79-80
    설계 시 74-77
    애자일 프로젝트의 컨틴전시 버퍼 111-113
    요구사항 25-28, 82
반복적 개발 111
방법론 222, 239, 240-242
방해/중단 104-105, 168
    줄이기 105
백로그
    반복 65
    제품 29, 30, 65, 113, 127
버퍼, 컨틴전시 111-113
    계약 시 114-115
    애자일 프로젝트 111-113
    예 112-113
    위험 대비 계획 113-114
    장점 67, 115
    추정 113-114
범위
    기록하기 65
    모호한 요구사항 31, 43, 44, 67-68
    범위 증가(scope creep) 56, 64-65, 67
    변경하기 66
    수직적 59
    수평적 59
    위탁 프로젝트 67, 102
    정의 64
    프로젝트 64-65
    프로젝트 관점에서 130
변경 관리 66, 101, 212
변화/변경 255-260
    가장 좋은 동기는 고통 229-231
    관리 101, 233-235
    목표 233
    문화 174-178
    범위 123
    변화 절차 255-256
    변화율 255-256
    비용 188-192
    사이클 255
    상향식 255
    소프트웨어 메트릭 233
    요구사항 111
    우선순위 지정 256
    프로젝트로 간주 233, 258
변화로 이끌기
    상향 관리 234-235
보고서, CHAOS 251
보안성 86
부분 점수(partial credit) 128, 129
부분적 완료 126-130
분석
    분석 마비 34, 81, 251
    요구사항 7
    위험 137-139
    이해 당사자 18-20
분석 마비(analysis paralysis) 34, 81, 251
브레인스토밍 4, 136, 208, 225
브룩스의 법칙 131
비기능적 요구사항 8, 85
    상충 관계 88
    제약을 가짐 85
    최적화 88-89
비논리적 과열 144
비독점화 240-242
비전
    공유 14-17
    제품 15-16
    비전 선언문 15-16, 20
    템플릿 15-17
비즈니스
    규칙 19, 32, 35-36, 38, 45, 49
    목적 62
    요구사항 8, 15, 20, 26, 63
비즈니스 분석가(BA) 9-10, 37, 43, 47, 52, 108
    모델링에서 78

애자일 프로젝트에서	29, 32, 53	비기능적	28
역할과 책임	29	생산성	163
프로젝트 역할	10	개별 개발자	162-164
비즈니스 요구사항 문서	14	높이기	159-162
		도구	162
		품질 문제	193

ㅅ

사용성	86, 88	생태계 다이어그램	65
사용자		설계	69-73
간접 사용자	18	X	85
관찰하기	49	기술 부채	90-91
부류	62	높은 추상화 수준에서 반복	78
직접 사용자	18	다음 단계	97
사용자 대표	42, 52	데이터베이스	71
사용자 부류	62	리팩토링	90
사용자 스토리	23-25, 29-31, 62, 112-113	모델링에서	78-79
사용자 스토리 맵	65	반복	74-77
스파이크	75	사용자 인터페이스(UI)	71-72, 96-97
템플릿	23-25	상세	71, 72, 78-79
사용자 실수	83-84	아키텍처	70, 79
사용자 요구사항	8, 20, 24, 26, 60, 141	아키텍처 결함	91-92
사용자 인터페이스(UI) 설계	71-72, 82-85	요구사항	69-70
반복에서	82-83	원칙	72-73
사용하기 쉽게 만들기	82-83	인터페이스	72-73, 92-97
상세 설계	71, 72, 78-79	재설계와 재코딩 피하기	89-92
지침	96-97	정의	69
최적화	85-89	좋은 설계	72-73
프로토타입	71-72, 75-77	첫 단계	73
사이클, 프로세스 개선	255-256	품질	216-217
삼중 제약	130, 183	품질 속성	85-89
상세	208	프로토타입	75-77
검토	208	프리팩토링	92
설계	71, 72, 78-79	설치성	86
상충 관계, 절충		성능	86, 88
품질 속성	85, 88	성숙도, 프로세스	156, 180-181, 219
프로젝트 크기	131	세부 사항	
상향 관리	234-235	요구사항	45-46
상향식 변화/변경	255	소유자, 제품	9, 20, 28, 29, 30, 36, 42,
상호 운용성	86		52-54, 65, 67, 98, 108, 153, 163, 176
새로 부각된 요구사항		소프트웨어 공학 문화, 건강함	146-151
기능적	27	소프트웨어 메트릭	120-122, 233

찾아보기 271

소프트웨어 프로세스 개선(SPI)	218-221
수정 유지보수 비용(수리 비용)	215-217
결함 수정 시	188-192
변경 시	188-192
품질	87, 196-197
수직 범위	59
수평 범위	59
슈하트 사이클	255-256
스크럼	53, 176-177, 241
일일 스크럼	34-35
스토리 포인트	113
스토리, 사용자	23-25, 29-31, 48, 62, 112-113
스파이크	75
스폰서, 프로젝트	42, 116-117
스프린트	
목표	166
백로그	65
승인/인수 테스트	15, 29, 129, 216
시간	
프로세스 개선 시 필요한	220, 239, 249
시뮬레이션	80
시장 요구사항 문서	14
시험(pilot)	
시스템	74
신뢰성	86, 88
실물 모형(mock-up)	76-77

아키텍처	
애자일 프로젝트	219, 221-222, 241-242
품질 속성	89
아키텍처 설계	70, 79, 89, 187-189
인터페이스	72-73, 97
안전성	86, 89
암시적 요구사항	55-57
애자일 소프트웨어 개발(스크럼도 참조)	53
계획 짜기 게임	62
기술 부채	90
문화 변화	176-177
반복 백로그	65

범위 관리	64-65, 131-132
변경 비용	189
비즈니스 분석가	29, 32, 53
사용자 스토리	23-25, 29, 30
스토리 포인트	113
스파이크	75
아키텍처	219, 221-222, 241-242
애자일 소프트웨어 개발의 선언문	36, 219, 257
완료 정의	127
요구사항	28-32
작업 스토리	25
제품 백로그	29, 30, 65, 113, 127
제품 소유자	9, 20, 28, 29, 30, 36, 42, 52-54, 65, 67, 98, 108, 153, 163, 176
증분적 개발	77
컨틴전시 버퍼	111-113
프레임워크	222, 235-246
회고	247
애자일 요구사항	28-32
결과물의 형태	31
문서의 상세함	29
역할과 책임	29
용어	29
우선순위 결정	31
활동 시기	30-31
약속	100, 156-159
사슬	157-158
약속 대 추정	100, 110
약속 관리	100, 157
업그레이드 가능성	87
에픽(epic)	29
여유일(float)	125
역공학	33
예방 유지보수	215-217
예산, 프로젝트 관점에서	131-134
오바마케어	199
외부 인터페이스 요구사항	8
요구, 고객	139-142
요구사항	7-11
검증	9

고품질의 특성	43-44	용도, 제품	8, 22-23, 63
관리	9, 39, 99	용도 대 기능	22-23
관리 도구	211, 213-214	우선순위 지정, 요구사항	31-32, 132
기능적	8, 27	기준	62-63
동료 검토	42	데시벨	61-63
모델링	40-41, 81	방법	62
모호함	31, 44, 66-68	변화/변경	256
문서화	33-37	위험	135-139
반복	25-28, 81	운영 프로필	63
분석	9	원고 검토자	125, 159
비기능적	8, 28	원칙적 협상	118
비즈니스	8, 15, 20, 26, 63	위키	50
사용자	8, 17-19, 20, 26, 49, 60, 142	위험	
상반됨	140	노출	138
상태 추적	129	목록	136
새로 부각된 것	27-28	분석 활동	137-139
성장	67, 111-115	완화 계획	138
세부 사항	26, 30, 45-46	우선순위 지정	138
암시적	54	이전	138
외부 인터페이스	8	회고에서 수집	136, 246, 248, 249
용도 중심 접근법	21-23	회피	138
유형	8	흡수(받아들임)	138
의사소통	41	위험 관리	100, 135, 137-139, 242
의사소통 경로	51-54	위험 분석과 컨틴전시 버퍼	112
이행	8	위험 이전	138
정의	8	유스케이스	22-23, 26, 39, 236, 238
참여자	38-39	대안 흐름	23
첫 단계	11	정상 흐름	23
추정	55-56	유연성 다이어그램	133-134
테스트	191-192, 213-214	유용성	87
표현 방법	40-41	유지보수성	86
품질	41-44	유효 시간	104-106
품질 체크리스트	43-44	윤리	164, 205
프로토타입	14, 15, 40, 50, 75-76, 77	응집도	72
해결책	8, 9, 12, 15, 45, 54	의사소통	
요구사항 관리	99	경로	51-54
요구사항 관리(RM) 도구	211, 213-214	관리	100
요구사항 문서화	33-37	기록의 장점	34-36
용도 중심		대중적	149
요구사항 접근법	21-23	마찰	107-108

시각적인 모델 사용 시	81
요구사항	41, 47
이해당사자	17-20
장애물	107
충돌	173
표현 기법	40-41
협업	167-170
의사소통 관리	100
의존성	101, 114, 122, 124, 243, 244
의존성 관리	101
이벤트 리스트	65
이시카와 다이어그램	224-225
이식성	86, 88
이해 당사자	17, 42-43, 142
관심사	17-21, 118, 139-143
분석	18-20
상반되는 요구사항	140
예	18
요구사항과 제약의 출처로서	13-14
이행 요구사항	8
인력 관리	99
인치-페블	128-129
인터뷰	49
인터페이스	72-73, 91-97
기술적 문제	93-95
명세	93
문제	96-97
사용하기 쉽게 만들기	82-83
시스템 문제	92-93
입력 데이터 검증	95-96
일정, 프로젝트 관점에서	131-134
임계 경로(critical path)	124-125
여유일	125
정의	124-125
임계 사슬 프로젝트 관리	112

ㅈ

자원 관리	101
자원 사용	86
자유도(degree of freedom)	131-134

작업	
계획	103-104, 126-128
관리	100
몰입(flow)	105, 168
순서	124
의존성	123
전환	104-105
추적 관리	127
작업 관리	100, 172
작업 노력	120
작업 스토리	25
작업 시간	
소프트웨어 메트릭	120, 249
작업 진행표, 계획	120, 127
작업 크기 소프트웨어 메트릭	120, 249
장벽 제거하기	102, 259
재사용성	86, 88
재설계 피하기	89-92
재작업	
비용	196-197
소요 시간	120, 196, 227-228
요구사항 개발 시	13, 44, 56-57
줄이는 설계	89-92
줄이는 소프트웨어 프로세스 개선	218-219, 223, 228
품질 문제	193, 195-196
재코딩 피하기	89-92
절차	
회피	205
정보 문화	
건강함	156
정보 저장/비축	152
지식 교환과 지속적인 학습	152-153
지식 부족	203-204
지식 전달 기법	154-155
정보 은닉(설계에서)	72
정적 코드 분석 도구	212
제도화(institutionalization)	177
제약	70, 185
비기능적 요구사항에서	85

삼중 제약	130, 183-184
이해당사자	17-20
인터페이스	93
프로젝트 관점	131-134
프로젝트 규모	117
제조 가능성	86

제품
백로그	29, 30, 65, 113, 127
사용하기 쉽게 만들기	82-83
소유자	9, 20, 28, 29, 30, 36, 42, 52-54, 65, 67, 98, 108, 153, 163, 176
요구사항	18
용어 특기사항	5
관리자	51
대변인	52

종적 프로토타입	75
좋은 설계	72-73
주요 성과 소프트웨어 메트릭	233
줄여-맞추기 철학	242-246
증분적 개발	77, 95, 115
지속 가능성	87

지식
공유하기	152-155
기록 비용	33-37
부족	203-204
얻기	235
제로섬이 아니다	152-156
학습 곡선	236-237

지식/정보 비축	152
지연 요구사항	130
지위 영향력	142
지표	'메트릭' 참조
직접 사용자	18

ㅊ

차트('다이어그램'도 참조)
PERT	124-125
간트(Gantt)	112, 129

처리 절차와 방법 확장
의사소통 충돌	173
전문화	173
철의 삼각형, 프로젝트 관리	130, 131, 183, 184

추상화
높은 수준에서 반복	78
설계 시 장점	72

추적
요구사항 상태	129
프로젝트	129-130, 233

추정
요구사항에서	55-56
정의	55

추정 요구사항	55-56
추정치, 추정	109-110, 122-123
변경하기	122
조정 시기	123
추정 대 약속	100, 110

ㅋ

커버 오리건 프로젝트	199
컨슈머 리포트	116
컨틴전시 버퍼(contingency buffer)	111-113
컨텍스트 다이어그램	65

코드
검토	226
재사용	91
패치	215

코드베이스(codebase)	186, 212, 214, 216
크랩 갭	200-202
키비아 다이어그램	133-134

ㅌ

타임복싱(timeboxing)	59
테스팅	43
테스트	27, 120, 127, 162, 185, 188, 189, 190, 191
A/B	76
단위 테스트	202
사용성	75, 81
승인/인수	29, 130, 193, 216
요구사항에서	27, 75

이른 시점에 적용	191-192	소프트웨어 메트릭	120-121, 249
자동화	213	실무 사례	191
회귀 테스트	109, 213, 216	생산성에 끼치는 영향	193-195, 201
테스트 중심 개발	27, 191-192	외부	185
텔레파시	54	요구사항	41-44
템플릿	39	요구사항 품질 체크리스트	43-44
비전 선언문	15-17	이른 시점에 적용	191-192
비전과 범위 문서	39, 64-66	정의	182-183
사용자 스토리	23	첫 단계	187
소프트웨어 요구사항 명세	242-246	품질 보증	191
실무 사례 모음	155	품질 속성	85
액션 플랜	258-259	명시하기	87
유스케이스	22-23, 26, 39	목록	86-89
작업 스토리	25	상충 관계	85, 88
줄여-맞추기	242-246	설계 시	88-89
토론 그룹	155	아키텍처	89
투시력	54	우선순위 지정	88-89
투자 수익률(ROI)		최적화	85-89
교육	234	프로세스	
동료 검토 시	227-228	검증	256
특성요인도	224-225	내면화	240
팀		두려움	219-220
가상 팀	169	리듬	239-240
검토	208	변화/변경 우선순위 지정	256
팀워크	146-151	부정적 의미	219
다음 단계	181	비독점화	240-242
동료 검토	227-229, 238	성숙도	156, 180-181, 219
멘토링	153	장점	219
의사소통과 협업	167-170	적합한 것 선택	222-226
첫 단계	151-152	정의된 프로세스	239
		평가	255
ㅍ		프로세스 개선	218-221
표준 준수	86	다음 단계	253
표준 표기법	40-41	목적	218
품질	130, 182-186	문화적 변화	258
내부	185	사이클	255-256
내재하기	185-186, 193-195, 198-199	액션 플랜	255
다음 단계	217	정의	218-219
보증	191	정책	174
비용	188-192, 196-197	주요 성과 소프트웨어 메트릭	233

진행 상황 추적	233	첫 단계	102-103
첫 단계	221	컨틴전시 버퍼	111-113
프로젝트로 간주	233	협상	116-118
회고	246-249	프로젝트 관리자	100-102
프로젝트		권한 및 책임	166
계획	126-128, 182-183, 255	다섯 가지 프로젝트 관점 분석	130-134
관점	130-134	정의	98
규모	117	프로젝트 우선순위, 협상	132
마찰	103-106	프로젝트 추적	129-130, 234
버퍼	112	프로토타입	14, 15, 27, 40, 50, 75-76, 77
스폰서	42, 116-117	개념-증명	75
우선순위 결정	31-32, 61-64, 132	사용자 인터페이스(UI)	71-72, 76-77
유형	171-172	설계 시	69, 75-77
자유도	131-134	실물 모형(mock-up)	76
정의	98	요구사항	50, 75-76, 191
추진 요인	131-134	위력	75
헌장	20	정의	75
회고	136, 173, 218, 220, 230, 246-250	종적 프로토타입	75
		횡적 프로토타입	76-77
프로젝트 관리	98-102	프리팩토링(prefactoring)	92
가식 행위	143	피딩 버퍼	112
계약 관리	101	피시본 다이어그램	224-225
고객 요구	139-142		
공급자 관리	102	**ㅎ**	
기대 관리	99	하드웨어 엔지니어	37
다섯 가지 프로젝트 관점 분석	130-134	하위 도메인, 요구사항 엔지니어링	9-10
다음 단계	145	학습 곡선	162, 225, 234, 236-237, 256
변경 관리	101	항공 교통 관제 시스템	199
삼중 제약	130, 183	해결책	
약속 관리	100	설계 시	74
요구사항 관리	99	요구사항	8, 9, 12, 15, 54
의사소통 관리	100	용어 특기사항	5
의존성 관리	101	해결책 대 요구	140
인력 관리	99	협상	116-118, 132
임계 경로	124-125	데이터	116-117
자원 관리	101	약속	99
작업 관리	100	원칙적	118
장벽 제거하기	102	프로젝트 우선순위	132
정의	98-99	협업	167-170
철의 삼각형	130, 131, 183, 184	가상 팀	169

공간과 시간의 장벽	167-168	애자일 프로젝트	247
확장 가능성	86	특성	246-248
활동 네트워크 다이어그램	124-125	회고 이후 활동	250
회고	246-250	횡적 프로토타입	76-77
구조	248-249	효율성	86
수집된 위험	136, 246, 248, 249		